読本シリーズ

日本経済読本

［第22版］

大守　隆
［編］

東洋経済新報社

はしがき

『日本経済読本』は昭和二五（一九五〇）年以来版を重ねてきた。その間、日本経済の状況は大きく変化した。世界が驚く高度成長を実現した時代、公害など社会問題の克服が課題となった時代、石油危機の試練を何とか乗り越えた時代、円高や貿易摩擦への対応が求められた時代、バブル崩壊に伴う底割れを必死に食い止めた時代、再生を目指すも長期停滞から脱しきれない時代などである。

本書が想定している読者は、大学で日本経済論を学ぶ学生に加え、資金運用や事業開拓のために経済動向とその背景に興味を持つ方々などである。

経済を理解するには、歴史、制度、事実、理論の各面についてバランスのとれた知識が必要であるが、それらを組み合わせて理解することがとても重要である。インターネットの発達で、個別の事項についての断片的な知識は容易に入手できるようになったが、背景を含めた解説や分野をまたがった論考はあまり多くないように思われる。そこで、本書ではこうした点を重視して編集した。執筆者は各分野の専門家ではあるが、できるだけ平易に、しかし本質をつかんで説明することに努めた。データは公的統計に依存する部分が多いが、政策の評価などについては、執筆者の見解も含め、問題点や懸念の指摘も含めた記述を心掛けた。マクロ経済学やミクロ経済学の知識はあった方が望ましいが、本書の前提とはしていない。

この本は三年に一度改訂を重ねてきたが、いつも悩ましいことは、三年の間に事態が変化しうることである。そうした可能性が考えられる事柄については、時点を明記しつつ記述する一方で、個々の事実よりも、時代の大きな流れが読み取れるような説明を行うように配慮した。本書には原則として二〇二一年九月初め時点までの情報を盛り込んでいるが、特に重要と思われる事項については校正の段階で簡潔に盛り込むことにした。

本書は国際比較を重視しているが、その理由の一つは、日本経済の世界における使命は何だろうかという私の問題意識である。答えはなお模索中であるが、多分三つあるであろう。第一は、少子高齢化への対応法を世界に示すことである。第二は、アメリカのような金権型でも、中国のような人脈依存型でもない、健全かつ柔軟な経済システムを構築することである。第三は、自然を愛で、質素でも心豊かにかつ健やかに暮らすという、日本の伝統的なライフスタイルを現代世界に通用する形で広め、地球環境問題の解決に貢献していくことであろう。そしてこの三つの課題への解答には重なっている部分が多いように思われる。

本書に書かれた日本経済に対する知識や問題提起が、多くの読者の力となって、日本経済の力強い再生につながり、ひいては世界に貢献していくことを期待したい。

二〇二一年一〇月

大守　隆

目次

執筆者紹介

はしがき　大守　隆（元内閣府政策参与）

第1章　瀬戸際に立つ課題先進国日本　大守　隆（元内閣府政策参与）

第2章　日本経済の歩み　増島　稔（内閣府経済社会総合研究所次長）

第3章　日本の経済政策　神田玲子（ＮＩＲＡ総合研究開発機構理事、研究調査部長）

第4章　財政赤字の急拡大と再建への展望　中田一良（三菱ＵＦＪリサーチ＆コンサルティング調査部主任研究員）

第5章　異次元緩和が長期化する金融政策　三平　剛（東洋大学経済学部准教授）

第6章　創生を目指す地方経済　広田　茂（京都産業大学経済学部教授）

第7章　国際的な競争環境の変化と企業行動　権田　直（内閣府政策統括官（経済財政分析担当）付参事官（総括担当）付参事官補佐）

第8章　人材育成力の再構築が求められる労働市場　前田佐恵子（内閣府政策統括官（経済社会システム担当）付参事官（総括担当）付企画官）

第9章　国民生活の現状と格差問題　村田啓子（東京都立大学大学院経営学研究科教授）

第10章　少子高齢化時代の社会保障　大守　隆（元内閣府政策参与）

第11章　増加した所得収支黒字と急減したインバウンド　浦沢聡士（神奈川大学経済学部准教授）

第12章　資源エネルギー戦略の再構築　大守　隆（元内閣府政策参与）

第13章　経済との関係が強まる環境問題　一方井誠治（武蔵野大学大学院環境学研究科長・教授）

第14章　パンデミックに襲われた世界経済の主要課題　茨木秀行（内閣府大臣官房審議官（経済財政分析担当））

第15章　日本経済の再生に向けて　浜野　潤（大原記念労働科学研究所理事長、元内閣府事務次官）

日本経済読本（第22版）

第1章　瀬戸際に立つ課題先進国日本

第1節　日本経済の絶頂と長期停滞

❶ 一九八〇年代末の日本経済

一九八九年の日本経済は、欧米先進国へのキャッチアップを終了し、空前の繁栄を謳歌しているようにみえた。高い技術力と優れた経営力から、高めだった物価水準を割り引いた後でみても、当時の統計では欧州主要先進国を上回る所得水準を達成し、資源大国でもあるアメリカに迫る勢いをみせていた。アメリカの社会学者エズラ・ヴォーゲルは、七九年に書いてベストセラーとなった『ジャパン・アズ・ナンバー・ワン』のなかで、アメリカも日本に学ぶ点が多いとしていた。日本の株式市場は時価総額で世界の四割強であるとか、総資産でみた世界の銀行のランキングの八位までを日本の銀行が占めたといったことが報道されていた。世界の大都市の繁華街は日本企業の広告で埋まり、ニューヨークの象徴ともいわれたロックフェラー・センターも日本企業によって買収された。

国内では、失業率は低く、人手不足が省力化投資の必要性を高め、これが景気を押し上げる一因にもなっていた。物価は安定し、財政もほぼ均衡を回復し、国際収支は大幅な黒字であった。人々は最

キャッチアップ

追いつくこと。一般に、経済発展の初期段階では、先進国からの技術導入や人的資本の向上によって高い成長が続くが、技術フロンティアに近づくにつれて成長率が低下する傾向がみられる。

含み益
時価と簿価の差。簿価が安い資産を売却すると、利益を見かけ上、生み出すことができた。

高水準の長寿命を享受し、教育水準も高く、所得分配も平等で、街は清潔で治安も良好だった。かつて深刻だった公害問題も克服し、化石燃料には乏しいものの主要国のなかで最高のエネルギー効率を達成し、新幹線をはじめとするインフラの整備水準も高かった。

日本は理想の経済社会を実現したかのようにみえ、国際社会はこうした日本経済の強さを賞賛と羨望の思いでみつめていた。

2 失われた一〇年、そして二〇年

しかし、一九九〇年に入ると雲行きが変わった。株価は年初から下がり、地価も同年秋頃から下落基調に転じた。だがしばらくの間は、巡航速度の成長にソフトランディングするであろうとの楽観的な見方が、政府も含めなお多かった。

しかし、成長率は大きく低下し、資産価格の下落と不良債権（第5章参照）の増加が金融機関の弱体化を招き、それがまた資産価格を下落させるという悪循環が始まった。それでも九〇年代の前半は企業や銀行には含み益が残っており、その取り崩しで、当面の対応ができたようにみえた。資産価格が上昇に転じれば不良債権も減少に向かうのではないかという期待が残り、不良債権の処理は先送りされた。

数次にわたる大規模な景気対策の効果もあって、バブル崩壊にともない発生した設備や労働力の過剰は一応調整され、九三年の秋から、景気は弱いながらも拡大に転じた。

しかし、九七年にアジア通貨危機（第14章参照）が起きると、同年春の消費税率引上げの負の効果とあいまって、日本経済は危機的な状況に陥った。当時の四大証券の一つが経営破綻に至り、他の金融機関や不動産業などにも破綻するところが増えた。有名な大企業ですら倒産することがあるという事態を経験し、将来の雇用や所得に対する人々の不安は高まった。企業や金融機関どうしの取引でも、相手が倒産して支払いが滞るリスクが意識され、経済活動は急速に萎縮し、景気の底割れが懸念された。

九八年からの巨額の財政政策を中心とする下支えによって、経済の底割れは何とか防げたものの、日本経済は深刻な状態に陥っているとの認識が広まり、「失われた一〇年」という言葉が定着していくこととなった。財政は大幅な赤字を記録するようになってしまった。

二〇〇〇年代に入ってからも、状況はあまり改善しなかった。中国をはじめとするアジアの急成長で輸出が伸び、また〇三年頃からデジタルカメラや薄型テレビなどが景気を牽引したが、好況感は乏しかった。地価や株価も弱含みが続き、かつての水準を回復する勢いはなかった。一方、物価は下落傾向が続き、時おり上がることがあっても、輸入価格の上昇や、消費税の導入や税率引上げによるものでしかなかった。政府は改革をキャッチ・フレーズとして掲げ、民間活力や競争原理の強化を重視した。その成果が一部商品の物価下落などの形で国民に還元され、財政再建も目標に向かって減少がみられた時期もあった。しかし一方で非正規雇用の増加が続き、所得格差も拡大し、力強い成長の実現には至らなかった。

こうしたなかで、〇八年には、海外発のリーマンショック（第14章参照）が日本にも及んだ。政府は当初その影響を過小評価していたが、〇九年の一－三月期の鉱工業生産が前年比三三％も減少するなど悪影響は甚大だった。すでに財政が先進国中最悪であった日本もこの危機に対して財政支出を増やして対応し、財政赤字はいっそう拡大した。こうして「失われた一〇年」は長引き、「失われた二〇年」と呼び変えられるようになった。

この深い傷からようやく立ち直りつつあった一一年の春に東日本大震災という、千年に一度といわれた天災が発生し、原子力発電所の事故とあいまって日本経済はふたたび大きく悪化してしまった。

二〇一二年末の総選挙の結果、〇九年九月から続いた民主党を中心とする政権から、自民党を中心とする政権に交代した。首相となった安倍晋三氏は、「大胆な金融政策」「機動的な財政政策」「民間投資を喚起する成長戦略」を三本の矢とするアベノミクスを経済政策として掲げた（第3章参照）。この政策は、日本銀行が大胆な政策転換をした（第5章参照）こともあって、円安と株価上昇をもたらし失業率も低下したが、日本経済を成長軌道に乗せるところまではいかなかった。二〇二〇年に入ると、新型コロナウイルスによって生じたパンデミック（第14章参照）によって日本経済も甚大な損害を被った。こうしたなかで二年でできるとされたデフレ脱却の目標は八年たっても達成できず、格差や貧困の問題も懸念されている。

パンデミック
感染症の世界的な大流行。

3 国際的な地位の低下

こうした動きを統計数字でふりかえってみよう。各国の経済規模を表す指標として通常使われるのはＧＤＰ（国内総生産）である。これは国際連合が定めた国民経済計算という方式に基づく指標で、国内の売上げから材料費などを引いた額を合計したものである。賃金や企業利益など、さまざまな形態の所得の合計とも一致する。ＧＤＰには、家事労働や環境破壊が勘案されないとか、集計量であるので所得格差が反映されないなどといった限界もあるが、まずはこの動きをみてみよう。

図1－1にあるように、その時々の価格で測った名目ＧＤＰは一九九七年をピークに減少傾向に転じたが、二〇一一年頃に底を打った。一方、価格水準の変化を調整した実質ＧＤＰの趨勢をみると、一九年までは緩やかな成長がみられた。

これを国際的な動きのなかに位置づけてみよう。ＧＤＰの大きさをその時点の為替レートで評価し

図1-1　名目GDPと実質GDPの動き

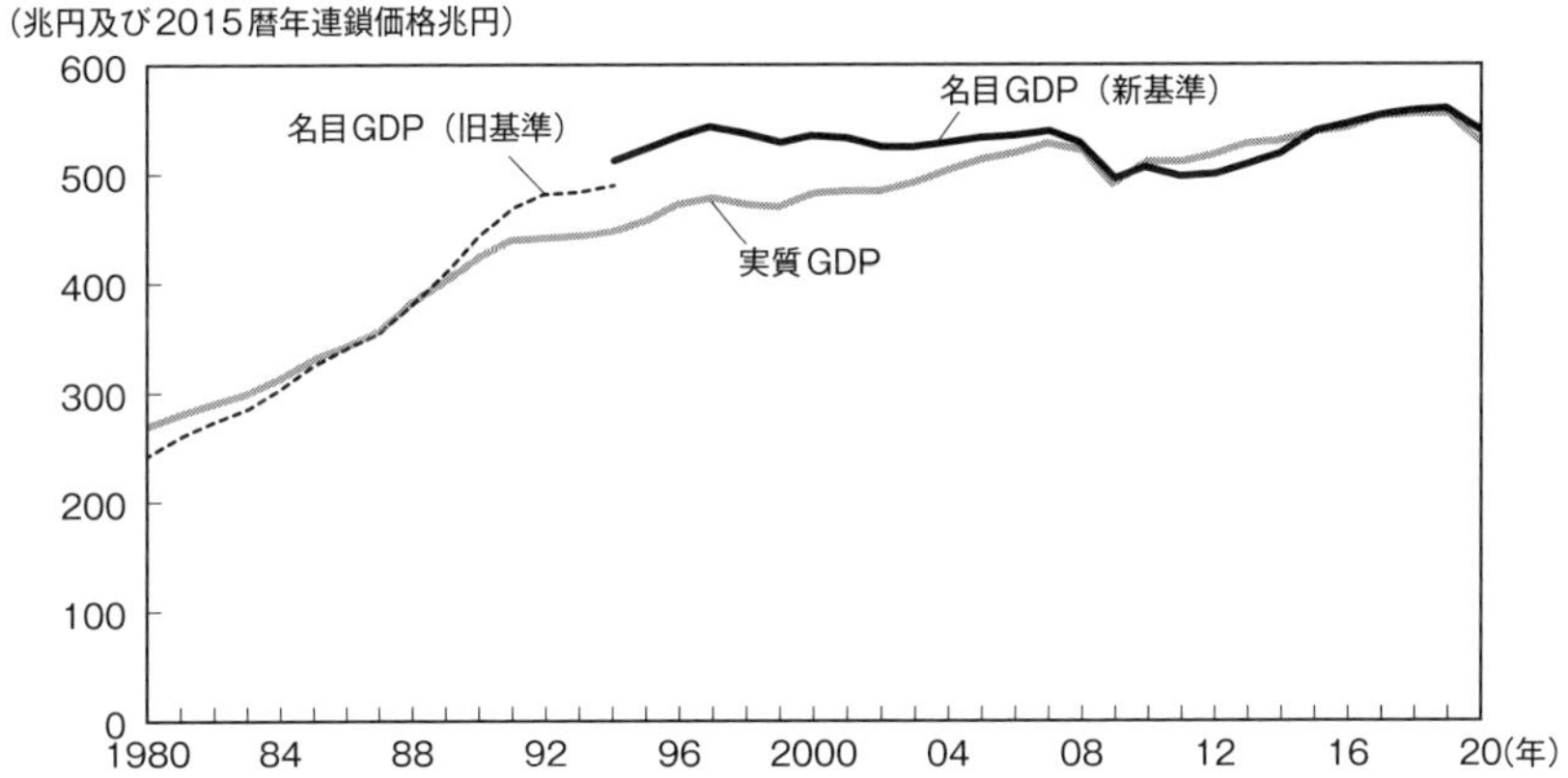

（注）1. 名目GDPの旧基準と新基準とは定義が違い，接続しない.
　　　2. 実質GDPは，旧基準を新基準に，1994年で接続.
（出所）内閣府「国民経済計算」.

図1-2　主要国のGDPの推移

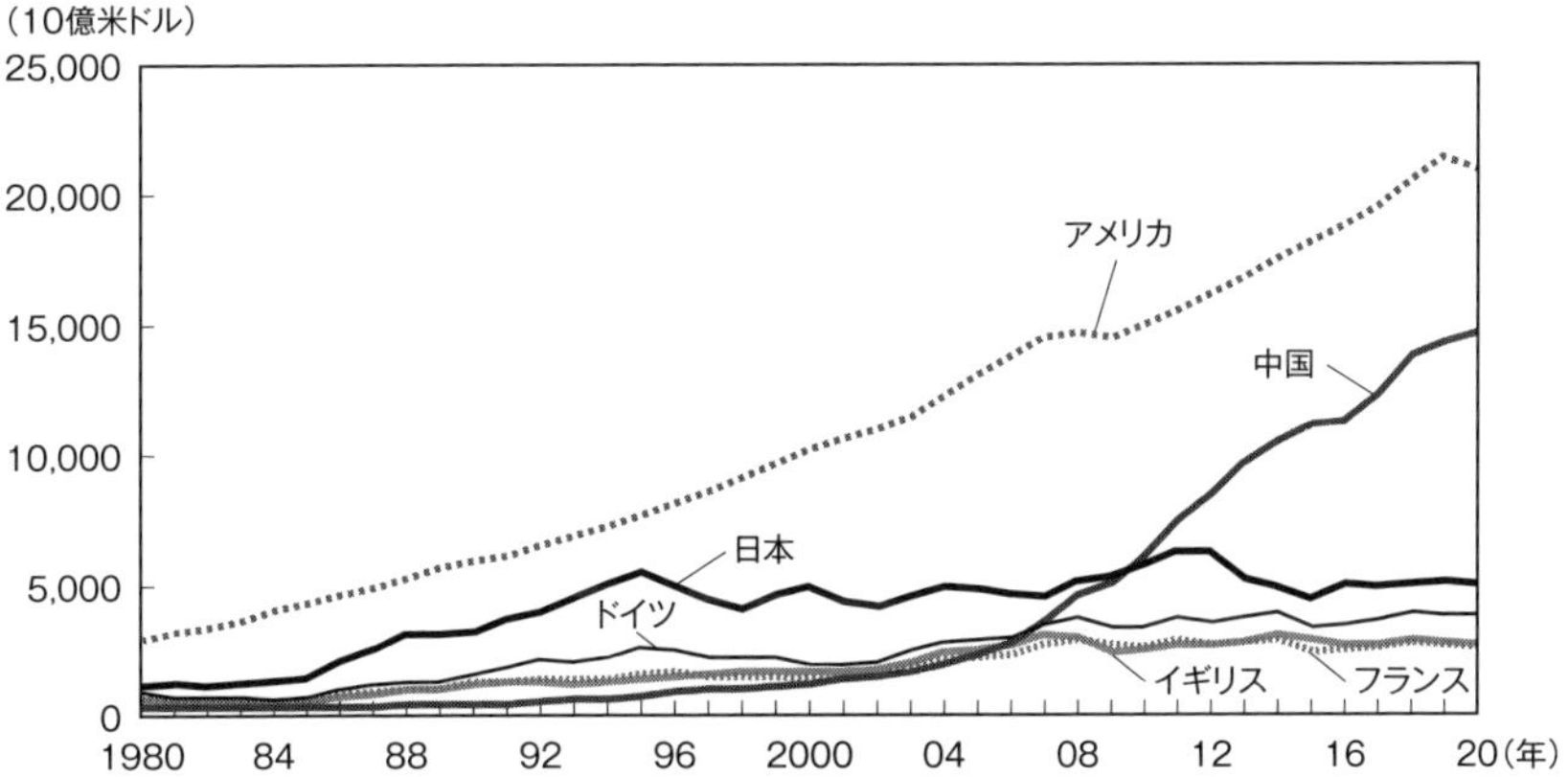

（出所）IMF（国際通貨基金）“World Economic Outlook Database”（2021年4月）より作成.

インフラ
道路、港湾、空港などの社会資本。

図1-3　購買力平価でみた一人当たりGDPの推移

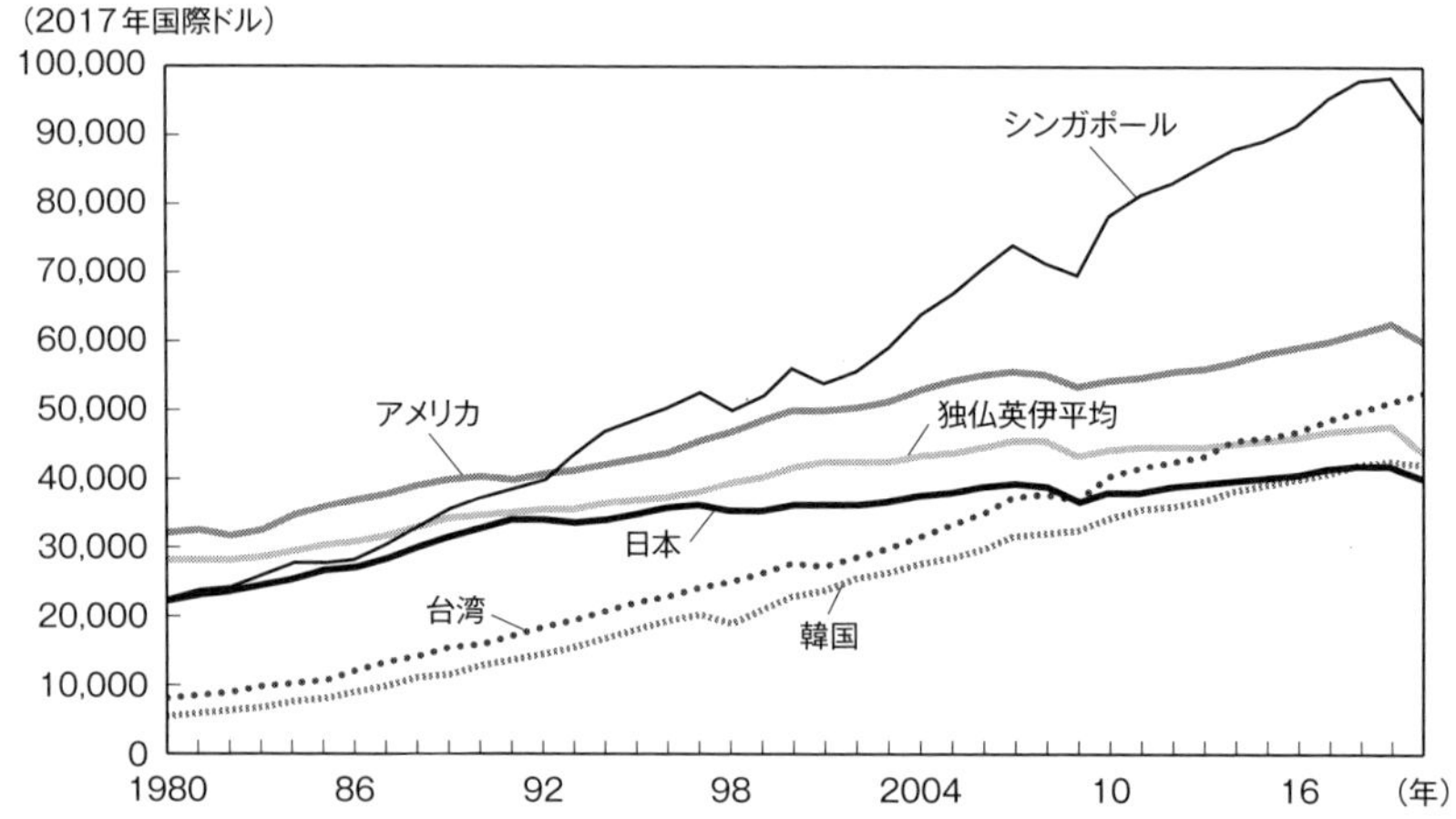

（出所）IMF（国際通貨基金）"World Economic Outlook Database"（2021年4月）より作成.

て国際比較した図１－２で、各国経済の世界における存在感をみることができる。日本はかつては世界第二位のＧＤＰ大国であったが、二〇一〇年前後に中国に抜かれて第三位となり、最近では中国の約三分の一になってしまった。

　こうした比較は人口の増減や、為替レートなどの変化の影響も受けている。そこで、所得や生活水準をより正確に比較するために、一人当たりのＧＤＰを、物価水準を調整したうえで比較してみよう（図１－３）。日本は一九九二年頃にドイツ、フランス、イギリス、イタリアの欧州主要四カ国と肩を並べて（当時の統計では少し上回って）いたが、近年では約一割下回るようになっている。また、二〇〇九年前後には台湾に、一八年には韓国に抜かれている。

　経済活動だけでなく、政府の効率性やインフラの整備水準など、より広範な側面に関する指標を集めて総合したものに競争力指標がある。企業や産業の競争力と異なり、国全体の競争力という概念には定説がないので、さまざまな指

図1-4　生活満足度，幸福度，生活不安度の推移

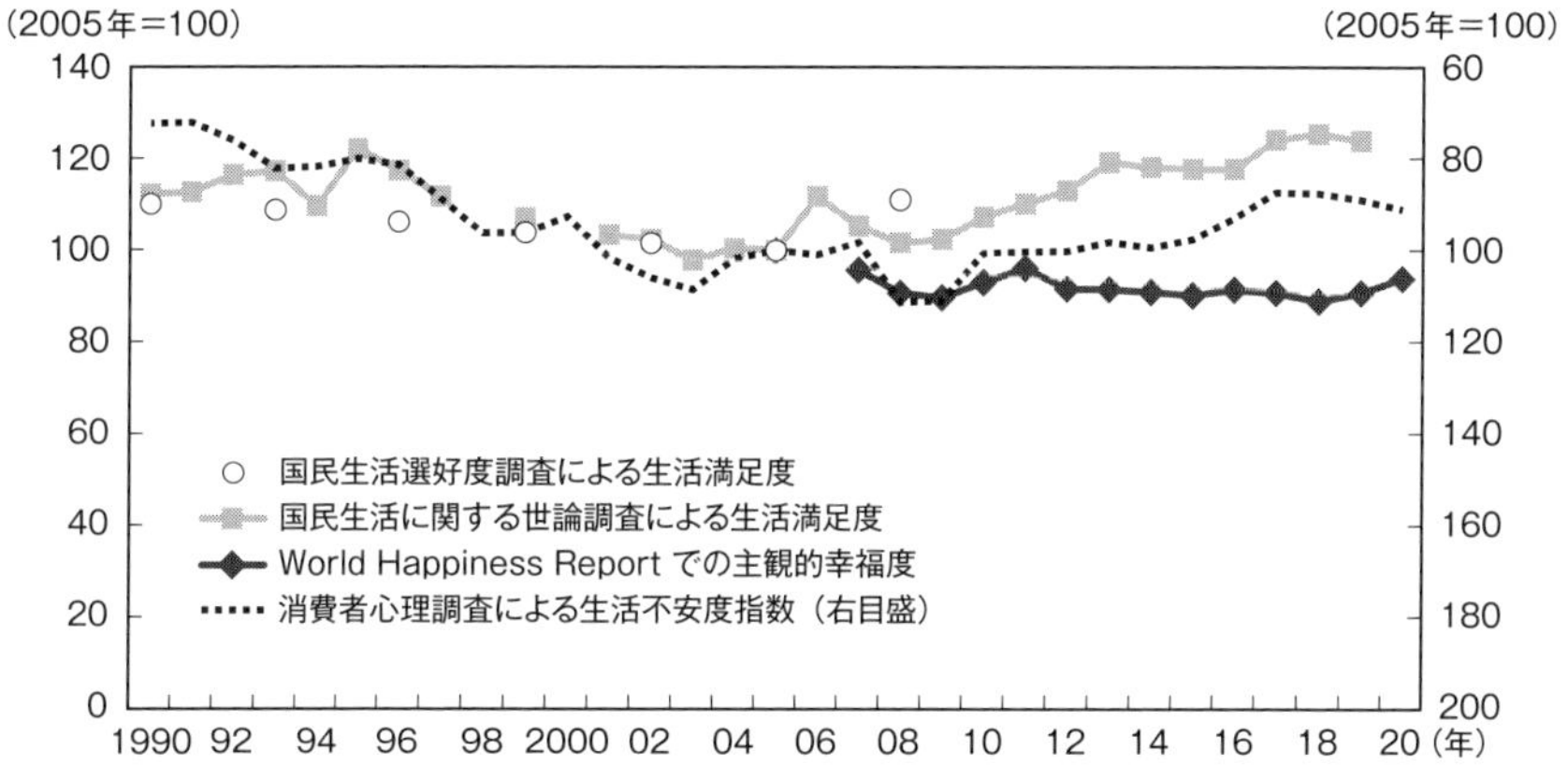

（注）1. 国民生活に関する世論調査での生活満足度は「満足している」と「まあ満足している」の合計比率.
2. 生活不安度指数は年平均，逆目盛.

（出所）内閣府「国民生活選好度調査」，内閣府政府広報室「国民生活に関する世論調査」，経済社会システム総合研究所「消費者心理調査」.

標を作ることができるが、ここではスイスのビジネススクールのＩＭＤが毎年公表している競争力指標をみてみよう。二一年版では日本は六四カ国・地域中三一位で、シンガポール（五位）、香港（七位）、台湾（八位）、中国（一六位）、韓国（二三位）、マレーシア（二五位）より下位に位置づけられている。一九九〇年代のはじめに首位を続けていたことにかんがみれば、ここでも日本の地位は大きく低下している。

4　生活の質もよくなっていない

こうした経済指標面での地盤沈下が、人々がよりゆとりや潤いのある生活をするためのコストとして起きたということであれば、肯定的な解釈ができるかもしれない。そこで、幸福度や不安感についてみてみよう。図１－４は生活満足度や生活不安度などの推移である。二〇一〇年くらいまで悪化傾向が続いた後、やや改善がみられるが、昔の水準を超えて伸びているような状況にはない。すなわち、生活が良くなっているとはいいにくい。

また、所得格差も拡大し、日本は先進国のなかでも格差の大きな国になってしまった（第9章参照）。

第2節　日本だけが陥ったデフレ

1　デフレとは

日本経済の長期的停滞の顕著な特徴はデフレである。デフレとは物価水準の下落が傾向として続くことで、特定の分野の価格が下落を続けることや一時的な物価水準の下落はデフレとは呼ばない。かつては不況や需要不足をともなう物価下落のみをデフレとする見方もあったが、近年では理由を問わず、物価水準の持続的な下落をデフレと呼ぶようになった。

物価水準の指標として何を用いるかについては、日本銀行は、人々の生活に最も密接に関連するとの理由から消費者物価指数を重視している。一方、政府はＧＤＰデフレータも含めて総合的に判断すべきとしている。

日本のデフレは消費者物価指数にもあらわれているが、ここではＧＤＰデフレータでその状況をみてみよう。ＧＤＰデフレータとは名目ＧＤＰと実質ＧＤＰの比であるが、輸入物価要因の影響を受けず、国内の物価押上げ（または押下げ）要因のみを反映して動くという性格を持っている。図１－５は日本だけがデフレに陥ったことを端的に示している。

図1-5　主要先進国のGDPデフレータの推移

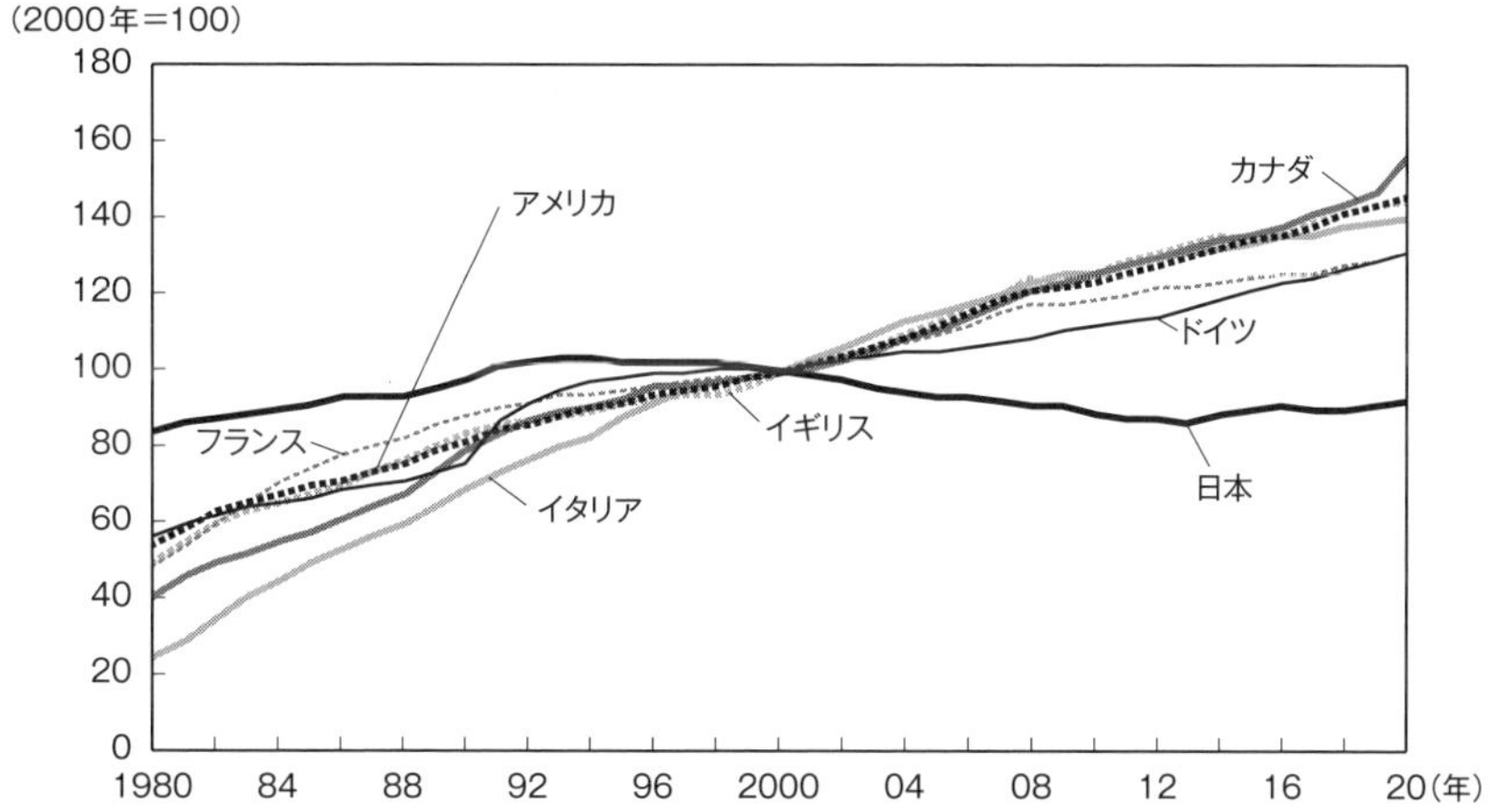

（出所）IMF（国際通貨基金）"World Economic Outlook Database"（2021年4月）より作成.

なぜ日本でデフレが続いてきたかについては、以下のようにさまざまな説明がなされている。

第一に、日本では需要の伸びが弱く、需給の弱含みの状況が続いてきたことである。売行きが悪ければ値下げする企業が増え、物価に下落圧力が加わる。しかし、長期的にみれば、物価に応じて供給も変化しうるので、この要因だけでデフレを説明することは困難である。

第二は、供給側の要因で、安価な財・サービスが増えたことである。具体的には、①中国などからの安価な輸入品が大きく増加したこと、②技術進歩により製造コストが低下したこと（薄型テレビ、パソコン、デジカメ、などのハイテク製品が代表例で、こうした商品の消費に占めるウェイトは日本では高い）、③規制緩和により価格競争が強まったこと（割引が導入された航空運賃や、競争が激化した携帯電話料金などが典型的）などである。また、日本企業が、利益の増加より業界内でのシェア拡大を重視するため、新しい需要を開拓するような技術革新よりもコスト削減をもたらすような技術開発に熱心で、価格競争圧力が強いことも供給側の要因としてあげられる。

第三は、金融要因で、経済活動の伸びに比べ通貨量の伸びが低かったことである。両者の関係は、金利やキャッシュレス決済の増加など種々の要因が影響するので単純ではなく、また通貨の伸びは経済活動の結果として決まる側面もある。したがって、この要因がどの程度重要かについてはさまざまな議論があるが、海外の中央銀行に比べて日本の金融当局が二〇一二年頃まで、緩和に慎重な姿勢をとってきたことは事実といえよう。

このほかに、日本の物価指数に一部用いられている品質調整の手法が海外より品質向上の効果を大きめに測っていることも影響しているとの見方もある。

❷ デフレの問題点

デフレはどのような問題をもたらすのであろうか。物価が下がること自体はよいことのようにも思われる。しかしデフレは、以下のような理由で経済に悪影響を及ぼす。

第一に、賃金は簡単には下がらないので、物価が下がると実質賃金が上昇し、企業収益が圧迫されたり、雇用が抑制されたりする。雇用されている人は実質賃金の上昇から利益を受けるが、新規雇用は抑制されるか、賃金の低い非正規雇用になりがちになる。したがって、家計部門全体としての所得は伸び悩むことになる。

第二に、実質金利が上昇する。物価上昇率に並行して金利も下がれば実質金利は変わらないが、ゼロに近い金利の下落余地は限られている。実質金利の上昇は、資金の借り手にとっては不利な、貸し手にとっては有利な要因となるが、設備投資などの支出を行うのは借り手が多いので、デフレは全体

非正規雇用
パート、アルバイト、派遣社員など正社員でない働き方。

として景気の抑制要因になる。

第三に、借金をした後で予想より物価が下がると、その返済の実質的負担が増す。このことは貸し手には一応有利な要因になるが、借り手の返済能力が不十分なときには、不良債権の増加を招き、貸し手にとっても不安材料となる。

また、所得税が名目所得に関する累進課税（第4章参照）となっているため、デフレは税率を下げる効果も持ち、財政再建をいっそう困難にさせることにも注意が必要である。

こうしたことから、日本銀行とともに政府も、デフレ脱却を重要課題と位置づけている。

3 デフレへの対応策

デフレ対策としては、その要因に応じて①需要面、②供給面、③金融面からの対策が考えられる。需要面の対策は財政金融政策が中心で、第3、4、5章で詳しく説明する。供給面の対策には第3章で扱う構造政策がある。供給能力を高めたりコストを下げたりすることだけではデフレに有効とはいえないが、経済の体質改善によって成長力が高まれば、需要の増加ももたらすので、デフレ脱却にも効果が期待できる。

第3節　長期停滞要因に関するさまざまな仮説

これまでみてきたような日本経済の長期停滞は、なぜ起きたのであろうか。

長期停滞のはじまりは一九九〇年頃のバブルの崩壊であるが、その後三〇年以上も停滞が続いていることは、他の要因が影響していることを示唆している。そうした要因に関しては、さまざまな説明

従属人口指数
従属人口（一五歳未満の人口と六五歳以上の人口の合計）と生産年齢人口（一五〜六四歳）との比。

オーナス
英語で重荷を表す単語（onus）。

労働力人口
一五歳以上の人口のうち、専業主婦、学生、病弱者など働く意思や能力のない人を除いた人数。就業者と失業者の和に一致する。

が試みられている。以下、主なものを紹介しよう。

A：キャッチアップの終了　先進国を追いかける段階では何をすべきかが明らかなので比較的早い成長が可能であるが、追い付いた後には成長率は低下するという要因である。これは他の成熟した先進国にも当てはまるが、日本の場合にとくに重要であると考えられる。というのは、日本の金融システム（第5章参照）や労働市場（第8章参照）は、リスクを負いつつ新しい分野を開発する機能が不十分であるからである。図1－3でみたように、シンガポールや台湾では、所得水準が上昇したあとでも勢いに陰りがみられない。

B：人口減少と少子高齢化　日本の人口は、世界の歴史に例がないほどの速さで高齢化してきた（図1－6）。平均寿命が世界最高水準を更新してきた一方で、少子化が進行したためである。従属人口指数が低下している（または低い）時代を人口ボーナス期とし、増加している（または高い）時代を人口オーナス期とすると、後者では経済成長率が低くなるという国際的傾向があることが指摘されている。日本は世界のなかでいち早く人口オーナス期に入った（図1－7、ただし、高齢者の労働力率の上昇のため、労働力人口は近年増加している）。これに加えて、出生率が回復するのではないかとの安易な期待のもとに、社会保障制度の改革（第10章参照）が遅れたことも、この要因の影響を深刻なものとしている。

C：中国など途上国の追い上げ　経済学の標準的な考え方では、貿易相手である外国が発展すると自国のメリットにもなるが、こうした利益を享受するには、外国が得意とするようになった産業では輸入を増加させて国内生産を減らし、そこで余る労働や資本を自国の得意分野に転換していく必要がある。しかし、労働者にとって転職のリスクが大きかったり（第8章参照）、新しい分野への資金が円滑に流れなかったり（第5章参照）すると、こうした転換がうまくいかず、貿易の利益を享

図1-6　高齢者（65歳以上）人口比率

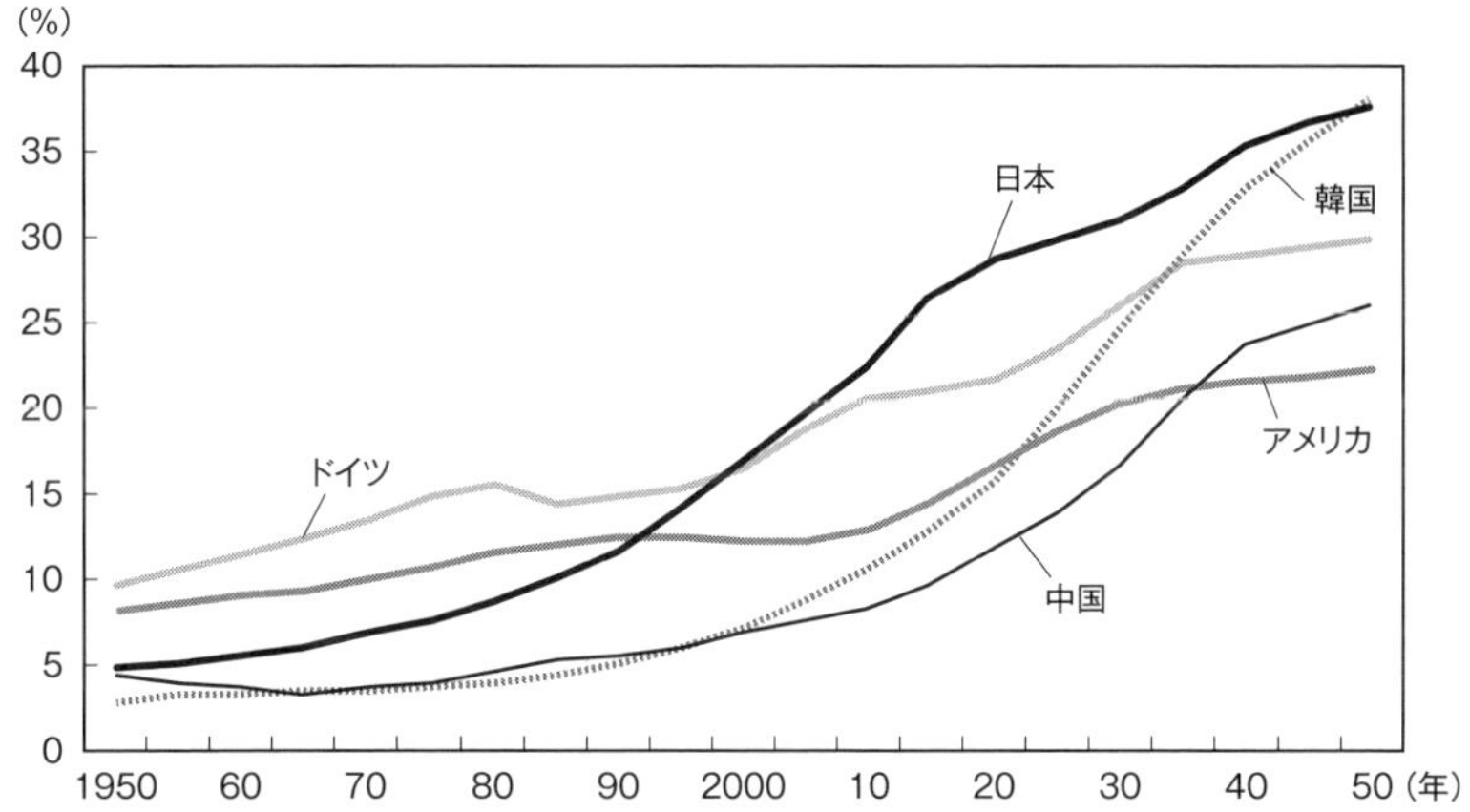

図1-7　従属人口指数の推移

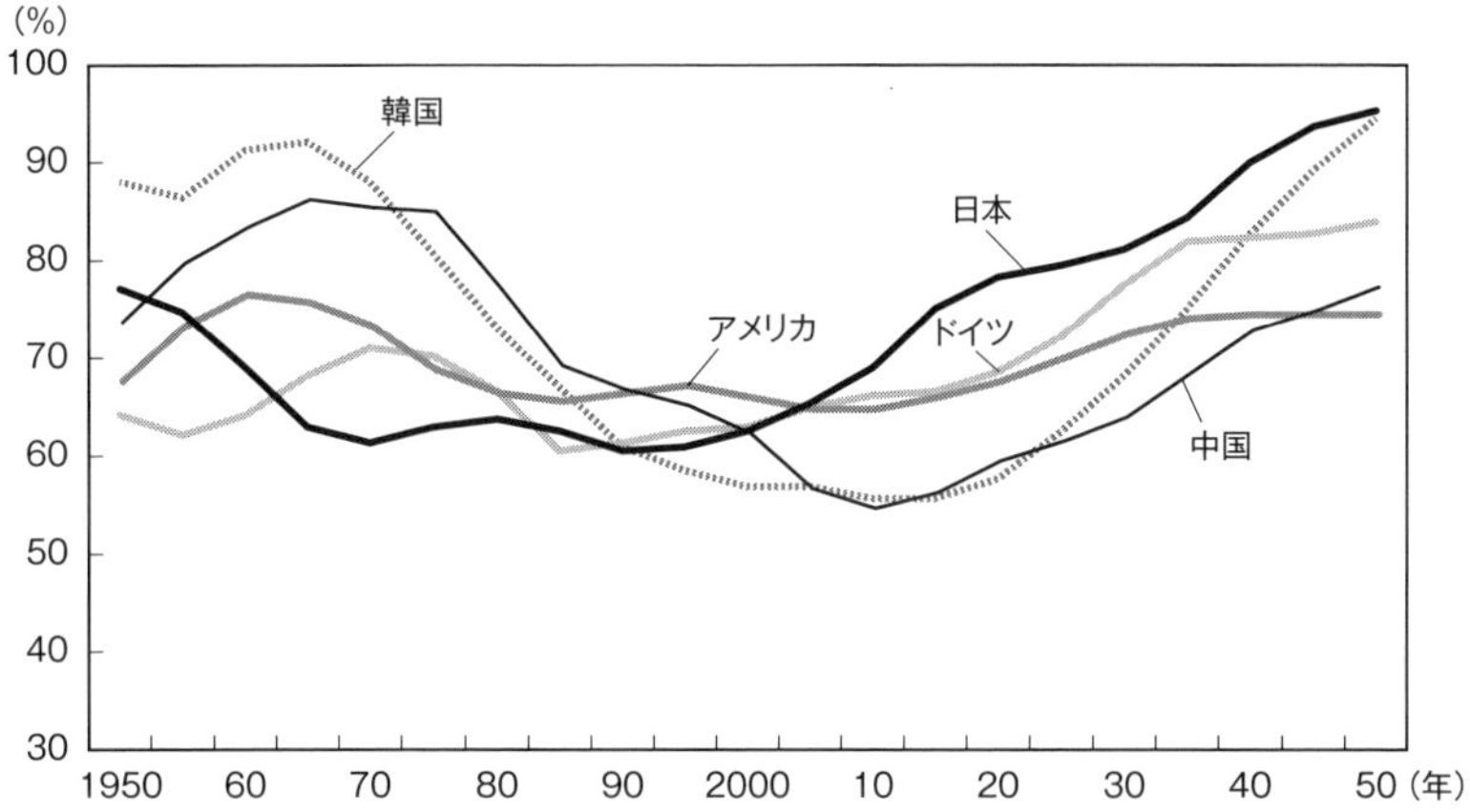

（注）従属人口指数＝100×（0–14歳人口＋65歳以上人口）/15–64歳人口.
（出所）（両図共通）UN（国連）“World Population Prospects 2019”の中位推計．ただし日本については国立社会保障・人口問題研究所による2017年推計.

受できないことがある。このような問題は他の先進国でもあるが、日本は中国という最大の新興国（第14章参照）の隣に位置し、日本企業による開発輸入が盛んで、こうした課題に最も本格的に直面してきたといえよう。したがって大きな構造転換が必要であったが、労働市場や金融市場が転換を支える力が弱く、開業率も低いままだった。

D：経済政策の問題　バブル崩壊後、事態の深刻さを早く認識して対策を講じる必要があったが、官民ともに対策が遅れた嫌いがある。また、景気対策として、当面の効果が期待しやすい財政支出や減税を重視した一方で、経済体質や成長力の強化につながる構造政策については、既得権者の抵抗もあって十分に進まず、非製造業にはなお非効率な分野が残っている。金融政策についても、日本銀行がかつて緩和に消極的であったことがデフレの大きな要因になったとの見方もある（第3、5章参照）。

E：国際化の遅れ　日本市場は世界有数の大きさを持っているため、多くの産業では国内の競争を重視してきた。輸出比率の高い産業でも、目の肥えた消費者が多い日本で売れる商品は他の先進国でも売れるはずだ、という発想が強かった。しかし、今や世界で最も成長しているのは、中国などの新興国（第14章参照）である。このような国の実情に合わせた商品を開発する努力が、韓国企業などに比べて少なかった。また、自由貿易協定に関する取組みも、韓国などに比べ大きく遅れた（第3章参照）。

さらに、円という通貨の孤立の問題もあげられよう。アメリカのドルは世界中で通用する基軸通貨であり、欧州も各国通貨の不安定性に悩んだ挙句、統一通貨ユーロを持つに至った（第14章参照）。しかし日本の円の価値は不安定な状況が続いてきた（第3、11章参照）。

F：過度な集団志向　所属している集団の空気を忖度することを過度に重視する日本人の性向が、A

開発輸入

先進国が自国に輸入する目的で、開発途上国の産業に投資を行うこと。

既得権者

現状の制度や規制により利益（既得権益）を得ている人々や企業。その利益が経済的に正当化しにくい場合に、この言葉が用いられることが多い。

基軸通貨

国際的な取引や各国の外貨準備で大きな比率を占める通貨。第二次世界大戦前は、イギリスのポンドであった。

～Eで説明したような、時代の変化やリスクへの適切な対応を妨げており、これが日本経済の長期停滞の根本にあるのではないかという指摘もある（大守［二〇一八］参照）。労働市場の流動性が乏しいために転職が不利になりがちであることがこの要因の背景にある（第8章参照）。

第4節　なお残る優位

これまで、日本経済の長期停滞の状況を概観してきたが、日本経済にはなお優れた側面や恵まれた側面も残っている。

第一に、技術力である。第7章でみるように、家電や半導体などの企業の競争力は近隣諸国の追い上げを受けて大きく低下したが、素材、とくに先進的な素材に関しては、日本企業は高い技術を持っている。たとえばスマートフォンについていえば、組立てはアジア諸国で行っているが、機器の内部には日本でつくられた高度な部品が多く使われている。また環境関連技術（第13章参照）に関しても、省エネや水質浄化などの面で日本の技術は優れている。

第二に、洗練された文化である。海外から積極的に学びつつも、日本は独自の文化を発展させ、伝統文化や伝統工芸がなお息づいている。日本の製品はこうした文化の影響を受け質が高く、サービス分野でも日本のサービス精神は高く評価されている。日本の豊かな食文化は海外でもファンが多く、二〇一九年までの訪日観光客増加の大きな誘因にもなっていた。

また、東日本大震災後に改めて注目された国民の民度や協調性の高さも、「すりあわせ型」の製造業の競争力の基盤となっている。さらに、日本のアニメ、漫画、ゲーム、「萌え」などの文化も近年、クール・ジャパンとして海外で注目されている。

民度

確立された定義はないが、人々の行動の成熟度や知的理解力。

すりあわせ

調整して物事が円滑に進むようにすること。たとえば、開発部門と営業部門の意見を組み合わせたり、部品をつくる企業と、最終製品をつくる企業とが相談したりして、高品質と低コストを両立させること。

クール

coolという英単語からきているが「かっこいい」との意味で使われている。

第三に、長い平均寿命、元気な高齢者、そして低い医療費である。教育水準が高く、職務経験も豊富な高齢者は、日本の大きな資源と考えられる。医療や介護のシステム（第10章参照）も、さまざまな問題を抱えてはいるが、全体としてみれば、高齢化のわりには低負担ですんでいる。高齢化の問題に限らず、次にみるような先進的課題に対する日本の経験を世界に役立てていく余地は大きいと考えられる。

第5節　瀬戸際の「課題先進国」

第3節でみた日本経済の長期停滞の諸要因のなかには、他の先進国も将来経験する問題に日本がいち早く直面した、という性質のものがかなり含まれている。

リーマンショック後の欧米市場の状況や政策対応は、かつてのバブル崩壊後の日本との類似点が多い。また、欧米諸国や中国も、人口高齢化の問題にいずれ直面することになる。新興国の経済発展の影響についても、最大の新興国である中国に隣接する日本が先行的に体験しているといえよう。デフレについても、アメリカやドイツでもそのリスクが意識されたこともある。日本は各種の先端的な課題に取り組みながら悪戦苦闘している国という意味で、「課題先進国」という言葉が用いられるようになった。

しかし一方で、先進国のなかでも日本が遅れていると考えられる側面もある。金融市場でリスクマネーの供給が少なく、新しい分野に挑戦する力が弱いこと（第5章参照）や、労働市場の流動性が低く同一労働同一賃金の原則（第8章参照）も制度化が遅れ、実力のある人に活躍の場が十分提供できず、そのため実力を磨くインセンティブが弱められていることなどがあげられる。また、行政も縦割

インセンティブ
人々や企業に、何かをやろうという気持ちにさせる要因。市場経済のなかでの経済政策や制度を設計する際に配慮すべき重要な要素。

りで、たとえば環境政策とエネルギー政策の連携が悪く、原子力に関する規制も有効に機能していなかったこと（第12章参照）も記憶に新しい。今回のパンデミックへの対応も縦割りの弊害がめだつ（第10章参照）。こうしたことから日本は先進国の座から滑り落ちようとしているという厳しい指摘も聞かれるようになった。日本より、GDP比でみてはるかに重い防衛費の負担をしてきた台湾や韓国に、実質所得の水準で追い抜かれてしまった（図1－3）のに、国民の危機感は十分とはいえないように思われる。

日本経済が長期停滞を脱するための方策を講じる必要がますます強まっているが、経済の制度や慣習は他の制度や慣習との相性があるので、「他国のよいところはとり入れて、悪いところはとり入れない」といった単純な問題でもない（制度的補完性の問題）。各分野の特徴の相互関係に留意しつつ、周到かつ的確な戦略を立てて、日本再生の途を探っていく必要がある（第15章参照）。

参考文献

大守隆「日本の空気本位制の功罪」大守隆編著『ソーシャル・キャピタルと経済――効率性と「きずな」の接点を探る』第八章、ミネルヴァ書房、二〇一八年。

経済企画庁調査局編『平成一一年版　日本経済の現況』経済企画庁調査局、一九九九年。

内閣府編『経済財政白書』各年版。

日本経済新聞社編『検証バブル――犯意なき過ち』日本経済新聞社、二〇〇〇年。

深尾光洋・吉川洋編『ゼロ金利と日本経済』日本経済新聞社、二〇〇〇年。

第2章 日本経済の歩み

江戸時代に経済発展の基礎を築いた日本は、明治維新を経て「殖産興業」を進め工業国となった。第二次世界大戦では大きな損害を被ったが、高度成長を実現し先進国の仲間入りを果たした。一九七〇年代の石油危機による混乱を乗り切って輸出大国となったが、八〇年代後半に膨張したバブルが九〇年代に入って崩壊すると、長期にわたって低迷した。この章では、江戸時代からバブル崩壊までの日本経済の歩みについて概観する。

第1節　戦前の経済発展

1　江戸時代の経済社会

江戸時代の幕藩体制は、経済面では著しい地方分権のシステムであった。当初、藩による自給自足を前提として経済が営まれていたため、小さな藩でもさまざまな産業を一通りそろえていた。江戸時代中期にかけて全国に広がる市場と物資の流通網が形成され、地域間の競争が活発化して特化が進み、現代に至る特産品の主要な産地が姿をあらわした。現在のことばでいえば、経済のグローバル化が進行したのである。

近代の日本経済の発展の基盤は、さかのぼれば江戸時代に築かれていたとみることができる。第一に、教育水準の高さがあげられる。寺子屋が普及し、読み書きや算術が教えられていた。その数は明治維新（一八六八年）の頃までに一万六〇〇〇を上回っていた（文部省『日本教育史資料』一八八三年）。藩士の子弟の教育を目的として設立された藩校も二百数十校に達していて、一般庶民へ門戸が開かれている場合も少なくなかった。次に、交通網の整備があげられる。陸運については、参勤交代にともなって五街道や脇街道の道路網が整備された。海運についても、年貢米を商品集積地大坂（現在の大阪市）や消費地江戸に回送するために一七世紀後半には東廻り航路や西廻り航路が開通していた。

こうしたなかで産業の発展も著しかった。農業については、もともと狭い田畑で労働集約的な耕作が行われており、自然の循環を最大限に活かして草や人糞を用いた堆肥が使われる程度であった。しかし、金肥や農機具の普及、品種改良へのたゆまぬ努力、幕府や藩による大規模な灌漑設備の建設と新田開発など、当時の技術革新を駆使することによってコメを中心として大幅に生産が増加していった。製造業では、酒や醤油などの醸造業、綿織物や絹織物などの繊維産業が発展し、全国に産地が形成されていった。また、鉱業も幕府や諸藩によって金、銀、銅、鉄などの鉱山開発が進められた。商業の発展も顕著で、海運の発達にともなって、全国から年貢米や諸産物が大坂に集まり、盛んに取引が行われた。一八世紀初頭には大坂で世界初の先物取引市場がコメについて機能していたほどである。

一八五四年の日米和親条約をもって、日本は二〇〇年以上続いた鎖国に終止符を打ち、開国を迎えた。当時の主な輸出品は、生糸が圧倒的なシェアを占めており、それに次いで茶が多かった。また主

金肥

干鰯（ほしか）、油粕など金銭を支払って手に入れる肥料のこと。

な輸入品は綿織物や毛織物などの繊維製品や鉄砲であった。茶はその後、アジア各地のプランテーション生産に対して競争力を失うが、生糸は明治に入ってからも、主要輸出品として外貨の稼ぎ頭であった。

❷ 明治初期の制度改革

明治政府は欧米諸国へのキャッチアップを図るべく、一連の改革を推進した。廃藩置県（一八七一年）による中央集権化、徴兵制の導入（七三年）や秩禄処分（七六年）による武士階級の解体、地租改正（七三年）による政府税収の確保等は、江戸時代までの封建的な社会を近代経済社会へと移行させるための大改革である。また、教育面では学制（七二年）を公布して近代教育制度を構築した。それまでは教育水準に地域的な偏りがあったが、義務教育を施すことによって、全国的に最低限の教育水準を確保しようとした。

こうしたなか、明治政府は「殖産興業」を旗印に欧米の近代的な経済制度の導入、新産業の育成に着手した。政府は、官営の模範工場を設立し、鉱山、造船、製鉄、製糸、紡績などの諸産業にわたって直営工場の経営に乗り出すとともに、いわゆる「お雇い外国人」を雇って技術の導入・普及に努めた。

また、国立銀行条例（七二年）によって銀行制度を導入し、産業資本を供給しやすくした。さらに、交通・通信網の整備を進めた。商品の輸送の中心をなしていた海運については、大手の船会社に手厚い保護を与えた。鉄道についても、新橋—横浜間の鉄道開通（七二年）を皮切りに敷設が進められ、一九〇〇年頃までにはほぼ全国の幹線が開通した。通信手段としては、それまでの飛脚に代わる制度として電信（一八六九年）、郵便（七一年）、電話（九〇年）が事業化された。

地租改正

土地の所有者を確定し、地価を定めて地券を公布し、地価の三％を地租として納入させるもの。それまで物納だった地租を金納とした。地価の三％は当時の収穫米代価の約三分の一に相当し、かなりの重税だった。

国立銀行

国立の名はあるが、実態は私立銀行である。アメリカのナショナル・バンク（国法銀行）を国立銀行と誤訳したためとみられる。国立銀行は一八七九年までに一五三行設立され、それぞれ銀行券（紙幣）を発行した。

松方財政

一八八〇年代に大蔵卿松方正義によって実施された一連の財政政策。新税の創設・税率の引上げによる歳入増加、官費の節減などによる歳出削減を図り、そこで得られた財政余剰をもって、政府紙幣の償却と正貨による準備金積増しを行った。

金本位制

銀行券と一定量の金との交換を保証する通貨制度。通貨の量を金の量によって制限することにより、銀行券の乱発によるインフレを防止することに目的があった。

西南戦争（七七年）の軍費のために不換紙幣を乱発したことから激しいインフレが起こり、それを終息させるため、松方正義によって財政緊縮が進められた（松方財政）。財政上の理由もあって、官営工場が政商とよばれる民間企業に売却された。これらの政商は、後に財閥となった。八二年には日本銀行が設立され、八五年より銀兌換の銀行券が発行されるようになり、事実上の銀本位制となった。以降、日本銀行は銀行券の発行を独占することとなり、国立銀行は普通銀行に業態転換した。松方財政は八二～八五年にかけて厳しい不況をもたらしたが、通貨・公債市場の信用回復、金利・賃金の低下は投資機会を拡大させた。さらに銀本位制をとっていたため、銀の価値が金に対して低下するにともなって、通貨価値が金本位制の国の通貨に対して下落したことから、輸出が増大した。こうして、以後の経済発展の基盤が形成されていった。

❸ 工業化の進展

日本の工業化は、一八八〇年代半ばから二〇世紀初頭にかけて本格的にはじまった。前記のような新技術の導入やインフラ整備が工業化を先導したが、工業化を支えた農業部門の役割も忘れてはならない。第一に、工業化に不可欠な資本の供給である。関税自主権がなく関税収入が限られていたこともあって、農地からの地租が政府の歳入の大部分を占め、政府による産業基盤整備の原資となった。また明治初期には農地の売買が自由化され、地主・小作制が一般化したが、とくに不在地主が小作人から徴収した地代の多くは農業へ再投資されずに近代産業に投資された。第二に、農村の余剰労働力が近代産業や都市のサービス業などで拡大する労働需要を満たした。第三に、農村家内工業として生産された生糸・絹が一九二〇年代まで輸出総額の半分を占め、近代産業発展に不可欠な外貨を稼いだ。小作農にとって、生糸での稼ぎは小作料の対象にならなかったから、養蚕は副業として最適だった。

綿紡績業では、大型輸入機械の導入によって機械化が進み、近代的な綿紡績工場が次々に開業した。そこでは、農村の余剰労働力であった女性が大量に雇用された。また、鉄鋼業でも、官営八幡製鉄所が設立され、長期にわたる試行錯誤の結果高品質の鉄鋼製品の製造に成功し、鉄鋼の国内生産が本格的に行われるようになった。

日清戦争（一八九四〜九五年）の賠償金をもとにして、日本は欧米諸国と同様に金本位制を確立した。日露戦争後、関税自主権の完全回復（一九一一年）が実現し、国内産業の保護措置もとられるようになった。

続いて第一次世界大戦（一四〜一八年）期には、輸出の急増により、造船・製鉄を中心に重化学工業が著しい発展を遂げた。戦争による世界的な船舶不足により、海運業は一気に世界市場に進出し、日本は一大海運国となった。この間日本は債務国から債権国へ転じた。

しかし、その反動で、大戦終了後から深刻な戦後恐慌に陥った。その後、関東大震災（二三年）、金融恐慌（二七年）、世界恐慌（二九年）、三〇年の金解禁にともなう昭和恐慌へと経済は停滞色を濃くした。経済の停滞が長引くなかで、財閥への産業資本の集中がいっそう進んだ。

日本経済は一九三〇年代になって、低金利、円安、財政支出の拡大を柱とした高橋財政によって不況から脱出し、鉄鋼、自動車などの重化学工業分野で新興財閥が急成長を遂げた。一方、世界経済はブロック化を進め、貿易は縮小均衡の様相を呈した。中国との戦争をはじめた日本は、石油等の資源を求めて四〇年代に入り「大東亜共栄圏」を掲げて南進政策をとるが、これは列強の対日経済封鎖を強めることとなった。三一年の満州事変以降、政府は経済統制を強め、戦争遂行のために資源を軍需産業に集中させたが、資源・労働力の不足により生産活動は停滞した。

金輸出禁止・解禁

日本も一九三〇年一月、一七年以来禁止していた金の輸出を解禁した。政府は金解禁で物価を下げ、国際競争力の回復を図ることを意図していた。しかし、為替相場の実勢は実質円高であり、さらに旧平価で金解禁が行われたため事実上の円切上げとなった。輸出は不振となり、物価は暴落し、解禁後二年足らずの三一年一二月に再度輸出を禁止した。

第2節　戦後復興と高度成長

1 戦後の経済改革

日本経済は第二次世界大戦によって大きな損害を受けた。その大きさは、人については、死者一八五万人、負傷・行方不明者六八万人、国富については、平和的国富（非軍事ストック）の二五％と推計されている（経済安定本部総裁官房企画部調査課編『太平洋戦争による我国の被害総合報告書』一九四九年）。

鉱工業生産も大幅に減少し、敗戦直後は戦前の一〇分の一、その後も三分の一前後の水準で推移した。供給力が低下するなかで食料や鉄道輸送サービスへの補助金や所得移転などによって政府支出が増大し、それを日本銀行による通貨増発でまかなったため、激しいインフレが発生した。

生産力を増強するため、「傾斜生産方式」が導入された。限られた資源で石炭と鉄鋼を集中的に増産し、増産された石炭と鉄鋼を使って他の産業を振興しようとした。これを資金面から支えるため、復興金融金庫が設立され、重要産業への重点的な資金供給が行われた。

戦後のインフレを終息させたのは、一九四九年春に占領軍経済顧問として来日したジョゼフ・ドッジによる「ドッジ・ライン」であった。超均衡予算の策定、価格調整補給金の抑制、復興金融金庫の融資停止などの需要抑制策によってインフレはようやく終息したが、経済は著しい不況に陥った。また、四九年四月には一ドル＝三六〇円の単一為替レートが設定され、貿易取引の正常化が図られた。

この時期には、経済の民主化を図るため、企業の競争環境、農業の生産体制、雇用環境の面で、戦後経済の枠組みを規定する重要な構造改革が行われた。独占禁止法及び過度経済力集中排除法が制定

価格調整補給金

鉄鋼業などで、製品価格を製造原価が上回るときにその差額を政府が補助するもの。物価安定化と重要物資増産を狙うものだが、財政赤字の原因になる。ドッジ・ラインで廃止された。

農地改革

一九四五年一二月の占領軍「農地改革に関する覚書」に基づき、①

（四七年）され、財閥が解体された。農地改革（四五年）が行われ、農地の多くがそれまでの小作農家に売り渡された。また、労働改革が実施され、労働組合法（四五年）、労働関係調整法（四六年）、労働基準法（四七年）の労働三法が制定されて労働者の地位向上が図られた。また、教育の機会均等を目的とした教育改革（四七年）が行われ、義務教育が六年から九年に延長された。四九年にはカール・シャウプを中心とした財政専門家チームの勧告（シャウプ勧告）により税制改革が行われ、所得税等の直接税を中心とした税体系が整備された。

2 戦前の経済水準の回復と国際社会への復帰

ドッジ・ラインの採択によってインフレは終息したものの、一転して不況に陥った日本経済は、朝鮮戦争の勃発（一九五〇年）による朝鮮特需を機に復興が進み、五二年には実質国民総生産が戦前水準（三五年水準）にまで回復した。

朝鮮戦争により日本の産業界にはアメリカ軍から毛布、トラック、鋼材などの資材の大量の発注が舞い込み、輸出が急拡大した。この朝鮮特需が去った五二～五三年においても、日本経済は国内需要主導で拡大を続けた。鉄鋼（ストリップ・ミル）、造船（電気溶接）、化学肥料、重電機などの主要業種では、外国技術の導入を進めて技術的遅れを取り戻し、国際競争力を強化しようと設備投資が盛り上がった。所得の向上にともなって消費も拡大し、自動車、合成繊維、弱電部門などでも新技術が導入され、自立的成長への基礎を固めた。政策的にも、企業合理化促進法（五二年）により、重要産業の近代化設備に対する特別償却制度が設けられたほか、日本開発銀行、日本輸出入銀行、中小企業金融公庫が新設され、長期信用銀行制度が整備されるなど、政府資金の活用と長期資金供給への道が開かれた。

不在地主の保有分はゼロ、在村地主の保有分を一町歩（約一ヘクタール、北海道は例外的に四町歩）として、それ以上のすべての小作地を政府が買い取ったうえで小作人に安く売却すること、②残りの小作地については、小作権の安定、小作料の金納化と料率上限（田は二五％、畑は一五％）設定が実施された。

朝鮮特需

朝鮮における国連軍の作戦にともなう物資とサービスの需要（狭義の特需）。連合軍の将兵及び家族の日本における消費等を加えた広義の特需をみると、一九五〇～五三年の「四年間で二三～二四億ドルとなり、貿易外総収入の七〇％以上、外貨総収入の三〇％以上を占めた」（『昭和財政史―終戦から講和まで』第三巻）。

国際社会との関係に目を向けると、外交面では、日本は五一年にサンフランシスコ講和条約に署名して、独立と国際社会への復帰の道が開かれ、五六年には国際連合に加盟した。経済面では、五二年にはＩＭＦ（国際通貨基金）及びＩＢＲＤ（国際復興開発銀行＝世界銀行）に、五五年にはＧＡＴＴ（関税及び貿易に関する一般協定）に正式加盟した。

3 高度成長期の日本経済

戦後の混乱からの復興を約一〇年で終え、日本経済はいわゆる高度成長の過程に入っていった。一九五五年から七二年を高度成長期とすると、この間の実質経済成長率は年平均九・三％にも達する。高度成長が実現した背景としては、需要面と供給面の両面から、それぞれ次のような要因を指摘することができる。

需要面からみると、設備投資、個人消費、輸出が成長をリードした。第一に、「投資が投資を呼ぶ」と評されたように設備投資が拡大した。当時はいずれの産業も生産能力が小さかったため、ある産業の設備拡大は他の産業の設備拡大の誘因となり、設備投資が連鎖的に拡大した。第二に、「三種の神器」（白黒テレビ、洗濯機、冷蔵庫）や３Ｃ（自動車、クーラー、カラーテレビ）などの耐久消費財が急速に普及したことにより、個人消費が牽引力を発揮した。第三に、設備の近代化と技術革新の積極的な導入によって生産コストが低下し品質が向上したことから国際競争力が高まり、輸出が拡大した。固定為替レートが維持され、実質的に円安ぎみとなったことも輸出の拡大に寄与した。

供給面からみると、技術、資本、人的資源のそれぞれが成長力を高めた。第一に、欧米諸国との間に技術水準の差があり、海外からの活発な技術導入が技術進歩を支えた。設備投資の増大は、設備に体化した新たな技術の導入を促した。第二に、貯蓄率の上昇が投資の拡大を可能にした。第三に、労

ＩＭＦ

International Monetary Fund（国際通貨基金）。①通貨に関する国際協力の促進、②為替の安定促進、③多角的支払制度の樹立を目的として、一九四五年一二月発効の「国際通貨基金協定」に基づいて設立された。第二次世界大戦後の国際通貨体制の中心となってきた。

ＧＡＴＴ

General Agreement on Tariffs and Trade（関税及び貿易に関する一般協定）。一九四七年に二三カ国が締結、四八年に発効した通商協定。関税その他の輸入障壁の軽減ないし撤廃と貿易における差別待遇の廃止を目的とし、最恵国待遇や内国民待遇、数量制限禁止などの原則を掲げる。ＷＴＯ（世界貿易機関）の発足（一九九五年）

働力人口の増加率が高く、また、農村から都市へ大量の人口が移動したことが人的資源の投入を量的に支えた。教育水準が急速に高まり、投入される人的資源の質も向上した。

中長期的な成長期待が高まり、消費者は所得の増加を前提として支出をするようになった。企業も多少無理をしても設備投資を推し進め、市場のシェアを確保することが合理的な戦略となり、企業間のシェア競争が激化して投資ブームに拍車をかけた。

高度成長期にも日本経済は何回かの景気循環を経験した。なかでも神武景気（五四～五七年）、岩戸景気（五八～六一年）、いざなぎ景気（六五～七〇年）は長期の景気拡大期として知られる。この時期、景気拡大の制約となったのは「国際収支の天井」であった。景気が拡大すると原材料などの輸入が増えて国際収支が赤字になる。固定為替レートを維持するために厳しい金融引締め政策がとられ、設備投資が停滞して景気は後退に向かう。国際収支が改善に向かうと引締め策も緩和され、ただちに国内需要が回復し、景気は短期間で拡大に転じた。国際収支悪化のために成長を抑えざるを得ない「国際収支の天井」という状況は六〇年代前半まで続いた。しかし、いざなぎ景気の際には、国際競争力が高まったため、もはや国際収支の天井は問題ではなくなり、景気の過熱を防止するための金融引締めが景気後退のきっかけとなった。

一方、高度成長期には、厳しい不況も経験した。昭和四〇年（一九六五年）不況は当時「戦後最大の不況」とよばれ、大企業でも破綻するものがあらわれた。「証券恐慌」とよばれるように大手証券会社のひとつであった山一證券も倒産の危機に見舞われて日銀から特別融資を受けた。税収が落ち込んだため、政府は戦後初の赤字国債の発行を余儀なくされ、ドッジ・ライン以来の均衡財政・公債不発行主義は終焉する。その後経済はすぐ高成長に戻ったが、建設国債は毎年発行され続けた。

に際して、それまでのGATT体制のもとで作成された各種文書や締約国団による決定なども包括し、WTO協定に含まれることとなった。

国際収支

国際収支統計は、一定期間における一国のあらゆる対外経済取引を体系的に記録した統計。居住者と非居住者との間で行われる取引の内容に応じて、経常収支、金融収支、資本移転等収支に分けて計上される（第11章参照）が、ここでは、財貨・サービス・所得の取引や経常移転を記録した経常収支をさしている。

赤字国債・建設国債

国債は国が財政赤字をまかなうため発行する債券。日本では財政法四条により、公共事業や出資金など資本勘定にあてる場合のみ例外的に発行が認められており、「四条債」、一般的には「建設国債」とよばれる。それ以外の経常勘定の赤字は認められないので、毎年度特例法を立法して国債を発行しており、「特例債」、一般的には「赤字国債」とよばれる（第4章参照）。

OECD

Organization for Economic Co-operation and Development（経済協力開発機構）。第二次世界大戦後欧州の復興、経済協力を推進してきたＯＥＥＣ（欧州経済協力機構）を、

4 開放経済への移行

戦後、一九五〇年代までは、日本は貿易収支が常に赤字で、外貨獲得に苦労していた。このため日本の貿易財産業は海外との競争から保護されてきた。輸入、外国為替取引、対内直接投資が厳しく規制されていた。工業製品については、高い関税が課せられたことに加え、輸入数量制限、輸入に必要な外貨の割当制度などの非関税措置が輸入の障壁となっていた。

一九六〇年代に入ると、輸出が増え貿易収支が次第に黒字化するようになるにともない、国の内外から貿易自由化を求める圧力が強まった。五九年には、日本の対米輸出が急増し、アメリカの日本に対する輸入制限撤廃要求が高まり、ＩＭＦやＧＡＴＴの場でも自由化促進の機運が高まった。他方、国内では開放経済体制への移行に対する不安は強かった。しかし、安価な原材料を自由に輸入できるようになるなどの理由から、自由化を積極的に受け入れようとする動きも出てきた。

六〇年に政府は貿易為替自由化計画大綱を作成し、開放経済化を進めた。また、六三年にはＧＡＴＴ一一条国（国際収支上の理由で輸入制限ができない国）、六四年にはＩＭＦ八条国（国際収支を理由として為替管理を行えない国）に移行し、同年、資本の自由化が要件として義務づけられていたＯＥＣＤにも加盟を果たした。こうして自由貿易体制のメリットを活用する道が開かれたのである。

5 経済成長と産業構造変化

高度成長の過程で、産業構造も大きく変化した。高度成長をリードしたのは製造業部門であり、一九五〇年代後半～六〇年代前半には鉱工業生産は年率で一三・九％という高い伸びを示した。五五年

途上国への援助問題など新たに生じた世界の経済情勢変化に適合させるため改組、一九六一年九月に発足した国際機関。加盟国の雇用、生活水準の向上、為替・金融の安定、貿易・資本の自由化、途上国援助、最近では環境問題、エネルギー問題など広範な問題に取り組んでいる。二〇二一年八月時点で三八カ国が加盟。先進国クラブと呼ばれることもある。

から七〇年の間に名目GDPに占める第一次産業の割合は一九％から六％に低下し、代わって第二次産業の占める割合は三四％から四三％に上昇した。就業構造をみても、同期間において就業者数に占める第一次産業の割合は四一％から二〇％に大きく低下し、第二次産業の占める割合は二五％から三五％に上昇した（表2－1）。第二次産業のなかでは、製造業の比率が大幅に高まったが、そのなかでも重化学工業の伸びが顕著であった。

戦後まもなくの日本は、天然資源に乏しく、資本も不足し、技術も欧米先進国に後れを取っており、豊富なのは安価で優秀な労働力のみだったので、もっぱら労働力に頼った軽工業品（労働集約的工業品）の生産を得意分野としていた。実際、当時の日本の貿易構造は、労働集約的な工業製品（食品、繊維、木製品、おもちゃ、単純な機械類など）を輸出して外貨を稼ぎ、原材料や最低限の資本財（企業が使う機械設備やその部品）、技術集約的な製品を輸入する、という「加工貿易」と呼ばれる構造であった。

しかし、経済の得意分野は長期的には変化する。日本経済も次第に資本を蓄積し、外国から導入した技術をさらに発展させることにより、資本集約的、技術集約的な分野の生産、輸出を得意とするようになる。鉄鋼、化学製品、家庭用電気製品などが次々に輸出産業に加わっていったのである。

6 キャッチアップ過程としての高度成長

高度成長持続の要因の一つは、日本経済が欧米先進工業国へのキャッチアップ過程にあったことであった。企業は、新技術、新商品や企業の経営手法（ビジネス・モデル）などを先進国から導入することによって、短期間、低コスト、低リスクで新たなビジネスをスタートできた。こうした「後発の利益」により、経済全体としても低コスト・低リスクで経済発展を実現することができた。戦後復興

②就業構造の変化（就業者数）（%）

暦年	1906	1920	1940	1955	1960	1970	1980	1990	2000	2010	2019
第1次産業（農林水産業）	61.8	54.0	43.6	41.3	32.9	19.7	12.9	8.8	5.8	4.5	3.8
第2次産業	16.1	21.3	25.6	24.9	30.4	35.3	33.5	33.0	28.4	24.3	22.7
鉱業	0.9	1.6	1.8	1.2	1.1	0.5	0.3	0.2	0.1	0.1	0.0
製造業	12.7	16.8	20.8	18.4	22.3	26.7	23.1	23.2	18.7	15.6	15.6
建設業	2.4	2.9	3.0	5.3	7.0	8.1	10.1	9.6	9.6	7.6	7.0
第3次産業	22.2	24.7	30.7	33.8	36.7	45.0	53.6	58.2	65.7	72.2	73.6
卸売・小売業	10.8	9.4	11.7	12.2	13.8	16.0	17.7	17.2	17.2	17.5	15.3
金融・保険業		0.5	0.7	1.6	1.7	2.4	3.0	3.3	2.7	2.5	2.4
不動産業	—	—	—	0.1	0.2	0.6	1.0	1.5	1.6	1.5	1.7
運輸・通信業	2.7	3.9	4.1	4.4	4.8	5.5	5.8	5.6	7.7	8.6	8.5
サービス業	—	—	—	9.3	12.8	16.5	21.6	26.5	32.4	38.2	42.0
公務	—	2.0	3.5	4.9	2.8	3.2	3.7	3.3	3.2	3.0	2.9
電気・ガス・水道業	—	—	—	1.3	0.6	0.7	0.8	0.8	0.9	0.9	0.9
合計	100	100	100	100	100	100	100	100	100	100	100

（注）1. 1906～1940年は梅村又次ほか著『労働力』（大川一司ほか編『長期経済統計――推計と分析』第2巻），東洋経済新報社，1988年.
1955年及び1960年は内閣府「長期遡及主要系列　国民経済計算報告」，内閣府経済社会総合研究所，2001年.
1970年以降は内閣府「国民経済計算」により作成（70年は68SNA，80年及び90年は93SNA，2000年以降は08SNAベース）.
2. 1940年以前と1955年以降，及び1990年以前と2000年以降の産業分類は，概念上必ずしも一致しない.
3. 1955～1990年の「電気・ガス・水道業」は，「政府サービス生産者」のうち「電気・ガス・水道業」を含む.
4. 1955～1990年の「サービス業」は，「政府サービス生産者」のうち「サービス業」及び「対家計民間非営利サービス生産者」を含む.
5. 2000年以降の「サービス業」は，「宿泊・飲食サービス業」「専門・科学技術・業務支援サービス業」「教育」「保健衛生・社会事業」及び「その他のサービス」の和.
6. 2000年以降の「運輸・通信業」は，「運輸・郵便業」と「情報通信業」の和.
7. 四捨五入により，それぞれの足上げが各産業合計，総合計と一致しない場合がある.

表2-1　経済構造の変化（構成比）

①産業構造の変化（付加価値：名目）（%）

暦　年	1885	1900	1920	1940	1955	1960	1970	1980	1990	2000	2010	2019
第1次産業（農林水産業）	45.2	39.4	30.2	18.8	19.2	12.8	5.9	3.5	2.4	1.5	1.1	1.0
第2次産業	14.7	21.2	29.1	47.4	33.7	40.8	43.1	36.2	35.4	29.2	25.5	26.0
鉱業	0.8	1.8	3.4	2.7	1.9	1.5	0.8	0.5	0.2	0.1	0.1	0.1
製造業	10.7	15.0	20.6	37.0	27.5	33.8	34.9	26.9	25.7	22.4	20.8	20.5
建設業	3.2	4.5	5.0	7.7	4.4	5.5	7.5	8.8	9.5	6.7	4.6	5.4
第3次産業	40.2	39.4	40.7	33.8	47.0	46.4	50.9	60.3	62.2	69.3	73.4	73.0
卸売・小売業	—	—	—	—	10.3	11.4	13.9	14.5	12.8	13.0	13.4	12.7
金融・保険業	—	—	—	—	3.9	3.5	4.1	5.1	6.7	5.0	4.8	4.1
不動産業	—	—	—	—	5.4	7.4	7.8	8.6	9.4	10.8	12.3	11.8
運輸・通信業	2.5	3.7	6.5	4.9	7.0	7.3	6.7	6.1	6.4	7.1	7.3	7.5
サービス業	—	—	—	—	14.1	11.1	12.9	17.8	19.4	25.1	27.5	28.8
公務	3.2	2.8	2.5	2.8	3.8	3.2	3.3	4.9	4.4	5.0	5.1	5.0
電気・ガス・水道業	—	—	—	—	2.4	2.6	2.2	3.2	3.1	3.3	2.9	3.1
合　計	100	100	100	100	100	100	100	100	100	100	100	100

（注）1. 1885～1940年は大川一司ほか著『国民所得』（大川一司ほか編『長期経済統計——推計と分析』第1巻），東洋経済新報社，1974年.
1955年及び1960年は内閣府「長期遡及主要系列　国民経済計算報告」，内閣府経済社会総合研究所，2001年.
1970年以降は内閣府「国民経済計算」により作成（70年は68SNA，80年及び90年は93SNA，2000年以降は08SNAベース）.
2. 1940年以前と1955年以降，及び1990年以前と2000年以降の産業分類は，概念上必ずしも一致しない.
3. 1955～1990年の「電気・ガス・水道業」は，「政府サービス生産者」のうち「電気・ガス・水道業」を含む.
4. 1955～1990年の「サービス業」は，「政府サービス生産者」のうち「サービス業」及び「対家計民間非営利サービス生産者」を含む.
5. 2000年以降の「サービス業」は，「情報通信業」のうち「情報サービス・映像音声文字情報制作業」「宿泊・飲食サービス業」「専門・科学技術・業務支援サービス業」「教育」「保健衛生・社会事業」及び「その他のサービス」の和.
6. 2000年以降の「運輸・通信業」は，「運輸・郵便業」と「情報通信業」のうち「通信・放送業」の和.
7. 四捨五入により，それぞれの足上げが各産業合計，総合計と一致しない場合がある.

を終えた日本経済は、欧米先進国に追いつくことを目標に高成長を続けた。日本の経済社会発展の目標が明確に与えられていたのである。

経済成長という共通目標を効率的に達成するために、日本政府や産業界は、政府によるリーダーシップのもと、市場での競争に一定の歯止めをかけつつ、企業間の協調を促した。第一に、政府主導で成長戦略を策定した。政府は、「経済計画」により望ましい経済発展の姿や政策の優先順位を民間部門に示し、官民が中長期の経済発展ビジョンを共有することを目指した。その代表は、一九六〇年に決定された「国民所得倍増計画」であり、計画期間一〇年間で国民所得を実質で二倍にする、という明快な目標を打ち出した。また、「産業政策」と呼ばれる特定の重要産業を振興するための税制面や金融面の優遇措置（租税特別措置や低金利での貸付など）等の政策を実施した。第二に、独占禁止法を弱体化させ、カルテルなど企業の協調行動を可能にした。競争制限的な各種の政府規制も活用した。金融機関に対しては、互いに競争しないように規制しつつ弱い金融機関を助ける「護送船団行政」により、金融システムを安定化しつつ、企業への資金の安定的供給を図った。第三に、いわゆる「日本的」経済システムが、合意形成と協調の促進に貢献した。高度成長期には、企業グループの存在、長期雇用システム、メインバンク制など、長期安定的な取引慣行が確立していった。これらの制度慣行は第二次世界大戦直前から戦中にかけて原型が作られたと考えられているが、戦後も生き残り、欧米へのキャッチアップ過程でとくに有効に働いた。

こうした競争制限的、協調的なシステムが維持される一方で、鉄鋼、自動車、流通などの産業では、政府や産業界リーダーの意向に必ずしも沿わない企業が新規参入や設備投資を行い、成長を遂げた。また貿易財産業では海外との競争は熾烈で、そうしたなかで競争力を高めた企業が成長した。このように、市場での競争と協調的な合意形成システムとが絶妙なバランスを保ったのが高度成長期で

「日本的」経済システム

日本経済に特徴的といわれる、長期安定的な取引関係の維持を特徴とする制度・慣行。①「系列」、株式持合いにみられる企業グループの存在、②年功賃金、長期雇用に代表される雇用システム、③メインバンク等の金融仲介システム、などが代表的。先進国に追いつくべく各企業、個人、政府が目標を共有しているときには有効に働くと考えられる。

あったといえよう。

7 経済社会の変貌

高度成長のもとで、日本の経済社会にはさまざまな構造変化がみられるようになった。

まず、労働力の需給が、一九六〇年頃から逼迫するようになった。賃金水準は著しく上昇し、企業規模別・年齢別の賃金格差も縮小した。しかし、非製造業の生産性上昇率は製造業のそれを大きく下回っていた。このように、生産性に格差があるにもかかわらず、賃金格差の縮小が進んだことは、非製造業のアウトプットの価格の上昇につながり、生産性上昇率格差インフレーションの要因となった。製造業の生産物を中心とする卸売物価が安定しているなかで、サービスなど非製造業のアウトプットを多く含む消費者物価は六〇年頃から年五％程度の上昇が続いた。

国民生活においては耐久消費財が普及し、「消費革命」とよばれた消費生活の変化が起こった。一億総中流意識が形成されたのもこの頃である。

経済インフラをみると、六四年に東海道新幹線が、六五年には名神高速道路が全線開通するなど整備が進められた。道路網の整備と自動車の普及により、モータリゼーションが進み、物流の根幹を担うのは鉄道から自動車となった。

他方で、高度成長の歪みが顕在化した。生活関連のインフラ整備は立ち遅れ、農村から都市への人口移動により、都市の人口過密、地方の過疎が進み、地域間格差が問題となった。また、四大公害病をはじめとして、全国で公害問題が深刻化していた。このため、六七年に公害対策基本法が制定され、七一年に環境庁が設置されるなど本格的に公害行政が推進されるようになった。社会保障制度をみると、六一年に国民年金制度が発足し、国民皆年金・皆保険が実現している。

生産性上昇率格差インフレーション

高度成長期の日本で特徴的にみられたインフレの形態。重化学工業などの成長産業では、労働需給の逼迫による賃金上昇を労働生産性の伸びで吸収できるので物価が上がらないが、生産性の上がりにくい軽工業、流通、サービスなどの生活関連産業では賃金上昇を価格に転嫁せざるを得ず、結果として卸売物価が安定するなかで消費者物価が上がり続ける現象。

四大公害病

水俣病、新潟水俣病、イタイイタイ病、四日市ぜんそく。

第3節　石油危機と成長率の低下

❶ 円切上げと変動相場制への移行

高度成長は、ニクソンショックと第一次石油危機という二つの外的ショックを契機に終焉を迎えた。

一九六〇年代後半の経済拡大のなかで、日本の国際競争力は次第に強化され、経常収支黒字が定着するようになった。一方アメリカは経常収支赤字が続き、ドルに対する信認が揺らいで国際通貨不安が高まった。

七一年八月、アメリカは金とドルの交換を停止し、ドルの固定相場制を放棄した（ニクソンショック）。このため主要国の通貨は一時的に変動相場制となったが、一二月にスミソニアン協定が結ばれて、各国は新たな為替レートで固定相場制に復帰した。ドルは金に対して約七・九％切り下げられ、円はドルに対して約一六・九％切り上げられて一ドル＝三〇八円となった。

しかしアメリカの経常収支赤字は縮小せず、通貨投機など国際通貨の動揺が繰り返された。結局七三年二月、各国は変動相場制に移行した。

❷ 石油危機

円切上げもあって日本経済は一九七一年には不況に陥ったが、七二年に入ると大型の内需拡大政策がとられ、景気は拡大に転じた。経常収支の大幅黒字、外貨準備の増大、金融緩和の推進にともない多額の過剰流動性が生じていたなかで、田中角栄内閣の日本列島改造論（第3章参照）を背景に大型

スミソニアン協定

一九七一年一二月に、ワシントンDCのスミソニアン博物館で先進国の一〇カ国蔵相会議（G10）が開かれ、国際通貨の多角的調整が行われて、新たな為替レートでの固定相場制復帰が合意された。

予算が組まれたため、急激なインフレが進行した。人々のインフレ期待も高まり、土地、株式等の資産の価格が大幅に上昇した。国際的にも、ドルの流出による過剰流動性の傾向が強まり、各国経済が拡大するなかで需要インフレ基調が強まった。

こうした状況のもと、七三年一〇月に始まった第四次中東戦争を引き金として第一次石油危機が発生した。石油輸出国機構（ＯＰＥＣ）は原油価格を一挙に四倍に引き上げるとともに、供給量を削減した。石油供給を完全に輸入に依存する日本はとくに大きな影響を被り、物価急騰、景気後退、経常収支の赤字化のトリレンマ（三重苦）に見舞われた。物価は前年比二〜三割の上昇を示し、「狂乱物価」とよばれる状態が出現した。七四年の実質経済成長率は▲一・二％と戦後初のマイナス成長に陥った。輸入物価の上昇による交易条件の悪化、世界的な景気後退による輸出の落ち込み、インフレを終息させるための厳しい引締め措置のためである。また、石油輸入金額が急増し、七四年度の経常収支は赤字となった。日本のみならず、世界的にも成長率が落ち込み、インフレが高進した。また、ＯＰＥＣ以外の各国では経常収支が悪化した。

日本経済を立ち直らせるには、異常なインフレを終息させることが先決とされた。公定歩合（第5章参照）の九％への引上げなど強力な総需要抑制政策が実施され、灯油、トイレットペーパー等の一部品目の価格統制も行われた。これらの措置により、物価上昇率は七四年春をピークに低下し、経常収支も改善に向かった。景気も七五年初を底として回復に転じ、その後は金融緩和、財政支出の増加などもあって拡大を続けた。

七八年秋には、イランの政情不安をきっかけに世界的に石油需給が逼迫し、第二次石油危機が発生した。石油価格は二・四倍になり、日本経済はふたたびトリレンマに見舞われた。しかし、第一次石油危機のあと官民をあげて省資源・省エネルギー型の経済社会を築いてきたことや、賃金上昇率やマ

第一次石油危機

一九七三年一〇月に勃発した第四次中東戦争において、中東産油国は、石油の生産削減とイスラエル支援国への石油輸出禁止を用い、また石油輸出国機構（ＯＰＥＣ）は大幅な価格引上げを行った。おりから世界経済の拡大により石油需給は逼迫していたため、原油価格は四倍にはね上がった。

第二次石油危機

一九七八年一一月のイラン・イスラム革命にともない、イランによる石油輸出全面禁止が二カ月にわたって実施された。これを契機に石油輸出国機構（ＯＰＥＣ）は原油価格を二・四倍に引き上げた。

ベビーブーム世代
第二次世界大戦後の一九四七～四九年に生ま

ネーサプライの伸びが比較的安定していたことから、第二次石油危機が日本経済に与えた影響は第一次石油危機よりも軽微であり、他の主要国と比べても日本は比較的良好なパフォーマンスを保った。

3　中成長軌道への過程

二度にわたる石油危機を乗り切る過程で、高度成長は終焉し、日本経済は成長率五％程度の中成長経済へと移行した。

こうした成長率の屈折はなぜ生じたのであろうか。ニクソンショックによる円高や石油ショックによる資源・エネルギー価格の上昇に原因を求める議論もある。確かに、円高は輸出を抑制する要因である。しかし、輸出の成長への寄与は、高度成長期に比べ、中成長経済へ移行した後にむしろ高まっている。また、エネルギー価格の上昇は、所得が産油国に移転することによって国内需要を停滞させるとともに、それまでの石油依存型の経済構造が非効率なものとなることから、成長率を低下させる。しかし、こうした影響は短期的な性格のものであると考えられる。また、第一次石油危機のときには成長率が大きく低下したが、第二次石油危機のときには成長率の低下が小さかった。さらに、一九八〇年代に入って石油価格が安定ないし低下しても成長率はもとに戻らなかった。したがって、円高や資源・エネルギー価格の上昇は、中長期的な成長率の屈折のきっかけ、または一要因だとしても、その主因とはいえない。

成長率の屈折は、それまでの高度成長を支えてきた諸条件が失われたことによるものであると考えられる。第一に、耐久消費財や住宅などの需要が充足されてきた。七〇年代半ばには、冷蔵庫、洗濯機、カラーテレビの普及率が九割を超え、自動車も多くの家庭で所有されるようになった。また、住宅の数も世帯数を上回るに至り、住宅の量的な不足感が解消されてきた。第二に、七〇年代以降、労働力人口の伸びが低下した。人口の伸びの低下に加えて、ベビーブーム世代の労働力人口への参入が終わった。また、農村の余剰労働力が都市に移動して労働力となるという流れも止まった。第三に、技術、所得水準、産業構造、労働者の熟練などの面での、他の先進国との格差がなくなってきた。七〇年代前半までの日本経済は、先進国にキャッチアップする過程にあり、これらの格差を埋めることで高度成長を実現した。そのキャッチアップ過程が終わり、高度成長も終わったのである。

こうしたなかで、日本経済を新たな成長へと導く動きが芽生えていった。第一に、生活の質的向上へのニーズが高まり、消費生活のサービス化・ソフト化が進んだ。第二に、国際化が進んだ。自動車、産業機械、精密機械等の機械産業の生産性が高まり輸出が拡大した。商品貿易（モノ）以外の分野（サービスやヒト、カネ）でも国際的な移動が増加した。八〇年には外国為替管理法が原則自由の方針のもと抜本的に改正された。金融の国際化は、公社債市場の発達等とあいまって金融の自由化を促すこととなった。第三に、資源エネルギー問題が強く人々に認識されたことで、省エネルギー・省資源への取組みが進んだ。そうしたなかで、六五年に商業用発電が始まった原子力発電は、七〇年代に入って相次いで新しい発電所が操業を開始していった。

一方、財政面では、第一次石油危機後の経済停滞のなかで大幅な赤字が発生して、大量の国債が発行され、その残高が累増するようになった。また、大幅な財政赤字に対処するため、八一年度を財政再建元年としてシーリング制度により厳しい歳出抑制が進められる一方、第二臨調が発足し（八一年三月）、行政機構や制度の見直しが行われた。

れた、人数の多い世代。「団塊の世代」ともよばれる。この世代の子どもが多い一九七一～七四年生まれの「団塊ジュニア世代」と区別するため、四七～四九年生まれを一次、七一～七四年生まれを二次と呼ぶこともある。

シーリング制度

歳出削減のため、各省庁の大蔵省（現財務省）への予算概算要求額に上限枠をはめるもの。

第二臨調（土光臨調）

第二次臨時行政調査会の略。一九八一年から八三年まで設けられた行政改革のための調査・審議機関で、会長は土光敏夫。歳出抑制、許認可事項の削減、三公社（国鉄、電電公社、専売公社）の民営化などを答申した。

第4節　経済成長の減速と制度疲労、バブルとその崩壊

1 経常収支黒字の累積と円高の進行

高度成長の結果、日本は経済大国となり、その経済活動が諸外国に与える影響も大きくなった。そのため、高度成長期のように海外に自由に販路を拡大することは難しくなり、貿易摩擦が激化した。

アメリカは、一九七〇年代にとくに悪化したスタグフレーションに対処すべく、八一年からレーガノミックスと呼ばれる金融引締めと財政拡大の政策ミックスを採用したが、その結果、金利が大幅に上昇し、ドル高が生じた。アメリカ経済が膨大な「双子の赤字」（財政赤字と経常収支赤字）を抱えるなかでのドル高、高金利は、世界経済の大きな不安定要因となった。

日本の経済力の向上を背景に、七〇年代前半以降、日本の「集中豪雨的な」輸出が問題にされ、繊維、鉄鋼、テレビ、自動車などの輸出が次々に自主規制を余儀なくされた。八〇年代前半には、日本の市場の閉鎖性に焦点が当てられるようになった。そのため政府は市場アクセスの改善を図ったが、次第に日本の経済構造そのものが輸入や対内直接投資を阻害しているとして、改革を求める国際的圧力が強まっていった。

八五年九月、ドル高是正に向けた合意（プラザ合意）がなされたことをきっかけに、急速にドル高の修正が進んだ。円はそれまでの一ドル二五〇円前後から八七年末には一二〇円台へと急上昇した。輸入品と競合する企業は深刻な状況に直面した。他方、輸出企業も円高のために輸出不振に陥ったが、懸命の合理化努力を続け国際競争力を維持した。

スタグフレーション

低成長とインフレの共存。アメリカは一九六〇年代後半から、ベトナム戦争を遂行するなかで、国内の福祉充実を実現する政策をとったため、物価と賃金が慢性的に上昇するようになり、七〇年代を通じて経済の停滞とインフレに悩まされた。

輸出自主規制

輸入国が自国産業を保護するため輸入を規制するのではなく、輸出国に要請して輸出を抑制させること。日本は一九七〇年代から八〇年代にかけ、繊維、鉄鋼、テレビ、自動車などで対米輸出の自主規制を余儀なくされた。

2 内需主導型の景気拡大とバブルの生成・崩壊

円高不況に対応し、貿易摩擦とさらなる円高を回避するため、輸出主導ではなく内需主導の成長を目指すことが求められた。そのため、金融が大幅に緩和された。公定歩合は五回にわたって引き下げられ、一九八七年二月には当時の史上最低水準である二・五%まで低下した。一方、八〇年代後半を通じて、財政は緊縮的に運営され、基礎的財政収支（第4章参照）は改善を続けた。八九年四月には消費税が税率三%で導入され、日本の租税制度は直接税主義から大きく転換する。

こうした政策の結果、八〇年代前半の輸出主導の景気拡大と異なり、八〇年代後半に入ると内需が景気回復を主導した。乗用車や美術品を含む高額商品の消費が活発化し、企業も対外直接投資を増大させつつ内需転換を強め、設備投資も本格的な増加局面に入った。

金融緩和のもとで、株価は大幅に上昇した。東京が世界の金融センターとしての地位を高めるとの期待が先行し、東京の地価が急上昇し、全国に波及した。「土地は値下がりしない」という土地神話がそれに拍車をかけた。資産価格の上昇は、資産効果を通じて内需の拡大に寄与した。一方、株価、地価は金融環境、収益環境から乖離して急上昇し、バブルが発生した。この時期の金融資産や実物資産への過剰投資と景気の過熱は「バブル経済」とよばれる。東京都の都心の地価はバブル前の四～五倍となり、平均株価も四倍程度に跳ね上がった。東京市場に上場される株式の時価総額はニューヨーク、ロンドン市場を上回って、世界最大の株式市場といわれた。

人々は経済の将来にきわめて楽観的になり、金融機関は建設・不動産業などに対して不動産を担保に巨額の貸出しを行い、企業は銀行や証券市場から巨額の資金を調達して生産、雇用を拡大した。また、オフィスビル、ショッピングセンター、ホテル、リゾート施設など商業用不動産投資をはじめとする設備投資や海外投資を急拡大させた。家計も大型消費、住宅投資に熱心になり、日本経済全体が熱に浮かれたように膨張していった。しかしそれは当然ながら持続性のあるものではなかった。

株価は八九年末に、また地価も九〇年に最高値をつけて下落に転じた。いわゆるバブル崩壊のはじまりである。バブル期にも金融緩和を続けていた日本銀行が九〇年になって政策を転換し、金利を急速に引き上げた。さらに地価上昇を抑えるため大蔵省（現在の財務省）が銀行の不動産向け貸出に総量規制を始めた。こうした政策転換がバブル崩壊の引き金を引いた。

資産価格の低下は消費、住宅投資、設備投資をそれぞれ抑制する影響がある。バブルの過程で家計も企業も資産と負債を両建てで増加させていったが、資産価格が下落に転じたため、過剰な債務が残る「バランスシートの悪化」が顕在化した。バブル崩壊の後遺症としての企業の過剰設備、過剰雇用、過剰債務、そして金融機関にとっての不良債権は、その後暫く日本経済の成長阻害要因となった。

3 バブルの生成・崩壊と日本型経済システム

バブル崩壊後、日本経済が長期的に低迷するなかで、一九八〇年代までの日本経済の良好なパフォーマンスの要因であると評価されてきた日本型経済システムが、いくつかの問題を持っていることが明らかになってきた。バブルの発生と崩壊、ならびにバブル崩壊後の経済の低迷と日本型経済システムはどのような関係があるのだろうか。

八〇年代後半のバブルは、直接的にはプラザ合意以降の円高に対応するための内需拡大策によって引き起こされた。しかし、日本型経済システムの特徴である間接金融主体の金融システムがバブルの生成を助長し、バブル崩壊後の処理を長引かせた面もある。八〇年代後半には、企業は土地を担保にして融資を得ようとし、銀行は土地を担保にすることによって融資の安全性を確保しようとした。こ

クレジットクランチ
信用収縮。金融機関が融資の量を縮小したり、条件を厳格化したりすることによって、金融が逼迫すること。わが国でも、バブル崩壊後の不良債権問題や銀行の自己資本比率規制の強化を背景として、2000年前後にクレジットクランチが生じた。

うして銀行の土地担保融資規模が拡大し、それを原資とした投機が拡大した。投機による資産価格の上昇は担保となる土地の価値を高め、資金供給がさらに増大してバブルが自己増殖的に拡大した。バブル崩壊後は、間接金融中心の金融システムであったため、企業のバランスシート調整、銀行の不良債権の累増が生じ、その後のクレジットクランチや金融不安の発生につながった。また、長期継続性を重視する日本型経済システムのもとで銀行は企業の存続を図ろうとするため、不良債権の最終処理が遅れた。さらに、長期雇用を前提とする日本型雇用慣行のもとで賃金の抑制や非正規雇用の拡大が生じ、デフレが加速した。

バブル崩壊後の経済停滞は戦後のキャッチアップ型高度成長をもたらした日本型の経済システムが、安定成長や経済の成熟化に見合ったものに転換できていないことを示唆している。日本型経済システムは高度成長期にはうまく機能していたが、それは日本がキャッチアップ型の高成長を続けていたからである。七〇年代にはすでに高度成長は終わり、日本型経済システムが持つ問題点があらわれはじめていたと考えられる。しかし、七一年からの円高、そして第一次石油危機などの「危機」克服のため、日本型経済システムはふたたびその威力を発揮し、日本は世界に誇る省資源・省エネ経済を築き、競争力を高めることに成功した。また、バブル期には高成長が実現し、すべてがうまくいっているように見えた。日本的経済システムこそが経済的繁栄の理由だとさえ考えられていた。その裏側で、構造的な課題は見逃され、企業や個人が自らの選択と自己責任で将来を切り開いていくという経済社会へと転換するタイミングを逸してしまった。

ところが、バブルが崩壊し、経済的パフォーマンスが悪化すると、日本型システムの問題点が一挙に表面化し、それが経済停滞の原因だとする議論が高まった。間接金融のもとではリスクマネーの供給が行われにくく、ベンチャー企業が生まれにくい。長期継続的な企業関係を重視した経営では変化する経済環境に機動的に対応することが難しい。また、終身雇用や年功賃金を前提とする雇用制度のもとでは優秀な人材が成長分野に集まらない。こうした日本型経済システムの問題点が指摘されるようになった。キャッチアップ期と異なり、不確実性が高いなかで、企業は自らリスクをとって選択し競争することが重要になる。戦後の日本経済を特徴づけた、長期安定的取引を特徴とする日本的経済システムも、より市場メカニズムや自由な競争を中心とするシステムに変わっていかなければ、かえってその後の経済発展を阻害する要因になりかねないと考えられるようになったのである。

参考文献

梅村又次ほか編著『日本経済史』全八巻、岩波書店、一九八八–九〇年。

大蔵省財政史室編『昭和財政史――終戦から講和まで』第三巻、東洋経済新報社、一九七六年。

岡崎哲二・奥野正寛編『現代日本経済システムの源流』日本経済新聞社、一九九三年。

経済企画庁編『経済白書』各年版。

経済企画庁編『戦後日本経済の軌跡――経済企画庁五〇年史』大蔵省印刷局、一九九七年。

小浜裕久・渡辺真知子『戦後日本経済の五〇年――途上国から先進国へ』日本評論社、一九九六年。

小峰隆夫『日本経済の構造変動――日本型システムはどこに行くのか』岩波書店、二〇〇六年。

橘木俊詔編『戦後日本経済を検証する』東京大学出版会、二〇〇三年。

内閣府編『経済財政白書』各年版。

西川俊作ほか編著『日本経済の２００年』日本評論社、一九九六年。

野口悠紀雄『新版　一九四〇年体制――さらば戦時経済』東洋経済新報社、二〇〇二年。

野口悠紀雄『戦後日本経済史』新潮社、二〇〇八年。

浜野潔ほか編著『日本経済史　一六〇〇～二〇一五　歴史に読む現代』慶應義塾大学出版会、二〇一七年。

林雄二郎編『日本の経済計画――戦後の歴史と問題点』日本経済評論社、一九九七年。

南亮進『日本の経済発展』（第三版）、東洋経済新報社、二〇〇二年。

第3章 日本の経済政策

第1節 経済政策の目的と分類

❶ 経済政策の目的

市場経済では、消費者は自分の満足度が最大になるように商品やサービスを購入する。一方、企業は、消費者の希望に合いそうな商品やサービスを市場に提供することで利潤を最大にしようとする。こうした消費者の需要と企業の供給が、価格によって調整されることを市場メカニズムという。しかし、市場メカニズムは常にうまく働くとは限らない。そうした場合に、目的をもって公的な介入を行うのが政府の役割であり、政府による市場への介入を経済政策という。

経済政策の目的には、「効率性」と「公平性」の改善があり、これに加えて「安定化」があげられる。

「効率性」とは、資金、労働、土地などの資源をできるだけ有効に利用して行われる経済活動の生産性を意味する。市場メカニズムが完全に働けば、パレート最適という意味で効率的な状況が実現するが、現実には十分に働かないことも多い。

「公平性」は、経済活動の成果である所得や生産物を、社会構成員の間でいかに配分するかに関す

パレート最適

誰かの満足度を改善しようとすると他の誰かの満足度を低下させざるを得ないような状態。ウィン・ウィンの改善をやり尽くした状態であるが、一般的には複数存在し、そのうちのどれが望ましいかについては、効率性の観点のみで決めることはできない。

表3-1　**第二次世界大戦後の日本の景気循環**

	谷 →	拡張期		山 →	後退期	
第 1 循環			〈朝鮮特需ブーム〉	1951年 6月	4カ月	
第 2 循環	1951年10月	27カ月	〈投資・消費ブーム〉	1954年 1月	10カ月	〈昭和29年不況〉
第 3 循環	1954年11月	31カ月	〈神武景気〉	1957年 6月	12カ月	〈なべ底不況〉
第 4 循環	1958年 6月	42カ月	〈岩戸景気〉	1961年12月	10カ月	—
第 5 循環	1962年10月	24カ月	〈オリンピック景気〉	1964年10月	12カ月	〈証券不況〉
第 6 循環	1965年10月	57カ月	〈いざなぎ景気〉	1970年 7月	17カ月	—
第 7 循環	1971年12月	23カ月	〈列島改造ブーム〉	1973年11月	16カ月	—
第 8 循環	1975年 3月	22カ月	〈安定成長景気〉	1977年 1月	9カ月	—
第 9 循環	1977年10月	28カ月	〈公共投資景気〉	1980年 2月	36カ月	—
第10循環	1983年 2月	28カ月	〈ハイテク景気〉	1985年 6月	17カ月	〈円高不況〉
第11循環	1986年11月	51カ月	〈平成景気〉	1991年 2月	32カ月	〈第一次平成不況／複合不況〉
第12循環	1993年10月	43カ月	〈さざ波景気〉	1997年 5月	20カ月	〈第二次平成不況〉
第13循環	1999年 1月	22カ月	〈IT景気〉	2000年11月	14カ月	〈第三次平成不況／デフレ不況〉
第14循環	2002年 1月	73カ月	〈小泉景気〉	2008年 2月	13カ月	〈世界同時不況〉
第15循環	2009年 3月	36カ月	—	2012年 3月	8カ月	—
第16循環	2012年11月			2018年10月*		

（注）＊は暫定.
（出所）内閣府景気動向指数研究会.

るものである。どのような配分が公平であるかについては、努力や貢献に応じた分配を重視する考え方もあるし、結果としての平等をより重視した考え方もある。前者の考え方に基づく政策は、経済の効率性を重視する反面、格差を拡大させる懸念がある。また、後者の考え方に基づく政策としては、社会保障制度による所得再分配があげられるが、一部の人々への過度な所得移転をともなう政策は、負担する人々のやる気を削いでしまう可能性がある。

　効率性と公平性のどちらをどの程度重視するかは、国によって異なり、各国の制度や文化的な要因に大きく左右さ

景気循環
経済活動が拡張と縮小を繰り返す変動のこと。拡張のピークを山、縮小のボトムを谷という。

れる。このように経済政策は国の基礎的な枠組みにも関わっている。

これらの効率性と公平性の目的に加えて、景気の変動を「安定化」させることも経済政策の重要な目的である。表3－1にあるように、日本は第二次世界大戦後、一五回の景気の波を経験してきており、二〇二一年夏現在は一八年一〇月の山をピークとする一六循環目の景気後退局面にいる。景気変動があまりに大きくなると、失業問題の深刻化や消費の萎縮などを招いてしまう。そのため、不況期にはたびたび景気対策が講じられている。なお、景気の安定化が目指す完全雇用と物価の安定の実現は、突き詰めれば効率性や公平性の課題としてとらえることができるはずである。しかし、安定化とこの二つの目標との関係が十分に解明されていないことから、安定化は経済政策の三つ目の目標として通常位置づけられる。

2 「市場の失敗」と「政府の失敗」

民間の活動に政府が介入するのは、市場メカニズムがうまく機能しない場合である。こうした状況は広く「市場の失敗」とよばれる。市場の失敗にはさまざまな原因がある。第4章では、公共財の供給が過小になることや、外部性の問題を説明しているが、このほかに、賃金などの硬直性、寡占や独占の弊害、動学的な資源配分の非効率性（第12章参照）などの理由がある。

こうした市場の失敗を是正するための政策を、政府は適切に実施することができるのであろうか。残念ながら必ずしもできるとは限らず、他方で「政府の失敗」が起こる。たとえば、政府の規模が過度に拡大したり、あるいは、政府が一部の人々や産業に偏った保護を与える規制を行うのは、政府の失敗といえる。

政府の失敗はさまざまな事情で生じる。第一に、政府が必ずしも十分な情報を持っていない場合である。たとえ企業などの当事者が正しい情報を持っていても、何らかの思惑からそれを政府にありのまま伝えないこともある。第二に、科学技術の発達や経済の複雑化にともない、政策立案に必要となる専門知識を、もっぱら関係業界からの入手に依存してしまう場合である。第三に、利権への配慮や忖度などの影響で政策がゆがめられる可能性である。

これらの問題を解消しようと、国会では、議会の下部組織の委員会で一部の議員が専門的審議を行う方式も採用されたが、いわゆる族議員として、業界寄りの政策をつくるという弊害も生まれた。また、政府が外部の有識者を招いて専門的事項についての意見を求めるという審議会方式も、政府の意に沿う専門家を中心に組織すれば、本来のチェック機能を果たさず、形骸化する。

3 「マクロ経済政策」対「構造政策」

経済政策はマクロ経済政策と構造政策に大別される。マクロ経済政策は、景気の安定化を目指して総需要を調節しようとするものであるのに対し、構造政策は、競争政策や規制の適正化、さらには民営化・市場化などによって資源配分の効率性を高め、経済の体質を改善しようとするものである。マクロ経済政策の効果が比較的短期間で発現することが期待できるのに対し、構造政策の効果があらわれるには時間がかかる場合が多い。

経済の安定化を目的とするマクロ経済政策も、資源配分を変化させることで、生産性に影響を与える。たとえば、道路や鉄道のようなインフラ整備は経済の供給力を増強し、資源の地域配分のパターンに影響を及ぼす。また、政策金利の変更は投資や消費の水準を変化させる。もっとも、景気が悪くなり政府が需要を追加するということを繰り返すと、かえって民間の自助努力を減退させ、日本経済の体質を弱めるという問題もある。

民営化

公的機関が行ってきた事業を民間企業が行うようにすることで、これまで国鉄、道路公団、郵政公社などの例がある。

市場化

それまで公的主体が行っていた事業に、民間企業の参入の可能性を認め競争入札などによって最も優れた者が事業を行うようにすること。官民競争入札とも呼ばれる市場化テストが二〇〇六年から実施されているが、官が落札することもある。

新自由主義

市場の機能や自由競争を重視し、政府による介入は最小限にすべきとする考え方。ネオリベラリズムともいう。

他方、構造政策の失敗が大きな危機を招くことがあることにも注意が必要である。二〇〇八年のリーマンショックや日本の一一年の原発事故は、世界を震撼させ経済活動に甚大な悪影響を及ぼしたが、それぞれアメリカの金融規制や日本のエネルギー産業への規制の失敗を背景に引き起こされたといえよう。

これまでの日本の経済政策運営が、マクロ経済政策と構造政策のどちらを重視してきたかは、その時々の首相や政権党の考え方、緊急対応を行う必要性の程度、さらには経済学や経済政策に関する世界的な潮流の影響を受けてきた。先進諸国の経済政策は、一九八〇年代から始まった新自由主義の考え方を基礎に、市場メカニズムを活用する政策へと一旦は収斂した。しかし、その後のリーマンショックや今回の新型コロナウイルス感染症への対応では、景気悪化が深刻であったことから、各国は積極的にマクロ経済政策を実施した。

4 「財政政策」と「金融政策」

マクロ経済政策には財政政策と金融政策があると整理するのが普通である。しかし財政政策の機能は、上述のように、また第4章で説明するように、安定化だけではない。金融政策も時として安定化以外の目的で使われることもある。そのため、安定化に焦点を当てて「マクロ安定化政策」という言葉が使われることもある。

財政政策は、国や地方自治体が所管し、予算執行や税制を通じて実施される（第4章参照）。公共事業の増額や減税の実施は、短期的には景気にプラスに働くが、国や地方自治体の収支は悪化する。また、国が財政投融資を活用して低利融資を行うことで需要の拡大を促すこともある。財政政策のうち需要を調整するために、政府が財政支出や税制を変更することは裁量的財政政策とよばれる。一方、所得税制や失業保険などの制度は経済の安定に寄与する機能を有しており、これが有効に働くこともある。この機能はビルトイン・スタビライザー（自動安定化機能）とよばれる（第4章参照）。

金融政策は、日本銀行の所管である（第5章参照）。金融政策の目的は、「物価の安定を図ることを通じて国民経済の健全な発展に資する」（日本銀行法第二条）とされており、雇用や景気は明示的には含まれていない。ただし、金融政策は「政府の経済政策の基本方針と整合的なものとなるよう、常に政府と連絡を密にし、十分な意思疎通を図らなければならない」（日本銀行法第四条）とされている。政府との関係で留意されるべき点は、中央銀行の独立性である。バブルの発生と崩壊（第5章参照）という大きな経済変動の経験を踏まえて、一九九七年に日本銀行法が改正（九八年施行）され、日本でも政府とは独立に金融政策を運営することになった。かつては、日本銀行は政府の監督権限のもとにあり、新聞に報道された公定歩合引上げの動きについて大蔵大臣（当時）が白紙撤回させると発言したこともあった。中央銀行に対する政府の影響力がこのように強すぎると、政府からの金融緩和圧力に屈して金融政策が過度に緩和的となり、インフレやバブルをもたらし、経済成長の持続性が損なわれることが、多くの国の経験から明らかとなっている。九七年の改正では、独立性を担保するため九人の委員から構成される政策委員会による金融政策の決定が行われることになった。金融政策決定会合の要旨を速やかに公表するなど透明性や市場との対話を重視した運営がされている。こうした変化は、他の先進国の、中央銀行の動きとも連動している。

5 財政政策と金融政策の有効性

経済の安定化を図るうえで財政政策と金融政策のどちらが有効かについては、その時々の経済状況やその国の経済制度に依存する。

第一に、財政支出の増加によって金利が上昇し、民間の投資をクラウドアウトしてしまう場合には、財政支出の効果は抑制される。そのため、同時に金融政策を実施し、金融緩和策によって金利上昇を抑制することが求められる。

第二に、人々の貨幣への選好が高く、貨幣供給を増やしても人々が貨幣を手元で保有してしまい、金利が低下しない場合には、金融政策の効果はなくなる（第5章参照）。また、金融緩和によって金利を引き下げることができたとしても、民間の設備投資が金利に反応しない場合には、金融政策の効果はなくなる。

第三に、為替市場、国際金融市場の枠組みによっても影響を受ける。一般的に、為替レートが固定相場制か変動相場制（第11章参照）かによって、財政政策と金融政策の効果はかなり異なると考えられている。変動相場制のもとでは、財政支出の増加が金利の上昇を通じて通貨の上昇を招きやすく、これが輸出を抑制するので、景気刺激効果は限定的になる。一方、変動相場制のもとでの金融緩和は金利の低下を通じて通貨安をもたらしやすいので、輸出の増加につながり、景気刺激効果が大きくなる。日本でもこの考えがある程度浸透し、財政赤字が累積していることもあり、景気対策面での財政に対する期待はかつてより弱くなっていると考えられる。

そのほか、国債の中立命題や非ケインズ効果（第4章参照）も勘案する必要がある。

以上のことから、財政政策と金融政策については、その時々の経済情勢からその有効性を判断したうえで実施することが求められる。

6 「横断的構造政策」と「分野別構造政策」

構造政策の内容はさまざまであるが、横断的構造政策と分野別構造政策に分けることができる。

国債の中立命題

減税が行われても将来それに見合う増税が予想されるので、減税は需要拡大効果を持たないとする考え方。バローによって精緻化（第4章参照）。

横断的な政策の例は、競争政策やデフレ以前の物価政策で、幅広い分野を対象としたものである。横断的な政策は行政組織の面でも縦割り型の省ではなく、内閣府や旧総理府の外局などが担当してきた。また、さまざまな産業に適用されるという意味では、労働政策や社会保障政策も横断的な性格を持っている。

一方、個別分野の政策は、農業は農林水産省、製造業は経済産業省、教育は文部科学省、医療・介護は厚生労働省というように所管官庁の関与が強いという特徴を持っている。

なかでも、個別分野の規制や制度は、経済効率以外に、安全・公平・安定など分野ごとの目的を持つものが多く、そうした観点と経済効率とをどう両立させるか、あるいは、両者間の比重の置き方をどの程度とするかが、しばしば問題になる。比重の置き方は業界と消費者でも異なり、当該業界が安全・公平・安定などを重視する傾向が強いのに対し、消費者は価格の安さなどの効率性を重視することも多い。また、制度変更の影響は当該業界に集中的にあらわれる一方で、消費者への影響は広く薄いことが多い。このため、両者の視点をバランスよく組み合わせていくための仕組みをどのようにつくるかも大きな課題である。後述の経済財政諮問会議はそうした課題に対する一つの試みであったといえよう。

7 昨今の政策論争：「需要側重視」か、「供給側重視」か

第1章でみたように、日本経済の長期停滞の要因についてさまざまな観点から議論されてきた。本章で議論した経済政策という視点からみると、需要側の問題か供給側の問題かという区分も有効であろう。

需要側の観点からは、デフレや将来の不透明感から、家計や企業が消費や投資を手控えているため

に需要不足に陥っているとの見方がある。そうした見方に立つ人々は、財政支出の増加や金融緩和政策を実施することにより需要増を促すことを主張する。なかでも、デフレこそが問題だとするいわゆる「リフレ派」は、インフレ目標を中央銀行が掲げ、人々のインフレ期待が高まるように積極的に非伝統的金融政策をとるべきだとする。しかしながら、現実の経済は、景気の拡大が続いていたにもかかわらず物価・賃金という点に限ると、リフレ派が期待したとおりの変化は生じていない。マネタリーベースを増やしてもマネーはそれに対応して増加していない。

一方、供給側の観点からは、無駄な公共事業や中小企業の保護政策などによって非効率な分野にヒトや資金が滞留しているとする資源配分の問題や、全要素生産性の伸びの低下が指摘できる。こうした見方に立てば、規制緩和やＦＴＡの締結、デジタル経済化などの構造政策により、効率的な分野に資源が移動したり技術革新が進んだりするような環境を整備していくことが必要ということになる。また、供給側の要因として、金融機関がバブル崩壊を受けて融資に慎重になっているとの指摘や、企業の投資行動が萎縮しており、リスクを冒してまで投資しようとしないコーポレートガバナンスに問題があるという指摘もある。

こうしたことを踏まえて経済政策のあり方を総合的に考えると財政・金融政策の効果の永続性は期待しにくいなかで、将来の経済成長率に関する人々の予想が低下していることが長引く停滞の背景にあると考えられる。日本の労働力人口の減少が見込まれるなかで一人当たりの生産性の引き上げが重要であろう。

第2節　統制経済からバブル経済に至る経済政策

1 開発主義の経済政策

この節と次の3節では、前節で整理した枠組みを用いつつ、日本の経済政策の変遷を簡単に振り返ってみよう。

戦後から高度経済成長期を経て、一九七〇年代までの経済政策は開発主義といわれ、経済成長を高めるために政府が市場に介入することを容認するものであった。市場への介入の方法は時期によって異なり、復興期にとられた統制経済では、政府による市場への直接的な関与が行われた。

終戦直後の経済政策は、統制経済を基本的な枠組みとし、石炭生産の回復とそれに必要な鉄鋼の増産を図るため傾斜生産方式がとられた。また、資金的な支援を行うため、復興金融金庫が設置された。傾斜生産方式は量的な回復の点では目的を達成したが、企業の生産性上昇のインセンティブを削ぎ、高率のインフレが発生するなどの副作用もあった。その後、東西冷戦が本格化したことからGHQは市場経済への移行を早急に進めるため、ドッジ・ラインを実施した。その結果、日本経済はデフレに苦しむことになるが、五〇年に勃発した朝鮮戦争の特需が発生し、状況は一転し景気拡大へと向かった。

五〇年初から七〇年代にかけては、戦後直後の直接的な介入に代わり、公的融資や税制等による誘導的な介入による経済政策に移行した。その時期に、日本輸出入銀行、日本開発銀行など政策金融機関が設立された。また、企業合理化促進法により設備投資や研究開発に対する補助金が導入された。これらの政策金融、税制優遇、研究開発補助は、現在でも産業政策の基本的な手段となっている。

傾斜生産方式
有沢広巳が発案したとされ、輸入量が制限されていた重油を、石炭と鉄鋼の生産に優先的に配分することで経済の復興を図ったもの。

GHQ
第二次世界大戦後、日本を占領した連合国が設置した総司令部。

ドッジ・ライン
一九四九年にアメリカから派遣されたジョゼフ・ドッジが実施した厳しい財政金融引締め政策（財政均衡と一ドル三六〇円の固定相場の維持）。その結果、高インフレは収まったが、日本経済は深刻な不況になった。

企業合理化促進法
鉄鋼、非鉄金属、石油・石炭など主要部門を特別償却の対象に指定した法律。

また、五五年には中長期の経済政策運営を定めた第一次経済計画が策定され、それ以降、経済計画は政策運営の基本方針、政策目標、手段を示すうえで大きな役割を果たした（第2章参照）。六二年には、初めての国土計画となる全国総合開発計画（全総）が策定され、「国土の均衡ある発展」の理念を掲げ、地域間格差の是正を図るための拠点開発が実施された。国土計画によって実現したインフラ整備が地域の生産性を高め、高度経済成長を支えた面もあるが、他方で、公共事業の地方優先配分による自民党の票田の確保に寄与するなど、「ばらまき」政治を結果的に後押しした面もあった。六九年の新全国総合開発計画（新全総）は田中角栄首相（当時）の日本列島改造論に取り込まれ、狂乱物価の下地をつくることになった。近年は、地方の非効率な社会資本投資への批判が高まったことから、二〇〇五年に国土総合開発法は全面改正され、全総は廃止された。

戦後の開発主義の経済政策は一部の民間企業にレントを発生させ、企業の政府への依存体質を強め、「日本株式会社」と揶揄されるような官民の協調体制を形成した面もある。しかしながら、一部の後進国でみられるほどの企業のレント追求行動や汚職の蔓延などにつながらなかったのは、製造業を中心に厳しい国際競争のなかで生産性向上に努め、官民をあげて輸出立国を目指したことが大きい。

2 プラザ合意後の金融政策への傾斜

一九八〇年代半ばの世界経済の関心は、アメリカのドル高と国際収支不均衡に集まっていた。国際収支の赤字と財政収支の赤字を抱えるアメリカは、いわゆる「双子の赤字」を解決するために、ドル高是正へと方針を転換した。そのための国際的な協調を図ったのが八五年九月のプラザ合意であった。その後、予想以上のスピードで円高が進み、国内では内需拡大の要請が強まった。当時の日本

日本列島改造論

田中角栄が掲げた地方分散を目指した政策。太平洋岸に立地する工業地帯を全国各地に分散させ、各地域を高速交通網で結び、地方の発展を目指した。

レント

狭義には地代を意味するが、より一般的には参入規制や、配給、割当てなどの資源の人為的配分・占有などによって生じる超過利潤をいう。

第二臨調（土光臨調）
第2章39ページの頭注参照。

日米構造協議
一九八九～九〇年に日米間で行われた協議。アメリカは商習慣なども含め日本市場の閉鎖性を指摘し改善を要求した。公共投資の増額も要求した。

は、第二臨調（土光臨調）以来の財政再建路線が敷かれていたことから、円高不況に対しても財政政策を小幅な支出増にとどめ、国内需要喚起と為替レート安定化のために、もっぱら金融政策で対応した。八七年には、日銀は、公定歩合を当時の史上最低の水準である二・五％まで引き下げ、そのまま八九年まで維持した。

この時期に金融緩和に傾斜したマクロ経済政策を行ったことが、後のバブルの背景となった。政府は、急激な円高を安定させるために外為市場で円売りドル買い介入を行ったが、介入によって民間に流れた資金が土地や株価などの投機に向かったためバブルが発生した。さらに、八〇年代の金融自由化措置により大企業が資本市場を通じて資金を直接調達できるようになったため、金融機関が優良な貸出先を失い、リスク査定も不十分なまま土地を担保とした貸出しを中小企業へ積極的に行ったこともバブルに拍車をかけた（第2章参照）。

こうした状況であったにもかかわらず、日銀は金利の引上げを行うことができずにいた。それは、物価が安定していたことに加え、八七年に生じたアメリカでのブラック・マンデーによって株価が暴落していたためである。資産価格の上昇を抑えるために、八九年に、日銀が金利の引上げを行ったときには、すでにバブルは膨張し、タイミングを逸していた。

3 後回しとなった構造政策

バブルの熱狂に浮かれ、日本経済への過剰な自信が国内に生まれるなかで、日本が取り組むべき構造政策は後回しとなった。日本市場の閉鎖性が、アメリカの貿易不均衡是正のための日米間協議で指摘され、一九八九年に開始された日米構造協議では国内流通、高地価、系列などの取引慣行、政府規制などが問題とされた。経常収支の不均衡は貯蓄率や財政収支などのマクロ経済的要因にも依存する

前川レポート
前川春雄元日銀総裁を座長として作成された報告書。規制や政府介入の撤廃と対外市場開放を提唱し、輸出主導型経済から内需拡大によって転換すべきとした。

問題であるが、アメリカから指摘された日本の国内市場の閉鎖性の是正が必要であったことも事実であった。八六年の「前川レポート」は内需拡大と市場アクセス改善のため、民間活力活用、地価抑制、地方の社会資本整備、労働時間短縮と消費充実、製品輸入拡大、金融・資本市場自由化、規制緩和などの多くの提言を行った。しかし、バブル景気が油断を生み、こうした取組みへの構造政策面での対応は遅れた。

第3節　バブル崩壊以降の経済政策の変遷

1 バブル崩壊後のマクロ経済政策と構造政策

一九九一年にバブル景気が終わり、日本は平成不況に突入する。いわゆる「失われた一〇年」あるいは、「失われた二〇年」の始まりである。企業、家計が大規模なバランスシート調整を迫られたという点で、原油高などの供給ショックや需要不足を原因とする通常の不況とは異なるものであった。裁量的財政政策と金融政策の効果は限定的であったことから、構造政策や非伝統的な金融政策が採用された。

当時の政策対応は、「バブル崩壊～一九九七年」「九七年のアジア通貨・金融危機～二〇〇〇年」そして「二〇〇〇年～〇八年のリーマンショック」までの三つの時期に分けて考えることができる。

バブル崩壊から一九九七年までの間は、裁量的な財政支出と金融緩和によるポリシーミックスが実施され、七回にわたる経済対策の事業規模は総額七〇兆円に上った。金融政策面では、公定歩合の引下げが九一年七月以降順次実施され、九五年九月には〇・五%の水準まで大幅に引き下げられた。

その後、九五年から九六年にかけていったん景気が回復したため、強気の政策が実施された。すなわち、九七年四月に消費税の引上げ（三％から五％）を含む九兆円の国民負担増が実施され、また、財政規律を図るため同年一一月に財政構造改革法が制定された。

しかし、九七年夏に発生したアジア通貨・金融危機と同年一一月の山一證券の自主廃業を契機とした金融不況により、経済は混迷を深め、九〇年代半ばには、デフレ不況へと突入していく。経済の急速な悪化を抑えるために九八年から二〇〇〇年にかけて五回にわたり総額六〇兆円の経済対策が実施された。また、金融政策では、金利水準が順次引き下げられ、九九年二月にはゼロ金利政策が実施されるという新しい局面を迎えた（第5章参照）。

こうした大規模な政策対応によって景気の底割れを防ぐことはできたもののデフレは解消されなかった。二〇〇一年に発足した小泉純一郎政権は、マクロ経済政策の方針を大きく転換した。「改革なくして成長なし」とのスローガンを掲げ、財政規律の回復を目指すとともに、規制改革、不良債権の処理、税制改革、郵政の民営化などを柱とする構造政策を実施した。そのとき、政策運営の司令塔になったのは、民間から起用された竹中平蔵経済財政政策担当大臣と、〇一年の行政改革で内閣府に設置された経済財政諮問会議である。

規制緩和を進めるため、〇二年には従来の規制改革委員会を総合規制改革会議に格上げし、〇四年度までの期間で一〇〇〇以上の規制改革を実施した。なかでも、構造改革特区を創設し、地域の発案による特定地域内での規制緩和を実施した。当時の政策運営が、ケインズ的財政政策から脱却し、市場機能を重視した新自由主義的な政策であったとの評価をする見方が一般的であるが、同時に、金融機関への公的資金注入を通じて金融の安定化を重視した点も忘れてはならない。不良債権処理では、りそな銀行への公的資金の注入に加え、〇二年に「金融再生プログラム」を策定し、目標どおり三年

財政規律

国や地方自治体の歳入と歳出のバランスが保たれていること。

財政構造改革法

二〇〇三年度までに国及び地方公共団体の財政赤字の対GDP比を三％以下にすることを法律で明文化したもの。一九九七年に制定されたが、翌年末に停止された。

間で主要行の不良債権比率を半減させた。ようやく〇五年には金融システムは正常化に向かうことになる。

2 アベノミクスと菅・岸田両内閣

二〇一二年一二月に成立した第二次安倍内閣は、「三本の矢」を経済政策の柱とする、いわゆる「アベノミクス」を実施した。マクロ経済政策である金融政策では量的緩和政策を積極的に実施し、デフレからの脱却を経済政策の最優先に掲げた。また、公共事業を中心とする積極的な財政政策を数回にわたって実施した。

第一と第二の矢が需要に着目したマクロ経済政策であるのに対して、第三の矢である成長戦略は、供給面に着目した構造政策である。その中身はＴＰＰの推進、農協改革、企業のガバナンス改革、構造改革特区の指定による規制改革などである。

第三次安倍内閣で新たに打ち出した「新三本の矢」は、強い経済、子育て支援、社会保障の構築を三つの柱とし、従来のマクロ経済政策を維持した、構造政策についての追加的な措置であった。具体的には、非正規の待遇改善、長時間労働の是正、同一労働同一賃金、保育サービスの充実、幼児教育の無償化、介護人材確保などが決定された。

アベノミクスの経済効果については、評価が分かれる。国内経済をみれば、初期にはアベノミクスへの期待から株価が上昇し、金融政策によるインフレ期待から円安となった。その後も、世界経済の拡大に牽引され、一二年一一月を底に景気回復が緩やかに持続し、デフレから脱却しつつある。この点をとってみれば、アベノミクスは成功したという見方もできよう。

しかし、一方で批判的な見方も強い。一つの理由は、物価上昇率は日銀の目標に達しておらず、当

アベノミクス三本の矢

第二次安倍内閣で、大胆な金融政策、機動的な財政政策、民間投資を喚起する成長戦略、という三本の矢で経済再生を推し進めることを二〇一三年一月の所信表明演説で述べた。

アベノミクス新三本の矢

第三次安倍内閣の二〇一六年に打ち出した政策。目標数値としてGDP六〇〇兆円、合計特殊出生率一・八、介護離職ゼロを掲げた。

同一労働同一賃金

同じ質、同じ量の労働に対して、年齢、学歴、性別、雇用形態などの違いにかかわりなく同一額の賃金支払いを求める原則。

成長と分配の好循環
二〇二一年一〇月に発足した岸田内閣が目指す「新しい資本主義」を実現する方策として提唱されたもの。中間層の所得を引き上げ、消費を喚起することで次の成長につなげることを意味する。

初リフレ派が予想した展開にはならなかったことである。ベースマネーを増やせばインフレ期待が生じて実態経済の需要増につながるという見通しは実現しなかった（第5章及び第15章参照）。

二〇二〇年九月に成立した菅義偉政権は、マクロ経済政策では安倍政権の政策を引き継いだが、感染症対策への批判を受けて一年余りで退陣した。その後首相に就任した岸田文雄氏は、新自由主義から転換し、成長と分配の好循環を実現することを目指している。

第4節　国際経済政策の重要性の増大

経済活動のグローバル化にともない、国際的な取引が各国の経済にこれまで以上に大きな影響を与えるようになっている。こうした国際間の取引や移動に介入する政策を国際経済政策と呼ぶ。そのうち、国境を越えて取引される財・サービスの市場に、政府が直接介入するのが、貿易政策である。

また、国境を越えた財・サービスの取引にともない、国境を越えた資金の移動が発生する。この取引が行われるのが国際金融市場である。金融取引は、取り扱う資産の種類ごとに市場が形成されている。とくに、異なる通貨が売買されている市場が外国為替市場である。そこで決まる為替レートによって財・サービスの国際価格が左右されることから、為替レートの安定は重要な政策課題となっている。

さらに、近年、国際的に論争になっているのが、国境を越えた労働の移動である。その際、国による賃金に格差があることから、より高い賃金を求めて移動する労働者の行動に介入するのが移民政策である。

戦後、日本は、アメリカとの協調関係のもとで、自由主義経済のメリットを享受して成長を実現し、日本の姿はアジア諸国の模範ともされてきた。しかしながら、少子高齢化、国際競争力のかげり、そして、米中間の対立の強まるなかで、日本の行方は順風ではない。海外との経済的連携をいかに深めていくかが日本経済にとって重要な意味を持っている。

1 通商政策、とくにFTA政策

かつて主要国が自分の勢力範囲の周りに関税による障壁をめぐらし、経済のブロック化が起きたことが、第二次世界大戦につながったとの反省から、戦後の世界はＧＡＴＴやＷＴＯが中心となり、関税率引下げや輸入数量制限の撤廃等の貿易自由化を進めてきた。そして、「最恵国待遇」（すべての国に同じ貿易条件を適用すること、すなわち特定国からの輸入には関税を安くするといった措置を禁じる）と「内国民待遇」（輸入品を国産品と同等に扱うこと）という二つの原則のもとで東京ラウンド、ウルグアイラウンドなどの累次の多角的交渉が行われてきた。しかし、合意に至ることが次第に困難になり、二〇〇一年に始まったドーハラウンド（ドーハ開発アジェンダ）は二一年夏現在も合意の見込みが立っていない。こうしたなかで二国間または多国間での自由化（ＦＴＡやＥＰＡ）の動きが急速に進んできた。

ＦＴＡ（自由貿易協定）は、関税の撤廃や削減に関するものであり、ＥＰＡ（経済連携協定）は関税だけではなく、知的財産の保護や投資ルールの整備などを含めたものである。ＧＡＴＴでは、こうした協定を①実質上すべての貿易について関税等を廃止すること、②メンバー以外への関税等を引き上げないことなどの条件のもとに許容すると規定している。

日本はかつて、多角的自由化の原則に忠実であった一方で、農産品の関税撤廃に対する懸念が強かったことから、ＦＴＡには消極的な立場をとっていた。しかし、日本以外の国々の間でＦＴＡ経済

環太平洋パートナーシップ（TPP）協定

二〇一六年に、豪州、ブルネイ、カナダ、チリ、マレーシア、メキシコ、ニュージーランド、シンガポール、ペルー、アメリカ、ベトナム及び日本の一二カ国で署名。その後、アメリカが不参加を表明。現在、国内手続きが済んだ、豪州、カナダ、メキシコ、ニュージーランド、シンガポール、ベトナム、ペルー及び日本の八カ国で発効。

図3-1　貿易のFTA等比率

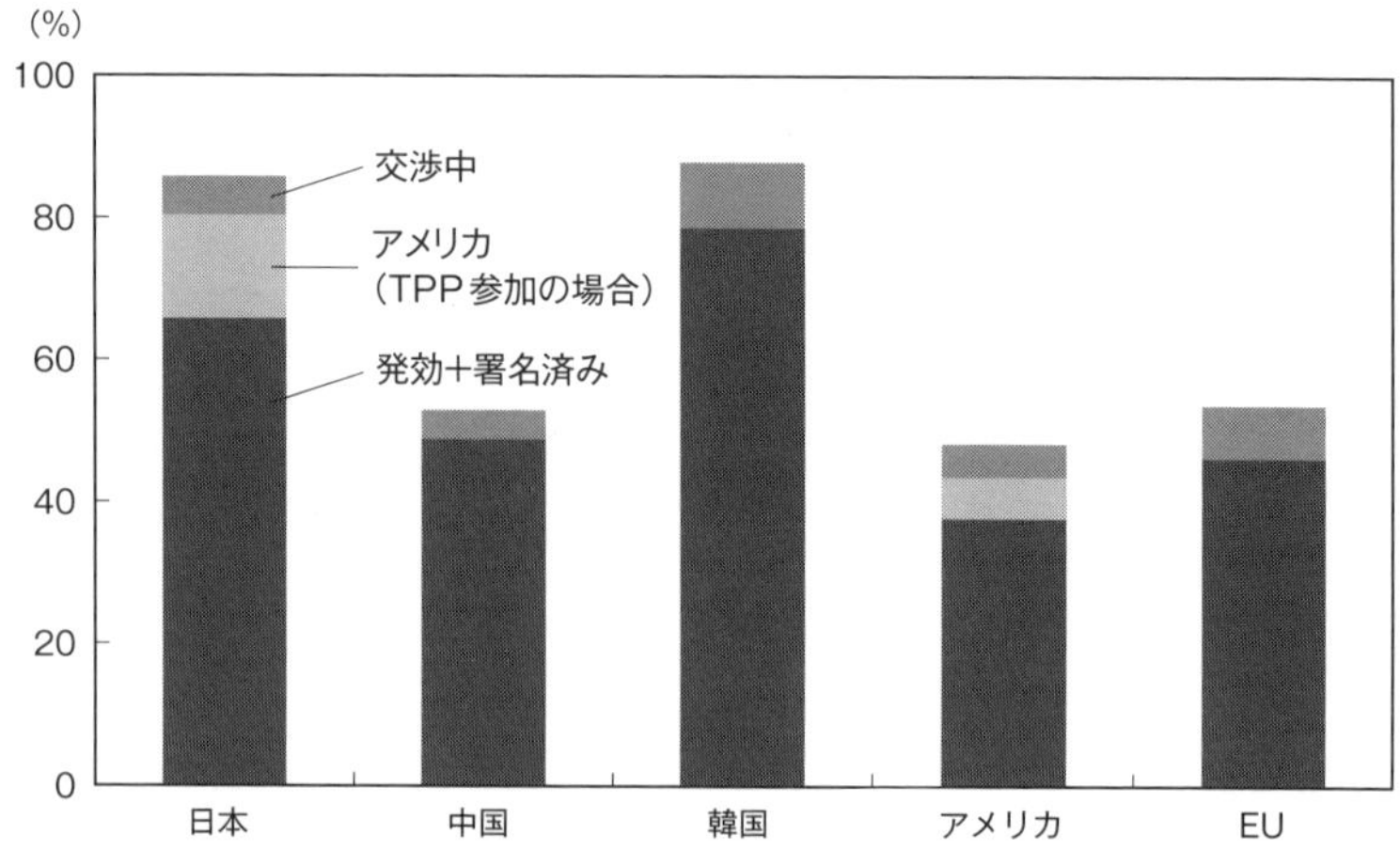

（注）署名・発効済み，または交渉中のFTAおよびEPA等の相手国・地域との貿易の貿易総額に占める比率（2020年）.
（出所）経済産業省「通商白書」2021.

圏が数多く成立し、他国との競争上日本企業が不利な状況に置かれるようになると、日本の経済界からもFTA締結を求める声が生まれた。そこで、〇二年にシンガポールとのFTAを皮切りに、現在に至るまでに二四カ国・地域と二一の経済連携協定を締結している（二一年時点）。

環太平洋パートナーシップ（TPP）協定は、もともとは四つの小国間の協定であったが、アメリカがイニシアティブをとって拡大交渉が行われた。しかしその後アメリカが一転して不参加を表明したため、残る一一カ国での合意に至り、一八年に、国内の手続きを済ませた六カ国で発効した（CPTPP）。その後、EUを離脱したイギリスに加え、中国と台湾が加入を申請した。また、一九年には、EUとの間で日EU・EPAが発効した。さらに、ASEAN＋6で交渉して

東アジア地域包括的経済連携（ＲＣＥＰ）
ＡＳＥＡＮ一〇カ国及び日本、中国、韓国、インド、豪州、ニュージーランドが参加。途中、インドが参加を見送った。

日米貿易協定
日本は農産品や加工食品の、また、アメリカは工業品の関税を中心に撤廃または削減する内容。

日英ＥＰＡ
イギリスにとって、ＥＵ離脱後、主要先進国との間での初のＦＴＡ。

きた東アジア地域包括的経済連携（ＲＣＥＰ）は、二〇年にインドを除く一五カ国で署名に至った。これらはいずれも物品の関税撤廃・削減、サービスの自由化に加え、投資・競争などのルールづくりを含めた包括的な協定である。これらの広域的な経済連携の発効は日本企業の立地戦略やグローバルなサプライチェーンの構築に重要な役割を果たす。

　このほか、二国間協定では日米貿易協定が二〇年に、また、ＥＵを離脱したイギリスとの間で、日英ＥＰＡが二一年に発効している。しかし、日米貿易協定については、対象が限定的であり、今のままではＦＴＡの条件を満たしていないという見方もある。

　これらの進展の結果、各国の輸出に占める協定締結国の割合をみると、図３－１にみるように、日本がＦＴＡ等を署名・発効した国との貿易比率は八〇％程度に上り、他の主要国と比較して高い水準となった。これは、二〇二〇年のＲＣＥＰの署名により、貿易量の多い中国や韓国がＦＴＡの対象国となったことが大きい。なお、日本とアメリカの数値には、日米貿易協定の成果も含めていることに注意が必要である。

❷ 農産物の国際競争力

　農業については、食料安全保障の観点からある程度の自給率が必要と考えられ、また政治力も強いことなどから、各国で公的な支援が行われている。そのなかでも、日本は、コメの関税化を受け入れた後にもなお高率の関税を課すなど、図３－２にみるように農業保護水準は、先進国のなかでも高い。アメリカやＥＵでは、価格支持政策から財政補助へと政策を切り替えてきたのに対して、日本では価格支持政策への偏りがなお強く、これが先進的な経営を行う農家への農地集約を遅らせている。二〇一〇年以降、農協改革や減反政策の見直しが行われているが、保護水準は依然として高く、財政

図3-2　農業保護水準（2020年）

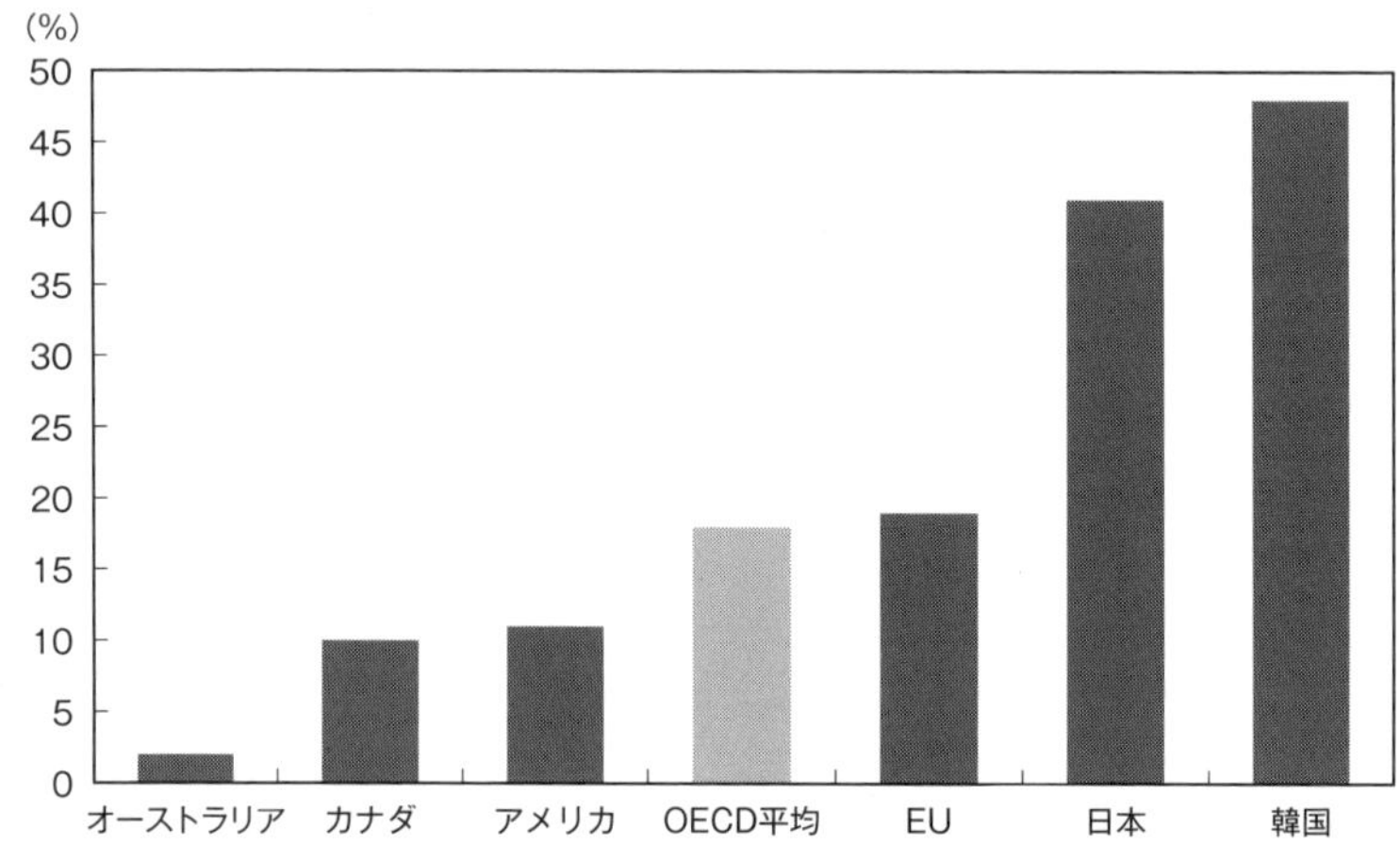

（注）農家の総収入に占める公的支援の比率.
（出所）OECD "PSE/CSE database".

補助への切替えや農地制度の見直し、農協改革などをさらに進める必要がある。

近年締結しているＦＴＡは、コメを関税の対象から完全に除外するなどの保護する品目についての特別な対応をとっているが、相手国への輸出を拡大する好機ととらえ、農業の生産性の向上を加速させることが期待される。

農林水産省は二〇年に、スマート農業推進総合パッケージを策定し、デジタル技術を使った農業活動への取組みを本格化させた。スマート農業の実証・分析、新たな農業支援サービスの育成・普及などが行われる。すでに実施されている実証プロジェクトでは、ロボット田植え機の自動走行、衛星測位を活用した農薬散布、ドローン・人工衛星等によるセンシングで得られた生育データの活用などの実用化が進んでいる。ロボットトラクターや田植え機は、今のところ目視監視を必要とするが、遠隔地の監視システムや圃場間の移動による連続作業を可能にするための技術開発が進められている。また、デジタル化は流通面でも大きな変化をもたらす。農業分野では、消費者のニーズが農業者や産地関係者に伝わらず、消費者の反応が生産や販売に反映できないという現状を抱えていたが、ＳＮＳなどを使って、農業者と流通業者が、直接販売情報をやりとりする取組みも進められている。販売価格や量などのデータを収集・分析することで出荷のタイミングを調整できるようになることが期待されている。

3 人の移動

ＥＰＡ交渉のなかでアジア諸国から日本への要望が強いのが、人の移動に関する分野である。日本は、いわゆる高度人材を積極的に受け入れる反面、在留資格に該当する人以外の単純労働者は受け入れないとしてきた。この結果、図３－３にあるように、労働力に占める外国人の比率や人口に占める外国人の比率は諸外国と比べて低い。

技能実習制度は、本来は、開発途上地域への技能移転による国際貢献を目的に、監理団体や実習実施者のもとで技能実習を行うものである。しかし、実際にはその建前とは異なり、外国人を低賃金で雇用するために使われてきた例が多い。法令違反や人権侵害に当たるという指摘もあるが、人手不足に悩む産業界からの要望も強く、適正な運用を行うため実習計画の認定や監理団体の許可制度などの改正が行われた。しかし、その後も、実習を実施する側の不適正な取り扱いに加え、実習生側が、借金返済の必要性から高い賃金を求めて失踪する例は後を絶たない。

外国からの人材の受け入れをより適正に行うため、二〇一八年末に特定技能制度が新設された。この制度では、介護人材や中小・小規模事業者での人手不足を補うために、一四の特定産業分野を対象

技能実習制度

一九九三年に創設。優良な監理団体及び実習実施者のもとで技能実習を行う場合に限り、研修により一定水準以上の技能等を修得した外国人が研修終了後に雇用契約を結んで実習できるようにしたもの。

特定技能制度

二〇一八年に創設。人材を確保することが困難な状況にある産業上の分野において、一定の専門性・技能を有し即戦力となる外国人を受け入れていくための制度。

図3-3　外国人労働者比率と外国人人口比率

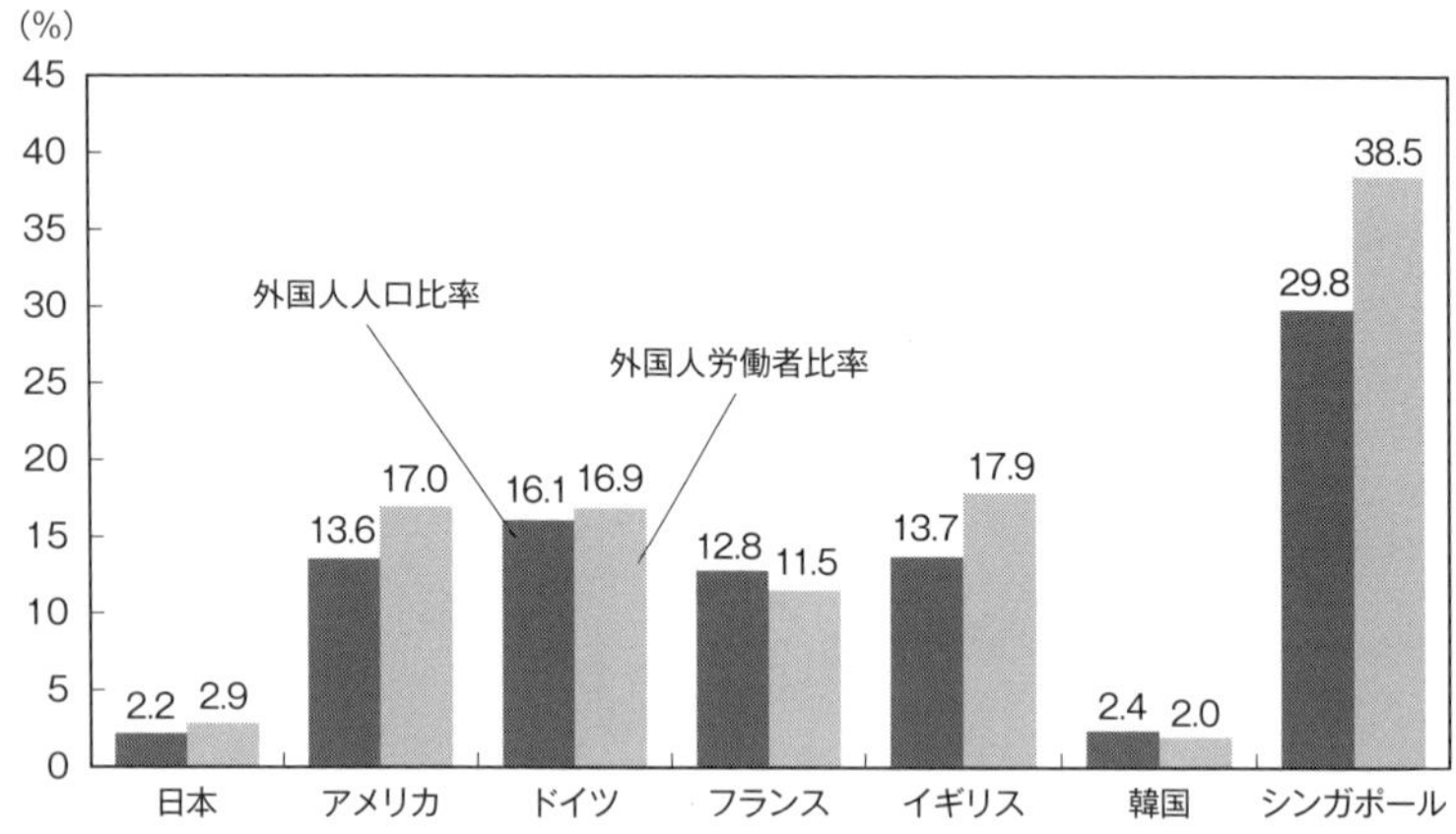

（注）1. 外国人労働者比率は，雇用者に占める外国人雇用者比率．ただし，韓国とシンガポールは，労働力人口に占める外国人労働力人口の比率．日本とアメリカは2020年，ドイツ，フランス，イギリスは2017年，韓国とシンガポールは2016年．

2. 外国人人口比率は，外国人の総人口に占める比率．シンガポールは2016年．それ以外は2019年．

（出所）OECD "International Migration Outlook 2020"，労働政策研究・研修機構『データブック国際労働比較2019』．

に、在留資格「特定技能一号」が新設された。これは、介護、農業、製造業、宿泊業などの一二分野で、最長五年の在留資格を与えるものである。また、より高い技能が必要となる建設、造船舶用工業の二分野については「特定技能二号」が新設され、在留期間の上限が撤廃され、家族の帯同が認められた。この制度を使った外国人の労働流入は当初は予想を下回っていたが、一号については二一年六月末には三万人弱まで増加した。分野別にみると、飲食料品製造業分野が一万人強で最も多く、出身国別にみるとベトナムが六割強を占めている。また、八割強が技能実習生からの移行になっている。二号についてはまだ該当がいない。

　最後に、為替介入政策について簡単に触れる。変動相場制（第11章参照）のもとでは円の為替レートは市場の需給で決まるが、投機的な動きによって変化が急速な場合には、為替市場に公的な介入（外国為替平衡政策ともいわれる）が行われる。公的な介入政策は、財務省が関係諸国と密接に協議しながら行うことが多いが、単独介入を行うこともある。世界金融危機後の二〇一〇～一二年にかけて、海外資金が円を買ったこともあって、円が他の通貨に対して高くなり、ドル買い介入が実施された。しかし、その後、二一年夏まで市場介入は実施されていない。

第5節　デジタル化による構造政策

近年、インターネットを通じて流通するデータの多様化と大容量化が進み、データの活用が重要な課題となっている。

日本のデジタル化への対応は、二〇〇〇年のＩＴ基本法の制定から始まり、累次にわたって計画が策定されてきた。しかし、新型コロナウイルス感染症拡大への対応において、国や地方自治体、社会のデジタル化の遅れ、人材不足、不十分なシステム連携などの問題が浮き彫りになった。

そこで政府は、デジタル社会への適応を迅速に進めるため、ＩＴ基本法を廃止し、二一年にデジタル社会形成基本法を策定した。データ活用や行政のデジタル化を進める司令塔としてデジタル庁が二〇二一年に発足し、重点計画の策定、そしてマイナンバーを使った行政手続きの効率化に取り組むことになった。また、同法では、これまで総務省や地方公共団体などと分担して所掌していた個人情報保護に関しては、個人情報保護委員会が一元的に管理することとなった。

また、データ活用に関する包括的データ戦略が二一年に策定された。これは、日本が、Ｇ20大阪サミットで示したＤＦＦＴ（Data Free Flow with Trust）の考え方を具体的に実現するために策定され

デジタル社会形成基本法

二〇二一年成立。デジタル社会の形成に関し、基本理念・施策の作成にかかる基本方針、国・地方公共団体・事業者の責務、デジタル庁の設置、重点計画の作成を定める。

個人情報保護委員会

一九九六年に設置。個人情報保護に関する基本方針の作成・推進、監督などを行う独立性の高い機関。

DFFT（信頼性のある自由なデータ流通）

Data Free Flow with Trustの略。

たものである。データ利用についての国際的な統治機構が存在しないなか、各国は独自のルール化を進めている。国境を越えたデータの円滑な利用が妨げられることのないよう、政府は、包括的データ戦略で示した考え方に基づき、国際的な連携を働きかけている。

デジタル技術により生まれた、オンラインモールなどのデジタル市場には、価格競争を強化させる一方、競争を阻害させる面がある。すなわち、消費者は、最も安い商品を選択することが容易となり、また、企業側も他社の価格をみながら自社の価格を迅速に変更できるようになった。他方、デジタル市場も含むデジタルプラットフォーム市場では、参加する企業や消費者の数が多いほど競争上有利になるというネットワーク効果が生じるため、市場の寡占化や独占化が進みやすい。

このため、二〇二〇年には、デジタルプラットフォーム取引透明化法が制定された。また、デジタルプラットフォーム企業による買収に関しては、スタートアップ企業などで、売上などの届け出基準に満たない場合であっても、企業結合審査を行う方針が公正取引委員会から示された。さらに、デジタルプラットフォーム企業が入手する消費者の個人情報に関しては、個人情報保護法を見直し、消費者が自らのデータ利用の停止・削除を請求できるように権利が拡充された。

このほか、ネット上でのフィッシング詐欺（phishing）、企業への脅迫、誹謗中傷情報も後を絶たない。これらはデジタルプラットフォーム企業の責務の部分もあるが、消費者への啓発活動や相談体制の整備、発信者情報開示の取組みなどに官民が共同して積極的に取り組む必要がある。

第6節　政策決定のための行政機構

二〇〇一年に、国の行政組織の再編・新設が実施され、それまでの一府二二省庁体制から、新たに

デジタルプラットフォーム取引透明化法
二〇二〇年成立。デジタルプラットフォーム提供者が、取引条件等の情報の開示及び自主的な手続・体制の整備を行うことや、実施した措置や事業の概要について、毎年度、自己評価を付した報告書を提出することを義務付けたもの。当面は五社が対象とされている。

デジタルプラットフォーム企業
グーグルやアマゾン、フェイスブック、アップルなど、ＩＣＴやデータを活用して第三者にオンラインモールやオークション、検索サービスなどのデジタルプラットフォームを提供する事業者。

一府一〇省（二一年一〇月現在、一府一三省庁）体制に移行した。これは省庁をスリム化することにより、省庁の縦割り行政を打破し、官邸主導の政策を実施することを意図したものであった。また、経済政策の司令塔として経済財政諮問会議が設置された。この会議には、総理大臣と関係閣僚に加え、日本銀行総裁と民間議員四名が参加する。予算については、その編成方針（骨太の方針）がまず作成され、それに沿って各省が財務省に対して予算要求を行う仕組みが形成された。

その後、経済対策と成長戦略を実施するため日本経済再生本部が閣議決定で一二年に設置され、成長戦略については、その下部の産業競争力会議、その後の未来投資会議で成長戦略がとりまとめられることになった。また、構造政策については、規制改革推進会議や構造改革特区が設置され、分野ごとの議論が行われている。さらに、人口減少と地域創生については、まち・ひと・しごと創生本部が一四年に創設された。

その他の政策分野でも、横断的な司令塔ができている。科学技術・イノベーション政策を推進するための司令塔として総合科学技術会議が〇一年に設置され（一四年「総合科学技術・イノベーション会議」に改称）、科学技術に関する基本計画の策定や研究開発の評価を行っている。また、日本の医療研究の司令塔を目指して、一五年には、日本版ＮＩＨともいわれる国立研究開発法人「日本医療研究開発機構」が発足した。さらに、消費者問題について一元的に管理する組織として消費者庁も設立され、消費者政策の基本計画を策定している。二〇二一年には、前述のようにデジタル化への取組みを本格化するためにデジタル庁が設置された。

このように〇一年以降の行政機構の改革は、従来の中央政府の縦割り行政から脱却し、省庁横断的な政策を実施し、政治主導の行政を強めることを目的としたものが多い。ただ、政治主導であるために、その時々の政権が組織をどう活用するかによる影響を受けやすいという問題もある。また、司令塔と位置づけられていても、十分な権限や予算・人員が与えられておらず、十分な機能を果たせていないという指摘を受けているものもある。

参考文献

伊藤修『日本の経済――歴史・現状・論点』中公新書、二〇〇七年。

小峰隆夫編『日本経済の記録　歴史編　第一巻――第二次石油危機への対応からバブル崩壊まで（一九七〇年代～一九九六年）』佐伯印刷、二〇一一年。

小峰隆夫編『日本経済の記録　歴史編　第二巻――金融危機、デフレと回復過程（一九九七年～二〇〇六年）』佐伯印刷、二〇一一年。

内閣府編『経済財政白書』各年版。

橋本寿朗・長谷川信・宮島英昭・齊藤直『現代日本経済』（第三版）、有斐閣アルマ、二〇一一年。

Akerlof, George, Olivier Blanchard, David Romer, and Joseph Stiglitz, eds., *What Have We Learned?: Macroeconomic Policy after the Crisis*, MIT Press, 2014.

第4章 財政赤字の急拡大と再建への展望

第1節 財政政策の役割

1 財政の三機能

財政とは、一般に、政府が行う経済活動と、それにともなう資金調達や支出などの資金管理とそのあり方を指す。市場経済においては、政府の経済活動が経済全体に占めるウェイトはそれほど大きくはないものの、民間部門だけでは経済は円滑に機能しない。財政政策の主な役割としては、資源配分の調整、所得再分配、経済の安定化があげられる。

（1）資源配分の調整

市場経済では、財・サービスの供給は、基本的には民間部門によって行われる。しかし、民間に任せておけば適切な供給が行われない財・サービスもある。たとえば、国防、外交、警察などがそれに当たり、政府による供給が必要となる。これらは「(純粋) 公共財」とよばれ、「非排除性」と「非競合性」という性質を持つ。「非排除性」とは、財・サービスを利用するさいに、対価を負担しない人の利用の排除が困難なことである。「非競合性」とは、ある人が財・サービスの消費量を増やしても、他の人がその財・サービスを消費する量には影響を及ぼさず、財・サービスの消費に関して競合が起こらないことである。「非排除性」と「非競合性」のいずれか一方の性質を有する財・サービスは「準公共財」とよばれ、公園や教育などが該当する。準公共財は、民間によって供給されているものの、それだけでは十分ではないこともあり、政府によっても供給されている。

このほか、資源配分の調整における政府の役割としては外部性への対応がある。例として、工場からの排水が増加して海が汚染され、漁獲量が減少して漁師の所得が減少する場合をとり上げよう。その場合、環境に関する権利の所属（この場合には汚水を流してよいかどうか）が決まっていて、交渉にかかる費用を無視できるなどの条件が満たされれば、当事者間の交渉によって、ある意味で効率的な資源配分が達成される（コースの定理）。ただし、現実にはこうした条件は満たされず、交渉による解決は困難であることが多いと考えられる。その場合には課税や補助金などを通じて政府が介入することにより状況を改善することができる。たとえば、汚水を排出している工場に課税することによって汚染が解消または軽減され、資源配分を効率化することができる。

(2) 所得再分配

市場経済では、所得の分配は生産活動に投入された資本や労働への報酬という形で行われるが、市場メカニズムを通じて資源配分が効率的に行われていても、所得格差などが大きすぎることがある。また、病人や高齢者のように働くことによって生活を維持するために必要な収入を得ることができない場合もある。このような場合に政府による所得の再分配が行われる。

所得再分配は歳入面と歳出面から行われる。歳入面では、資産に対する課税を行うほか、所得に対する累進課税の適用により高所得者の所得税負担は低所得者よりも重くなっている。一方、歳出面では生活保護や失業給付などの社会保障給付により、低所得者に対して生活を維持していくために必要

外部性
経済主体の行動が市場を通さずに他の経済主体に影響を及ぼすこと。その影響がマイナスの場合は「外部不経済」とよばれる。

累進課税
所得が高くなればなるほど税率が高くなる仕組み。

な所得の保障を行うほか、低所得者向けの公営賃貸住宅を低家賃で提供することなどによって所得の再分配を行う。

以上は、所得水準に着目した所得再分配であるが、世代間の所得再分配も存在する。たとえば、社会保障制度の年金や高齢者医療制度は、現役世代が納めた社会保険料によって引退世代が受け取る年金や医療サービスにかかる費用の一部がまかなわれており、世代間の所得再分配といえる（第10章参照）。

（3）経済の安定化

資本主義経済では景気変動は避けることはできない。景気がよいときには、景気の過熱により物価上昇率が高くなるおそれが出てくる。他方、景気が悪いときには経済活動が縮小し、失業者や倒産が増えて、社会的な不安が大きくなる。このような景気変動をできるだけ小さくして、経済を安定化させることも財政政策の役割である。

そのための手段の一つは、財政のなかに制度的に組み込まれている「自動安定化機能（ビルトイン・スタビライザー）」である。たとえば、累進的な税率構造を持つ所得税や景気に連動する度合いの大きい企業収益に課税する法人税は、好況期には税収が増加するので、人々の可処分所得や企業の税引き後利益の増加の抑制を通じて、民間消費や設備投資などの最終需要の増加を抑制する機能を果たす。逆に、不況期には税収が減少して、所得の減少を緩和し、需要の落ち込みを軽減する。また、失業給付などの社会保障給付は、不況期には増加する一方、好況期には減少し、所得変動を緩和する役割を果たす。

経済安定化のためのもう一つの手段は裁量的な財政政策である。具体的には不況期に公共事業などの支出を増加させて最終需要を下支えすることや、所得税減税によって人々の所得の減少を緩和して消費を下支えする政策などである。

ただし、このような経済安定化のための裁量的な財政政策が必ずしも期待した効果をあげられない場合がある。たとえば、フリードマンが指摘するように、政府が経済状況を把握し、何らかの経済政策が必要であると判断するまでの「認知ラグ」、経済政策が策定されてから実施に移されるまでの「実施ラグ」、政策が実施に移されて効果があらわれるまでの「効果ラグ」が存在するからである。何らかの政策が必要と判断されてから実際に効果が出はじめるまでの時間的な隔たりが大きいと、その間に経済状況が変化して、かえって経済を不安定化させてしまうこともありうる。

2 財政政策の効果に関するさまざまな考え方

日本では、一九九〇年代にバブル崩壊後の景気後退に対する景気浮揚策として、大規模な公共投資の増加や減税が実施された。このような政策は裁量的な財政政策によって需要を増加させようとするケインズの考え方に基づくものである。ケインズは、市場メカニズムがうまく機能しないために需要が不足している場合には、政府が需要を創出することで完全雇用を達成することが可能と考えた。その場合、必要な資金を調達するために公債が発行されるが、公債は借金でありいずれは返済が必要であることから、公債発行に依存した拡張的な財政政策が、景気をよくする効果を持つかどうかについては、以下のような議論がある。

ラーナーなどのケインズ派は、将来、公債償還のために増税されたとしても、それは同世代の納税者から公債保有者への所得移転に過ぎず、その移転が国内に限定される場合には将来世代の負担にはならないと主張する。したがって、公債発行を財源とする減税を行った場合、人々は将来世代の負担を意識せずに消費を増やすことになる。

これに対立する考え方として「リカードの等価定理」がある。これは、減税を実施するための公債の償還が現在世代の生存期間内に行われるならば、現在世代は公債償還のための将来の増税に備えて貯蓄を増やすため、減税が実施されても消費を増やさないという考え方である。しかし、公債の償還が現在世代の生存期間ではなく、将来世代の生存期間に行われ、負担が将来世代に繰り越される場合にはこの考え方は成立しなくなる。バローは、公債の償還が将来世代の時期に増税によって行われる場合には、現在世代は将来世代に転嫁された負担増の分だけ遺産を多く残すと考える。したがって、公債発行による将来世代への負担の転嫁は遺産の増加によって相殺されて、現在世代の消費は増えないことになる。このような考え方は「バローの中立命題」とよばれる。ただし、この命題が常に成り立つとは考えにくい。たとえば、子どもがいない世帯では財産を残さず、その分だけ消費が増加する可能性がある。

このように財政政策の効果についての見方はさまざまであるが、財政政策の効果をマクロ計量モデルを用いて計測したものとして財政支出の乗数がある。財政支出の乗数とは、財政支出を一単位増加させたときにＧＤＰがどの程度増加するかをあらわすものであり、日本では財政支出として公共投資を想定することが一般的である。政府のマクロ計量モデル（旧経済企画庁経済研究所及び内閣府経済社会総合研究所のモデル）の財政支出の乗数（一年目）の推移をみると、八〇年代後半から九〇年代に公表された計量モデルでは一・二〜一・三であったが、二〇〇〇年代以降に公表された計量モデルでは一〜一・一四となっている。

乗数の計測に使用された計量モデルの枠組み等が同一ではないために正確な比較は難しいが、計量モデルは経済構造を反映する形で随時改定されていることを考慮すれば、経済構造の変化により乗数が低下している可能性があると考えられる。モデルに組み込まれているそのような要因の一つとしては、グローバル化の進展を背景に、輸入浸透度が高まっていることがあげられる。財政支出の増加によって民間需要が誘発されても、輸入品に対する需要となる分が増えたので、ＧＤＰの増加が抑制されている可能性がある。また、モデルには明示的に組み込まれていないが、国や地方の財政が悪化したため、財政支出増が将来の増税を予想させる度合いが強まってきた可能性もある。

なお、財政政策と民間需要との関係について、歳出削減や増税がむしろ消費を中心に民間需要を増加させるという考え方があり、「非ケインズ効果」とよばれる。これは、財政政策の変更が民間の将来期待を通じて民間需要に変化をもたらすものであり、たとえば、政府債務残高が高水準にあるときに財政赤字削減のため、歳出削減が行われると、人々は、財政収支が改善して将来の税負担が軽減されると考え、消費を増加させるというものである。実証分析によると、一九八〇年代のデンマークやアイルランドでそうした現象が観察されたほか、日本でも財政再建に向けた取組みが行われ、財政収支が大きく改善した時期には、歳出削減が民間消費の増加をもたらしたとして、非ケインズ効果が生じた可能性を示唆する分析もある。

第2節　国の財政の仕組み

1 財政制度の概要

国の財政は、一般会計及び特別会計、財政投融資制度に分類できる。ただし、一般会計から特別会計へ財源が繰り入れられたり、特別会計から一般会計へ繰入れが行われたりするなど、相互に密接な関連がある。

表4-1　国の2021年度一般会計予算

（兆円）

歳出		歳入	
社会保障関係費	35.84	租税及印紙収入	57.45
国債費	23.76	所得税	18.67
地方交付税交付金等	15.95	法人税	9.00
文教及び科学振興費	5.40	消費税	20.28
防衛関係費	5.32	その他	9.50
公共事業関係費	6.07	その他の収入	5.56
新型コロナウイルス感染症対策予備費	5.00	公債金	43.60
その他	9.27		
計	106.61	計	106.61

（出所）財務省「令和3年度予算及び財政投融資計画の説明」.

（1）国の一般会計

一般会計とは国の一般の歳入・歳出を経理する会計のことである。二〇二一年度の一般会計の予算額は一〇六・六兆円であり、主な歳出項目は、年金や医療などの社会保障関係費、地方公共団体に税収の一定割合を交付する地方交付税交付金等、公債の利払いや元本返済のための国債費などである（表４－１）。高齢化の進展を背景に、社会保障関係費の歳出総額に占めるシェアは高まっており、二一年度予算では約三四％となっている。なお、歳出のなかには、地方交付税のように特別会計を通じて地方財政に移転されるものがあり、すべてが国の政策を行うために使われているわけではない。

一般会計の歳入は租税によりまかなわれることが原則であるが、実際には歳出額が税収を上回っており、不足分は公債の発行によってまかなわれている。二一年度の国の一般会計予算における歳入の内訳をみると、公債金は約四四兆円であり、歳入全体に占める公債金の割合（公債依存度）は四〇・九％となっている。

（2）国の特別会計

財政法は、国が特定の事業を営む場合、特定の資金を

資金運用部
旧大蔵省にあった機関で、郵便貯金等を主な原資として、地方公共団体や公団への貸付けや国債などの引受けを行っていた。財政投融資制度において中心的な役割を果たしていたが、二〇〇一年度に廃止された。

表4-2　国の特別会計

1	交付税及び譲与税配付金	6	エネルギー対策	11	特許
2	地震再保険	7	労働保険	12	自動車安全
3	国債整理基金	8	年金	13	東日本大震災復興
4	外国為替資金	9	食料安定供給		
5	財政投融資	10	国有林野事業債務管理		

（出所）財務省「令和3年度予算及び財政投融資計画の説明」.

保有してその運用を行う場合、及び特定の歳入をもって特定の歳出にあて一般の歳入・歳出と区分して経理する必要がある場合に限って、特別会計を設けることができるとしている。特別会計は見直しによりその数は減少傾向にあり、二一年度時点で一三ある（表4－2）。国が特定の事業を行うものとしては、失業給付などを行う労働保険、地震再保険などがある。特定の資金を保有して運用を行う特別会計には、後述の財政投融資や、外貨の売買に関する外国為替資金などがある。一般の歳入・歳出と区分するものとしては、交付税及び譲与税配付金や国債整理基金などがある。

特別会計間の資金のやり取りといった重複を除いた特別会計の歳出額純計は二一年度で約二四五兆円である。内訳をみると、国債償還費等が約一〇〇兆円、社会保障給付費が約七三兆円、地方交付税交付金等が約二〇兆円となっている。

(3) 財政投融資

財政投融資とは、政府が行う財政的な支援のうち、支援を受ける受益者に対して貸付金の返済や利子の支払いを通じて一定の負担を求めつつ支援することが適当と判断された場合に用いられる財政政策の手段である。財政投融資が活用されている分野は、社会資本、中小零細企業、教育・医療などである。二〇〇一年度に、郵便貯金や年金資金の資金運用部への預託義務が廃止され、財投機関はそれぞれ財投機関債を発行して金融市場から資金を直接調達することになった。また、二〇〇一年度以降、財政投融資対象事業の見直しが行われた結果、財政投融資計画残高は二〇〇〇年度末の約四一八兆円をピークとして減少し、二〇二〇年度末には約一五一兆円となっている。

（4）一般政府の定義

国際連合によって採択された国民経済計算体系（SNA）では政府部門をあらわすものとして一般政府という概念が導入されており、その規模などについて国際比較が可能である。一般政府は、中央政府、地方政府、社会保障基金で構成される。中央政府は、国の一般会計と外国為替資金特別会計など一部の特別会計で構成され、地方政府には地方公共団体の普通会計が含まれる。社会保障基金には、保険事業特別会計の年金や労働保険のほか、健康保険組合の給付事業等が含まれている。他方、公共交通、公立病院などの事業や財投機関による融資などは一般政府に含まれない。財政収支という用語は、国と地方をあわせたもの、社会保障基金を含む一般政府など、さまざまな範囲を指して用いられるので注意が必要である。

国民経済計算体系（SNA）

一国全体の経済状況を生産、分配、支出、資本蓄積といったフロー面と資産、負債といったストック面から体系的に明らかにする統計。一般政府、家計、金融機関、非金融法人、対家計民間非営利といった部門別の動向も把握できる。

2 予算策定の手続き

予算とは、国が一定期間のうちにどのような政策を行うかを示したうえで、それにいくら支出し、その財源をどのように調達するかを示したものである。また、予算は毎年度作成しなければならないという単年度主義が採用されているほか、予算は執行前に国会の議決が必要であるという「事前議決の原則」がとられている。日本の会計年度は、財政法により四月一日から翌年の三月三一日までの一年間と定められており、原則として会計年度内の歳出は当該年度の歳入でまかなわなければならない。これは会計年度独立の原則とよばれるが、この原則を厳格に適用することにより予算を弾力的に

政府関係機関

特別の法律によって設立された法人で、その資本金は全額政府出資による。沖縄振興開発金融公庫、株式会社日本政策金融公庫、株式会社国際協力銀行、独立行政法人国際協力機構有償資金協力部門が該当する（二〇二一年度）。

執行することが妨げられることもある。このため、例外として年度内に歳出予算が支出し終わらないとき、一定の理由がある場合には翌年度に支出を繰り越すことが認められている。

財政法では、公共事業費、出資金及び貸付金を除く歳出については、公債または借入金以外の歳入を財源としなければならないとされており、赤字国債（特例債）の発行は原則として禁止されている。しかし、一九六五年度に景気悪化により税収が不足したため、特例公債法を成立させ、初めて赤字国債が発行された。そして、七五年度以降は、九〇年代前半の一時期を除けば、特例法を成立させて、赤字国債が毎年発行されている。

国の予算編成は、憲法に基づき、内閣が行い、国会に提出して審議を受け議決を経ることになっている。予算編成の大まかな流れとしては、例年六〜七月に策定される政府の経済財政政策の方針に基づいて予算編成作業が進められ、一二月下旬に予算編成の前提となる翌年度の経済見通しと経済財政運営の基本的な方針が策定された後、予算の政府案が閣議決定される。翌年一月に開会される通常国会において、内閣が予算案を提出し、一般会計予算、特別会計予算、政府関係機関予算が一体として審議される。政府関係機関は、公共の目的のもとに事業を実施しているという観点からは国の事業に類似するものであるため、国会の議決を受けなければならないが、国の予算から切り離しているのは、予算に弾力性を持たせて効率的な経営が行われるようにするためである。

予算案はまず衆議院で審議されるが、これを衆議院の予算先議権という。衆議院では、まず予算委員会で詳細に審議され、本会議で審議、議決が行われる。その後、予算案は参議院に送付されて、同様に審議、議決が行われる。衆議院と参議院で異なる議決が行われた場合には意見を調整するために両院協議会が開かれるが、それでも意見が一致しない場合には衆議院の議決が国会の議決となる。また、参議院が衆議院の議決した予算案を受け取った後、三〇日以内に議決しない場合にも衆議院の議決が国会の議決となる（予算の自然成立）。なお、税制改正法のように予算を執行するために必要な法律案であっても、衆議院で可決された後に参議院で否決された場合、衆議院で出席議員の三分の二以上の賛成による再可決がないと成立しない。また、赤字国債については、二〇二一年度から二五年度までの五年間、国会の議決なしで発行できる特例公債法が二一年に成立した。これにより、特例公債法が成立しないために予算執行に支障が生じることを避けることができる。他方、赤字国債の発行に関して、国会審議を毎年経ることがなくなるため、財政規律が緩む可能性がある。

何らかの理由のために会計年度開始前に国会の議決が得られず予算が成立していない場合は、財政法に基づき予算成立までの間に必要な経費が支出できるように、一定期間に限って暫定予算を作成することが認められている。ここで認められるのは人件費や事務経費など必要最小限の支出であり、本予算が成立すれば暫定予算は本予算に吸収される。また、予算成立後に生じた経済情勢の変化、政策の変更や自然災害などに対し、予備費や予算の流用ではどうしても対応できないときには、年度途中に新たな経費を追加するなど当初の予算の内容を変更した補正予算を編成することができる。補正予算も国会の議決が必要であるが、財政投融資計画は、経済情勢の変化などを背景とする補正予算による計画の追加のほか、国会で議決された予算総則における授権を前提に、年度途中において当初計画額の五〇％の範囲内で国会の議決なしに追加できる（予算上の「弾力条項」に基づく追加）。

一会計年度の予算の執行が完了すると、決算が作成され、内閣から会計検査院に送付される。会計検査院での検査を経た後、内閣は、決算と検査報告書を国会に提出して審議を受ける。もっとも、決算は国会の議決を必要としないので、国会の決議によって予算執行の効力は左右されない。決算の結果、剰余金が生じた場合には翌年度の歳入に繰り入れられるが、所定の調整後に生じる純剰余金の二分の一を下回らない額を当該剰余金の生じた翌々年度までに公債の償還財源にあてなければならない

予算総則
歳入・歳出額など予算全体に関わる総括的な事項のほか、公債発行の限度額などが定められる。

ことになっている。

❸ 税制

国の歳入の中心的な存在である租税の種類を課税対象別にみると、所得課税、消費課税、資産課税に分けられる。所得課税とは個人や企業の所得に課税するもので、所得のなかには利子所得、配当所得、土地譲渡などのように財産から生じた所得も含まれる。消費課税は、財やサービスの消費一般に課税する消費税や、特定品目の消費に課税する揮発油税、酒税などがある。資産課税には相続税などがある。二〇二一年度予算における国の一般会計の税収は五七・四兆円であり、このうち所得税は一八・七兆円、法人税は九・〇兆円、消費税は二〇・二兆円、相続税は二・二兆円となっている。

国民所得に対する租税（国税と地方税の合計）の負担割合の国際比較を行うと、日本は二五・四％（二一年度見通し）とアメリカ（二三・四％）より高く、欧州諸国より低い。租税負担に社会保障負担を加えた国民負担率では、日本は四四・三％と欧州諸国と比べると低い状況となっている（図4－1）。

以下では、国の主な税収である所得税、法人税、消費税や相続税の概要と制度改正の動向について述べる。なお、東日本大震災からの復興のための財源を確保するため、国税では、所得税について、二〇一三年から三七年までの二五年にわたって税額の二・一％が復興特別所得税として付加される。法人税に対しては一二年度から一三年度まで、税額の一〇％が復興特別法人税として課されていた。

（1）所得税

所得税は暦年中の個人の所得に対して課税するものであり、所得には、給与所得、事業所得のほか、土地や株式などの資産を売却して得た所得、預金に対する利子所得、株式からの配当所得、退職

所得税の限界税率
課税される所得がある水準を超えたときに、その超過分に対して適用される税率。

図4-1　国民負担率の国際比較

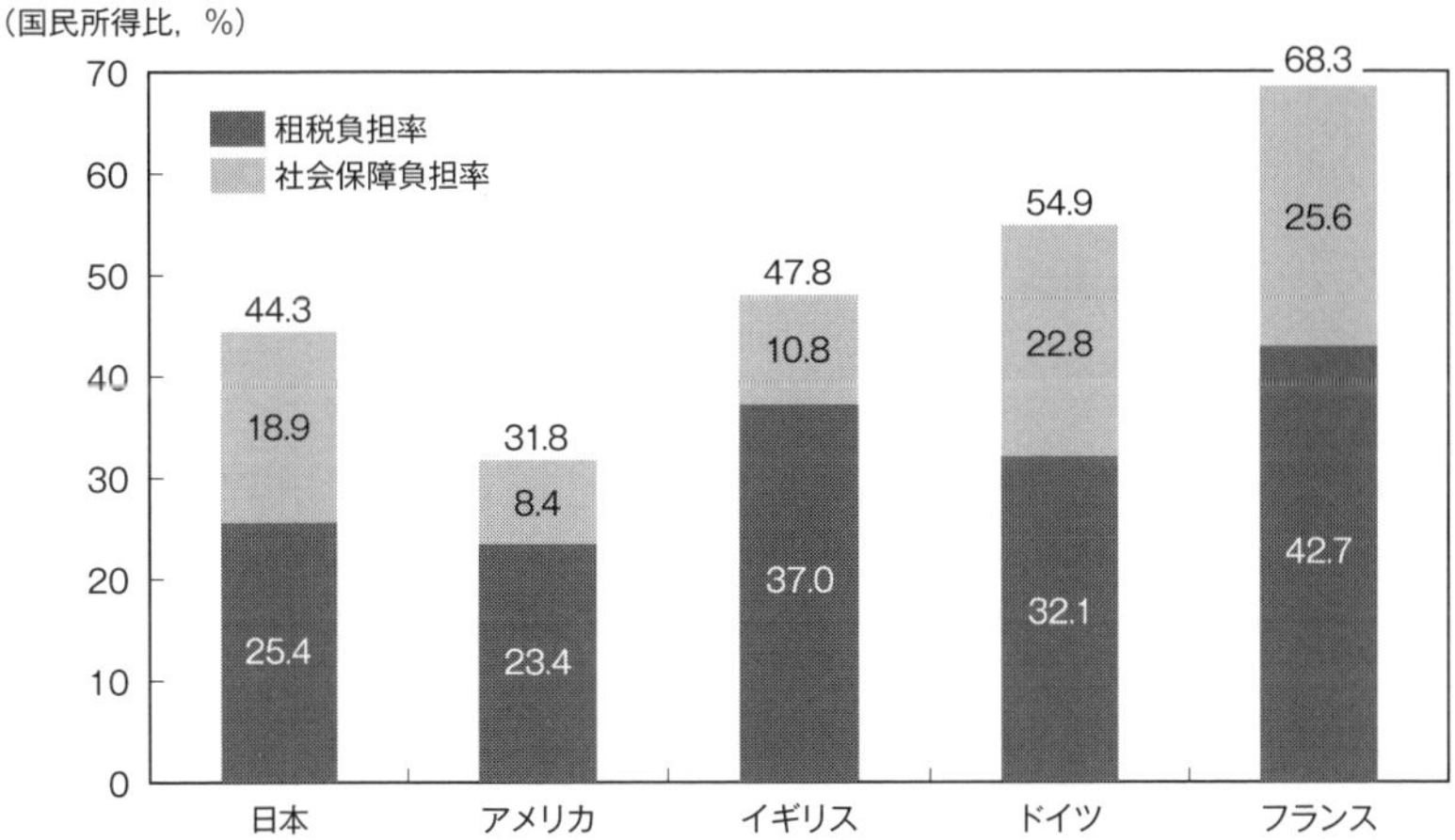

（注）日本は2021年度見通し，他の国は2018年．
（出所）財務省ホームページ．

金、生命保険の満期返戻金などの一時所得、年金など、さまざまなものが含まれる。これらの所得からそれぞれ必要経費等を差し引いた後、下記にあげる分離課税対象となる所得を除いて合算し、そこから基礎控除、配偶者控除、医療費控除などの所得控除額を差し引いたものが課税所得になる。これに累進課税による税率を適用し、その金額から住宅ローン控除などの税額控除を差し引いて所得税額が算出される。累進税率が適用されているのは所得が多くなるにつれて税負担率も高くするという応能負担の原則に基づく。一方、利子所得、配当所得、資産の譲渡所得の多くや退職金などは分離課税の適用となり、個別に比例税率が適用されてその分の所得税が課される。

所得税の限界税率は、一九八八年の抜本改正により一〇%から五〇%までの五段階に改正され、九九年度の税制改正では一〇%から三七%までの四段階になった。二〇〇七年に

三位一体の改革

国庫補助負担金改革、地方交付税改革、税源移譲を含む税源配分の見直し、の三つを一体として進めた改革。

は、三位一体の改革の一環として国税である所得税から地方税である個人住民税への三兆円の税源移譲が行われた。各納税者の所得税と個人住民税をあわせた税負担は基本的には変わらないものの、所得税の限界税率は五％から四〇％までの六段階へと改正され、地方税の個人住民税の所得割の税率は一律一〇％となった。その後、格差是正と所得再分配機能の回復といった観点から、所得税の最高税率が一五年に四五％に引き上げられた。また、上場株式等の譲渡益や配当に対する課税については、一〇％（地方分の三％を含む）の軽減税率を適用する特例措置が一三年末に打ち切られ、税率は一四年から二〇％になった。

(2) 法人税

法人税とは法人の企業活動の結果として生じる所得に対して課税するものであり、各事業年度の課税所得金額は益金から損金を控除して求められる。益金には、商品やサービスの提供による売上収入、土地や建物などの資産譲渡収入、貸付金や預金などからの利子収入などが含まれる。損金には、売上原価、販売費、一般管理費、災害等による損失などが含まれる。

法人税率（基本税率）は、一九八〇年代には財政再建に資するため引き上げられたが、税制改革により九〇年度には三七・五％に引き下げられた。九八年度には企業活力と国際競争力を維持するために課税ベースの見直しが行われると同時に税率は三四・五％に引き下げられ、九九年度には三〇％となった。そして、企業活動のグローバル化が進展するにともない、企業が法人税率の低い国を立地先として選ぶ傾向がみられるようになっていることや国際競争力への影響を考慮し、税率は二〇一八年度には二三・二％に引き下げられた。

企業が負担する税は、法人税のほか、国税としての地方法人税、地方税である道府県民税、市町村民税と法人事業税がある。法人事業税が損金算入されることを調整したうえで、これらの税の合計の

適格請求書（インボイス）
取引価格に含まれる付加価値（消費）税額の証明書。事業者は売上げにさいして買い手から預かった税額から仕入れにかかった税額を控除した額を納税する。

法人所得に対する割合である実効税率を求めると、二〇年度には二九・七四％となっている。主な先進国について、法人実効税率の比較を行うと、ドイツは二九・九三％、アメリカは二七・九八％、フランスは二六・五〇％、イギリスは一九％であり、日本よりも低い国が多い。

（3）消費税

消費税は、医療や福祉、土地の譲渡及び貸付などを除き、原則としてすべての財・サービスに対する国内消費を対象に課税するものであり、課税ベースが広い税である。消費税の最終的な負担者は消費者であるが、納税義務者は財・サービスを販売する事業者であり、事業者は売上げにかかる消費税額から仕入れにかかる税額を控除した金額を納税する。

税率は、一九八九年度の導入時には三％であったが、九七年度に五％（うち地方消費税一％）に、二〇一四年度に八％（同一・七％）に引き上げられた。そして、一九年一〇月に一〇％（同二・二％）に引き上げられた。消費税率あるいは付加価値税率（標準税率）の水準の国際比較を行うと、欧州諸国では二〇％前後の国が多いのに対して、アジア諸国では一〇％前後の国が多い（二一年一月時点）。

一九年一〇月の引上げと同時に、欧州諸国で採用されている軽減税率制度が導入され、飲食料品（外食・酒類を除く）と定期購読契約が締結された週二回以上発行される新聞の消費税率は八％となっている。複数の消費税率が存在するようになり、事業者が納める納税額を正確に把握するには現在使用されている請求書では不十分であるため、適格請求書（インボイス）等保存方式が二三年一〇月に導入される。

なお、年間課税売上高が一〇〇〇万円以下の小規模事業者については、税務執行面の負担を配慮して納税義務が免除される制度がある。ただし、インボイス制度が今後導入されると数年間は経過措置があるものの、インボイスを発行できない小規模の免税業者が取引上不利になるなどの問題が生じるため、免税業者のなかには納税業者となるものが出てくる可能性がある。また、年間課税売上高が五〇〇〇万円以下の中小事業者については仕入れにかかる消費税額を事業種類別に定められた「みなし仕入れ率」を用いて簡単に計算することができる簡易課税制度が適用される。

(4) 相続税

相続税は、相続、遺贈などにより無償で財産を取得した場合にその取得した財産の金額に対して課税するものであり、所得税を補完するものと考えられる。相続税は、相続人数に応じて一定額を差し引いたうえで(基礎控除)、資産の再分配を図るという観点から累進税率が適用されている。二〇一五年より、再分配機能を回復して格差の固定化を防止するため、過去の税制改正では引き上げられてきた基礎控除額が引き下げられるとともに、最高税率が五〇%から五五%に引き上げられた。

第3節 財政の現状と再建への課題

1 財政収支と債務残高の動向

日本の一般政府の財政収支は、一九八〇年代後半から九〇年代初頭のバブル期には税収が増加して黒字となった。バブル崩壊後は、景気が低迷して税収が伸び悩んだことに加えて、景気対策として減税や公共投資が積極的に行われたため、財政収支は赤字となり、その後赤字幅が拡大した。二〇〇〇年代に入ると景気が好転したことや財政再建への取組みもあり、赤字幅は縮小した。しかし、〇八年秋以降の世界的な金融危機と景気悪化などの影響を受けて日本でも景気が急速かつ大幅に悪化したため、経済対策が相次いで実施されたことなどから、財政収支は大幅に悪化した。その後、景気回復や

図4-2　先進国の一般政府の粗債務残高の国際比較

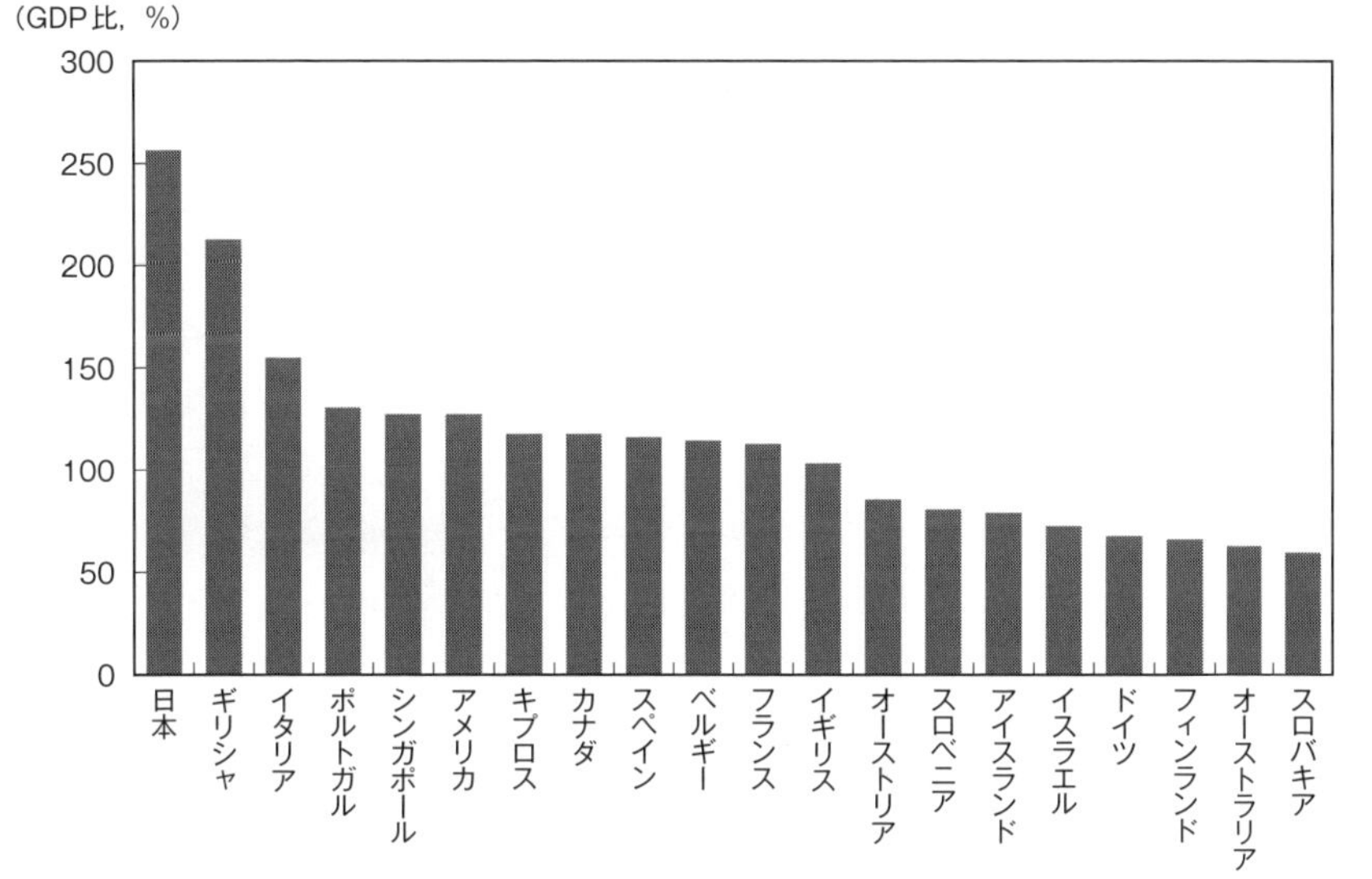

（注）Advanced Economiesのなかで値が大きな20カ国.
（出所）IMF "Fiscal Monitor"（2021年4月）.

後述する社会保障・税一体改革が実施されたことから税収が増加して財政収支は改善傾向にあった。しかし、新型コロナウイルスの感染拡大を背景に二〇年度に財政収支の赤字幅が急拡大した。

　このように、財政赤字が続いていることから一般政府の債務残高は増加が続いている。とくに二〇年度には新型コロナウイルスの感染が拡大し、感染拡大防止の観点から経済活動に制約がかけられたことからGDPが大きく減少した一方、後述するように大幅に増加した歳出の財源を確保するための新規国債発行額は一〇八・六兆円となり、債務残高のGDP比は大きく上昇した。

　債務残高には、債務残高そのものを表す粗債務残高と、粗債務残高から一般政府が保有する金融資産を差し引いた純債務残高があるが、日本の粗債務残高のＧＤＰ比は、先進国のなかで最も高い水準にある（図４－２）。債務残高の名目ＧＤＰ比の上昇が続いていることは、所得（名目ＧＤＰ）の増える速度よりも借金（債務残高）の増える速度が速いことを意味する。こうした状況が続けばいずれ財政は破綻すると考えられ、日本の財政の持続可能性について懸念されている。

財政の持続可能性を確保するため、政府は、国と地方の基礎的財政収支（プライマリーバランス）を黒字化させると同時に、債務残高の名目ＧＤＰ比を安定的に低下させることを目標としている。基礎的財政収支が均衡すれば、公債発行による借入れは過去に発行した国債の償還と利払いのみにあてられ、行政にかかる経費は当該年の税収でまかなえるので、新しい借金は不要ということになるからである。このとき、利子率と名目ＧＤＰ成長率が等しければ、債務増加のペースと名目ＧＤＰが増加するペースが等しくなって、債務残高のＧＤＰ比が安定する。

なお、基礎的財政収支の黒字化は、財政収支黒字化よりは緩い目標であり、これが実現しても利子率が名目ＧＤＰ成長率を上回っている場合には、債務残高のＧＤＰ比が上昇を続けることもありうる。

2 財政赤字の問題点

財政赤字の直接的な問題点としては、公債の利払い費や償還費が増加して他の政策を行うための財源が少なくなり、財政が硬直化することがあげられる。また、財政赤字が公債によってまかなわれる場合、市中の資金が公債の購入にあてられると、その分だけ民間部門が利用できる資金が減少するため資金需要が逼迫して金利が上昇する。その結果、民間部門が資金調達を行う際のコストが増加し、設備投資が抑制される可能性がある（クラウディング・アウト）。さらには、財政赤字が累積して債

基礎的財政収支（ＰＢ、プライマリーバランス）

税収等の歳入（借入れを除く）から歳出（過去の借入れに対する償還費用と利払い費を除く）を差し引いた財政収支。

リスクプレミアム

金融商品におけるリスクに対して支払われる対価のことであり、リスクが大きいとみなされる金融商品のリスクプレミアムは大きくなる。

務残高が膨らむと、将来の債務不履行に関する懸念が高まり、リスクプレミアムが上乗せされて金利が上昇する。このように財政赤字が金利上昇圧力となり、金利上昇により利払いがさらに増加するという悪循環に陥る可能性がある。

日本では政府債務残高は増加しているものの、国の一般会計の利払い費は二〇一〇年代後半は七兆円台後半から八兆円台前半で推移し、その規模は財政赤字が定着する前の一九八〇年代後半と比較しても小さい。これは、二〇〇〇年代以降、国債の新規発行や借換えを低い金利で行うことができたからである。普通国債の平均利率は、一九八〇年代半ばには七%を超えていたが、低下が続き、二〇二〇年度末には〇・八三%となっている。しかしながら、今後、デフレ脱却にともなって金利が上昇する場合には利払い費は増加することになる。国債は基本的には発行時の金利に基づいて利子が支払われるため、金利が上昇しても利払い費はただちに大幅に増加することにはならないが、これまでのような低い金利で国債の新規発行や借換えを行うことができなくなる。日本の粗債務残高は、一般政府ベースでは一九年度末で一三二九兆円となっており、金利上昇が利払い費に与える影響が以前よりも大きくなっていることに注意が必要である。

他方、財政赤字は問題ではないとする考え方がある。現代貨幣理論（Modern Monetary Theory、ＭＭＴ）は、自国通貨を発行している国はいくらでも自国通貨を発行できるため、自国通貨建ての債務に対して不履行に陥ることはないので、財政赤字を気にする必要はなく、公共の目的として望ましいと考えられる完全雇用の達成のために財政支出を拡大すべきであると主張する。ただし、固定相場制を採用している場合には為替レートの水準を維持するために十分な外貨準備を保持している必要がある。

ＭＭＴにおいては、財政支出拡大に対する制約となるのは財政赤字ではなく、インフレーションである。望ましくないインフレーションが生じた場合には財政支出の抑制や増税によってインフレーションをコントロールできると考えられている。課税は財源を確保するためではなく、望ましくないインフレーションを抑制するためや所得再分配などのために行われるとされている。ただし、インフレーションの抑制を目的として財政支出の削減や増税を行うことについて国民の理解を得ることができるかどうかを疑問視する見方もある。

3 日本の財政をめぐる議論

日本の一般政府の粗債務残高のＧＤＰ比は先進国のなかで高い水準にあるにもかかわらず、債務危機に陥ったギリシャなどとは異なり、国債の金利は低位で安定している。その要因として以下のようなことが指摘できる。

まず、日本は経常収支が黒字であることである。これは政府部門の赤字を補ってあまりあるほど国内で資金余剰が生じていることを意味する。このため、政府部門が海外資金に頼ることなく資金調達を行うことが可能である。第二に、第一の点とも関連するが、日本の国債（財投債及び短期債を含む）の国内保有割合が非常に高いことが指摘できる（図４－３）。第三に、日本の消費税率が国際的にみて低いことがあげられる。税率が低いということは、それだけ引き上げる余地が大きいことを意味する。

こうしたことから、日本は債務危機には陥っていない。また、二〇一三年以降、緩和的な金融政策の方針の下で、日本銀行が民間金融機関から国債を積極的に購入しており、長期金利は低水準で推移している。しかしながら、日本銀行がこうした金融政策をいつまでも続けることは不可能である。また、高齢化の進展とともに国内の家計部門の貯蓄率が長期的には低下傾向にあり（第９章参照）、国

図4-3　国債等の保有者の内訳

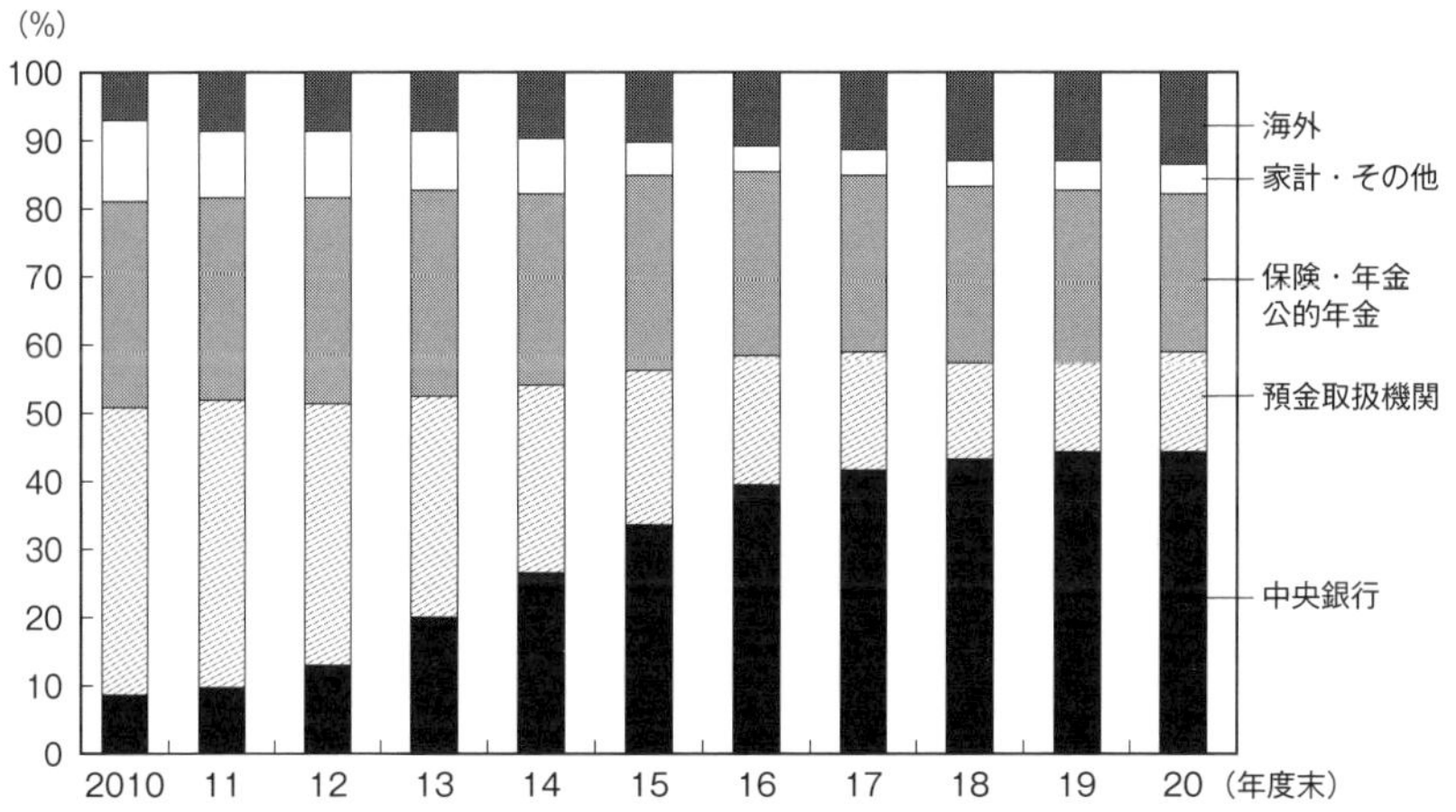

（注）国債等は，「国庫短期証券」「国債・財投債」の合計.
（出所）日本銀行「資金循環統計」より作成.

内の余剰資金が減少する可能性があるうえに、それが今後も引き続き国債購入に向けられる保証はない。財政再建は、その取組みが遅れれば遅れるほどその後に必要となる調整も大きくなるだけに、日本にとって避けられない課題である。

4　財政再建に向けた取組み

（1）社会保障・税一体改革

高齢化が急速に進展する日本では、増加が続く社会保障関係費のための安定的な財源を確保できているとはいいがたく、これが財政赤字の拡大の一因となっている（第10章参照）。このような状況のもと、受益と負担の均衡がとれた社会保障制度の確立を目指すとともに、財政の持続可能性を確保することを目的として、社会保障・税一体改革法が二〇一二年八月に成立した。

この法律では、社会保障給付の財源については、あらゆる世代が広く公平に負担するという観点から消費税を主要な財源と位置づけ、経済状況の好転を条件に消費税率を一四年四月に八％に、一五年一〇月に一〇％に引き上げることとしていた。しかし、消費税率が一四年四月に八％に引き上げられた後、景気が低迷したことや、デフレからの脱却と経済の再生を確実なものとすることを理由に、一〇％への引上げ時期は二度延期され、一〇％に引き上げられたのは一九年一〇月であった。

消費税率の引上げに関して、逆進性の問題が指摘されており、逆進性を緩和するため、八％に引き上げられたときには「臨時福祉給付金（簡素な給付措置）」として低所得者に対して一時金が支給され、一〇％に引き上げられたときには軽減税率が導入された。なお、一〇％への引上げにあわせて、当初の予定にはなかった幼児教育無償化が実施されることとなり、そのための財源に消費税率引上げによる増収分の一部があてられた。

(2) マイナンバー制度の導入

今後、高齢化が進展し、社会保障制度とそれを支える税制度が果たす役割がいっそう重要となるなかで、所得再分配を公平に行うためには個人の所得等を正確に把握することが必要である。こうしたことを背景に、「マイナンバー（社会保障・税番号）制度」が二〇一六年に導入された。これにより各個人の所得や社会保障の受給状況を正確に把握でき、真に困っている人に対して支援を行うことが可能となるとされている。

政府は、二二年度末までにほぼすべての国民がマイナンバー制度を利用する際に必要となるマイナンバーカードを取得することを目指しているものの、二一年九月一日時点の交付率は三七・六％にとどまる。マイナンバーカードについては、健康保険証としての利用が二一年一〇月から本格開始されるなど利用できる分野が広がっているものの、制度全体としての利用はこれまでのところ低調にとど

逆進性
所得の高い人よりも低い人のほうが所得に対する税負担の比率が高くなること。

マイナンバー（社会保障・税番号）制度
住民票を有する国民及び外国人一人一人に番号（マイナンバー）を割り当てて、税や社会保障、災害対策の分野で個人情報とマイナンバーを紐付けて効率的に管理しようとするもの。

まっている。

❺ 財政再建に向けた課題

（1）新型コロナウイルス感染拡大を背景とする財政の悪化

二〇二〇年に入って、世界中で新型コロナウイルスの感染が拡大し、各国は感染拡大防止の観点から都市封鎖など個人の外出を制限する措置をとった。このため、経済活動が制約され、企業の売上は大きく減少し、失業者や休業せざるを得ない労働者が増加した。先進国の政府は中小企業への給付金の支給や資金繰り支援、休業者の給与補助、失業手当の拡充、個人への給付金の支給などを実施したために歳出が大幅に増加し、財政収支は大幅に悪化した（図4－4）。

日本では、新型コロナウイルス感染拡大への対応として二〇年度に三度にわたって補正予算が編成され、歳出は大幅に増加した。増加額の内訳をみると、企業の資金繰り支援を行う日本政策金融公庫等への出資額や個人向けの給付金である特別定額給付金（給付総額は一二・七兆円）の規模が大きい。このほか、規模は大きくないものの、企業業績が悪化するなかで雇用を維持する企業を支援することを目的として、雇用調整助成金の拡充のための経費なども含まれていた。

個人への給付金については、政府は当初、困窮している世帯への支援として、新型コロナウイルス感染拡大の影響を受けて所得が減少して一定水準以下となった世帯に三〇万円を給付する方針であったが、受給要件がわかりにくいことや不公平感があることなどから、一人につき一〇万円を一律に給付することとした。これに対して、政策の本来の目的を考慮すると、給付対象は広すぎたという意見がある。企業の資金繰りに対する支援や雇用調整助成金の拡充については、企業の倒産や失業者の増加を抑制するという点で効果をあげていると考えられる。他方、こうした支援をいつまでも続けるこ

特別定額給付金
第9章205ページの頭注参照。

図4-4　主要先進国の一般政府の財政収支

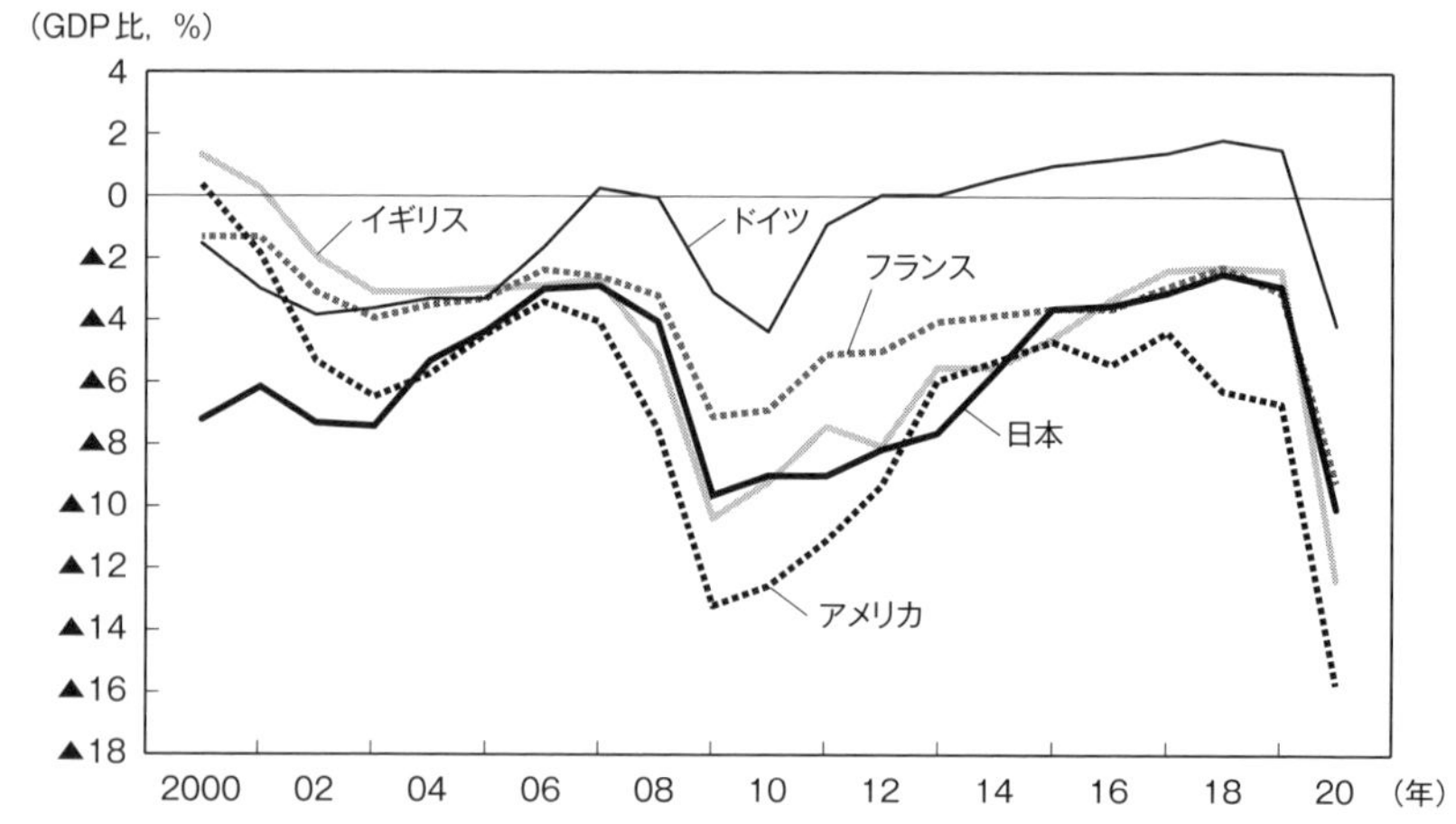

（出所）OECD "Economic Outlook No109"（2021年5月）.

とは、以前から存続が困難であった企業を救済することになり、結果として、労働資源が成長企業に移動せず、経済の新陳代謝を遅らせるという副作用があることにも注意が必要である。

（2）財政収支の見通しと健全化に向けた課題

内閣府の「中長期の経済財政に関する試算」（二〇二一年七月）では、将来の経済成長率について二つの前提を置いて基礎的財政収支の動向が示されている（図４－５）。経済成長率が足元の潜在成長率並み（実質一％程度、名目一％台前半程度）で推移する場合（ベースラインケース）、二〇年代後半に入ると基礎的財政収支のＧＤＰ比の改善はわずかにとどまる。他方、政府が目指す実質二％、名目三％を上回る成長を実現する場合（成長実現ケース）では二七年度に黒字化する見込みとなっている。もっとも、少子高齢化が進展するなか、実質二％、名目三％の持続的な成長の実現は容易ではなく、成長実現ケースのような財政健全化の進展を期待することは難しいだろう。

図4-5　内閣府による国と地方の基礎的財政収支の見通し

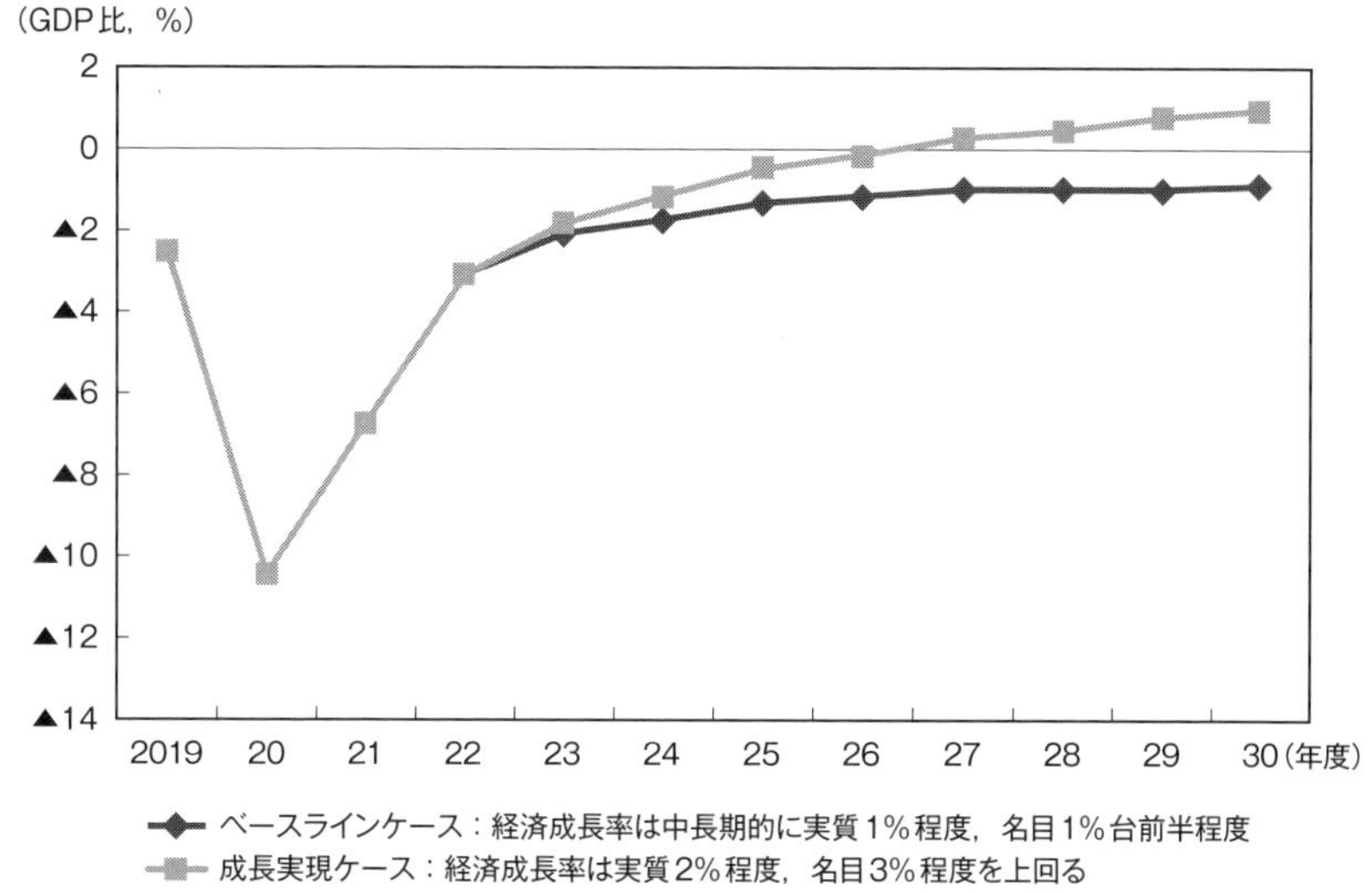

（注）1．東日本大震災からの復旧・復興対策の経費及び財源の金額を除いたベース．
2．2020年度は決算概要，2021年度は予算を反映している．2022年度の歳出は物価・賃金の動向やこれまでの歳出効率化努力等を勘案し，結果として高齢化等を除く歳出について，これまで同様の歳出改革を続けた場合の半分程度の歳出の伸びの抑制を仮定して機械的に計算している．公的固定資本形成については，名目値で実績期間の過去5年間の平均並みとの仮定を置いている．2023年度以降の歳出は，社会保障支出は高齢化要因や物価・賃金上昇率等を反映して増加し，それ以外の一般歳出は物価上昇率並みに増加すると想定．
（出所）内閣府「中長期の経済財政に関する試算」（2021年7月21日経済財政諮問会議提出）より作成．

二〇二〇年代前半には団塊の世代が七五歳になりはじめ、医療や介護を中心に社会保障給付がさらに増加すると見込まれ、財政を取り巻く環境は厳しさを増す。したがって、社会保障給付の見直しや、税を含めた負担のあり方の検討など、今後も社会保障・税の一体的な改革が不可避であると考えられる。国際通貨基金（ＩＭＦ）は、高齢化の進展にともなう社会保障給付費の増加に対応するため日本の消費税率を三〇年までに一五％、五〇年に二〇％に引き上げることを提案している。消費税以外にも、株式の配当や譲渡益などの金融所得に対する課税については現在の二〇％から三〇％に引き上げることを提案している。一方で増税は経済成長に対してマイナスの影響をもたらす可能性があることから、そうした影響を考慮しつつ、財政再建に取り組むことが課題となる。

参考文献

井堀利宏編『日本の財政赤字』（経済社会総合研究叢書一）、岩波書店、二〇〇四年。

井堀利宏編『財政政策と社会保障』（バブル／デフレ期の日本経済と経済政策、第五巻）、慶應義塾大学出版会、二〇一〇年。

植松利夫編著『図説　日本の税制 令和元年度版』財経詳報社、二〇二〇年。

財務省『債務管理リポート』各年版。

財務省『予算及び財政投融資計画の説明』各年度版。

廣光俊昭編著『図説　日本の財政 令和二年度版』財経詳報社、二〇二一年。

Wray, L. Randall, *Modern Money Theory A Premier on Macroeconomics for Sovereign Monetary Systems, 2nd Edition*, Palgrave Macmillan, 2015.（L・ランダル・レイ『MMT現代貨幣理論入門』島倉原監訳、鈴木正徳訳、東洋経済新報社、二〇一九年）

第５章　異次元緩和が長期化する金融政策

第1節　金融の役割と制度

1　金融とは何か

（1）金融の役割

金融の基本的な役割は、「金融」の名が示すとおり、資金の余っている主体から資金の不足している主体へと「資金を融通」することである。資金を貸したい主体が、金利や配当を払ってでも資金を借りたい主体を自力で探しても簡単にはみつからない。これを仲介し、両者の間で資金がスムーズに流れるようにすることが金融の役割である。資金の貸し手（出し手）と借り手（受け手）が出会う場が「金融市場」であり、両者を結びつける役割を担うのが「金融機関」である。これらを含めて資金を仲介する仕組み全体を「金融システム」という。

資金が出し手から受け手へと円滑に流れることで、金融部門だけでなく経済全体の活動が活発化する。金融によって得た資金で受け手が事業を実施すると、新たな財・サービスが経済に供給される。事業実施の途上で発生する投資需要もまた生産や雇用を増加させる。

図5-1　部門別の資金余剰と資金不足（資金過不足）

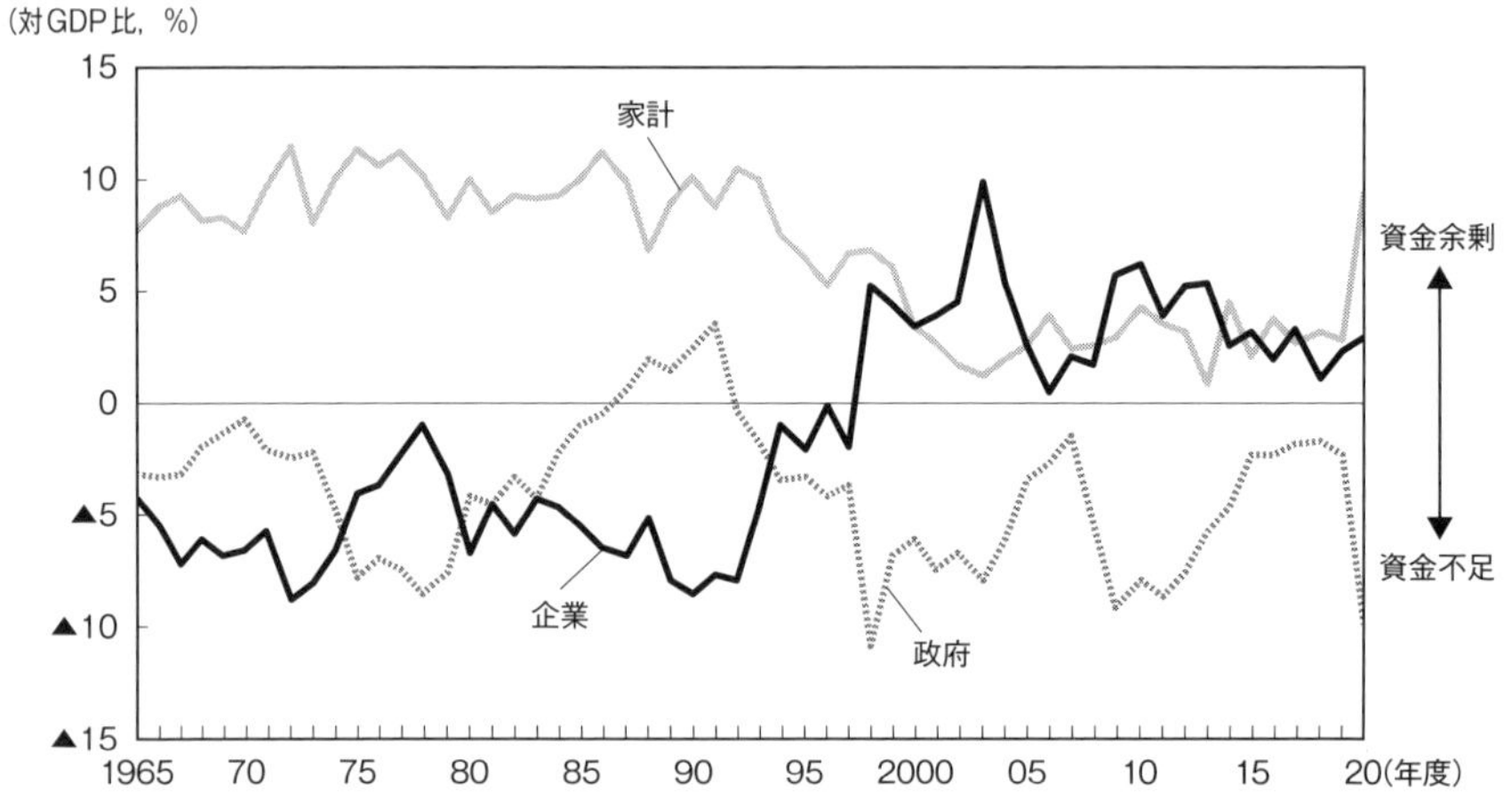

（出所）日本銀行「資金循環統計」，内閣府「国民経済計算」より作成．

（2）日本の資金の流れ

図5－1は日本の資金の余剰・不足の状況を部門別にみたものである。家計部門は、通常、所得のうち支出しても残る部分を貯蓄に回し、資金余剰主体として資金の出し手の役割を担ってきた。一方、企業部門は一九九〇年代半ばまで資金不足の状態にあり、設備投資などの資金を借入れなど外部からの資金調達によってまかなってきた。もちろん個々にみれば住宅ローンなどの借入れを行う家計もあるし、借入れに頼らずとも内部資金が豊富な企業もあったが、部門全体でみれば「家計＝資金余剰（出し手）→企業＝資金不足（受け手）」という資金の流れであった。

ただし、九〇年代半ば以降、こうした状況に変化が生じた。まず、企業部門が資金余剰へと転じた。この背景には、九〇年代に発生した不良債権問題により銀行が企業への貸出しに慎重になったことや、企業部門も新規の借入れより債務の返済を優先したこと、その後も長引く経

政府の資金余剰・不足と財政収支

政府は、国債発行による資金調達で得た資金と税収を、財政支出と資金運用にあてる。すなわち、税収＋資金調達＝財政支出＋資金運用である。変形すれば、資金運用－資金調達＝税収－財政支出であり、政府の資金余剰（不足）と財政黒字（赤字）が対応する。

済の低迷のなかで新たな借入れをともなう設備投資に慎重になっていることなどがある。また、家計部門も資金余剰の度合いが減少してきている（第9章参照）。これには、高齢化にともなって貯蓄を取り崩す高齢者世帯が増加していることに加えて、景気低迷による所得の減少という要因も働いている。一方、第4章でみたように、政府部門は、相次ぐ景気対策にともなう財政支出の拡大、税収の低迷、高齢化にともなう社会保障支出の増大などで、資金不足（財政赤字）が続いている。すなわち、

九〇年代前半まで：家計＝資金余剰（出し手）→企業＝資金不足（受け手）

九〇年代後半以降：家計・企業＝資金余剰（出し手）→政府＝資金不足（受け手）

というのが、大きくみた戦後日本の資金の流れということができる。

(3) リスクの取引と経営の規律付け

金融の機能には、前述の「資金の融通・仲介」に加えて、「リスクの取引」「経営の規律付け」といった機能もある。

リスクのある事業に投資する投資家は、受け手に資金を供給するだけでなく、事業が失敗したときの損失のリスクもまた引き受けている。その代償として、リスクが高いプロジェクトにはそれに応じた高い金利や配当などが要求されることになる。これはいわばリスクの価格である。受け手は、リスクの価格（高い金利等を支払うコスト）を考慮したうえで、事業を実施するかどうかを判断する。

すなわち、金融はリスクに関して、①出し手と受け手の間でのリスクの取引、②リスクの価格付け・評価、③リスクを考慮したうえでの望ましいプロジェクトの選択、といった機能を有しており、金融システムが適切に機能すれば、社会はリスクによりうまく対処できるようになる。

また、金融には企業の経営努力を促す「規律付け」の機能も内在している。優れた経営で業績のよい企業に資金が集まることで、そうした優良企業の成長を促す一方、資本設備や労働力などの経営資

源を有効に活用していない企業が資金を集めるためには、経営を改善して出し手を納得させる必要がある。金融の規律付けがうまく働けば、経済全体で資源がより有効に活用されるようになる。

2 日本の金融システム

日本の資金の流れを支えてきた金融システムの特徴を、前項でみた①資金の仲介、②リスクの取引、③経営の規律付け、という金融の三つの機能から考えてみよう。

（1）直接金融と間接金融

資金の仲介ルートには大別して直接金融と間接金融の二つがある。

直接金融では、出し手（家計など）が、受け手（企業・政府）の発行する有価証券（株式、社債、国債など）を購入する形で、両者の間に直接の資金契約が結ばれる。直接金融の金融機関としては証券会社があり、有価証券の売買を仲介する。

間接金融の代表は銀行である。資金の出し手は銀行に預金し、銀行はそれを元に企業などの受け手へ貸し出す。出し手と受け手が直接に資金契約で結ばれるわけではなく、銀行を介して間接的に資金が供給される。加入者から保険料を集め、それを有価証券等で運用する保険会社も、間接金融の性格を有する。

日本の金融システムの最大の特徴は、間接金融が中心であることである。家計の金融資産をみても（第9章図9－4参照）、日本では現金・預金が半分以上を占め、直接金融である債券と株式はあわせても一割台にすぎない。対照的にアメリカでは直接金融の割合が多く、現金預金が一割台なのに対し、債券と株式をあわせると四割程度である。ユーロ圏と比べても日本は間接金融の割合が大きい。

間接金融が中心であることによって、日本の金融システムは、金融の三機能に即していえば、以下

表5-1　直接金融と間接金融の特徴比較

	間接金融	直接金融
①資金の行き先	●銀行が決める	●投資家自身が決める
②リスク取引	●リスクは銀行に集中 ●リスク資金の供給は少なめ	●リスクは投資家が負担 ●リスク資金は相対的に多い
③規律付け	●銀行の情報生産機能による ●情報は銀行内部に蓄積	●投資家の市場行動による ●投資家への情報公開が重要

のような特徴をもっている（表5－1）。

①資金の仲介に関しては、資金の行き先を決めるのは主に銀行だということである。この結果、資金の出し手は自己の資金の使われ方についての関心が低くなりがちである。間接金融の場合には、出し手（預金者）が決めるのはどの銀行に預けるかまでであり、銀行がその資金をどの企業のどのような事業に貸し出すかについては、通常あまり関心をもたない。

②リスクの取引については、リスクが銀行に集中することと、リスク資金の供給が相対的に少なくなることの二つが特徴である。預金は銀行が潰れない限り元本が保証されているから、資金の出し手（預金者）は基本的にリスクを負担していない。返済が滞った場合に損失を被るのは銀行である。一方、直接金融では、返済が滞ったり株価が下落したりすれば、投資家自身の損失となる。こうしたリスク負担構造の違いは、リスク資金の供給量にも影響する。直接金融であれば、投資家はそれぞれ自分がとれるリスクにみあった投資先を選ぶ。ベンチャー企業のようなハイリスク・ハイリターンの投資先を選ぶ投資家もいれば、安定した収益を見込める老舗大企業のようなローリスク・ローリターンの投資先を選ぶ投資家もいる。これらを組み合わせてリスクの分散を図る投資家もいる。したがって、リスクの高い事業にも一定の資金が供給される。一方、間接金融では、資金の供給先を決定

銀行へのリスクの集中

たとえば、第4節でみるように、バブル崩壊によって銀行に不良債権による損失が多く発生したのも、間接金融中心で銀行にリスクが集中していたからである。

ベンチャー企業

ベンチャーは「冒険的な企て」の意味。新技術や新アイデアをもとに事業を立ち上げ、新たなビジネスを開拓しようとする成長志向の企業を指す。

メインバンク
企業の複数の取引銀行のなかで、通常、最も融資額が多い銀行がメインバンクとなり、本文で述べたような機能を提供する。

銀行の情報生産機能
融資の審査や経営情報の分析・監視、継続的な取引関係などを通じて、借り手に関する情報を生み出すこと。

キャッチアップ
第1章3ページの頭注参照。

する銀行は預金者に対して元利保証を約束しているので、リスクの高い事業への資金供給には慎重になりやすい（資金の一部をハイリスク・ハイリターンで運用する選択肢はあり得るが、全体としてのリスク許容量が限られているので、おのずと限界がある）。結果として、間接金融中心の日本ではリスク資金の供給が少なくなりやすい。

③経営の規律付けに関しては、間接金融では、銀行が融資の審査などにより、その機能を担う。とくに日本ではいわゆる「メインバンク」が、長年の緊密な取引関係を通じて融資先企業の経営情報を蓄積・監視するとともに、場合によっては経営の助言や役員の派遣、経営再建の支援なども行ってきた。これを「銀行の情報生産機能」という。個々の資金の出し手が別々に投資先の情報を収集・分析する代わりに、銀行が一括して情報生産機能を担うことで効率的で低コストになる一方で、情報が銀行内部に集中するので外からは把握しにくい面もある。

これに対して、アメリカのように直接金融が中心の場合には、規律付けを担うのは投資家である。多くの投資家から経営が悪いと判断された企業の社債や株式は売却され、倒産や買収の可能性が増したり、資金調達が難しくなったりする。このため、企業は経営努力を怠ることができない。このような直接金融型の規律付けが適切に機能するためには、正確な経営情報が多くの投資家に広く公開されていることが必要である。この点は、経営情報が銀行に集中しやすい間接金融と対照的である。

（2）直接金融の促進

間接金融中心のシステムは、戦後の経済発展の時代には有効に機能した。先進経済にキャッチアップする過程では、リスク資金の供給が少ないことはそれほど大きな問題とはならなかった。欧米に先行例のある事業を工夫・改良し、より高品質で安価な製品を提供するという、比較的リスクの低いやり方で十分に発展できたからである。家電や自動車産業などがこうした発展パターンの代表例といえる。預金者から大量の資金を銀行に集め、メインバンクの安い情報生産コストのもとで、低金利の資金を低リスクの事業に大規模に供給するという日本型金融システムは、こうした発展パターンにうまく合致した。しかしキャッチアップの終了後は、間接金融中心の日本型金融システムは時代環境に合わなくなっており、それが日本経済の停滞の一つの要因であるとの見方が強まっている（たとえば櫻川［二〇〇五］）。バブル崩壊と不良債権問題のなかで間接金融のもつ強みよりも弱みのほうが表面化したこともこの問題を深刻化させている。その状況を前記の三機能に即してみていこう。

①資金の仲介に関して、資金供給の多くを銀行が担う構造のため、銀行が不良債権で機能不全に陥ったさい、日本の金融機能が大規模にマヒしてしまった。銀行の「貸し渋り」はとくに銀行からの借入れ以外に資金調達手段の乏しい中小企業に甚大な悪影響を与えた（第4節参照）。

②リスクの取引に関して、キャッチアップが終焉した現代では、リスク資金の供給不足が日本経済のボトルネックとなっている。日本経済は、一九八〇年代半ばにはキャッチアップをほぼ終え、世界経済の先頭集団に仲間入りしたと思われる。近年では逆に、韓国などに激しく追い上げられている。今後は、先行例のない新たな領域を切り拓いていく必要に迫られている。しかし間接金融は、こうしたリスクをともなう挑戦に資金を融通するには不向きである。アメリカにおいて、インテルやマイクロソフト、アップル、ネット販売大手のアマゾン、世界最大のSNSフェイスブックなど、革新的な事業で急成長する企業が次々に誕生してきたのは、直接金融中心の金融システムがあることと無関係ではないだろう。

③経営の規律付けに関して、バブル崩壊後に大量の不良債権が発生したことは、バブル期に銀行の情報生産機能が企業に健全な経営を促す上で適切に機能していなかったことを示唆している。一方で、「不良債権隠し」のような情報の秘匿や、「追い貸し」のような規律付けの失敗など、銀行に情報

証券投資の税制優遇措置
二〇〇三～一三年末まで上場株式の配当及び譲渡益の税率を二〇％から一〇％に軽減。一四年からはこれに代わり小口の株式投資への非課税措置（NISA）が開始された。

が集中する構造の弊害もみられた（第4節参照）。

こうした状況を受けて政府も証券投資の税制優遇などで直接投資の拡大を促しているが、大きな効果は上がっていない。株価低迷など直接投資で運用しにくい市場環境が長く続いたことに加えて、家計の安全資産選好が強く、自己の資金の行き先も含めて金融への関心が薄いことなどが要因として考えられる。金融への関心が薄ければ直接金融の拡大は難しく、一方で直接金融が拡大して身近にならなければ金融への関心も育ちにくいという悪循環から抜け出す必要がある。

第2節　金融政策と日本銀行

1 金融政策とは何か

金融政策は財政政策とならび、マクロ経済政策の二本柱の一つである。経済が不況のとき、すなわち人々がお金を使わず財やサービスが売れないという状況において、金融政策は何をするのか。単純にいえば、世の中に流通するお金の量を増やし、金利を下げることで、人々がお金を借りて財・サービスを買いやすくし、不況を克服しようとするのである。ただしその効果や副作用などについてはさまざまな議論がある。

（1）日本銀行の役割

日本の金融政策を担うのは日本銀行である。日本銀行法は以下のように定めている（傍線は筆者）。

第一条　日本銀行は、我が国の中央銀行として、銀行券を発行するとともに、通貨及び金融の調節を行うことを目的とする。

2　日本銀行は、前項に規定するもののほか、銀行その他の金融機関の間で行われる資金決済の円滑の確保を図り、もって信用秩序の維持に資することを目的とする。

第二条　日本銀行は、通貨及び金融の調節を行うにあたっては、物価の安定を図ることを通じて国民経済の健全な発展に資することをもって、その理念とする。

第一条第1項は、日銀が通貨の発行と金融政策（通貨及び金融の調節）を行うことを述べている。具体的に金融政策の運営方針を決めるのは日銀が年八回開く金融政策決定会合である。

第二条では、金融政策を行うにあたって物価の安定を重視することが定められている。一般にマクロ経済政策の目的には、所得、雇用、物価の安定などがあるが、日銀の行う金融政策ではそのなかでもとくに物価の安定の重視が要請されている。物価の変動は日銀が発行する通貨の価値の変動と表裏の関係にあるからである。日銀が「物価の番人」とよばれるのはこのためである。

第一条第2項は、金融システムの安定を図る信用秩序維持政策である。こちらは日本銀行だけでなく金融庁を中心に政府も役割を担っている。

本節と第3節ではマクロ経済政策としての金融政策を扱い、信用秩序維持政策については第4節で述べる。

(2) 通貨需要と通貨供給

人々はどのような場合にどの程度、通貨を手元に保有しようとするだろうか。通貨保有の需要は、①取引需要、②資産需要の二つに大別して考えることができる。

取引需要とは、経済的な取引の支払いのために通貨を保有することである。支払いに備えて十分な通貨を手元に用意しておけば面倒が少ないが、それを証券等で運用した場合に得られたはずの金利が稼げなくなる（これを「機会費用」という）。したがって、取引需要に基づく通貨需要は、経済活動

金融政策決定会合

金融政策の意思決定機関である日銀政策委員会（総裁、副総裁二名、民間からの審議委員六名で構成）が年八回、定期的に開く会合。政府の代表も出席するが、議決権は持たない。

機会費用

ある行動を選択したために別の行動を選択していれば得られたはずの利益（本文でいえば証券等で運用すれば稼げた金利）を得られなくなった場合、その額を指す。

が活発で取引量が多いほど、また、通貨保有の機会費用としての金利が低いほど、増加すると考えられる（逆は逆）。

資産需要とは、貯蓄手段として通貨を保有することである。資産として保有するのであれば、利子を生まない通貨は不利であるが、証券には価格変動や破綻による損失のリスクがあるし、売却しようとしてもすぐには買い手がみつからないリスクもある。こうしたリスクを避けるためには、資産の一定割合を通貨として保有することが合理的である。このような資産需要としての通貨需要は、保有する資産の総量が多いほど、また金利が低いほど、増加すると考えられる（逆は逆）。

以上のことから金利と通貨需要の間には、金利が下落すれば通貨需要が増える（逆は逆）という関係がある。こうした関係のもとで、日銀が通貨供給を増やせば、金利が低下し、通貨需要が増えて均衡する。日銀が通貨供給量を減らせば、金利は上昇する。

（3）金融の緩和・引締め政策

不況やデフレの場合、日銀は通貨の供給量を増やし金利を低下させることで、企業や家計が資金を調達しやすくし（「金融緩和」という）、設備投資や住宅・自動車の購入などを誘発させて需要の回復を図る。インフレや景気過熱の場合には逆に、通貨供給を減らし金利を引き上げることで資金の流れを縮小させ（「金融引締め」という）、経済活動の鎮静化を図る。

図5－2は経済成長率、物価上昇率、及び金利の動きを示している。金利の動きから金融政策の動向をみると、不況期（網かけ部分）には物価や成長率の低下に反応して金利が引き下げられている。好況期に物価が上昇をはじめると金利が引き上げられることもみてとれる。例外は一九七三年と八〇年の不況時における金利引上げである。それぞれ、第一次、第二次石油危機による不況である。この時期は、成長率は低下していたが石油価格高騰の影響で物価上昇（インフレ）が生じていた。「物価

マネタリーベース

ベースマネーやハイパワードマネーともよばれる。中央銀行が民間部門に対して供給する決済手段。日本では、民間部門保有の現金残高と、銀行などの金融機関が日銀に置く日銀当座預金残高の合計。

マネーストック

中央銀行と民間銀行を含む銀行部門が、民間非金融部門に対して供給する決済手段。民間非金融部門からみれば、保有する現金と預金の合計（具体的には、「通貨の定義と種類」の項を参照）。

図5-2　経済成長率，物価上昇率，金利の推移

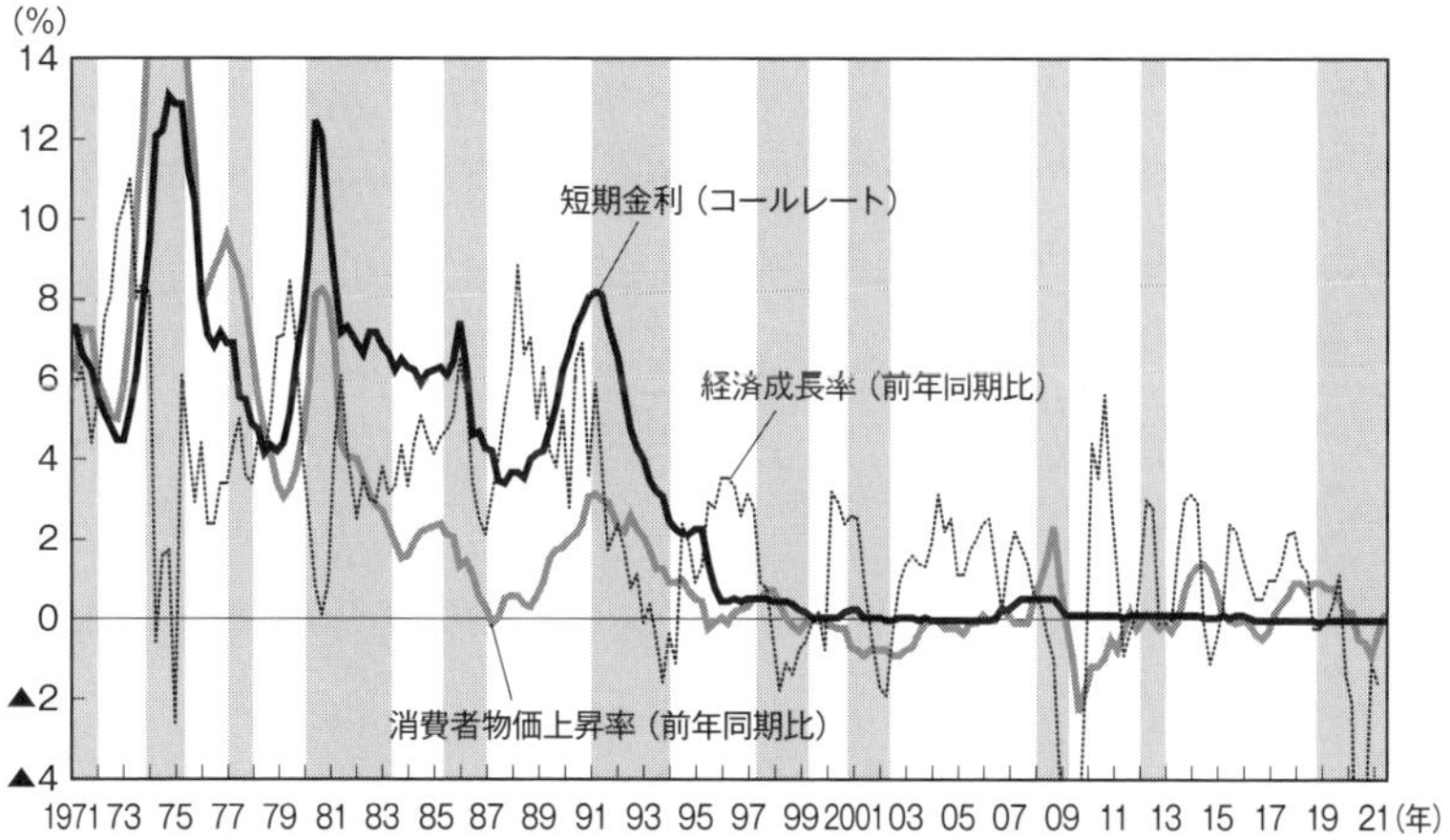

（注）消費者物価上昇率は消費税の導入・税率変更の影響を控除．網かけ部分は不況期（景気後退期）．
（出所）日本銀行統計，内閣府「国民経済計算」，総務省「消費者物価指数」より作成．

の番人」である日銀は不況による所得の低下よりも物価の安定を重視したのである。グラフ全体をみても、金利の動きは成長率よりも物価の動きに、より密接に連動している。

❷ 金融政策の手段

前項では、日銀がたやすく世の中への通貨供給量を決定できるかのように述べたが、現実には話はそう簡単ではない。実際には、日銀が民間銀行に資金を供給し、それをもとに民間銀行が企業や個人に資金を貸し出すという段階を経て、世の中に通貨が供給されていく。日銀が民間銀行に供給する資金をマネタリーベースといい、民間銀行を通じて世の中に供給される通貨をマネーストックという。

日銀の金融政策手段としては、①貸出政策（公定歩合操作）、②公開市場操作、③預金準備率操作の三つがある。これらを用いて世の中の通貨量を調節しているが、最近では公開市場操作が中心となっている。

（1）貸出政策（公定歩合操作）

貸出政策では、日銀が直接の貸出しを通じて民間銀行に資金を供給する。このさいの金利が「公定歩合」であり、これを下げれば民間銀行が企業などに低金利で貸し出しやすくなる。公定歩合の変更は、かつては金融政策の中心的な役割を担ってきたが、短期金融市場の発達にともない、現在では公開市場操作を補完しコールレートの上限を画す役割にとどまっている。なお、このように政策金利としての役割が薄れたことにより、公定歩合も現在では「基準割引率および基準貸付利率」と呼ばれるようになっている。

（2）公開市場操作

公開市場操作では、日銀が市場（主に短期金融市場）を通じて民間銀行に資金を供給する。金融緩和のさいには、日銀は短期金融市場で民間銀行から短期国債や手形などの短期証券を購入する（これを「買いオペレーション（買いオペ）」という）。すると、購入代金の支払いの形で日銀から民間銀行に資金が供給され、短期金融市場における金利も低下する。民間銀行は、日銀から供給された資金や、金利が低下した短期金融市場から調達した資金をもとに、企業などに低金利の貸出しを増やすことが可能になる。金融引締め時には日銀は短期金融市場で民間銀行を相手に短期証券を売却する（「売りオペレーション（売りオペ）」という）。民間銀行の代金支払いにより日銀に資金が吸収され、短期金利も上昇する。

日銀は通常、短期金利のなかでもコールレート（とくにオーバーナイト物といわれる翌日返済の金利）を操作目標として公開市場操作を行っている。金融政策決定会合において当面のコールレートの誘導目標を定め、売りオペや買いオペを行っている。ただし二〇〇一年からの「量的緩和」や二〇一三年からの「量的質的緩和」では、金利（コールレート）に変えてマネタリーベースなど日銀が供給

公定歩合

日本銀行が民間金融機関に直接資金を貸し出すさいの金利。かつては金融政策の中心的役割をはたしていたが、現在では「補完型貸付制度」に適用される金利としてコールレートの上限を画す役割にとどまっている。このため、公定歩合の呼称も、政策的意味合いの薄い「基準割引率および基準貸付利率」に変更されている。

補完型貸付制度

金融機関の求めに応じ受動的に公定歩合で貸出しを行う制度。コールレートが公定歩合を上回る場合には金融機関はいつでもこの制度で資金を調達できるので、公定歩合がコールレートの上限となる。

公開市場操作

日銀が市場（主に短期金融市場）における売

する資金の量を操作目標に公開市場操作が行われている（第3節参照）。

なお、短期金融市場以外では、日銀が国債市場において長期国債を購入する国債買入れオペがある。また、量的質的緩和では株式上場投資信託（ETF）や上場型不動産投資信託（J-REIT）も購入している。

（3）預金準備率操作

民間銀行は、預かった預金の引出しに備えて預金残高の一定割合（＝預金準備率）を「準備預金」として日銀に預けておくことが義務づけられている。この制度は、本来は預金者保護のための制度であるが、金融政策の手段としても用いられる。

日銀が預金準備率を引き下げると、日銀に預けていた準備預金の一部が必要なくなるので、銀行はそれを企業等への貸出し増加に回すことができる。一方、預金準備率を引き上げると、準備預金を積むために銀行は貸出しを縮小するので、世の中の通貨量が縮小する。こうしたことから、預金準備率は次項で述べる信用乗数と密接にかかわっている。

ただし、近年では民間銀行が預金準備率で義務づけられた以上の「超過準備」を抱えることが常態化しており、預金準備率の変更は一九九一年を最後に実施されていない。

3 信用創造と信用乗数

（1）通貨の定義と種類

これまで、通貨（お金）とは何かについて、明示しないまま話を進めてきた。通貨には、①支払い手段、②価値尺度、③貯蓄手段の三つの機能があるとされる。逆にいえば、この三つの機能を果たすものは、現金通貨以外であっても、通貨として定義される。

買取引（オペレーション）を通じて民間銀行へ提供する資金を調節すること。日銀が日々行っているオペレーションの具体的内容は、日銀ホームページに毎日掲載されている。

コールレート

銀行間で日々の決済資金の過不足を調整するために相互に短期の資金の貸借を行うコール市場の金利。

コールレートの誘導目標

たとえば、二〇一二年一〇月五日の金融政策決定会合の公表文では「無担保コールレート（オーバーナイト物）を、〇～〇・一%程度で推移するよう促す」と記されている。毎回の会合の公表文は日銀ホームページで閲覧できる。

上場投資信託（ETF＝Exchange Traded Funds）
証券取引所に上場され取引される投資信託。日銀の量的質的緩和では、東証株価指数（TOPIX）や日経平均株価に連動する株価指数連動型上場株式投信を買入れ対象とする。

上場型不動産投資信託（J-REIT＝Japan - Real Estate Investment Trust）
投資家から集めた資金でオフィス・ビルや商業施設、賃貸マンション、ホテルなどの不動産を購入し、賃料や売却益を投資家に分配金として配当する上場型の投資信託。

図5-3　通貨の定義と種類

（2021年6月平均残高）

日銀当座預金	マネタリーベース（660兆円）	
現金（金融機関保有）		
現金（非金融機関保有）		
要求払預金（当座，普通など）	M_1（974兆円）	
準通貨 定期性預金 外貨預金　など	M_2（1,170兆円） 〔ゆうちょ銀行・農協等を除く〕	M_3（1,519兆円） 〔ゆうちょ銀行・農協等を含む〕
譲渡性預金（CD）		
国債 金融債 投資信託　など	広義流動性（1,998兆円）	

（出所）日本銀行統計より作成.

たとえば、銀行の普通預金も、口座振込みや引落としなどで支払い手段に使うことができる。小切手などに用いられる当座預金も決済機能を持つ。すると、これらの預金（要求払預金）も通貨に含めてよいことになる（「預金通貨」という）。定期預金は、そのままでは支払いに使えないが、解約すれば支払いに使えるようになるので、予備的な通貨と考えることもできる（「準通貨」という）。さらに、支払い手段に容易に転換できるという点では、国債のように日々市場で大量に取引される資産も換金しやすい（これを「流動性」が高いという）。

このように考えると、どの範囲までを通貨と考えるかは一義的には決められない。政策や分析などの目的に応じて、適当な通貨の範囲を考えるべきであり、次のような通貨（マネーストック）の分類がある（図5－3も参照）。

現金通貨＝日本銀行券発行高（紙幣）＋政府補助貨幣流通高（硬貨）－銀行保有現金

M_1＝現金通貨＋預金通貨（要求払預金）

図5-4　マネタリーベース，マネーストック，信用乗数の推移

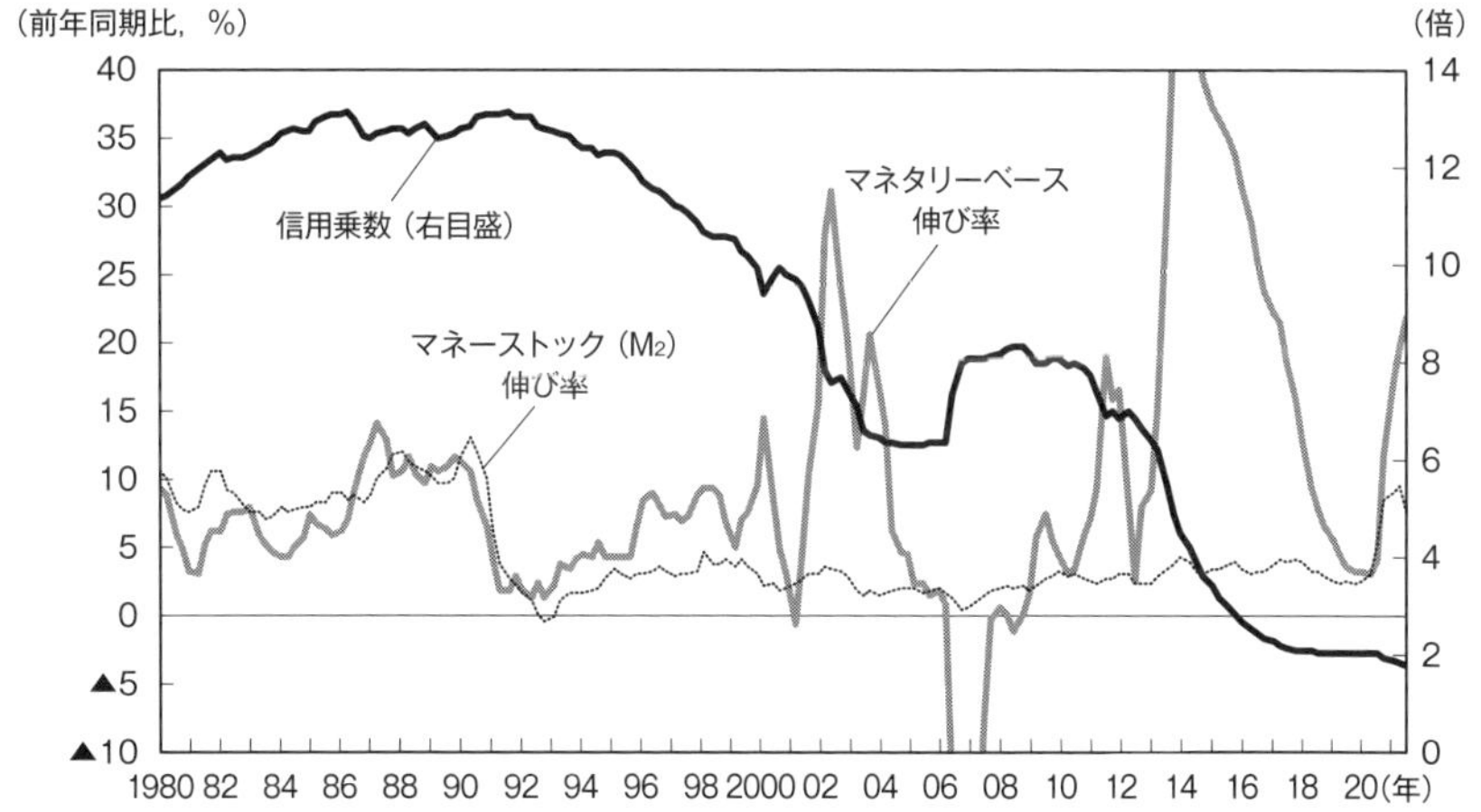

（出所）日本銀行統計より作成．

M_2＝M_1＋準通貨（定期性預金等）＋譲渡性預金
〔ゆうちょ銀行、農協等を除く〕
M_3＝M_1＋準通貨（定期性預金等）＋譲渡性預金
〔ゆうちょ銀行、農協等を含む〕
広義流動性＝M_3＋国債・債券現先・投資信託・
金融債等

日銀は、従来M_2の動向を重視してきたが、ゆうちょ銀行の民営化にともない、ゆうちょ銀行も準備預金制度の適用先となり準備率操作の対象となったこと、郵貯資金を貸出し等で自主運用できるようになり通貨の創出（以下で述べる信用創造）の役割を担うようになってきたことなどから、M_3の動きも金融政策を考えるうえで重要性を増している。また、最近では日銀も広義流動性など、より広い定義のマネーの動きもあわせて注視するようになってきている。

(2) 信用創造と信用乗数

日銀が民間銀行に資金（マネタリーベース）を供給すると、民間銀行はそれをもとに企業等に資金を貸し出すが、その一部は預金として銀行部門に還流してくる。銀行は還流した預金を（準備預金として残す一部を除いて）ふたたび貸出しに回す。するとまた預金が増える。このような貸出しと預金とが相互に繰り返し増加する「信用創造」プロセスによって、民間銀行は日銀が供給したマネタリーベースの何倍もの通貨（マネーストック）を世の中に供給できる。この倍率を「信用乗数」という。

ただし、この信用乗数は必ずしも一定の値で安定しているわけではない。一九九〇年代後半以降、信用乗数は大きく低下し、日本銀行の積極的なマネタリーベースの供給にもかかわらず、マネーストック（M_2）はそれほど伸びていない（図5－4）。

第3節　非伝統的な金融政策の効果とリスク

前節で述べた短期金利（コールレート）を操作目標とする「伝統的」な金融政策は、現在の日本のように金利がゼロに近い特殊状況では機能しなくなる。本節では、こうしたなかで行われるようになった「非伝統的」な金融政策の効果とリスクをみていく。

❶ 金利のゼロ下限と流動性の罠

デフレ懸念が強まった一九九八年頃には、日銀が金融政策の操作目標とするコールレートはすでに〇・五％を下回っていた。こうしたきわめて低い金利水準においては、金利の低下余地が限られ、金融緩和で景気を刺激することは難しい。

金利がゼロ付近から低下しなくなるのは、通貨という金利ゼロの安全資産が存在するからである。金利がゼロに近いと、貸出しや証券購入を行ってもほとんど金利は稼げない。それならば、すぐに決

信用創造

銀行が、信用の供与（貸出し）と預金とを相互に繰り返すことで、元手のマネタリーベース以上の通貨（マネーストック）を生み出す（創造する）こと。

信用乗数

人々が通貨（現金通貨＋預金通貨）のうち預金として保有する割合をa、現金保有の割合を$1-a$、銀行が預金に対して持つ準備預金の比率をbとすると、信用乗数は$1/(1-a+ab)$となる。近年の信用乗数の低下は、①超過準備による預金準備比率の上昇（bの増加）、②銀行不信や預金金利の低下による現金保有割合の増加（aの減少）によると考えられる。

金融政策の操作目標

金融政策では、政策手段と最終目標（物価、

済手段（流動性）として使え、損失のリスクもない通貨のまま保有しようとするので、通貨への需要は限りなく拡大する。この場合、金融政策で通貨供給を増やしても無限に拡大する通貨需要に吸収されるだけで金利は下がらない。こうした状況を「流動性の罠」あるいは「金利のゼロ下限」という。

こうした状況でデフレに対処するため、短期金利の引下げという従来の金融政策を超えたさまざまな非伝統的金融政策が提唱され、実施されてきた。こうした前例のない政策については、その効果と副作用をめぐって、いわゆる「リフレ派」と「反リフレ派」の間で論争がある。

2 量的質的緩和

二〇一二年一二月に発足した第二次安倍政権は、いわゆるアベノミクスの第一の矢として「大胆な金融政策」を掲げ、それを受けて日銀は一三年四月に以下のような非伝統的金融政策を含む「量的質的緩和」を導入した。

［1］インフレ目標

二年程度で二％のインフレ（消費者物価の上昇率）を実現するとの目標を掲げた。

［2］量的緩和

金融政策の操作目標を、伝統的な短期金利（コールレート）ではなく、日銀が供給する資金の量とした。具体的には、マネタリーベースを年間六〇兆～七〇兆円のペースで増加させ、二年で二倍（一二年末一三八兆円→一四年末二七〇兆円）にするとした。

［3］資産購入

中央銀行の資産としては非伝統的な長期国債やリスク資産（株式［ＥＴＦ］、上場不動産投資信託［Ｊ－ＲＥＩＴ］）を大量に購入し、これらの残高を二年で二倍にするとした。とくに長期国債は年間五〇

所得、雇用等の安定）の間に運営上の目標を置く段階的アプローチがとられることが多い。とくに、政策手段に近く、中央銀行の影響が及びやすいものが「操作目標」として設定される。

流動性の罠

流動性の罠は論者によって定義や説明が異なる場合がある。たとえば、ゼロ金利下では通貨と証券が実質的に同じ（完全代替物）になるので、日銀がオペで両者を交換しても意味がないという説明がされることもある。

リフレ派

リフレとはリフレーション（reflation）の略で、通貨の供給量を増やし、デフレーションから脱却して緩やかなインフレーションを実現することを指す。リフレ派は、それが重

要であると主張する人びと。

量的質的緩和
二〇一三年四月に導入された日本銀行の金融政策。（1）インフレ目標、（2）量的緩和、（3）資産購入、（4）時間軸政策からなる。

マイナス金利付き量的質的緩和
日銀当座預金の一部にマイナスの金利を課すことで、日銀当座預金を減らして貸出を増やすことを促す政策。

長短金利操作付き量的質的緩和
従来の短期金利（コールレート）だけでなく、長期金利（一〇年もの国債金利）にも誘導目標を定め、国債購入などの金融調節（オペ）を行う政策。

兆円のペースで買入れオペを行い、前記［2］のマネタリーベースの供給手段の大部分を占める。

［4］時間軸政策（フォワード・ガイダンス）

これらの政策は目標の二％のインフレが安定的に持続するようになるまで継続するという、政策の時間軸に関するコミットメントを行った。

この量的質的緩和は、黒田東彦日本銀行総裁が導入時の会見で「これまでとは次元の違う金融緩和」と述べたことから、「異次元緩和」とも呼ばれている。

その後、一六年一月に「マイナス金利付き量的質的緩和」、同九月に「長短金利操作付き量的質的緩和」が導入され、政策に新たな要素が付け加えられている（本節第6項参照）。

それでは、これらの非伝統的金融政策は効果があったのだろうか。また、副作用はないのだろうか。順にみていこう。

3 インフレ目標

（1）効果

日銀が二％のインフレ目標を導入したねらいは、人々の予想インフレ率を引き上げることで実質金利を引き下げることにある。〔実質金利＝名目金利－インフレ率〕であるから、名目金利に引下げ余地がなくとも、予想インフレ率を引き上げることができれば、予想実質金利は低下する。

しかし、これが実際に効果をもつかどうかは不確実である。もし人々がインフレの実現を信じれば、効果がある可能性はある。家計は物価が上昇する前にと駆込みで消費を増やし、企業も実質金利が低下すると考えて投資を増やす。こうして需要が増えれば景気も回復し、需給ギャップが縮小して実際にインフレが起こる。こうしたインフレ期待の自己実現が日銀の想定したメカニズムである（日

名目金利と実質金利

通常表示される金利は名目金利であるが、実質金利はそこから物価変動の影響を除いたもの。たとえば一〇〇万円を名目金利五%で運用した場合、一年後には一〇五万円になるが、同時期に五%の物価上昇があった場合には、現在一〇〇万円で買えるものと一年後の一〇五万円で買えるものは同じになり、実質金利は〇%である。

本銀行［二〇一五］、黒田［二〇一五］）。しかし人々がインフレ実現を信じなければ効果はない。デフレの継続が予想されれば、物価が下がるまで待とうとして消費は買い控えられるし、実質金利も下がらないので投資も増えない。

ここで注意すべきは、前述のとおり、ゼロ金利下では日銀が伝統的な金融緩和で景気を刺激しインフレを起こすことは難しいことである。また非伝統的な量的緩和についても、反リフレ派の翁［二〇一四］は「マネタリーベースを二倍、三倍に拡大するといったことが、インフレ率や期待インフレ率を確実に引き上げるという保証は全くない」と述べている。現実をみても、「デフレの克服を最重要の課題とし、政府・日本銀行は一体となって取り組む」（閣議決定［二〇〇二］）と量的質的緩和の一〇年以上前から宣言され続けてきたが、デフレ脱却には至らなかった。そのような状況で人々は「二%のインフレ」の約束を信じたのだろうか。

図5‐5をみると、家計についてはインフレ目標の導入で予想インフレ率が高まった様子はみられない。そもそも二%のインフレ目標を知っている家計は二割程度しかない（日本銀行［二〇二一a］）。企業についてはインフレ目標導入を機に予想インフレ率の上昇がうかがえるが、二%に届かないまま推移している。エコノミストや市場参加者の予想インフレ率も一時上昇したものの、二%に届かないまま近年は低下している（日本銀行［二〇二一b］図表50）。

実際のインフレ率はどうか。消費税の影響を除く消費者物価（生鮮食品を除く総合）の上昇率は一四年四月に一・五%まで上昇したが、一五年には再びマイナスに低下し、以降も目標は達成されていない（図5‐6）。日銀による目標の達成時期の見通しも七度にわたり先送り改訂された後、最近では達成時期を示さなくなっている。

一三〜一四年にインフレ率が一時的にせよ上昇したのは、日銀が想定したようなインフレ期待の自己実現メカニズムによるものであろうか。日銀や内閣府の需給ギャップの推計をみると、この時期一時的にほぼゼロまで改善したものの、はっきりしたプラス基調（インフレギャップ）にまでは至らないまま、その後ふたたびマイナス（デフレギャップ）へと落ち込んでいることから、そうとは考えにくい（日本銀行［二〇二一b］図表49、内閣府［二〇二一］）。むしろ、この時期のインフレは日銀が想定するような需要増加のデマンド・プル型ではなく、円安等による輸入原材料等の価格上昇を反映したコスト・プッシュ型のインフレであると考えられる（図5－7）。日銀による分析でもこの時期にコスト・プッシュによる価格上昇圧力の高まりが示されている（日本銀行［二〇一七］BOX3－4）。コスト・プッシュ型のインフレは経済活動を抑制するので、企業や家計にとっては望ましくないインフレである。

図5-5　家計と企業の予想インフレ率

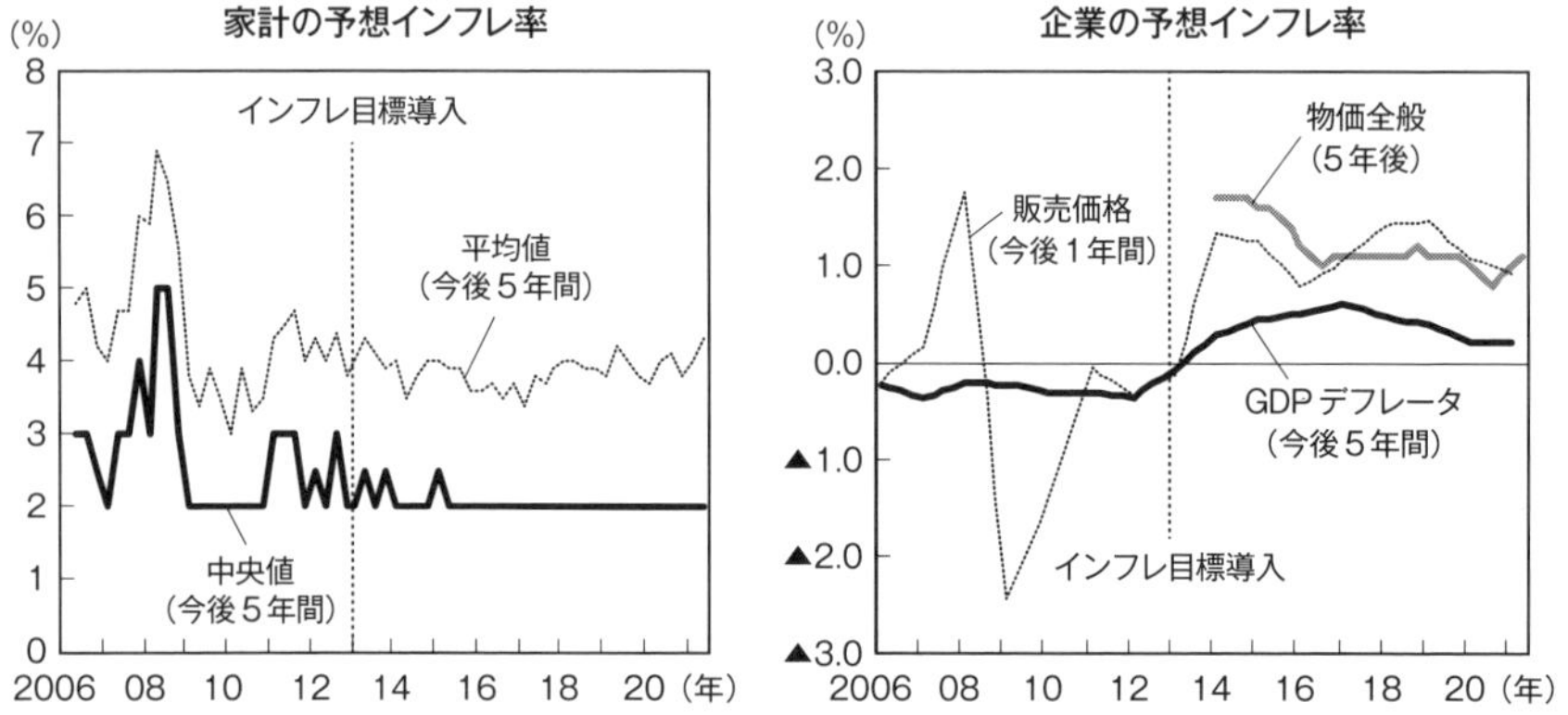

（注）GDPデフレータ上昇率の見通しは，名目GDP成長率の見通しから実質GDP成長率の見通しを差し引いて計算した．

（出所）日本銀行「生活意識に関するアンケート調査」（家計），内閣府「企業行動に関するアンケート調査」（販売価格，GDPデフレータ），日本銀行「全国企業短期経済観測調査」（物価全般）より作成．

需給ギャップ（GDPギャップ）

経済全体の総需要と供給力の差。供給力は潜在GDPともいわれ、国内の労働力や生産設備から推計される。総需要がこれより少なければ失業や設備の遊休が生じ、現実のGDPは潜在GDPを下回る。この場合、両者の差をデフレギャップという。逆に総需要が供給力を上回る場合の差をインフレギャップという。

デマンド・プル・インフレとコスト・プッシュ・インフレ

好景気による総需要の増加に引っ張られる形で物価が上昇するのがデマンド・プル・インフレ。総需要の拡大により経済活動や所得が増加するなかで物価上昇が生じる。これに対し、供給コストの増加に押し上げられる形で物価が上昇するのがコスト・プッシュ・インフレ。供給コストの増加が生産活動の制約となるので、経済活動や所得に低下圧力がかかるなかで物価上昇が生じる。

図5-6　消費者物価上昇率

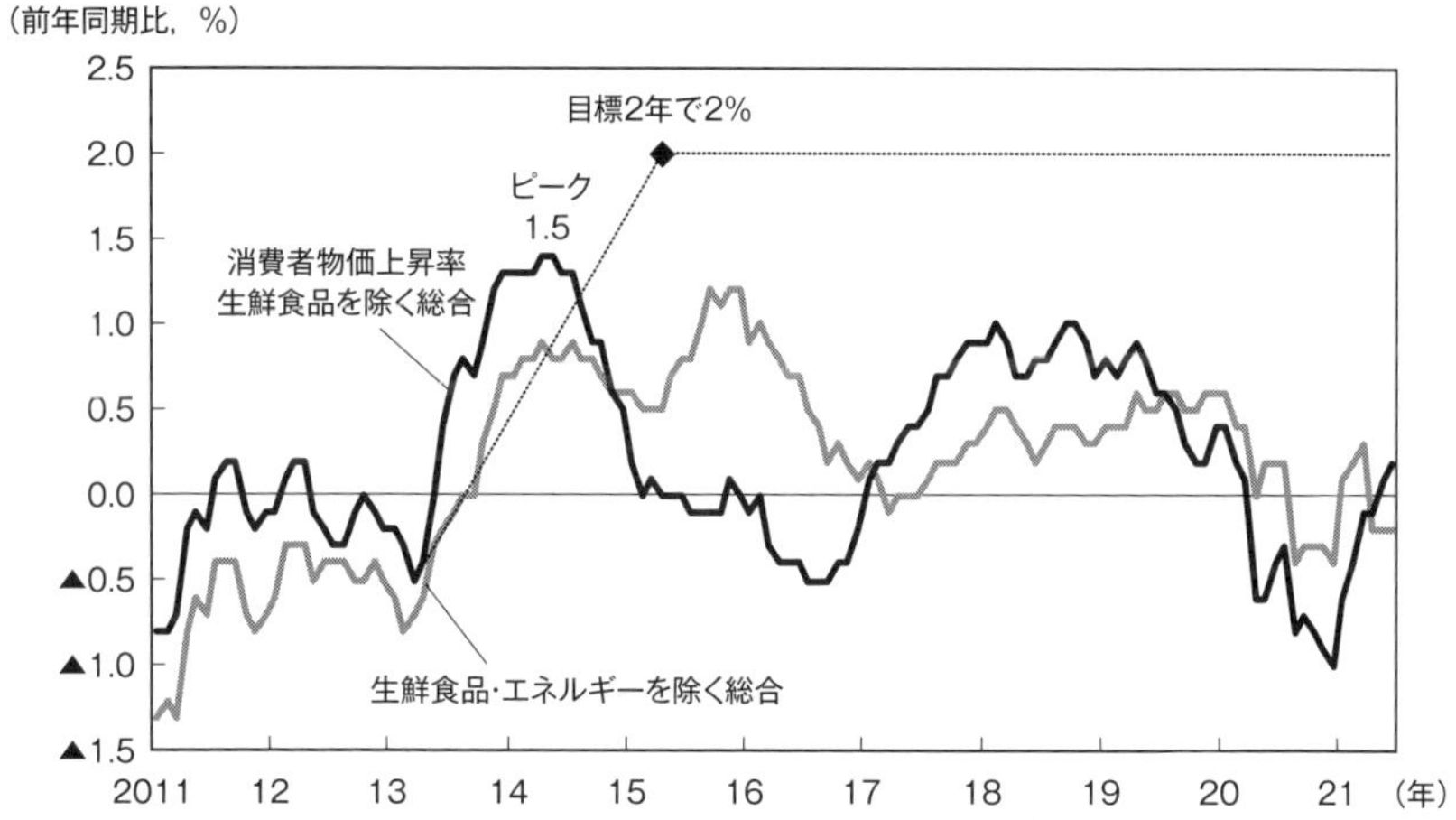

（注）消費税の影響を除く.
（出所）総務省「消費者物価指数」より作成.

（2）副作用

日銀が掲げたインフレ目標は、実現すれば公平性や豊かさの面で、実現しなければ日銀への信認の面で、副作用が生じる。

インフレ目標が実現すると、第一に、公平性の面では、預金者などは物価上昇により預金の価値が目減りして損を被る一方で、借金をしている企業や政府は返済の実質負担が減り得をする。第二に、実質金利がマイナスとなり非効率な投資が行われる可能性がある。二〇二一年六月時点で銀行の貸出金利は一%を下回っているから、仮に金利がこのままで二%のインフレが実現すれば実質金利は▲一%を下回る（一四年にインフレ率が一・五%程度まで上昇したさいなどには、実際に実質金利がマイナスの状況が生じていた）。こうなると、実質収益率がマイナス、すなわち社会の豊かさが実質的に減じてしまうような投資プロジェクトでも実施されうる。収益性の高い投資プロジェクトが少ないという問

図5-7　輸入コストの上昇と消費者物価上昇率

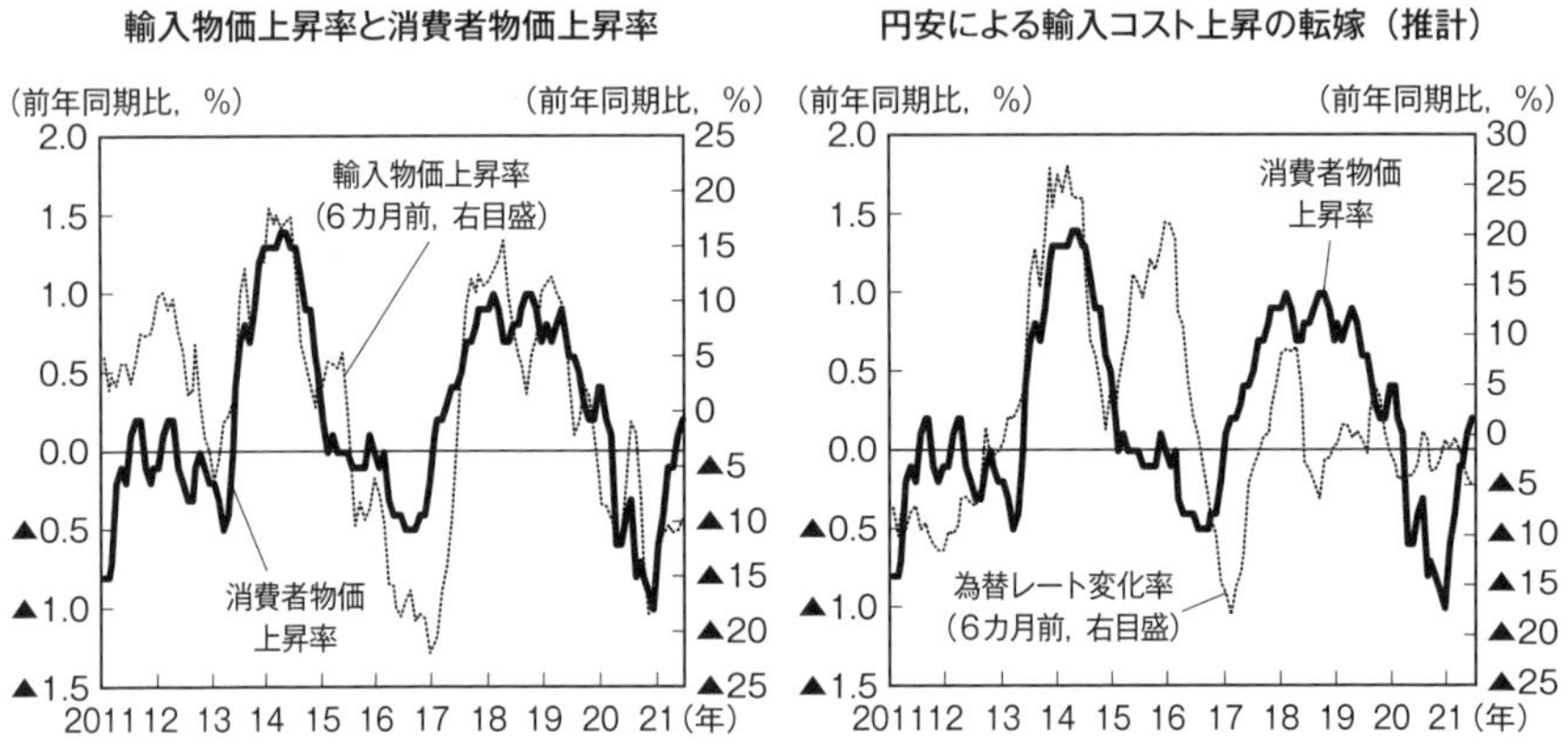

（注）消費者物価上昇率は消費税の影響を除く．輸入物価上昇率および為替レート変化率は，価格転嫁までに約半年のラグがあると見なし，6カ月後ろにずらして並べている．
（出所）日本銀行「企業物価指数」「金融経済統計」，総務省「消費者物価指数」より作成．

題は実体経済の収益性を上げる政策（アベノミクスでいえば第三の矢の成長戦略）で対処すべきであって、実質金利をマイナスにするという金融面で対応しても問題は解決しない。

インフレ目標が実現しなかったときの日銀の信認の問題は、国民にとって身近な問題ではないと思われるかもしれない。しかし紙幣（日本銀行券）がただの紙きれではなく通貨として流通しているのは、前節で述べたように日銀が金融政策によって物価を安定化させ、通貨の価値を維持するとの信認があるからである。二％のインフレが実現できなかったからといって直ちに通貨への信認が失われるとは考えにくいが、根拠の薄い約束をして実現できないということを繰り返せば、信認もいつか侵食されていくであろう。

4　量的緩和と資産購入

（1）効果

量的緩和については、マネタリーベース（と

日銀当座預金
民間金融機関が日銀に置く当座預金。その大部分は民間銀行（預金取扱機関）の準備預金である（証券会社など準備預金対象外の金融機関保有分もあるが、割合は少ない）。これと流通現金の合計がマネタリーベース。

図5-8　マネタリーベースと銀行貸出しの推移

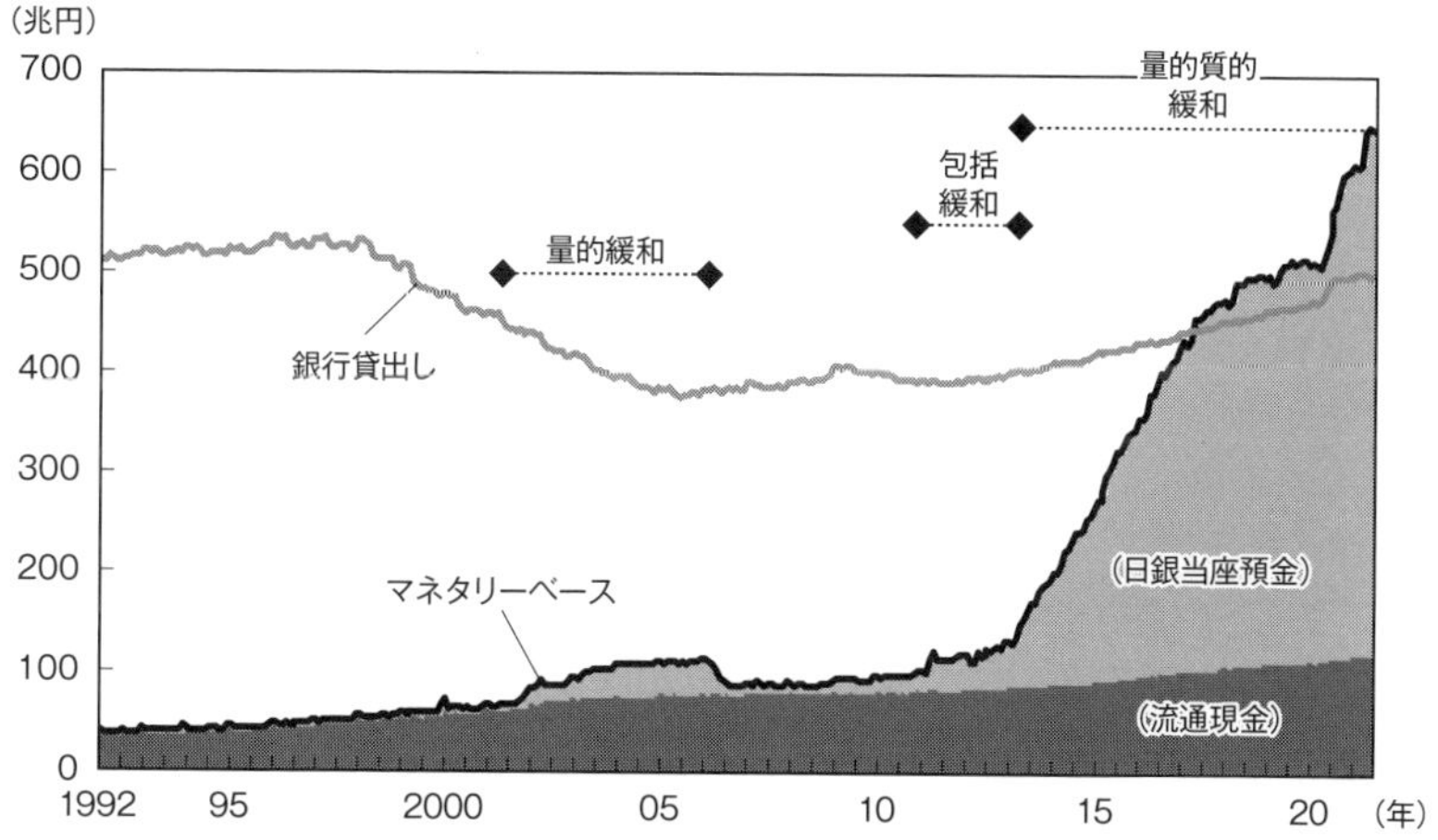

（出所）日本銀行統計より作成.

くに日銀当座預金）を増やせば、民間銀行は金利のつかない日銀当座預金から金利が稼げる貸出しなどに資産組換え（ポートフォリオ・リバランス）を行うので効果があるというのがリフレ派の主張である。ただし先にみたとおり、ゼロ金利下では少々の利子しか稼げない一方でリスクのある貸出しよりも金利ゼロの安全資産（ここでは日銀当座預金）が選好されるので、そうした効果は働きにくい。実際、マネタリーベースが急激に増加しても貸出しはあまり増えていない（二〇〇一～〇六年の量的緩和時にはむしろ減っている）（図5-8）。反リフレ派の翁［二〇一四］は「マネタリーベース増大そのものは直接的効果が期待できない」と述べている。

　資産購入は、民間銀行に資金を供給しても日銀当座預金として銀行部門内にとどまるだけで貸出しなどに向かわないなら、日銀がリスク資産（株式［ETF］、上場型不動産投資信託［J-REIT］）や長期国債の市場に直接に資金を

国債のマネタイゼーション

中央銀行が国債を直接・間接に購入すること。財政ファイナンスともいう。激しいインフレや財政危機を招くリスクがあるので財政法により直接購入は禁止されている。現在日銀は国債市場を通じて民間銀行等から購入している。かつては償還が近づいた国債を中心に購入していたが、購入対象を広げており、購入額の大規模化とあいまって、直接購入に近い状況になっている。

図5-9　コールレート及び国債の利回り曲線の変化

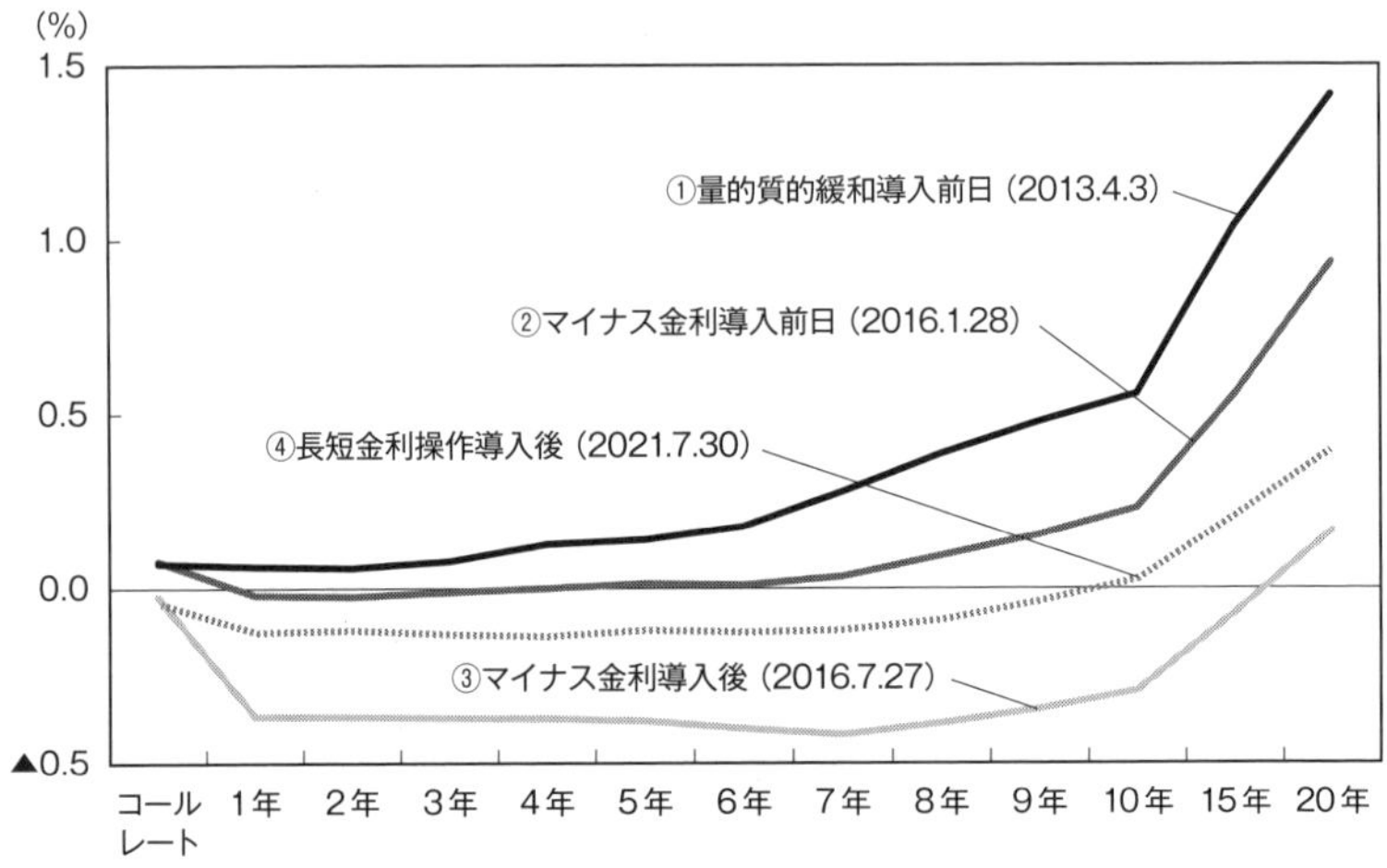

（出所）日本銀行統計，財務省「国債金利情報」より作成．

流そうという政策である。これは、理論的には大規模に行えば効果はある。第一に、日銀が購入するリスク資産の価格が上昇したり、長期国債の金利が低下したりする。実際、量的質的緩和以降、株価は大きく上昇し、長期金利も低下している（図5－9①②、図5－10）。株価上昇によって市場や人々の景況感が明るくなるという心理的効果もあったと考えられる。第二に、日銀が国債を買い続ける（国債のマネタイゼーション）ことで得た資金により政府の財政支出の拡大（財・サービスの購入）や減税・給付（人々にお金を渡し続ける）を続ければ、いつかは物価も上昇する。

（2）副作用

前記のように大規模に行えば効果はあるが、それだけ副作用も大きくなる。

まず、量的緩和で増大した膨大なマネタリーベースを放置すれば、将来的にバブル・金融危機や高インフレ危機のリスクが生じる。また、大量の国債購入は財政危機のリスクを高める。これらのリスクが現実の危機として実現する確率は予測しがたいが、たとえ小さな確率であっても生じれば経済に甚大な被害をもたらすことになるから、軽視すべきではないであろう。これらのリスクは景気が回復し量的質的緩和を終了する出口の段階でとくに大きな問題となる。景気回復後も増大したマネタリーベースを放置すればバブルや高インフレにつながるし、マネタリーベースを縮小するために国債を売却するならば国債価格が暴落して財政危機となる恐れがある。日銀は出口において難しい金融政策運営を求められる（出口段階におけるリスクや国民負担等の問題について詳しくは三平［二〇一九］を参照されたい）。

　出口に至る前の段階でも、以下の四つの副作用がある。第一に公平性の面で、日銀が購入する資産（株、不動産、国債）の価格上昇により、それらの資産を保有する者と保有しない者との格差が拡大する。第二に、市場の資金配分メカニズムを歪める。第1節でみたように、金融市場にはリスクに応じた適切な資金配分や経営の規律付けのメカニズムがある。日銀が株式市場におけるETF購入により企業のリスクや経営に関係なく巨額の資金を供給すれば、こうしたメカニズムが働かなくなる。第三に、政府の財政規律を損なうリスクがある。量的質的緩和の導入後、政府の国債発行額以上に日銀が国債を購入する状態が続いた。このような状況では、政府は苦労して歳出削減や増税に取り組まなくても日銀が国債を買ってくれると考え、財政再建が進まなくなる可能性がある。市場参加者が政府の財政再建への取組みを疑うようになれば、国債価格が暴落し財政危機につながる恐れもある。第四に、購入したリスク資産や長期国債の価格が下落すれば、日銀に損失が生じ、日本銀行国庫納付金の減少を通じて国民に財政負担が発生する。黒田日銀総裁は国会での答弁で、長期金利が一%上昇すれば長期国債の価格下落により約二三兆円の評価損が発生すると述べている（衆議院［二〇一七］）。日銀が満期まで国債を保有すればこうした評価損が現実の損失となることはないが、その場合でも日本

日本銀行国庫納付金

日本銀行は業務から上がる収益を国庫納付金として政府に納めている（日本銀行法第五三条）。日銀が購入した債券や株式の価格下落などで損失が発生すれば、納付金が減り政府の財政収入が失われるので、国民の財政負担になる。

銀行の財務の健全性は損なわれるので、日銀が発行する通貨への信認は低下する。

5 時間軸政策（フォワード・ガイダンス）

伝統的な金融政策が操作できるのは現在の短期金利であるが、日銀が二%のインフレが実現するまで量的質的緩和を続けるとコミットしたことは、将来の短期金利の予想にも影響を与える。長期金利は将来にわたる短期金利の予想の平均という性格を持つ（金利の期間構造に関する期待理論）ので、日銀がコミットメントを通じて将来の短期金利の予想を低下させることができれば、ひるがえって現在の長期金利を低下させる効果を持つ。短期金利に低下余地がない状況でも、長期金利に低下余地があれば、将来の「期待」に働きかけることで金融緩和が可能となる。このような金融政策の手法は、時間軸政策（あるいはフォワード・ガイダンス）と呼ばれる。長期金利が量的質的緩和導入後に低下した背景には、長期国債の大規模購入に加え、こうした時間軸政策の効果もあったと考えられる。実際、一九九九～二〇〇〇年のゼロ金利政策や〇一～〇六年の量的緩和の際にも同様の時間軸政策がとられ、長期金利を低下させる効果があったとされている。大規模な国債購入というリスクや副作用の大きい政策をとらなくても、時間軸政策で長期金利の低下効果は実現できたと考えられる。

6 マイナス金利と長短金利操作

日本銀行は二〇一六年二月から量的質的緩和に加えて「マイナス金利政策」を実施した。

マイナス金利という言葉は尋常ではない印象を与えるが、実際には、前述の国債の大量購入などに比べると、効果も副作用も限定的である。後述するように金利のマイナス幅には自ずと限界があるからである。金利の低下幅が限られれば、その影響も限られる。

このマイナス金利政策は、具体的には、日銀当座預金残高（の一部）に▲〇・一％の金利を課すというものである。これにより、民間銀行が資金を日銀当座預金のまま置いておくと損をする状況をつくり、貸出しなどに回すように促すことがねらいである。

この政策導入後、マイナス金利は市場で取引される長期の金利にも波及し、一〇年物国債金利は一時▲〇・三％程度まで下落した（図5－9③）。

金利がマイナスにもかかわらず国債を購入しているのは主に銀行であるが、その理由として以下の三つが指摘されている。①日銀は将来についても大量の国債購入も約束しているので、より高い値段で日銀に転売することができる。②日銀当座預金のマイナス金利よりも国債等のマイナス金利のほうが小さければ、購入することで損失を減らせる。③銀行間の取引などで国債が担保として使われるため、金利がマイナスであっても一定量の国債を保有する必要がある。

より一般的には、金利は現金保有のコストの範囲でマイナスになりうる。現金の保有には、保管の安全性の懸念や、口座振込みや自動引落しなどのサービスが受けられないといったデメリット（コスト）がある。こうしたコストの範囲内であれば金利はマイナスになりうる。岩田ほか［二〇一六］は、現金保有のコストをもとにマイナス金利の下限を▲〇・七五～▲二％程度と推計した海外の研究を紹介している。

マイナス金利の効果は、立場によって異なる。企業や、住宅ローン等を借り入れる家計にとっては、貸出金利が低下するので若干のプラスである。一方で預金者にとっては、預金金利にまでマイナス金利が波及すれば若干のマイナスになる可能性がある（実際に口座維持手数料等の名目で実質的にマイナス金利となっている預金もある）。金融機関には、収益にマイナスの影響が生じた。長期金利までマイナスになるような市場環境によって、金利が稼げなくなったことが大きい。

こうした銀行の収益悪化を背景の一つとして、日銀は一六年九月に、長期金利のマイナスを解消し、一〇年物国債金利を〇%程度に誘導する長短金利操作を導入した（図5－9④）。

また、二〇二一年三月には、マイナス金利による銀行の収益悪化を緩和するとともに、貸出しを一層促進するため、貸出促進付利制度が創設された。これにより、日銀が貸出し促進のために実施している資金供給オペによる日銀当座預金残高に金利が付利されるようになった。具体的には、新型コロナウイルス感染症対応金融支援特別オペ残高について、銀行が政府の信用保証を利用して貸出しを行った場合は〇・一%、信用保証を利用しない銀行独自の貸出しの場合は〇・二%の金利が付されている（新型コロナ対応オペについては本節8項参照）。

なお、この〇%の長期金利目標と、二%のインフレ目標とをあわせると、実質金利＝名目金利－インフレ率であるから、長期実質金利の目標はマイナス二%ということになる。長期的には実質金利と潜在成長率は近いので、このことと、「潜在成長率を大きく引き上げる」という政府の成長戦略（閣議決定［二〇一八］）の方針とは矛盾するように思われる。この点についての日銀からの説明は、筆者の知る限りなされていない。

7 インフレ目標未達成の要因

図5－6でみたように、二%のインフレ目標はいまだに達成されていない。大規模な金融緩和にもよらず目標が達成されないのはなぜだろうか。

第一に、インフレ目標政策が効果をあげなかった。本節3項で述べたように、インフレ目標政策は将来の期待を通じて働きかける政策なので、人々のインフレ期待が変わらなければ効果はない。そして先にみたとおり、人々のインフレ期待は十分に変化したとはいえない。

第二に、量的緩和・資産購入が十分な効果をあげなかったことについては、財政政策の景気刺激効果（乗数効果）の低下や構造改革の遅れが要因としてあげられる。先に資産購入は「大規模に行えば効果はある」と述べたが、これは日銀の国債購入によってファイナンスされた資金を用いて政府が財政政策を行うからである。つまり、この政策がゼロ金利・流動性の罠の状況でも効果があるのは、その本質が金融政策というより財政政策だからである。したがって財政政策の効果が低下すれば資産購入の効果も低下する。そして現状では、財政政策が消費や投資などの実物需要の増加に結びつきにくい要因が存在している。まず消費については、少子高齢化の下での将来の社会保障不安や、財政赤字拡大にともなう将来の財政不安がある。こうした状況では、財政政策により所得が増加しても、それが消費に結びつかず将来の社会保障や税負担のための貯蓄にまわってしまう（第4章のリカードの等価定理参照）。

また投資についても、企業の期待成長率や投資の実質収益率の低迷といった要因がある。コロナ以前は企業業績は好調であったが、投資や賃金のしっかりした増加には結びつかず、内部留保として貯め込まれる傾向にあった（賃金が増加しなかったことは消費低迷の要因でもある）。好調な企業業績は円安などの交易条件改善による一時的・名目的なものであり、期待成長率や実質収益率の改善による構造的・実質的なものではなく、企業もそう判断したために設備投資や賃上げに及び腰であったと考えられる。こうした状況では、資産購入にともなう財政政策は消費や投資などの増加をもたらさず、効果は弱くなる（財政乗数の低下要因については三平［二〇二二］も参照）。同じ理由で、量的緩和で資金を供給しても消費や投資に向かわないので、量的緩和も効果は期待できない。

こうした状況の背景にあるものは、少子高齢化、財政赤字、期待成長率・期待収益率の低迷といった構造的要因である。したがって、金融政策や財政政策が十全な効果を発揮するためには、こうした構造的要因を改善する政策、すなわち構造改革が必要である。構造改革が進まないまま、金融政策や財政政策の規模拡大で強引に対処しようとしたために、効果が薄いまま財政赤字やマネタリーベース・日銀の国債購入残高だけが積み上がり、大きなリスクを抱えることとなったと考えられる。

8 新型コロナ感染症と金融政策の対応

二〇二〇年から日本でも感染が拡大した新型コロナウイルス感染症は、経済にも需要・供給の両面で大きな影響を与えている。こうしたなかで、金融政策においても、①政府の大規模な経済対策にともなう財政ファイナンス、②新型コロナウイルス感染症対応金融支援特別オペ、といった対応がとられている。

①については、新型コロナ対応のための二度の経済対策を受けて二〇二〇年度の国債発行額は過去最高の約一一三兆円に達した。図５－１でも政府部門の資金不足（財政赤字）は二〇二〇年度に大きく拡大している。しかしそれにもかかわらず、一〇年物国債金利はゼロ％程度の極めて低い水準で安定して推移している。これは、日銀の長短金利操作付き量的質的緩和により、「一〇年物国債金利がゼロ％程度で推移するよう、上限を設けず必要な金額の長期国債の買入れを行う（二〇二一年七月の金融市場調節方針に関する公表文）」とされているからである。これにより、政府は国債価格の下落（金利上昇）を気にすることなく、大規模な財政拡大を含む経済対策を実施できたといえる。実際、国債買入れオペの実施額は、二〇一六年の長短金利操作の導入以降徐々にペースを緩めてきていたが、二〇二〇年度には再び増加している。

②は、新型コロナの状況下での企業金融を支援するため、新型コロナ対応として行われている中小企業等への融資残高等の範囲内で、民間銀行に資金を貸し付ける資金供給オペレーションである。そ

の残高は、二〇二一年七月時点で約七一兆円に達している。

①②の結果、二〇一六年の長短金利操作以降やや落ち着いていた日銀による資金供給ペースは再び急拡大し、二〇二一年六月時点のマネタリーベースは約六六〇兆円に達している（図5－3、図5－8）。それではこうした金融政策による新型コロナ対応は効果があるのだろうか。効果と副作用を順にみていく。

(1) 効果

これらの対応は、経済や財政の急激な混乱を抑制するという意味では多少の効果はあるものの、金融緩和だけでは大きな効果は期待しにくい。新型コロナによる経済へのショックは、需要面と供給面の双方にわたる。しかし需要面では、感染が収束しない限り、金融緩和をしてもそれが消費や投資の需要拡大につながりにくい（いわゆる巣ごもり関連の消費やテレワーク関連の設備投資などの一部の例外を除く）。また供給面についても、資金がテレワーク等の環境整備に用いられて供給制約を多少緩める可能性はあるが、感染下での生産活動の停止・抑制が続く限り、大きな効果はあげにくい。

(2) 副作用

効果が小さいと考えられる一方で、これらの対応によりマネタリーベースや国債買入残高が急拡大したことは、先に述べたバブル・金融危機、高インフレ危機、財政危機のリスクを一層高めることになる。実際、二〇二〇年以降、コロナの状況下の経済の落ち込みにもかかわらず株価は上昇している（図5－10）。日銀の資金供給が急拡大したものの、コロナの状況下でそれが実物需要に向かわず、株式等の資産に向かったため、実体経済から乖離した株価上昇（バブル）が生じたと考えられる。また、巨額の財政赤字にもかかわらず国債価格が高い水準（国債金利が低い水準）にあることも、国債のバブルととらえられる。

これらがバブルであれば、量的質的緩和を終了する出口の段階において、マネタリーベースや国債買入残高を縮小しようとするとバブルが破裂して金融・財政危機に陥るおそれがある。一方、マネタリーベースを高い水準のまま放置すれば、さらなるバブルや高インフレを招くおそれがある。そのいずれも防ぐためには、政策金利の引き上げに応じて超過準備に付す金利も引き上げ、銀行からの過剰な資金流出を防ぐ必要があるが、その金利負担は日銀の収益を減少させ、日銀国庫納付金の減少を通じて国民の税負担となる（たとえば二〇二一年七月時点で超過準備は四五〇兆円程度であり、仮にそれに一％の金利を付すとすれば、年間四・五兆円（消費税率にして二％程度）の国民負担が生じる）。いずれにせよ、コロナ対応にともないマネタリーベースが急拡大したことは、出口における日銀の対応を一層困難なものとし、これらの危機や国民負担のリスクを増加させている。

第4節　バブルと金融危機

1　バブルと金融危機のメカニズム

バブルとは何か。現象としては、図5－10のように、株価や地価などの資産価格が、泡（バブル）が膨らむかのように急上昇した後、泡が破裂して消えるかのように急下落することを指す。

株価や地価などの資産価格は、その資産の持つ収益力（ファンダメンタルズ）を反映して決まるのが正常と考えられる。しかし、日本企業や土地の収益力が、図5－10が示すように、わずか数年で急に四倍以上になったり、そうかと思えばまた急にその実力が失われたりしたとは考えにくい。何らかの要因で実力以上の過大評価が生じていたと考えるほうが自然である。この実力からの乖離部分がバ

資産効果と逆資産効果

保有する資産の価値の増加のために、消費等の支出が増える効果が資産効果。逆資産効果はその逆。

図5-10　株価・地価の推移

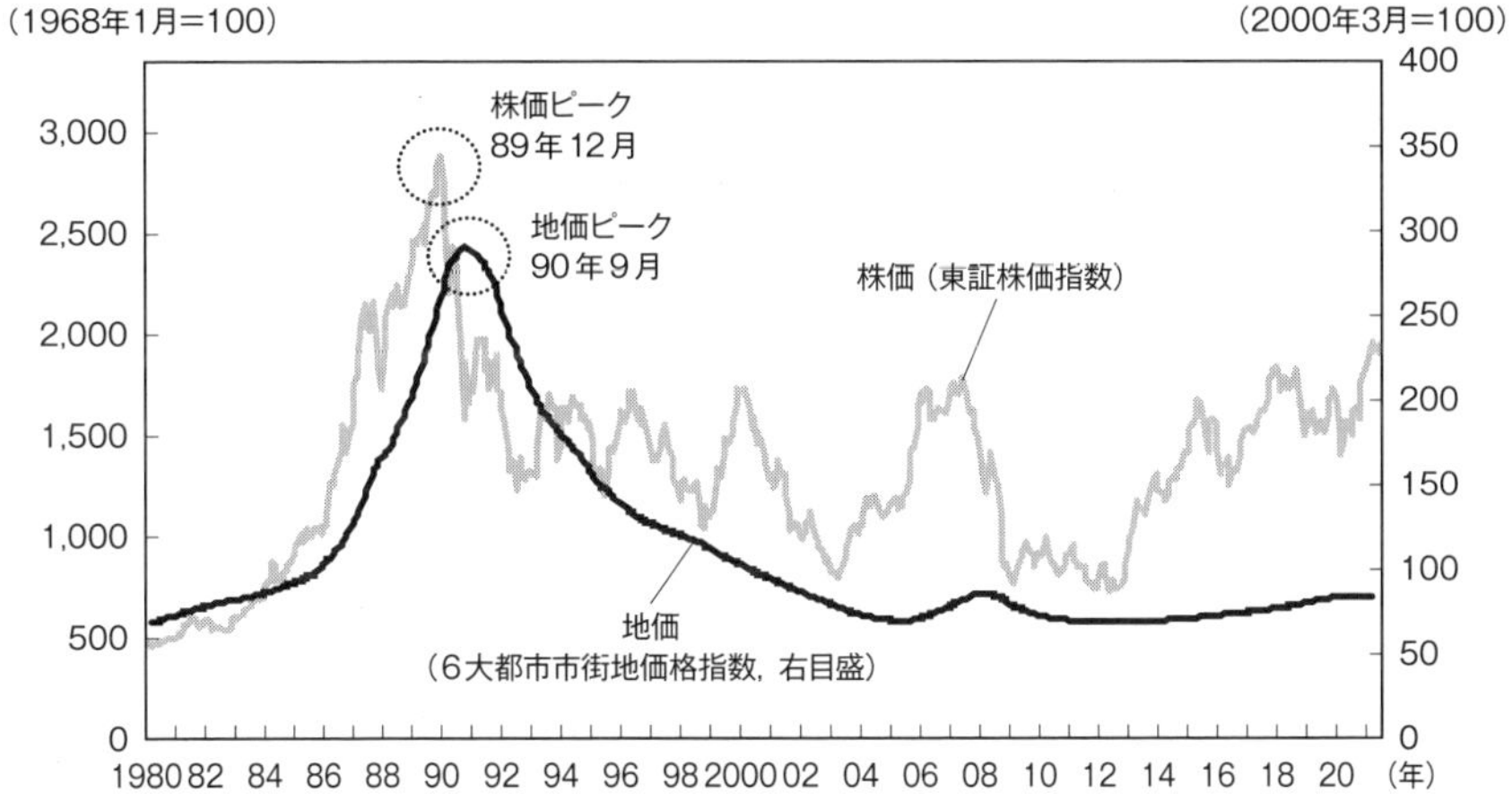

（出所）日経NEEDS-FinancialQUEST，日本不動産研究所「市街地価格指数」より作成.

ブルである。

　では、なぜバブルが生じるのか。そこには、「期待の自己実現」というメカニズムが働いている。投資家の多くが「これから株価が上昇する」という期待を持つと、彼らはもうけようとして一斉に株を買うので、実際に株価が上昇する。それがまた株価上昇期待を強める。こうして期待と現実の株価が相互に上昇を続ける。注意すべきは、最初の株価上昇期待がたとえ根拠のない（ファンダメンタルズの変化をともなわない）ものでも、現実に株価上昇が実現することである。バブルはこのようにして生まれる。

　バブルが崩壊するときには、逆に、株価下落期待が現実の株価下落を招きそれがまた株価下落期待を高めるという自己実現のループが起き、しばしば、ファンダメンタルズを下回る水準まで下落することもある。

　バブルの崩壊の悪影響の一つは逆資産効果である。バブルが崩壊して保有する資産の価値が失われると、バブル時に過大な支出をしたことに気づき、その反動もあって以前の水準に戻る以上に節約するので、消費需要が減退する。二つ目のより重大な影響は、不良債権の発生と金融危機である。バブル期に不動産業、建設業、小売業の三業種では土地の値上がり期待のもとに借入れを増やして土地を購入した企業が続出した。その後地価が下がると、借金だけが不良債権として残った。不良債権は当初この三業種に多かったが、経済低迷が長引くにつれ他業種にも拡大し、金融機関の損失拡大を通じて金融危機へとつながっていった。

❷ 不良債権の重石

不良債権は、貸した銀行の損失にとどまらず、なぜ日本経済全体の問題となるのだろうか。不良債権が経済を押し下げるメカニズムとしては、以下の四つがある。

第一に、「金融システム不安」である。バブル前の金融行政は、金融機関の破綻は原則として起こさないという「護送船団方式」であった。しかし不良債権の損失が拡大するにつれて日本でも金融機関の破綻が増え、一九九七〜九八年には北海道拓殖銀行、日本長期信用銀行、日本債券信用銀行といった大手金融機関の破綻が相次ぎ、金融危機が表面化した。人々が金融機関の破綻懸念から資金を預けなくなれば、「経済の血液」である資金の流れが滞り、経済活動が縮小する。不安心理から消費や投資も控えられるようになる。

第二に、「貸し渋り」である。不良債権の損失拡大をおそれた銀行は、ＢＩＳ規制の影響もあり、貸出しに慎重になった。バブル崩壊以降、銀行貸出しは長く低迷し、とくに九八年以降は大幅に減少した（図５－８）。こうした貸出しの低迷が、銀行の貸し渋りによるものか、企業の資金需要の低迷によるものかは一概にはいえないが、少なくとも金融危機が顕在化した九七年末から九八年にかけては、貸し渋りが中小企業を中心に設備投資などの経済活動に大きな影響を与えたと考えられている。

不良債権
約定どおりの返済や利払いが受けられなくなるなど回収が困難となった貸出し。

護送船団方式
力の弱い金融機関でも経営が成り立つように業務規制による競争制限や金利規制を行い、金融機関の破綻を避けることで信用秩序の維持を図る金融行政。安易な救済策を期待して金融機関が経営の効率化を怠るモラルハザードや、上位の金融機関の超過利潤などの問題も発生した。

ＢＩＳ規制
リスク資産に対する自己資本の比率（ＢＩＳ比率＝国際業務行は八％以上、国内行は四％以上）を定めた規制。銀行が収益悪化に耐えられる十分な自己資本をもたせ、金融危機を未然に防ぐことが目的だが、銀行がBIS比率維持のために分母となる貸出しなどのリスク資産を減らすという行動をとり、貸し渋りを助長したとの指摘もある。

第三に、「追い貸し」の問題がある。銀行は、損失処理を嫌い、不良債権の存在を隠すため、融資先の問題企業の経営悪化が表面化しないように追加的な融資や金融支援を行い、その延命を図ったとされる。こうした追い貸しによって本来市場から淘汰されるべき非効率な企業が生き延びたとすれば、経済全体の効率性も低下したと考えられる。

第四に、不良債権は、企業からみれば「過重債務」である。過重債務を抱えた企業は、新規の借入れよりも債務の返済を優先し、事業の拡大や新規事業の開拓などのリスクをともなう活動には慎重になったと考えられる。日本経済がキャッチアップを終え、新たな挑戦が必要となった状況で、企業がリスクに慎重になったことは、日本経済停滞の大きな要因の一つとなったと考えられる。

❸ 不良債権の処理

不良債権処理が本格化したのは、二〇〇一年に発足した小泉政権下においてである。その時点でバブル崩壊からおよそ一〇年が経っている。政府と銀行は長きにわたり国民に不良債権の実態を明らかにしないまま処理を先送りし続け、不良債権問題の長期化と拡大を招いた。その結果、不良債権額は〇一年度末には四三・二兆円まで増加していた。こうしたなか、政府は〇二年の「金融再生プログラム」において、主要行の不良債権比率を〇一年度末の八・四%から〇四年度末までに半減させるという目標を掲げて不良債権処理を促進した。〇四年度末には主要行の不良債権比率は二・九%となって半減目標は達成され、不良債権問題はバブル崩壊から約一五年を経てようやく終息へと向かった。

参考文献

岩田一政・左三川郁子・日本経済研究センター編著『マイナス金利政策――3次元金融緩和の効果と限界』日本経済新聞出版社、二〇一六年。

翁邦雄「ゼロ金利制約下では金融政策で物価はコントロールできない」原田泰・齊藤誠編『徹底分析 アベノミクス――成果と課題』第一章、中央経済社、二〇一四年。

閣議決定「経済財政運営と構造改革に関する基本方針二〇〇二」二〇〇二年。

閣議決定「未来投資戦略二〇一八――『Society 5.0』『データ駆動型社会』への変革」二〇一八年。

黒田東彦「『量的・質的金融緩和』の2年（読売国際経済懇話会における講演）」二〇一五年。

櫻川昌哉『金融立国試論』光文社新書、二〇〇五年。

衆議院「会議録（第一九三回国会、二〇一七年五月一〇日財務金融委員会）」二〇一七年。

内閣府「二〇二一年1－3月期GDP二次速報後のGDPギャップの推計結果について」『今週の指標』No. 1262、二〇二一年。

日本銀行「『量的・質的金融緩和』――二年間の効果の検証」日銀レビュー、2015-J-8、二〇一五年。

日本銀行「経済・物価情勢の展望（二〇一七年一〇月）」二〇一七年。

日本銀行「生活意識に関するアンケート調査（第八六回調査）」二〇二一年a。

日本銀行「経済・物価情勢の展望（二〇二一年七月）」二〇二一年b。

細野薫・杉原茂・三平剛『金融政策の有効性と限界――九〇年代日本の実証分析』東洋経済新報社、二〇〇一年。

三平剛「追い貸しと経済の生産性」内閣府経済財政分析ディスカッション・ペーパー、〇五-四、二〇〇五年。

三平剛「異次元の金融政策の効果とリスク」大守隆編『日本経済読本（第二一版）』第五章、東洋経済新報社、二〇一九年。

三平剛「乗数効果の低下の要因について」財務総合政策研究所『フィナンシャル・レビュー』第144号、二〇二一年。

第6章
創生を目指す地方経済

地方の経済は、人口の減少、高齢化、産業の新陳代謝の停滞、公的セクターへの依存など構造的な問題を抱えている。地方の財政もきわめて厳しい状況にあり、自治体においても行財政改革を進めることが課題となっている。また、二〇一一年の東日本大震災からの復興は着実に進展しているが、近年は激甚な気象災害が頻発するようになっているなど、安全・安心面での課題も多い。

こうしたなか、一四年九月、政府に「まち・ひと・しごと創生本部」が設置され、「まち・ひと・しごと創生総合戦略」が策定されるとともに、全国の都道府県、市町村でも各自治体の現状に基づいた地方版総合戦略が策定されるなど、地方創生の取組みが進められており、二〇年度からはその第二期に入った。

以下、第1節では地方経済の現状、第2節では地方創生の取組みと課題、第3節では地方行財政改革に向けた取組み、第4節では地域活性化におけるソーシャル・キャピタル活用の可能性を概観する。

日銀短観
正式名称を「全国企業短期経済観測調査」といい、日本銀行が全国の約一万社の企業を対象に、四半期ごとに業況や経済環境の現状・先行き等について調査している。

第1節　地方経済の現状

1 「アベノミクス景気」後の地方経済の動向

二〇一二年一一月から始まった景気回復期（いわゆるアベノミクス景気）において、地方経済は順調に拡大を続けた。地域ごとの企業の景況感を日銀短観の業況判断DI（「良い」と答えた企業の割合から「悪い」と答えた企業の割合を引いたもの）でみると（図6-1①②）、一三年三月調査時点で全地域の業況判断は「悪い」超であったが、3四半期後の一二月調査ではすべての地域が「良い」超となった。その後、一四年四月の消費増税による一時的な落ち込みを経ながらも、概して堅調に推移し、地域間のばらつきも限られていた。しかし、米中貿易摩擦の激化などにより外需が減速し、一八年第4四半期から景気後退局面に入ると、各地域とも「良い」超幅が縮小しはじめた。さらに、一九年一〇月の消費増税にともなう落ち込みから回復する間もなく二〇年三月以降の新型コロナウイルス感染症の蔓延に見舞われ、三月調査では四国を除く全地域で「悪い」超に転じ、二〇年央にかけて各地域ともリーマンショック時以来の景況感の大きな悪化を経験した。二一年に入り、欧米諸国でワクチン接種が進み、新規感染者数や死者数に落ち着きがみられはじめたことから、業況感は改善に転じている。

生産面をみると、各地域の鉱工業生産指数は一九年一〇月の減少後、多くの地域でいったん増加に転じたものの、二〇年二月以降コロナ禍により急速に悪化した。とくに北関東、東海、近畿、中国、九州地域の落ち込みが大きく、自動車産業における工場閉鎖にともなうサプライチェーンの毀損なども影響したとみられる。

図6-1　地域ごとの業況判断DIの推移

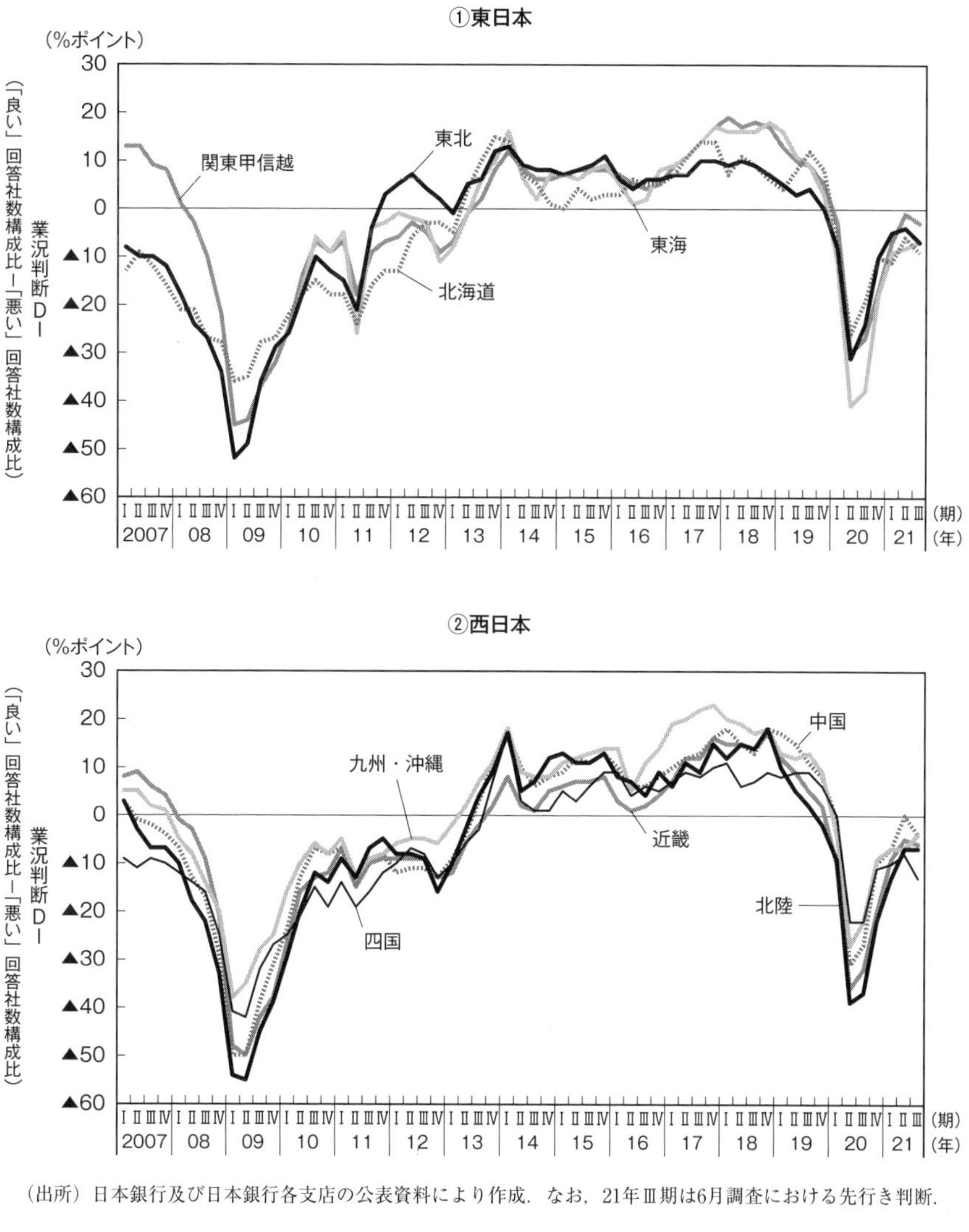

（出所）日本銀行及び日本銀行各支店の公表資料により作成．なお，21年Ⅲ期は6月調査における先行き判断．

雇用動向についても、有効求人倍率の地域別の動きをみると、これまで人手不足を反映して、地域差はありながらもいずれの地域も一倍を超え、北陸地域では二倍を超えていたが、一九年後半から各地域とも下落し始め、二〇年四月には沖縄、五月には北海道、九月には南関東が一倍を下回った。その後、二〇年第4四半期から二一年にかけて多くの地域で回復に向かっているものの、南関東、近畿、沖縄といった大都市や観光地で戻りに鈍さがみられる。

また、消費面でも、内閣府「地域別消費総合指数」は消費増税前後に駆け込み増・反動減の動きがあった後、二〇年に入りコロナ禍により急落した。その後年央以降持ち直しつつあるが、その度合いにはばらつきがある。

このように、地方経済はアベノミクス景気下で堅調に拡大していたが、外需の減速に消費増税、新型コロナによる問題が重なり、極めて大きな落ち込みを示した。

2 コロナ禍の先の地方経済の可能性

コロナ禍は、二〇〇八年のリーマンショックに勝るとも劣らない大きな外的ショックであり、前項でみたとおり各地域とも経済活動の大きな落ち込みを経験した。しかし、そうした落ち込みについては、感染症の収束にともない、いずれ回復していくものと考えられる。むしろ経済にとって重要なのは、コロナ禍が不可逆的にもたらした、経済構造に対する影響である。典型的なのは、働き方に対する影響であろう。とりわけ、感染拡大防止の観点から導入・拡大が推奨されたテレワークの普及が進んだことは、企業の立地場所、労働者の働く場所の制約を取り払い、地方経済のあり方や都市部との関係に大きな変革をもたらす可能性がある。テレワークについては、従前から柔軟な働き方を実現する手段として期待されていたが、企業におけるテレワーク導入率は一九年九月末時点で二〇・二%に

テレワーク

インターネットなどの情報通信技術を活用し、本来勤務する場所から離れ、自宅などで仕事をすること。「在宅勤務」「モバイルワーク」「サテライトオフィス勤務」などの形態がある。

とどまっていた。しかし感染症拡大後の二〇二〇年八月末時点の調査では導入率は四七・五％にまで高まっている（総務省「通信利用動向調査」）。また、企業内の働き方としてのテレワークのみならず、ウェブ会議システムを使った打ち合わせが一般的になり、企業間や企業対顧客の間でも広く使われるようになった。こうした変化により、通勤や出張などの移動にかかる時間及び費用の削減、緊急時の事業継続性の確保、雇用者のワーク・ライフ・バランスの実現など、テレワークやウェブ会議システムの利用のメリットが幅広く認識されることとなった。このため、感染症が収束した後も、経済活動においてテレワークやウェブ会議を活用する潮流は変わらないものと考えられる。

　では、こうした流れは本当に人々の働く場所、住む場所の選択や起業場所の選択に影響を与えているであろうか。以下、二〇二〇年までのデータで検証してみる。

（1）コロナ禍下の人口移動

　人口移動の動向をみると、第一次オイルショック後の安定成長期以降、これまで東京圏のみが、景気循環の影響による増減はあったが、基本的に人口流入超で推移してきた。それが、感染症の拡大により、大きく変化している。総務省「住民基本台帳人口移動報告」で、まず都道府県別転入超過人数をみると（図6－2）、二〇一九年には東京都を中心として首都圏が突出して転入超となっているが、二〇二〇年では東京都の転入超過幅が半減している。より詳しくみるために、転入者の前年差の動向をみると（図6－3①）、一九年には東京圏及び近畿圏を中心に転入者が増加し、それ以外の県では大きな変化はみられなかったのに対し、二〇年には東京圏、名古屋圏、近畿圏などの都市部全般で転入者を大きく減らしており、そのなかでも東京都の減少幅が突出している。つまり、コロナ禍により、人々が概して大都市に行かなくなり、とくに東京への移動を見合わせたことがわかる。一方、転出者の状況をみると（図6－3②）、一九年には大都市圏の転出者数が人口規模に応じて増加していたが、

図6-2　都道府県別転入超過人数

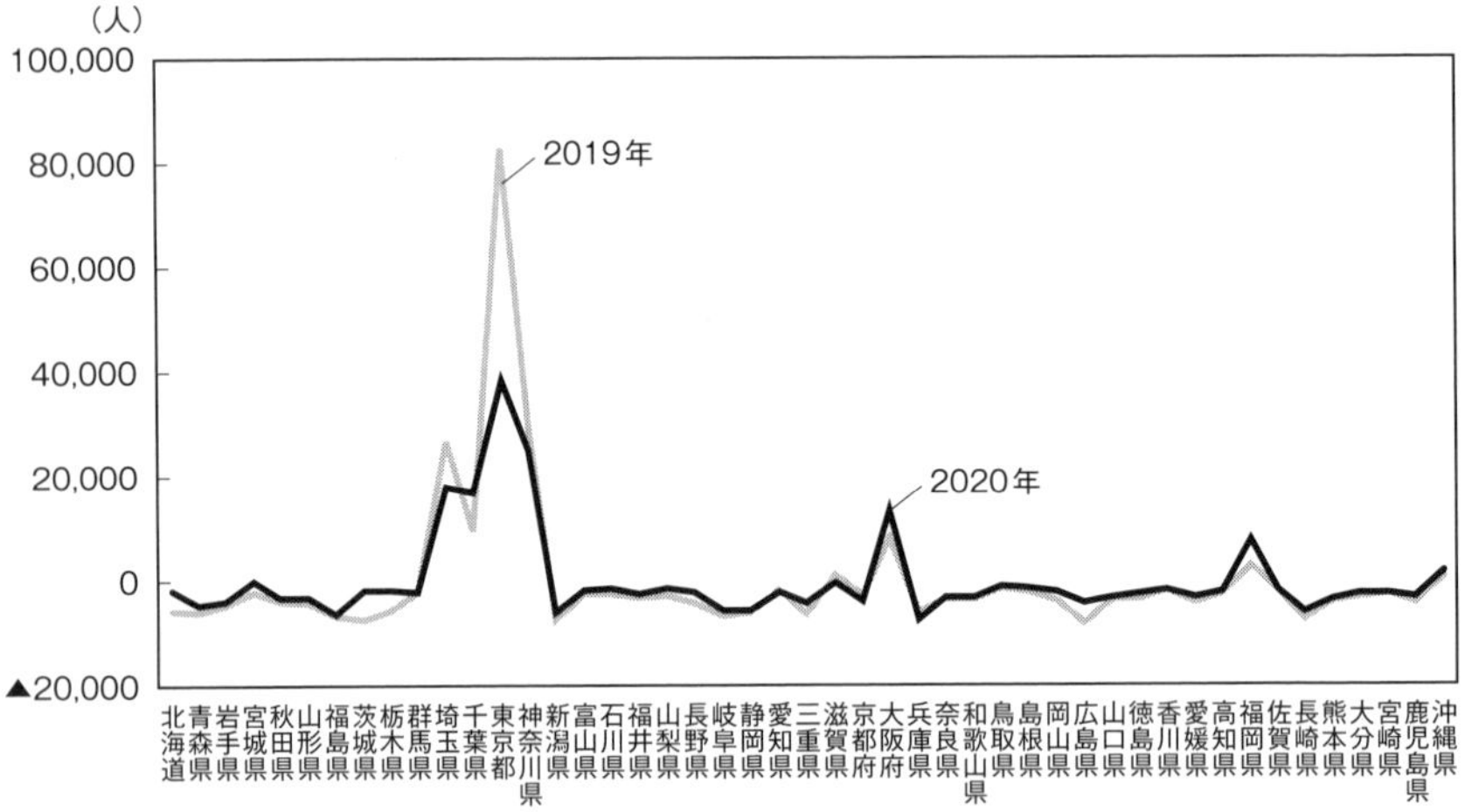

（出所）総務省「住民基本台帳人口移動報告」.

二〇年には東京都だけが転出者数を大きく伸ばし、他の道府県はいずれも減少させている。このように、コロナ禍を受けて全国的に人口移動が抑制されていることがわかるが、そのなかで東京都だけが人口流出を大きく増やしたことが顕著な特徴となっている。

では、東京都から流出した人々はどこへ移動したのであろうか。図6－4をみると、大多数は東京都以外の首都圏各県に移動したが、北海道、茨城県、長野県、静岡県、兵庫県、広島県、そして沖縄県などへの移動の増加も目立っている。テレワークの増加により、首都圏内での移動については、住み替え、引越しにあたって通勤距離・時間をあまり気にせずに居住地を選択する人々が増えた結果と考えられる。また、首都圏外への「移住型」の人口移動については、絶対数はまだそれほど多くはないものの増加の萌芽はみられており、今後注目していく必要がある。

図6-3　都道府県別転入者・転出者数の前年差

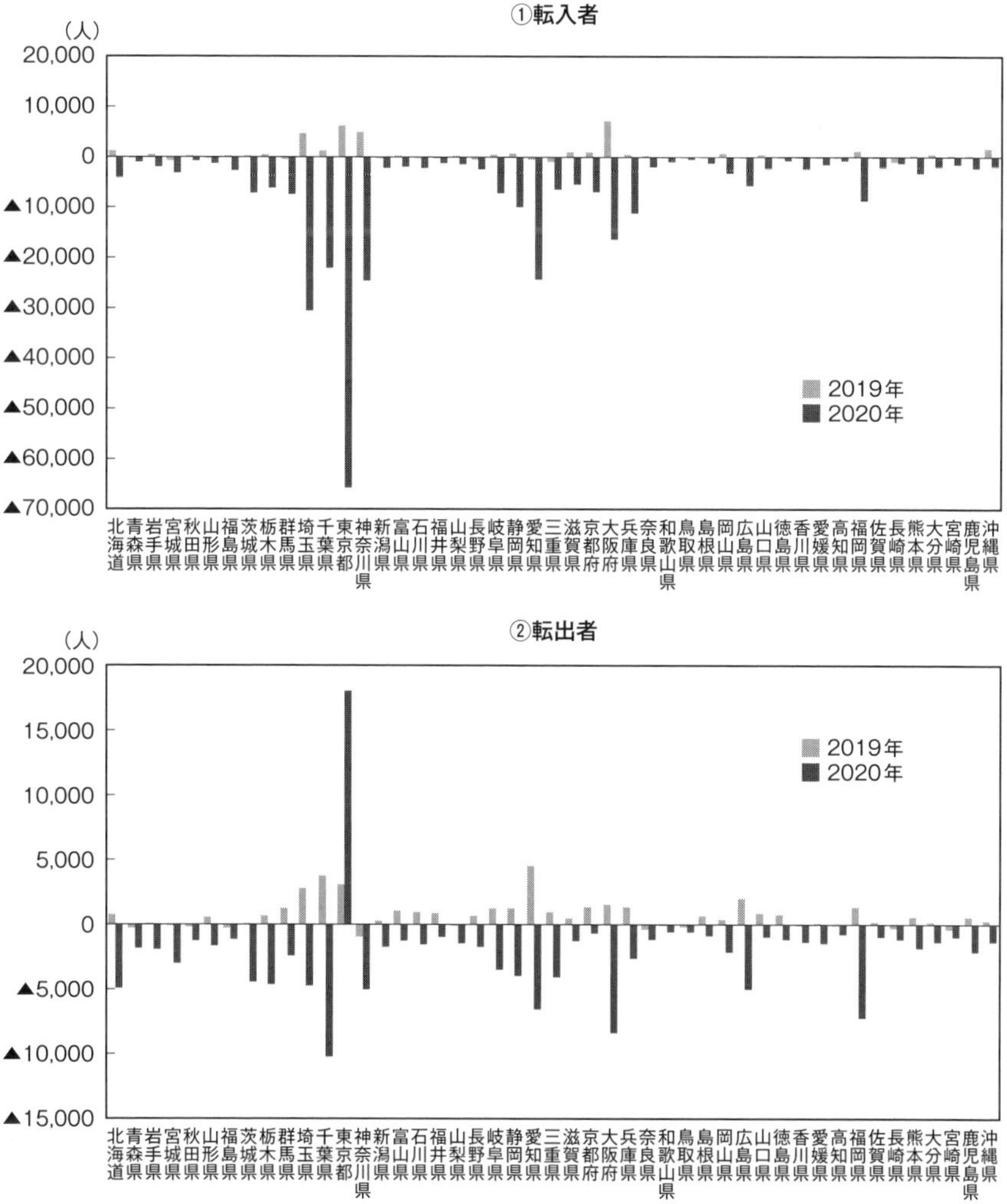

（出所）総務省「住民基本台帳人口移動報告」．

図6-4　東京都から各道府県への転出者前年差

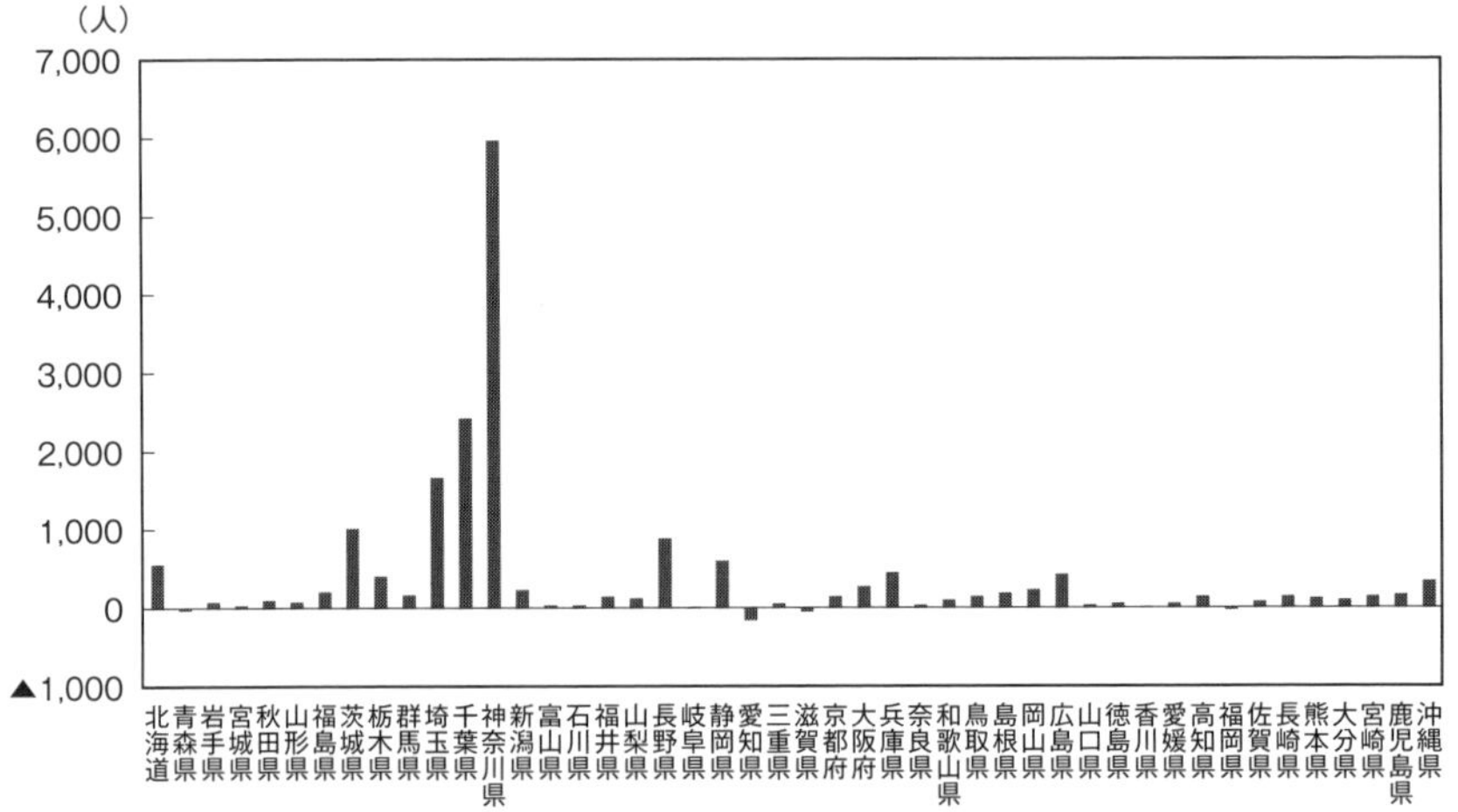

（出所）総務省「住民基本台帳人口移動報告」.

（2）コロナ禍下の起業動向

テレワークやウェブ会議システムの普及により、地方での起業は促進されているのだろうか。もともと、地方での開業率は都市部に比べて低いが、結論からいえばコロナ禍下においてもその状況に大きな変化はみられない。開業率を厚生労働省「雇用保険事業統計」における「当該期に雇用関係が新規に成立した事業所数／前期末の適用事業所数」でみてみると、一九年全体での開業率は東京圏四・八％、名古屋圏四・五％、近畿圏四・五％に対し、それ以外の県全体では三・八％となっている。感染症発生前後の開業率前年差の推移を月次でみると（図6－5）、全体的に一九年後半から二〇年前半にかけて増加幅が拡大した後、縮小に転じているが、その過程で三大都市圏以外の地域の開業率の増加幅が相対的に高まったというような動きはみられていない。人の動きと比べ、起業や事業所の立地選択にはさまざまな要因が影響し、

日本創成会議・人口減少問題検討分科会

座長は増田寛也・東京大学大学院客員教授（元総務相）。長期の人口動態を見据えた国のあり方、国家戦略を検討することを目的とするもの。

図6-5　三大都市圏とそれ以外の地域の開業率前年差（後方5カ月移動平均）の推移

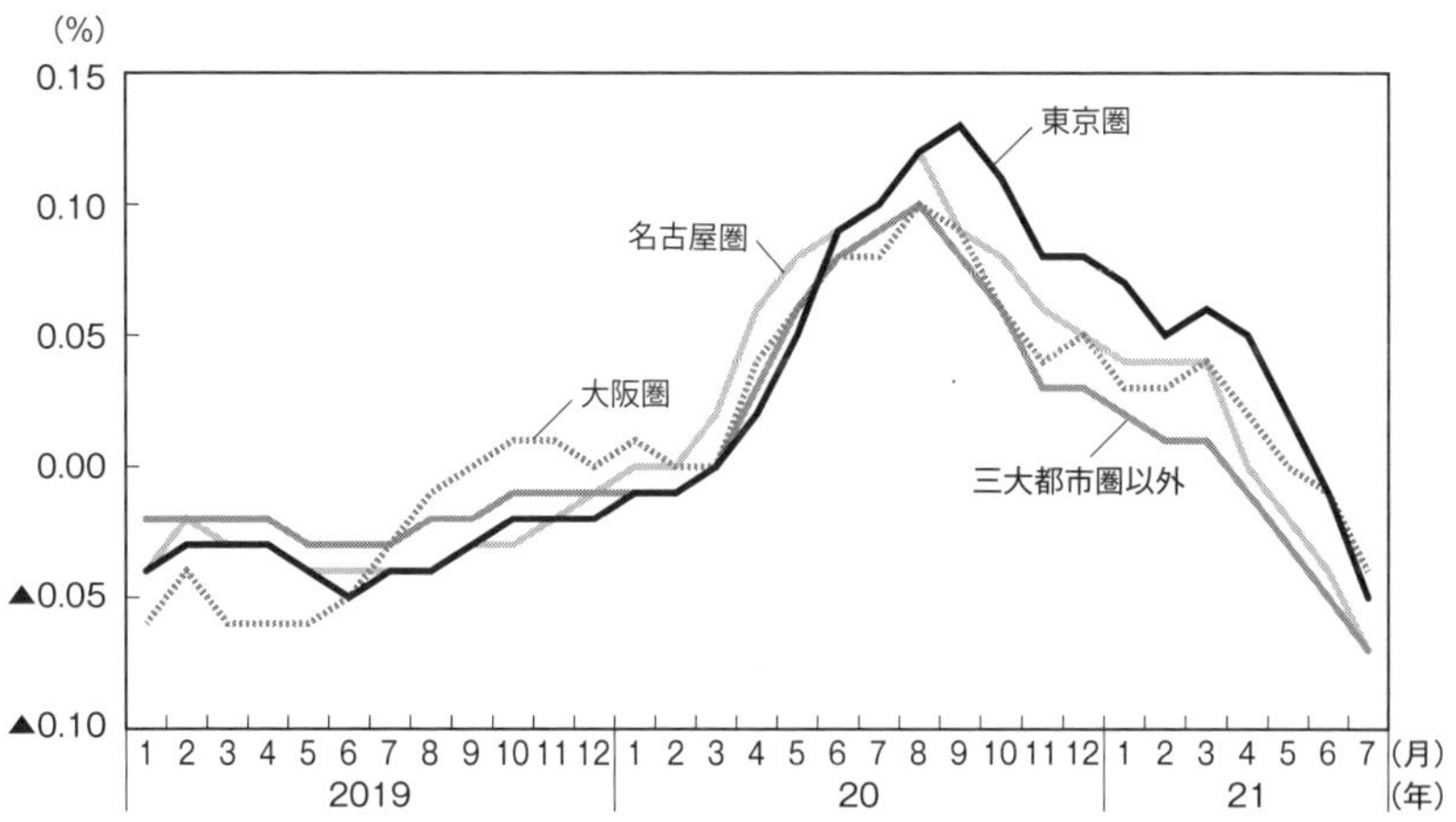

（出所）厚生労働省「雇用保険事業統計」.

意思決定にも時間がかかるためと考えられる。

第2節　地方創生の取組み

1　東京一極集中の問題

二〇一四年五月、民間の有識者会議「日本創成会議」の分科会は、地方から大都市圏への人口移動がそれまでのペースで継続した場合、四〇年には、二〇～三九歳の女性人口が一〇年の半数以下となる自治体が全体の四九・八％に達するとの推計結果を公表した。また、こうした自治体について「将来的には消滅するおそれが高い」としたことから、自治体関係者をはじめ各方面に大きな衝撃を与えた。

第1節で述べたように、コロナ禍により人口移動に大きな変化がみられているとはいえ、二〇～三〇年先までの親世代の人口はすでに決まっているうえ、地方では高齢者の比率が高いので、今後多少出生率が上昇したり、人口移動

集積のメリット
同業または異業種の企業等が多数集まることによる外部経済。インフラの共有、人材派遣等の企業向けサービスの充実、フェイス・トゥ・フェイスを含む濃密な情報交換等が要因とされる。

が転入超過に転じたりしても、多くの自治体で人口減少が避けられないという現実は変わっていない。

東京一極集中は高い労働生産性（高い賃金）や産業集積のメリットを求めた移動の結果であり、一定の合理性があるという見方もある。しかし、東京一極集中は、人口減少に関する問題のほかにも、通勤時間の長さ、住宅価格の高さ、待機児童の多さなど東京の暮らしにくさの原因にもなっている。また、一〇年程度先には、急速な高齢化の進展にともない、東京圏で高齢者のための医療、介護、住宅等の供給不足が深刻になることがほぼ確実とされている。さらに東京への人口や中枢機能の集中は首都直下型地震の日本全体へのダメージを増幅する可能性もある。地方への移住を希望しながら、地方での生活や仕事に対する不安からそれを実現できていない都市居住者は多いとの調査結果もある。

過度な東京一極集中にはこうしたコストやリスクがともなっており、その是正は、地方に暮らす住民だけでなく、東京をはじめ大都市に住んでいる人や、将来地方に移住する可能性のある人にもメリットがあることを認識する必要がある。

2 地方創生の狙い

こうしたなか、政府は二〇一四年九月、「まち・ひと・しごと創生本部」を設置した。地方の人口減少が地域経済の縮小を呼び、経済の縮小が人口減少を加速させるという負のスパイラルを断ち切ることを目指したものであり、地方に「しごと」を創生することで「ひと」を呼び、「ひと」が「しごと」を呼び込む好循環を確立し、さらに、この好循環を支える「まち」に活力を取り戻し、安心して生活を営み、子どもを産み育てられる環境を作ることが急務であるとした。

このため、まず、若者を中心とした人口が地方に定住し、安心して子育てを行うのに十分安定的な

（＝一定水準以上の所得の）雇用を地方に生み出すことが目指された。さらに、一定水準以上の所得を実現するためには、地方の産業の労働生産性向上が重要な課題となった。

約四カ月の議論を経て、一四年一二月に、国の長期ビジョンとして二〇六〇年に一億人程度の総人口を確保するなどとする中長期展望が提示されるとともに、一五年度から五年間の目標や具体的な施策等をまとめた「まち・ひと・しごと創生総合戦略」（以下、総合戦略）が閣議決定され、①地方における安定した雇用創出、②地方への新しいひとの流れをつくる、③若い世代の結婚・出産・子育ての希望をかなえる、④時代に合った地域づくり・安心な暮らし・地域間連携という四つの基本目標が掲げられた。さらに、これを踏まえ全国のほぼすべての都道府県、市町村において、一五年度末までに、各自治体の実情に応じた地方創生策である「地方版総合戦略」が策定された。

地域活性化については、これまでもさまざまな取組みが行われてきた。たとえば、一九六二年以降数次にわたり策定された「全国総合開発計画」（全総）では、国土の均衡ある発展の考え方のもと、高速交通体系の整備や工場等の地方分散等を進め、地域間の所得格差の縮小等の成果をあげた。また、八八年、竹下内閣において実施された「ふるさと創生事業」は、住民の新たな発想を喚起し、活力と魅力に満ちたまちづくりに資する活動を支援するため、各自治体に一億円を交付した。これらの政策は、その時々の状況を踏まえ実施されたものであり、一定の成果をあげたものの、高齢化や過疎化には歯止めがかかっておらず、地方の人口流出傾向にも今回のコロナ禍という外的要因が生じるまで大きな変化はみられなかった。

そこで、このときの総合戦略では、これまでの政策の検証を行い、その問題点として、府省庁・制度ごとの「縦割り」構造、地域特性を考慮しない「全国一律」の手法、効果検証をともなわない「バラマキ」等を指摘し、その反省を踏まえたものとなった。とくに、各自治体が自ら考えて必要な施策を決定し地方版総合戦略を策定するなど、地域の自主性が重視されていること、そして、各自治体は、自ら設定した施策にかかる政策目標を設定し、地方版総合戦略の進捗を検証・改善していくＰＤＣＡサイクルを確立することが求められている点が特徴となっている。アイデアがあり、企画力、実行力の高い自治体に発展の可能性を大きく開く仕組みといえよう。

総合戦略の第一期は二〇一九年度で終了し、一九年一二月に「まち・ひと・しごと創生長期ビジョン（令和元年改訂版）」及び第二期「まち・ひと・しごと創生総合戦略」が閣議決定された（「まち・ひと・しごと創生総合戦略」については2020改訂版を二〇年一二月に閣議決定）。第一期の検証において、基本目標のうち「②地方への新しいひとの流れをつくる」と「③若い世代の結婚・出産・子育ての希望をかなえる」の二つのＫＰＩ（重要業績評価指標）の達成が不十分であった。このため第二期においては、基本目標②に「地方とのつながりを築く」観点を、基本目標①と④に「ひとが集う、魅力を育む」観点が追加されるとともに、「多様な人材の活躍を推進する」「新しい時代の流れを力にする」の二つの横断的目標が設定された。前者については、永住・定住する人のみならず、一定期間を区切ってその地域に住みつつ活動を行うといった関係人口も地域の担い手として重視するなど、多様な人々の活躍による地方創生の推進、そして年齢や障害の有無等を問わず、誰もが交流できる多世代交流の場づくりや能力を活かして地域社会のなかで活躍できる新しい働き方の確立を推進するとしている。後者については、地方こそ新しい生活様式の実現に向けたＤＸ（デジタルトランスフォーメーション）の最大の実践の場であるとの認識の下、地域におけるさまざまな機能やサービスを効率化・高度化し、いずれの地域でもオンライン教育やオンライン診療、ＩｏＴを活用した見守りサービスなどを享受できるようになることを目指すとしている。

PDCAサイクル
計画(Plan)—実施(Do)—評価(Check)—次の企画立案への反映(Action)の四つのプロセスを繰り返し、政策の不断の見直しや改善につなげていく取組み。

3 震災復興と安全・安心な国土づくり

二〇一一年三月の東日本大震災からかなりの時間が経過したが、復興庁の設置期限が二〇三一年までに延長されるなど、東北の復興は依然日本の最重要課題である。ここでは復興の状況と今後の課題について概観する。また、近年気象災害が激甚化・頻発化しており、その対応について説明する。加えて、今後発生が想定される南海トラフ地震や首都直下型地震についての対策にも触れる。

(1) 東日本大震災からの復興状況と今後の課題

生産活動の復興状況については、震災直前水準を一〇〇とした鉱工業生産指数を地域別に比較してみると、震災直後は被災三県のみならず東北全体が全国平均を下回ったが、二〇一一年後半には復興需要もあり東北六県で全国平均を上回り、その後も高めの水準で推移した。生活面については、民間住宅等用地及び災害公営住宅について当初計画した戸数について整備を終え、営農再開可能面積も九四%に達している(二一年一月現在)等、住まいの再建や産業・生業の再生は着実に進展してきた。また、インフラについても、鉄道や水道施設・下水道などはおおむね復旧し、復興道路・復興支援道路等の整備も完了率が九五%に達している(復興庁「復興の現状と取組」令和三年八月による)。

今後の復興に向けたポイントの一つとして、風評被害の払拭があげられる。東北への旅行・観光需要は回復傾向にあるが、根強い風評被害等の影響が依然として残っている。訪日外国人の延べ宿泊数をコロナ禍前の一九年と震災前の一〇年とで比べると、全国ベースでは四・二倍の水準となっていたが、被災三県では三倍にとどまっている。また震災後に発生した福島第一原発事故の影響により、いくつかの国・地域は、わが国からの食料品等の輸入を規制した。その後、正確な情報提供等、相手への働きかけにより、輸入規制の多くは解除・緩和されたが、韓国、台湾、中国をはじめとしたいくつ

被災三県

東日本大震災でとくに深刻な被害を受けた岩手県、宮城県、福島県を指す。この三県の死者・行方不明者が、全体の九九・六%を占めた。

南海トラフ
東海、紀伊半島、四国の沖合の海底にある数百キロにわたる溝状の地形（トラフ）。過去に大規模地震が多数発生している。

かの国・地域では、輸入停止を含む規制が依然課せられている（二一年五月現在）。このため、引き続き放射性物質検査の徹底により食の安全の確保に努めるとともに、「安全・安心」に向けた適切な情報提供が重要である。

（2）頻発する気象災害への対応

近年、豪雨や大雪などの気象災害が頻発するようになってきている。特定非常災害に指定されたものだけでも、西日本を中心に死者二三七名に及んだ一八年の七月豪雨、東北から関東にかけて被害をもたらした一九年の台風第一九号、九州を中心に記録的な大雨が襲った二〇年の七月豪雨がある。それぞれ人的被害はもちろん、経済にも生産設備の損壊や操業停止の影響、サプライチェーンを通じたその波及など、甚大な被害をもたらしている。田中・新田［二〇一八］は、二〇一八年の七月豪雨について、ストックの損壊額が〇・九兆円〜一・七兆円、フローの直接の損失額が一〇〇〇億円〜一三〇〇億円、生産波及効果を含めると一五〇〇億円〜一九〇〇億円にのぼると試算している。こうした状況を受けて、政府は二〇二〇年一二月、「防災・減災、国土強靱化のための5か年加速化対策」を閣議決定し、流域治水対策や港湾における津波対策などの風水害・地震対策、予防保全型のインフラメンテナンスへの転換、国土強靱化施策のデジタル化などに取り組むとしている。

（3）南海トラフ地震、首都直下型地震対策

南海トラフ沿いの地域においては、これまで一〇〇〜一五〇年の周期で大規模な地震が発生しており、三〇年以内の発生確率は七〇〜八〇％とされる。内閣府が二〇一九年六月に取りまとめた被害想定によれば、東海地方が大きく被災するケースで全壊及び焼失棟数は最大約二〇八万棟、死者数は最大約二三万人となっている。

また、首都直下型地震は、マグニチュード七クラスの地震のうち、被害が大きく首都中枢機能への

影響が大きいと思われる東京都区部直下地震とされる。過去には一九二三年大正関東地震（関東大震災）、一七〇三年元禄関東地震等が知られており、三〇年以内の発生確率は七〇%程度とされ、二〇一三年一二月に取りまとめられた中央防災会議のワーキンググループによる報告では、被害想定額は約九五兆円となっている。

災害対策は、甚大な被害を受けた後に復旧・復興を図るといった事後対策の繰返しではなく、平時から大規模災害の危機を直視して備えを行うことが重要である。東日本大震災から得られた教訓を踏まえれば、災害への備えは予断を持たずに最悪の事態を念頭に置き官民が協力して備えておくことが重要である。

第3節　地方行財政改革に向けた取組み

1 地方財政の現状

基礎的財政収支（PB、プライマリーバランス）
第4章88ページの頭注参照。

日本の財政は第4章でみたように、長期にわたり大変厳しい状況にある。こうしたなか、地方財政の状況をみると、地方政府の基礎的財政収支（PB、プライマリーバランス）は、二〇一九年度で約〇・四兆円、GDP比で約〇・一%の黒字となっているが、感染症対策などの支出増により、二〇年度以降は赤字化することが見込まれている（内閣府「中長期の経済財政に関する試算」〔二〇二一年一月二一日経済財政諮問会議提出〕。ただし計数は復旧・復興対策の経費及び財源の金額を除いたベース）。一方、国から地方へは、地方交付税により毎年、多額の資金（一九年度で約一六・七兆円）が移転されている。また、地方が有する債務残高は一九二兆円（一九年度末現在）に上り、諸外国の地方政府と比較すると債務の規模が大きい。このような状況にかんがみれば、国と地方が一体となって財政健全化に取り組むことが不可欠となる。

　そのさい、キーワードとなる地方交付税についてみてみよう。地方交付税の機能には、どの地域に住む住民にも一定の行政サービスを提供できるよう財源を保障する機能（財源保障機能）と、自治体間で地方税等の独自の財源の不均衡を調整する機能（財源調整機能）があるとされる。各自治体へ配分される地方交付税額は、自治体ごとに一定の基準により算定される「基準財政需要額」から、標準的な税収見込み額の一定割合等である「基準財政収入額」を引き、不足がある場合に、その不足分をもとに決められる。

　こうした仕組みの背景には、多くの自治体では独自の財源（地方税等）では、住民に提供すべき行政サービスに必要な経費がまかなえないという実態がある。二〇年度に地方交付税を受け取らない自治体（不交付団体と呼ばれる）は、東京都と七五市町村（合併の特例による交付税が交付される市町村を含む）に過ぎず、大多数の自治体が地方交付税による財源補塡を受けている。しかし、こうした仕組みでは、各自治体が努力して独自に収入拡大を行っても、その成果の多くが地方交付税の減額により打ち消されてしまうなど、自治体が自ら財政健全化に取り組むインセンティブを損なっているおそれもある。

　他方、地方税等の独自財源は、自治体の経済力等の格差による偏在が非常に大きい。一九年度決算で、一人当たりの地方税収額を都道府県別にみると、最大の東京都と最小の長崎県で、約二・四倍、これを法人二税に限ってみると、約六・〇倍となる（最大は東京都、最小は奈良県）。そこで、各自治体に財政健全化のインセンティブを与えつつ、地方が真に必要とする財源を確保する仕組みが求められる。

地方交付税の法定率分

所得税、法人税の三三・一%、酒税の五〇・〇%、消費税の一九・五%を、地方交付税の法定率分といい、毎年度の地方交付税はこれに加算措置等が行われ総額が定められる。

都道府県の法人二税

都道府県民税（法人税割）と法人事業税の二税。企業等を納税義務者とし、企業利益等を課税標準とする都道府県税。

2 地方の行財政改革の推進

では、そのための方策としてはどのようなことが考えられるだろうか。内閣府の経済財政諮問会議では、民間議員からの提案として、自治体における優良事例の横展開が示されている。たとえば県民一人当たりの行政コストを費目ごとに比較すると、自治体間でかなりのばらつきがみられる。自治体間の行政コストを比較し行政効率を「見える化」することで、効率の悪い自治体が明らかとなる。先進的な自治体が達成している行政効率を、先に述べた地方交付税の基準財政需要額の算定に反映していけば、歳出削減のインセンティブとなり、自治体全体として歳出効率化の取組みを加速しうるだろう。

税収の格差是正については、二〇〇八年度税制改正で導入されたふるさと納税制度もその取組みの一つといえるだろう。この制度は、任意の都道府県・市区町村に対して寄附（ふるさと納税）をすると、寄附額のうち二〇〇〇円を超える部分について、一定の上限まで所得税・個人住民税から控除されるというものである。納税者にとっては、いわば二〇〇〇円を負担することで、これまで国や現在居住している自治体に納めていた税の一部を、故郷など自分で選んだ自治体に納めることができる。地方で生まれ育ち、そこで教育や医療といったさまざまなサービスを受けてきたにもかかわらず、進学や就職を機に大都市に移住しその自治体に納税している人々にとって、このような制度は「ふるさとに恩返ししたい」という意思を実現する手段となろう。また、人々が注目し応援したくなる施策を立案・実施することで寄附を集めることができれば、建設的な「地方間競争」を促す効果も期待できる。

他方で、問題点も指摘されている。多くの自治体が、寄附額が増えることを期待してふるさと納税者に「返礼品」として地元の特産品等を送るようになり、自治体間の競争が激化し返礼品が高価なものとなった。ふるさと納税者にとっては差し引き二〇〇〇円の負担で高額の返礼品をもらえることになり、ふるさと納税者の居住地の自治体や国の税収の大幅な減少を招いている。また、同じ二〇〇〇円の負担でも高所得者ほど高額の返礼品をもらえることから、貧富の格差を実質的に拡大する制度にもなってしまった。このような状況のなかで、総務省は各自治体に対し、返礼品の価格を「寄附額の三割以下」にし、「地場産品」とするよう繰り返し求めてきたが、従わない自治体もあったことから、二〇一九年に地方税法が改正され、適正な返礼品を送付する自治体に限り制度の対象とすることになった。

3 地方分権改革の推進

自治体の歳出の多くは、国が法令で実施を義務づけている事務（戸籍、保健所等）や、法令等で基準を設定している事務（警察、教員数等）の経費であり、歳出効率化のためには、国の法令等の見直しも必要であるといわれている。

地方分権改革は、国から地方、都道府県から市町村への権限移譲や地方に対する規制緩和（義務づけ、枠付けの見直し）などを進める取組みである。分権改革を進めることで、各自治体では地域の実情を勘案し政策目的に応じて具体的な施策を選定する余地が広がるものと考えられる。そうなれば、自治体行政の効率化、コスト削減につながる可能性がある。また、地方交付税の基準財政需要額の算定基準をより簡素なものにできる可能性もある。

地方分権改革の推進に当たっては、社会経済情勢の変化等に対応して、地方の声を踏まえていくことが必要である。このため、政府は二〇一四年に自治体から権限移譲や規制緩和にかかる改革提案を募ることをはじめた（提案募集方式）。また、権限移譲については、全国一律に行うことを基本とするが、一律の移譲が難しい場合には、希望する自治体に選択的に移譲する方式を導入した（手挙げ方式）。こうした新たな取組みにより、地方から多種多様な提案が出され、これらを政府が積極的に受け止め、できるかぎり実現していくことが重要と考えられる。

いわゆる大阪都構想も地方分権に関連した動きである。大阪市を廃止し、五つの特別区を設置する大阪都構想の目的は、大阪府と大阪市の二重行政の解消とされた（ただし、大阪都への名称変更には別途の法整備が必要）。都道府県と政令指定都市の二重行政の問題については、一二年に「大都市地域における特別区の設置に関する法律」（大都市地域特別区設置法）が公布され、政令指定都市等を廃止し、複数の特別区を設置するとともに広域機能を道府県に一元化することが可能となった。また、一四年には地方自治法の一部が改正され、政令指定都市において行政区に代えて総合区を設置するとともに、指定都市都道府県の間で二重行政を解消するための「指定都市都道府県調整会議」を設置することができることとなった。大阪市では、一五年五月、大都市地域特別区設置法に基づく住民投票が行われ、その結果、大阪都構想に賛成とする者は僅差で半数に至らなかった。その後、二〇年一一月にも再度住民投票が行われ、前回同様の僅差であったが、大阪都構想は否決された。

一方、国と市区町村の間に位置する都道府県をより広域的に再編するいわゆる道州制についても、議論が行われるようになって久しい。〇六年に出された地方制度調査会の答申では、厳しい財政的制約や人口減少を勘案すれば、環境規制や交通基盤整備、観光振興等の課題に複数の都道府県で連携して対応する取組みの重要性を増しているとの問題意識から、道州制の導入を提言している。道州制の導入は都道府県制度の見直しにとどまらず、国と地方の双方の政府のあり方を再構築するものであるが、その後の検討はあまり進んでいない。

大都市地域特別区設置法
道府県の区域内において、人口二〇〇万人以上の政令指定都市等を廃止し、東京二三区のような特別区を設けるための手続きを定めることなどを内容とする法律。二〇一二年に成立。

第4節　地域に内在する活性化のための力

1　地域の経済的活力を高めるソーシャル・キャピタル

これまでみてきたように、地域社会は人口の減少や高齢化といった人口動態の急激な変化や行財政資源の厳しい制約のもとで、生産性の向上や災害への備えといったさまざまな課題に直面している。各地域が引き続き豊かさや安全・安心を享受しながら発展していくためには、個人や企業による創意工夫や行政によるさまざまな政策努力がこれまで以上に求められる。

しかし、地域社会を活性化させる力はそれだけではない。社会には、個人同士の絆、つながり、信頼、共有する規範等を通じて人々の協調行動を促し、効率性や活力を改善・向上させる力が備わっている。人々が信頼し合い、協調しながら行動している社会と、反目し合ったり互いに無関心であったりして協力関係がない社会とでは、コミュニティの安全確保や防災、教育、健康づくり、円滑な経済取引といったさまざまな活動のしやすさに大きな差異が生じることは想像に難くない。

こうした社会の絆のあり方が、他の資本と同様に社会の有形無形の生産活動に影響を与えることから、アメリカの政治学者パットナムは「調整された諸活動を活発にすることによって社会の効率性を改善できる、信頼、規範、ネットワークといった社会組織の特徴」を「ソーシャル・キャピタル」（社会関係資本）と定義している。近年、経済学、医学（疫学）、心理学、社会学など、さまざまな分野においてこのソーシャル・キャピタルに関する研究が蓄積されるようになっている。ソーシャル・キャピタルが経済において果たす役割について、大守［二〇〇四］はマクロ面のみならずミクロ面についても広範に整理している。ソーシャル・キャピタルがわが国の地域経済に及ぼす影響を検証した要藤［二〇〇五］は、ソーシャル・キャピタルの指標としてアンケート調査や共同募金額等から都道府県別の信頼指標と規範指標を作成し、このうち規範指標が都道府県の経済成長率に影響を与えることを示した。また酒井［二〇一一］は同様に都道府県別のデータに基づき、規範指標が地域の事業所増加率を高めていることを示したほか、信頼指標を一般的な他人への「広い」信頼要素と、近所・友人知人・親類親戚といった身近な人間関係における「狭い」信頼要素に区分し、「広い」意味での信頼要素が地域の経済成長を高めていることを示している。

2 ソーシャル・キャピタルによる地域活性化におけるＮＰＯの役割

地域社会の活性化に向けてソーシャル・キャピタルを活用する場合に、大きな役割を果たすのがＮＰＯ（Non-Profit Organization）である。一九九五年の阪神・淡路大震災時にいわゆるボランティア活動の役割が注目を集めたことを契機に、九八年に「特定非営利活動促進法」（ＮＰＯ法）が施行された。これにより、市民のボランティア団体が法人格を持つことが可能になり、銀行での口座の開設や事務所の賃借といった取引や契約が団体名で可能となる等、団体の信頼性が増し、活動がより円滑に行えることとなった。

ボランティア団体等がＮＰＯ法人となるためには、ＮＰＯ法で定める市民活動（特定非営利活動）を行うことが主な目的であること、営利を目的としないこと、会員になったり辞めたりするのに不当な条件がないこと等の要件を満たす必要がある。さらに、収入に占める寄附金の割合といったパブリック・サポート・テストに適合する等、広く市民からの支持を受けていると認定されれば、認定ＮＰＯ法人として、税制上の優遇措置を受けることができる。二〇一〇年度末時点で、ＮＰＯ法人は約五万一〇〇〇法人、認定ＮＰＯ法人は約一二〇〇法人が存在する。

こうしたＮＰＯの活動と、ソーシャル・キャピタルの蓄積や地域活性化との相互関係が、多くの研究によって明らかになりつつある。たとえば内閣府［二〇〇三］はアンケート調査に基づき、市民活動が活性化することによりソーシャル・キャピタルが醸成される一方で、ソーシャル・キャピタルが豊かならば市民活動への参加が促進される可能性があるとして、ソーシャル・キャピタルと市民活動の活性化には互いに他を高めていくような「ポジティブ・フィードバック」の関係性があることを示している。また滋賀大学・内閣府［二〇一六］が行ったＮＰＯ法人と一般の個人を対象としたアンケート調査によれば、地域活性化にかかる活動を行っているＮＰＯは、地域の現状を詳しく把握しており、強い危機感を持って地域の課題を解決しようと活動していることや、地域活動のインキュベーターあるいは人材供給源として、一定の役割を果たしていることが明らかになっている。さらに、奥山［二〇一六］は、ソーシャル・キャピタルのうち互酬性（「困ったときはお互い様」というように助け合う感覚）が、地域社会関係の活動やボランティア活動への参加を促す効果があることを示している。

このように、それぞれの地域に内在していると考えられる力を発現させるうえでソーシャル・キャピタルが大きな役割を果たす可能性がある。ＮＰＯをはじめとした、さまざまな活動の促進により、ソーシャル・キャピタルの蓄積を促し、後世代への継承等を意識的に行っていくことが重要であろう。

参考文献

大守隆「ソーシャル・キャピタルの経済的影響」宮川公男・大守隆編『ソーシャル・キャピタル――現代経済社会

のガバナンスの基礎』東洋経済新報社、二〇〇四年。

奥山尚子「利他性・互酬性と社会生活行動に関する計量分析」『国民経済雑誌』二〇一六年。

酒井才介「ソーシャルキャピタルと地域経済――アンケート調査による個票データを用いた実証分析」『フィナンシャル・レビュー』二〇一一年。

滋賀大学・内閣府「ソーシャル・キャピタルの豊かさを生かした地域活性化」（地域活動のメカニズムと活性化に関する研究会報告書）、二〇一六年。

田中吾朗・新田尭之「自然災害による経済被害額の推計手法について――平成30年7月豪雨を例に」内閣府経済財政分析ディスカッション・ペーパー18-4、二〇一八年。

内閣府「平成一四年度　ソーシャル・キャピタル――豊かな人間関係と市民活動の好循環を求めて」二〇〇三年。

平成二七年第四回経済財政諮問会議民間議員提出資料「インセンティブ改革を通じた歳出効率化」二〇一五年四月。

要藤正任「ソーシャル・キャピタルは地域の経済成長を高めるか？――都道府県データによる実証分析」『国土交通政策研究』第六一号、二〇〇五年。

第7章 国際的な競争環境の変化と企業行動

かつて日本企業は、ものづくりの力が世界的にも高く評価されていた。しかし、バブル崩壊以降、電気産業などを中心に、日本企業の競争優位はかなり失われ、それは日本経済の低迷や地盤沈下の一つの象徴にもなってきた。また、新型コロナウイルスの世界的な感染拡大は、デジタル・グリーン分野での競争力強化、国内労働力の制約の克服など、わが国企業が長年抱えてきた課題を浮き彫りにした。

日本企業の競争力について、これまでの変遷と今後の課題についてみる。

第1節 世界貿易の構造変化とわが国製造業の競争力

一九九〇年代までの日本企業は、経済のグローバル化などの環境変化に柔軟に対応しつつ、競争力の強化を図ってきた。しかし九〇年代以降は、世界経済におけるアジアの存在感が増すなかで、わが国の輸出を主導してきた機械分野を中心として競争力に低下がみられる。この節では、世界の貿易構造の変化とわが国製造業の競争力についてみる。

図7-1　世界の輸出総額に占める構成比の変化

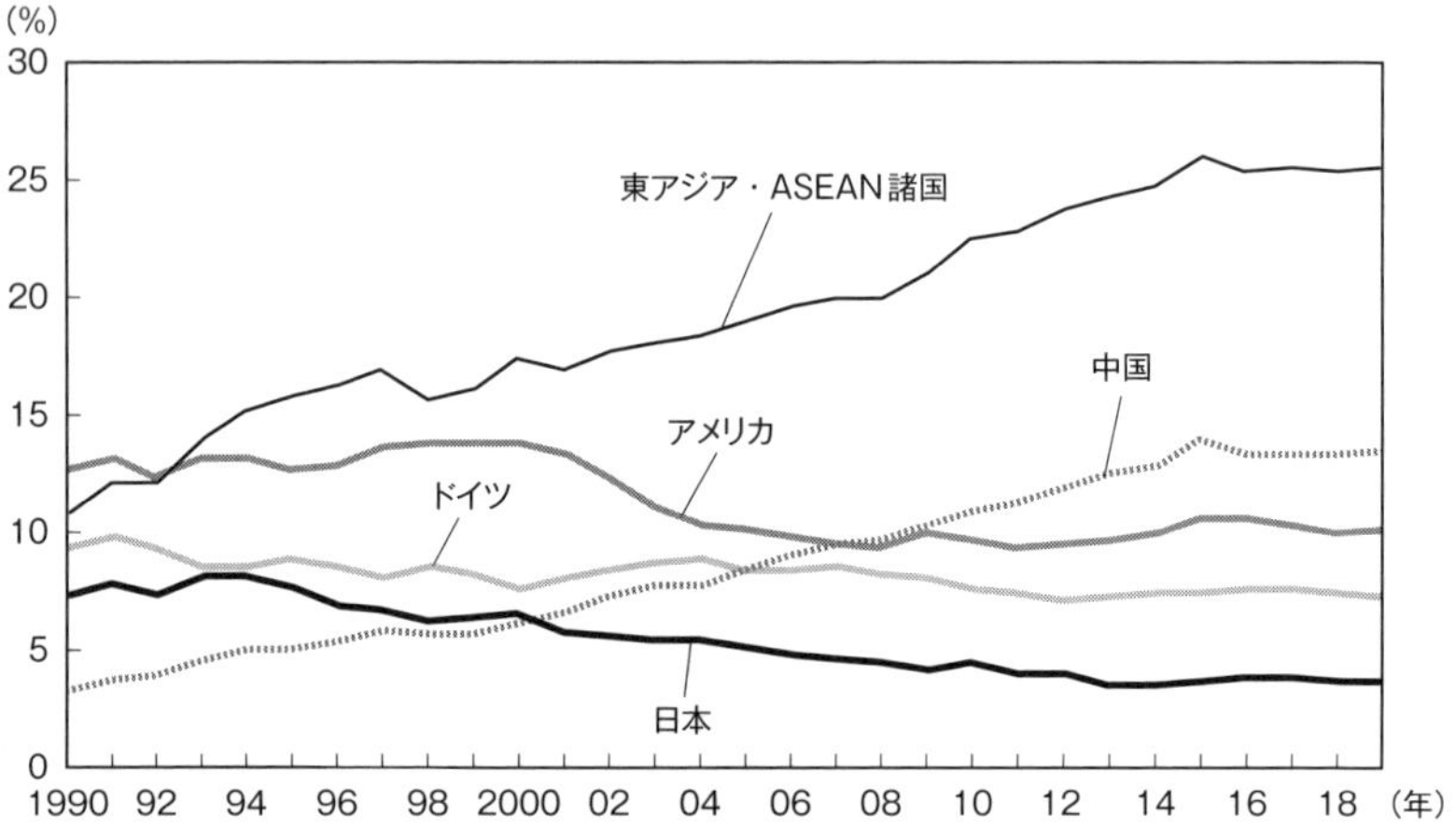

（出所）UN（国際連合）“National Accounts Main Aggregates Database”より作成.

1 日本を取り巻く競争環境の変化

わが国企業を取り巻く競争環境は、一九九〇年代以降に大きく変わり、ASEAN諸国、中国等の台頭による影響がみられるようになった。世界の名目GDPに占める東アジア・ASEAN諸国（日本を除く）のシェアは、九〇年の五・七%から二〇〇〇年には八・七%へ増加し、二〇〇〇年代半ばにはわが国を追い越すに至った。

世界輸出に占める同地域割合をみても、九〇年の一〇・九%から二〇〇〇年の一七・四%に急増し、二〇〇〇年以降も割合を上昇させた（図7-1）。この時期にアジアは、ヨーロッパ、北米と並ぶ一大経済地域となった。

他方、日本が世界輸出に占める割合は、九〇年の七・三%から二〇〇〇年に六・五%に低下し、リーマンショック後の〇九年には四・一%まで低下した。その後も低下傾向が続き、一九年には三・六%まで低下した。こうした輸出シェアの低下は、他の先進国でもみられるものであるが、わが国の電気機械産業の競争力低下もその背景にある。

2 比較優位と国際競争力

国際競争力を評価する考え方として、絶対優位と比較優位がある。絶対優位とは、ある産業に関して相手国よりも生産性が高い状態を指す。一方で比較優位とは、二つの産業のうち、いずれかの産業の生産性が相手国より高い程度がもう一つの産業より大きいか、生産性が相手国より低い程度がもう一つの産業より小さいことを指す。

いま、農産物と工業製品の二品目のみを生産するA及びBの二国を考える。単純化のため、各品目の生産には、労働力の投入のみが必要であるとする。また、A国では農産物・工業製品一単位の生産には、それぞれ一人ずつが必要であると仮定する。B国では各品目一単位の生産にはそれぞれ二人、四人が必要であるとする（表7－1）。

A国は、農産物及び工業製品のいずれにおいても、B国より生産性が高いので両品目に絶対優位を持つ。

B国が農産物、工業製品ともに一〇〇万単位ずつ消費するとしよう。貿易を行わない場合には、農業に二〇〇万人、工業に四〇〇万人の労働をあてることが必要になる。一方、工業製品一〇〇万単位をA国からの輸入に頼ることにすれば、A国ではこれを一〇〇万人の労働で作ることができる。A国でこの労働を、農業生産を減らすことでまかなうとすれば、A国の農業生産は一〇〇万単位減少する。この分の農産物をB国から輸出するためには、B国は農業部門の労働を二〇〇万人増やせばよい。これは工業部門で不要になる四〇〇万人より少ない。すなわち、A国との貿易を行い、比較優位

絶対優位
ある産業の生産性が外国より高いこと。

比較優位
相対的にみて得意なこと。生産性が外国より低くても、劣る程度が他分野より小さければ比較優位分野になる。

表7-1　絶対優位と比較優位

	1単位の生産に必要な労働者の数		「農産物」1単位を追加生産するために減産すべき工業製品の量	「工業製品」1単位を追加生産するために減産すべき農産物の量	絶対優位	比較優位
	農産物	工業製品				
A国	1人	1人	1単位	1単位	農産物と工業製品	工業製品
B国	2人	4人	0.5単位	2単位	なし	農産物
比較	A国＜B国	A国＜B国	A国＞B国	A国＜B国		

のある農業に特化することで、B国は二〇〇万人の労働を節約し、これを他の生産にあてることができる。

現実には、労働以外の生産要素があったり、輸送費がかかったり、A国も貿易の利益を得ようとするので、問題はより複雑になるが、生産性のパターンが国際的に異なる場合には、比較優位を持つ（相対的に得意な）産業の生産に特化し、貿易を行うことが各国の利益になる。

❸ わが国製造業の比較優位の変化

貿易に対する大きな障壁がなければ、各国は比較優位のある品目の生産を増やして輸出することが普通であると考えられる。そこで日本の比較優位がどのように変化してきたかを貿易の内容からみてみよう。比較優位を示す代表的指標として、比較優位指数（＝貿易特化係数（純輸出額／（輸出額＋輸入額）））がある。比較優位指数は、各財の輸出入総額に対する純輸出額の比率であらわされ、この数値はマイナス一と一の間の値になる。

九〇年代以降の貿易特化係数の動きをみると、わが国製造業の比較優位に変化が生じてきたことがわかる。九〇年から二〇二〇年にかけて、「機械及び輸送用機器」の貿易特化係数が〇・七〇から〇・三一へと大きく低下している（図7－2）。内訳をみると、金属加工機械

（二〇二〇年に〇・七五、以下同じ）、自動車・バイク等（〇・七二）、産業用機器類（〇・六〇）などは比較優位を維持したものの、テレビ・ラジオ・携帯電話等（▲〇・七〇）、洗濯機・冷蔵庫・掃除機等（▲〇・六六）、パソコン・ＯＡ機器等（▲〇・三七）といった電気機器において、急速に比較優位を失っている。

貿易特化係数の変化をみると、貿易財産業のなかでも、自動車や機械といった分野と電気機器では明暗が分かれていることがわかる。電気機器産業の競争力の低下はどのように起きたのだろうか。

日本の電機業界は、一九七〇年代の貿易摩擦の激化と円高への対応策として、低廉な労働力が豊富なＡＳＥＡＮ諸国に欧米輸出向け生産施設を移転等する過程で海外進出を開始した。また、八五年九月のプラザ合意以降の急激な円高によって、日本企業のアジア向け直接投資はより積極化し、徐々に現地で部品産業の育成等も実を結ぶようになり、アジア全体に日系企業の生産ネットワークが形成されるようになった。

しかし、この間、日系企業との提携事業等で技術力をつけ、さらに技術の流出もあって、韓国や中国等の企業が独自ブランドを立ち上げて国際市場に進出しはじめると、様相は一変した。電子機器ではサムスン（三星）電子等の韓国や台湾の企業、白物家電では中国の海爾（ハイアール）等の企業が短期間に事業規模を急拡大させた。とくに中国メーカーは低賃金と新規技術を導入した大量生産による国際競争力を武器に、いまや世界市場でも最大のシェアを占めるに至っている。日本の電機産業はこれまで国際市場で欧米の企業を駆逐することで自らの地位を築いてきたが、現在では、多くの部門でこれら新興メーカーの後塵を拝する結果になっている。

地盤沈下の典型的な例は半導体で、一九九〇年には世界のトップ一〇社のうち上位三社を含む六社が日本企業であったが、二〇二〇年には〇社となっている。

図7-2　「機械及び輸送用機器」の貿易特化係数

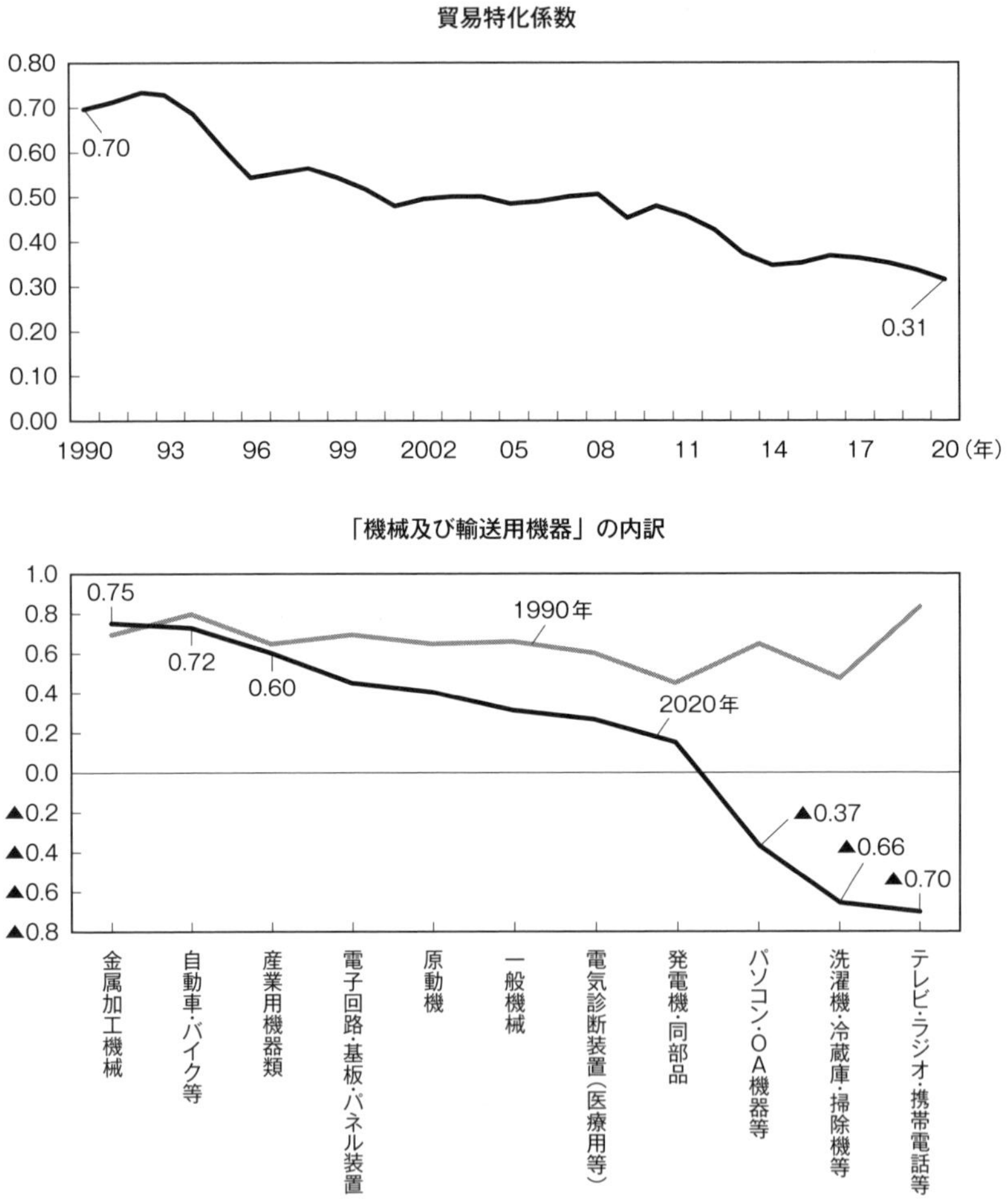

（注）貿易特化係数（比較優位指数）は，（輸出額－輸入額）/（輸出額＋輸入額）により算出．1（輸出のみで輸入ゼロの場合）と，マイナス1（輸入のみで輸出ゼロの場合）の間の数値をとり，プラスで1に近いほど比較優位の度合いが強い．

（出所）UN（国際連合）“Comtrade Database”より作成．

コア・コンピタンス
他社に比べ強い優位を持ち、その企業の競争力を支える分野のこと。

日本国内には大手企業といわれる電機メーカーが五社以上あり、その多くが家電・電子・重電等の多くの部門をカバーする総合電機メーカーである。かつては、こうした総合経営の強みでライバルを圧倒することができたが、いったん追われる立場になると、拡大した戦線を整理しつつ新たな成長分野を立ち上げて企業のコア・コンピタンスを確立していく必要に迫られたが、これにうまく対応できず経営危機に陥った大企業が続出している。

第2節　産業内貿易の拡大とアジア域内での国際分業の進展

国と国とが国境を越えて行う貿易は、比較優位構造以外にも、地理的条件、技術的条件、労働生産性など、さまざまな条件の違いによって生じる。たとえば、貿易相手国同士の距離の近さや経済規模なども影響を及ぼす。一九九〇年代以降、日本の輸出競争力の変化に加えて、地理的に近接するアジア地域の経済発展などにともない、わが国はアジアとの間で産業内貿易を拡大させてきた。

1　アジア諸国との産業内貿易の拡大

日本の貿易総額（輸出入額の合計）に占める国・地域別の割合をみると、北米は一九九〇年の三〇・四％から二〇二〇年の一六・一％、ＥＵも一七・〇％から一〇・五％（同上）へと六割程度に低下した一方で、アジア地域の割合は三〇・〇％から五四・二％（同上）へと大きく上昇した。主要工業品別にアジアの比率をみると、電気機器で三四・二％から七六・四％（同上）、一般機械で二九・五％から六一・四％（同上）へと大きく上昇した。

一般に貿易には、産業内貿易と産業間貿易の二つがある。「産業内貿易」とは、同一産業内で輸出

工程間分業
完成品ができるまでの生産工程を分割し、国境をまたいで分業すること。

要素価格
労働や資本といった生産要素の単価。賃金や利子、地代など。

図7-3　日本の産業内貿易指数

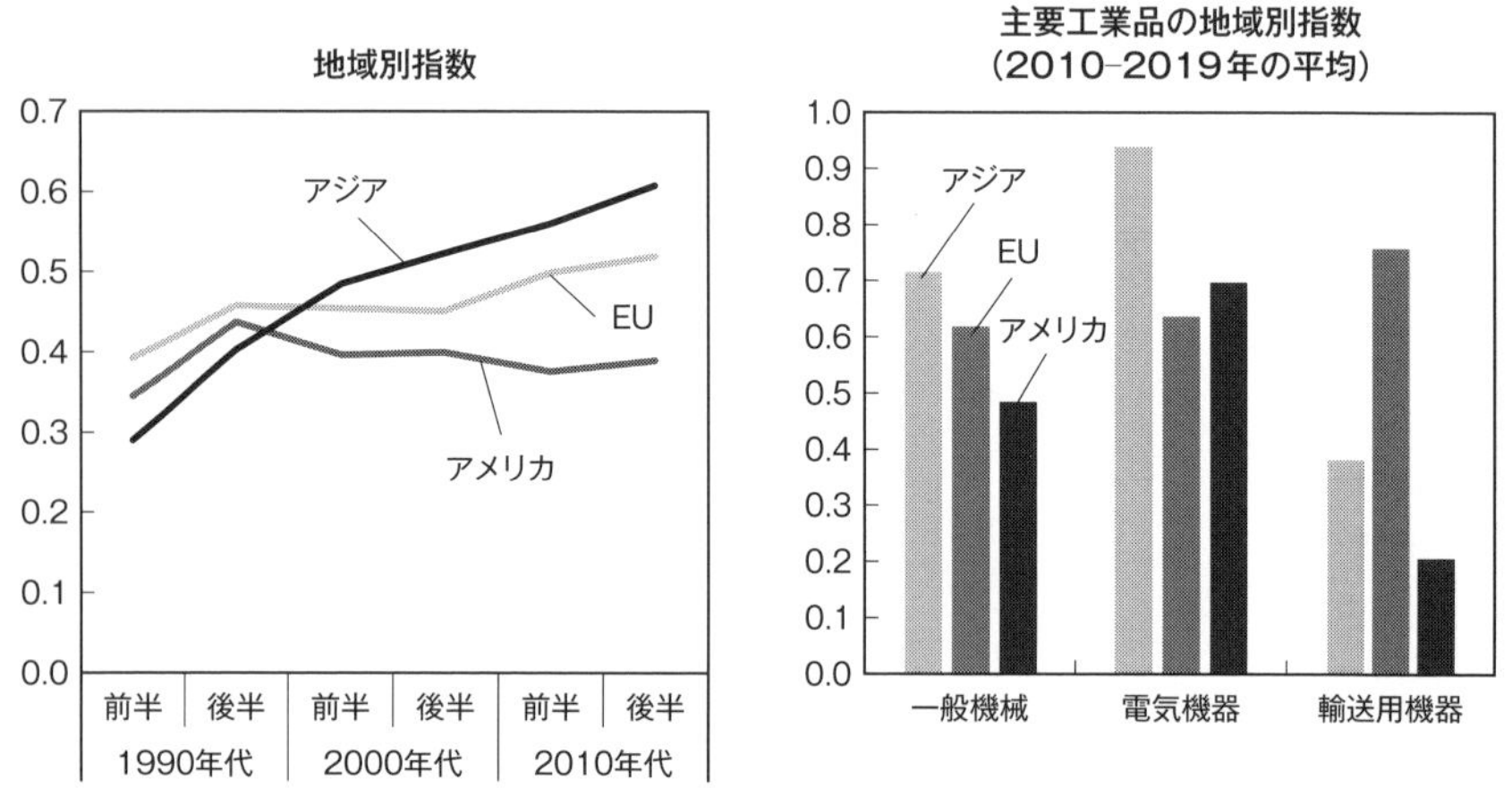

(注) 産業内貿易指数は，1－｜輸出額－輸入額｜/(輸出額＋輸入額) により算出．1に近いと当該地域・工業品において，同一産業内で輸出入を重複して行っている割合が多く，逆に0に近いと少ないことを示すため，産業内貿易の規模を測定する指標として用いられる．
(出所) 財務省「貿易統計」より作成．

と輸入が同時に行われ、双方向取引が行われる状態をいう。一方で、異なる産業の財を取引し合うことを「産業間貿易」と呼ぶ。

産業内貿易は、さらに水平型と垂直型の二つに大別することができる。「水平型」の産業内貿易とは、品質や価格に大きな差はないが、特性の違う財を取引し合うことを指す。日欧間における自動車や洋服の輸出入などが該当する。「垂直型」の産業内貿易とは、たとえば携帯電話の製造において、技術力の必要な液晶部品などの中間財を日本からアジアに輸出し、アジアで製品を組み立ててそれを日本に輸入するなど、工程間分業に基づく取引が基本となる。

近年は日本を含めた先進国において、近隣地域との産業内貿易の比率が高まっている。貿易相手国との間で、労働コストなどの要素価格に差異があることによって生じる垂直型貿易の進展などが、背景としてあげられる。たとえば、同じ農業であっても、適地が豊富に存在し、労働コストも安い途上国などでは、安価な果物を生産・輸出する一方で、農業用地が少なく、労働コストも高い先進国などでは、高品質で模倣の難しい高級果物に特化して育成・輸出することができ、こうした貿易も伸びている。

　産業内貿易の比率がどの程度拡大しているかについて、その規模を測定する代表的指標として産業内貿易指数がある。同指数は、同じ産業内で輸出入を同時に行っている度合いがどの程度大きいかを示し、一から貿易特化係数の絶対値を引いた値となる。産業内貿易が盛んに行われていれば、輸出と輸入が近い金額となり、指数は一に近づく。逆の場合は、輸出もしくは輸入がゼロに近い値となることから、指数はゼロに近づく。

　一九九〇年代以降の日本の地域別の産業内貿易指数は、対アメリカが横ばい、対ＥＵが微増であった一方で、対アジアが継続的に増加している（図7－3）。地域別の指数をさらに主要工業品別にみると、対アジアでの電気機器（半導体等電子部品・テレビ等）や一般機械（コンピュータ部分品等）、ＥＵとの輸送用機器（自動車等）が高水準となっている。

2 機械分野における垂直貿易の拡大

　産業内貿易指数の動きから水平型・垂直型の判別はできないが、製品段階（最終財・中間財）別の輸出動向と併せてみることで、その様子がわかる。主要工業品のアジア向け輸出を製品段階別にみると、一九九〇年代以降、電気機械や一般機械の最終財割合が低下する一方で、中間財割合が上昇している（図7－4）。

　こうしたことから、日本の電気機械や一般機械では、九〇年代以降、差別化可能で競争力の高い中

最終財
他の財やサービスの生産過程では利用されず、家計や企業が使用できる状態にある完成品のこと。

中間財
最終財の生産過程で必要となる部品や加工品のこと。

図7-4　アジア向け輸出に占める製造段階別割合

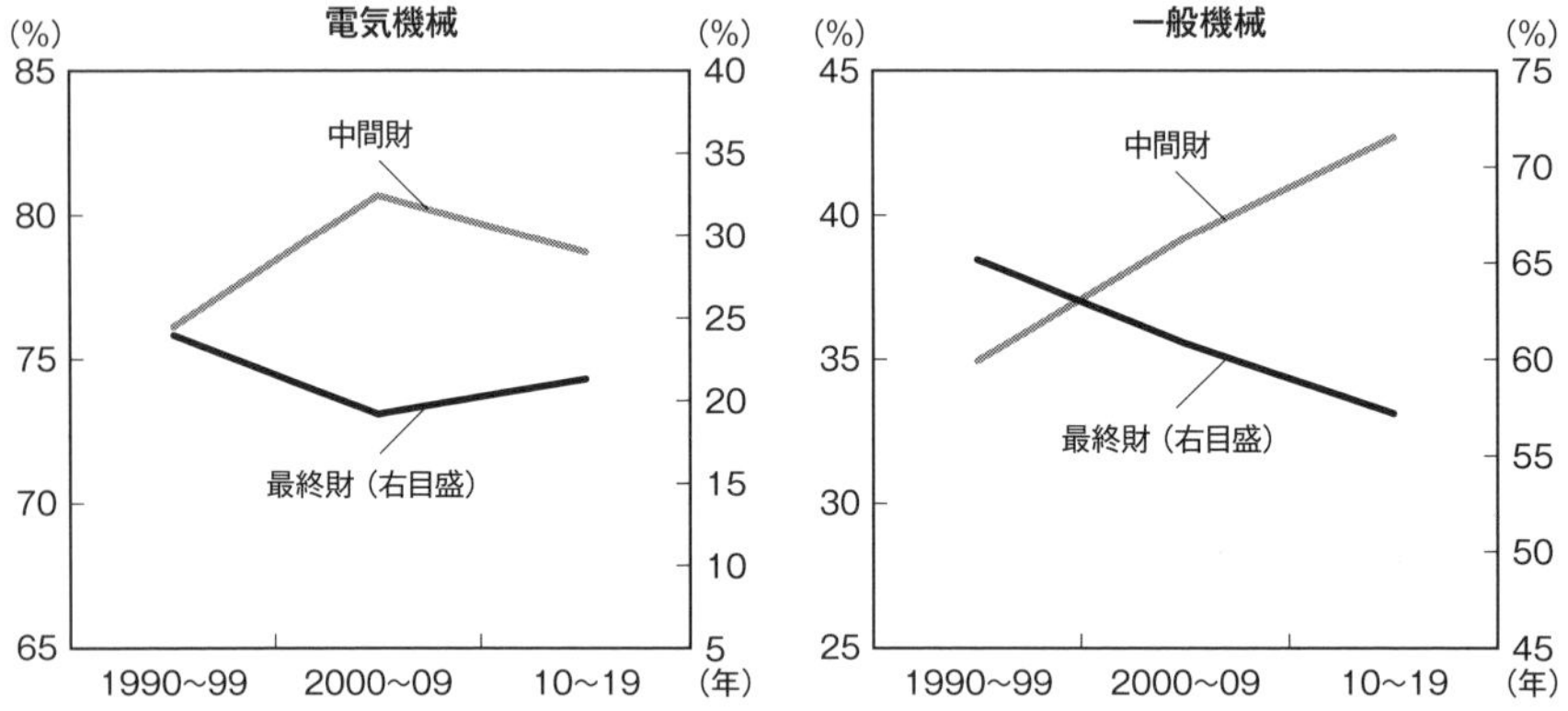

（出所）経済産業研究所「RIETI-TID」より作成.

図7-5　製造段階別にみた電気機械の貿易特化係数

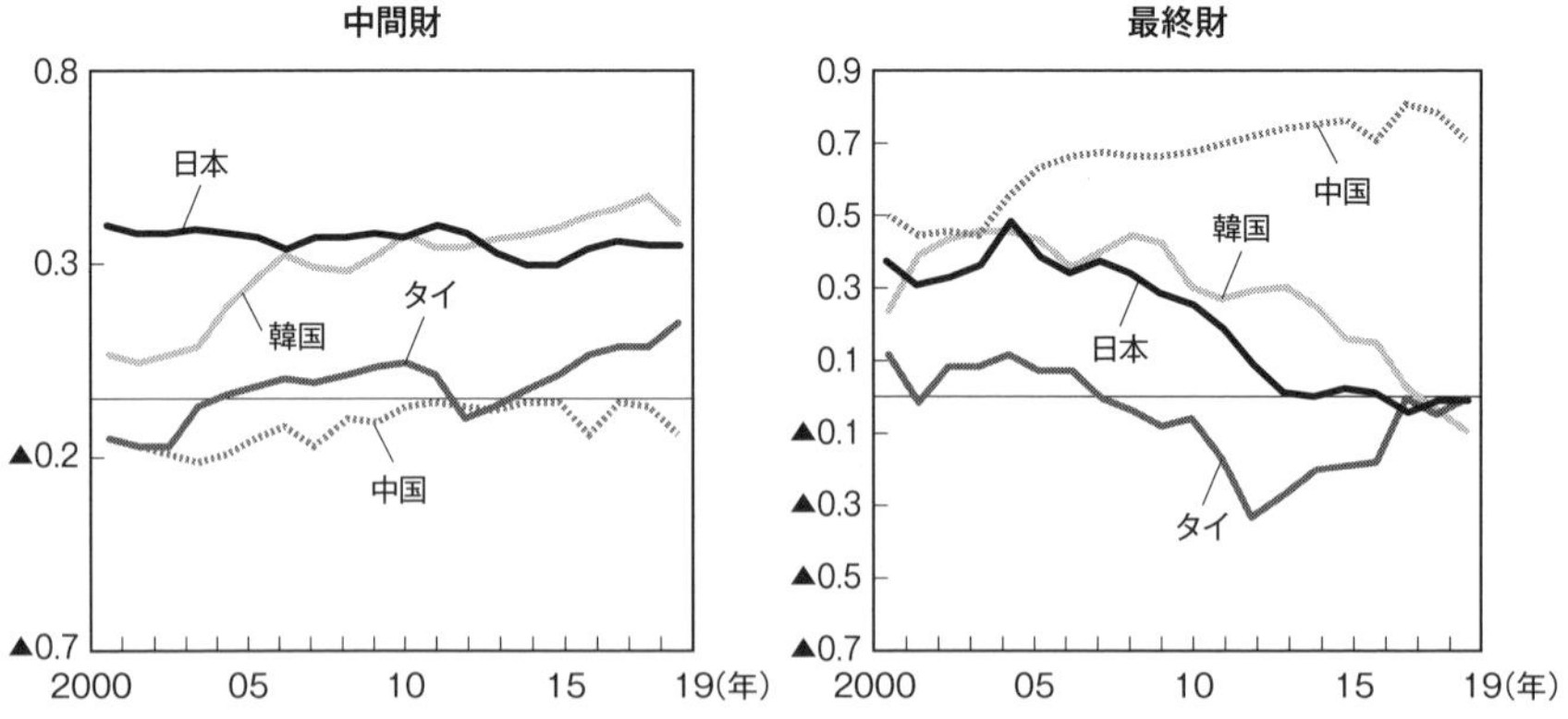

（出所）経済産業研究所「RIETI-TID」より作成.

間財に特化した輸出を促進し、アジアとの間で工程間分業による垂直型産業内貿易を拡大してきたといえる。また、輸送用機器については、EUとの間で、自動車の最終製品を相互に輸出し合う、水平型の産業内貿易を行ってきたと考えられる。

一方で、こうした分業関係について、二〇〇〇年以降は変化しつつあるとの指摘もある。電気機械について、製品段階（最終財・中間財）別の貿易特化係数をアジア諸国と比較すると、二〇〇〇年以降、中間財は韓国やタイ、最終財は中国が高い競争力を持つようになっており、各国が技術力を高めるなかで、次第に日本と競合する分野が増えてきている（図7－5）。

第3節　比較優位構造の変化と海外生産の増加

一九九〇～二〇〇〇年代以降、アジア諸国の台頭といった世界経済の大きな構造変化に加えて、対米輸出の増加にともない生じた貿易摩擦や円高の定着化が進むなかで、企業は対外直接投資を拡大し、海外への生産移転を進展させていった。これにより国内拠点に期待する役割にも変化が生じた。

1　比較優位構造の変化と海外生産移転の進展

対外直接投資とは、企業が海外で工場や支店などの現地法人を設立・拡大したり、現地企業の株式を取得して経営に関与したりすることを指す。国内工場で部品から最終品まで一貫生産したうえで輸出するのではなく、外国の拠点にそこに適した生産工程を分担させることで、全体の生産費用の削減や、外国の消費者の嗜好に応じた商品の生産が可能となる。また、たとえば、日本でハードディスクを生産し、中国でパソコンを組み立て、それをアメリカに輸出するといった形で生産工程をグローバルに分散化させることで、国境を越えた部品や加工品の貿易が拡大する。

日本企業の海外進出の状況をみるため、対外直接投資残高の推移をみると、二〇〇一〜〇五年平均の三九・七兆円から一六〜二〇年平均の一八五・二兆円へと大幅に増加した。この間、アジアのシェアは〇一〜〇五年平均の一九・八％から一六〜二〇年平均の二七・六％と増加しており、アジア中心に投資を拡大している。業種別の動向をみるため、日本企業の海外売上高比率、海外従業員比率の推移をみると、二〇〇〇年代初め以降、製造業を中心に増加している（図７－６）。製造業については、輸送機械や電気・情報通信機械等における水平貿易の進展等が背景にある。非製造業については、これまで製造業と比べて水準は低かったが、リーマンショック以降、海外売上高比率、海外従業員比率ともに、上昇傾向にある。こうした企業の海外進出の目的をみると製造業、非製造業ともに、所得・賃金水準が向上しているアジア新興国等を中心とした世界市場の発展に対応しようとして行われていることがわかる（図７－６）。

ただし、米中貿易摩擦や新型コロナウイルス（以下「新型コロナ」）の感染拡大などの環境変化は、わが国企業の海外事業展開戦略に影響を与え始めている。日本貿易振興機構が実施した企業向けアンケート調査（二〇二〇年実施）によると、事業戦略や組織体制などの海外ビジネスに関する見直しを何らか行う（行った）とした企業は約七割（六九・六％）であった。このうち、約四割（四一・五％）が「販売戦略の見直し」をあげ、具体的内容として「海外販売先（ターゲット）の見直し」（六〇・九％）、「バーチャル展示会・商談会等活用の推進」（三八・五％）、「越境ＥＣ販売開始・拡大」（三〇・〇％）などがあげられた。デジタル技術の活用によりさらなる販路開拓に取り組もうとしていることがわかる。一方で、生産拠点の国内回帰や他国への移転など、「調達」・「生産」の見直しを行うとした企業は二割以下（それぞれ一四・〇％、一三・二％）にとどまっており、海外拠点を起点とした海

海外売上高比率
企業が海外現地法人で稼いだ売上額が、総売上額に占める割合。

海外従業員比率
企業の海外現地法人で働く従業員数が、総従業員数に占める割合。

越境ＥＣ販売
インターネットの通信販売サイトを通じて外国の相手に行う販売。

図7-6　業種別の海外進出の状況

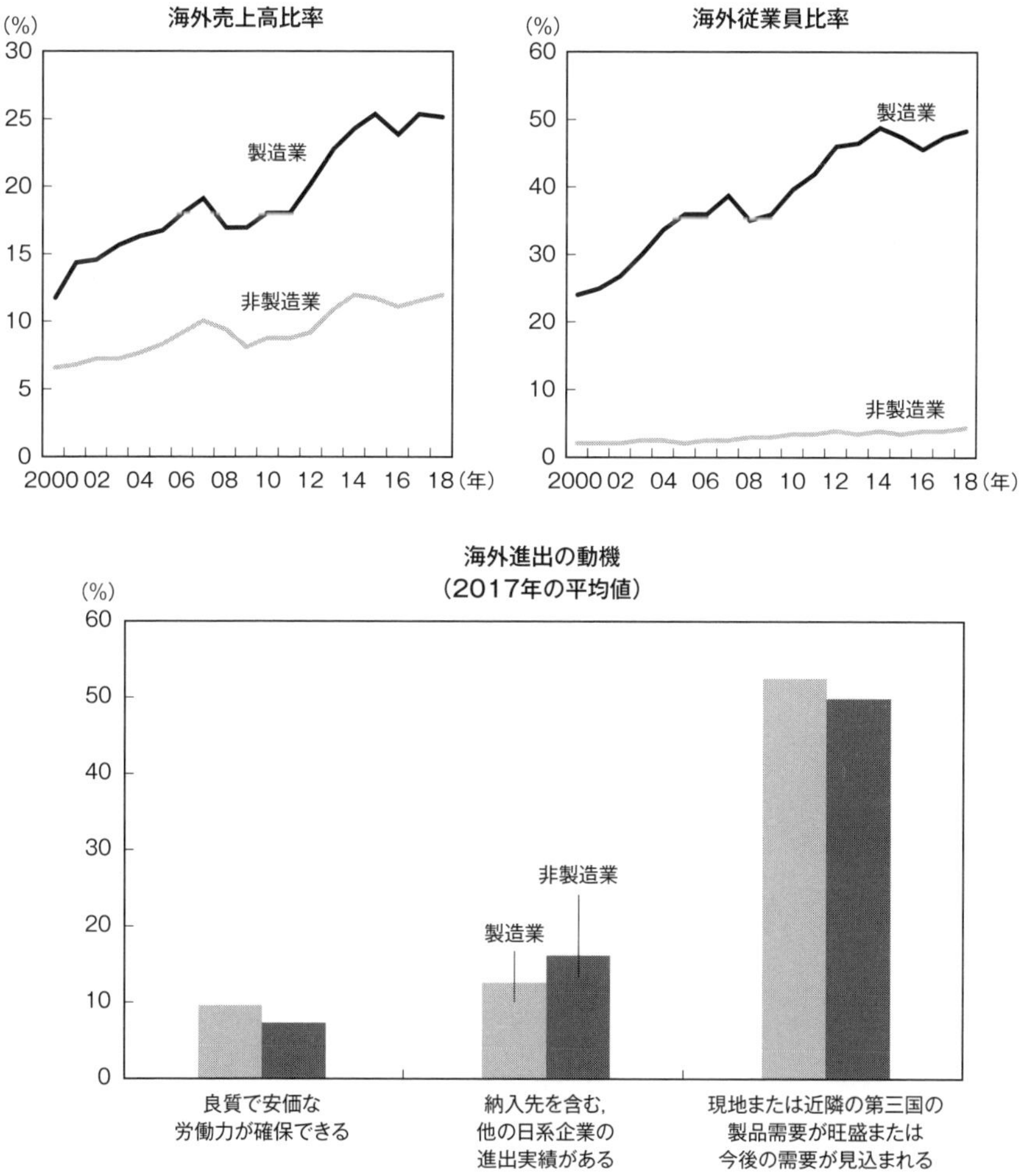

（出所）経済産業省「海外事業活動基本調査」，財務省「法人企業統計調査」より作成．

外ビジネス展開は今後も続いていくとみられる。

2 海外生産移転と企業の収益構造の変化

海外進出の拡大は、国内の生産を減少させる側面と増加させる側面がある。減少させる要因は、財・サービスの輸出を国内生産から海外生産に切り替えることにより生ずる「輸出代替効果」である。また、国内で生産、消費していた財・サービスが、現地法人等からの輸入に切り替えられ、国内生産が減少する「逆輸入効果」もある。他方、増加させる要因としては、現地法人が海外生産を行うための資本財や部品等の輸出につながる「輸出誘発効果」が考えられる。

こうした効果の動向を探るため、「海外事業活動調査」を用いて、それぞれ輸出代替効果は「海外現地法人の現地及び第三国への販売額」、逆輸入効果は「海外現地法人による日本への販売額」、輸出誘発効果は「海外現地法人による日本からの仕入額」の二〇〇四年度からの変化をみる。

まず輸出代替効果を業種別にみると、製造業・非製造業ともに、海外生産比率の高まりを背景に〇四年対比で国内生産の減少に大きく寄与している（図7－7）。

次に、輸出誘発効果をみると、製造業は〇四年対比で〇八年までは増加してきたものの、リーマンショック後の〇九年以降、おおむね減少している。製造業企業は、海外進出を進めるなかで、日本からの部品輸入等を現地調達に切り替え、コスト要因も重視しつつ海外展開を行っていたと考えられる。

他方、非製造業の海外移転がもたらす輸出誘発効果は、リーマンショック後の〇九年に一時的に落ち込んだものの、〇四年対比では一貫して増加している（図7－7）。これは製造業の子会社として卸売や販売等機能を担っている海外現地子会社（非製造業に分類される）が、日本から製品や部品を

図7-7　海外現地生産による国内生産への影響

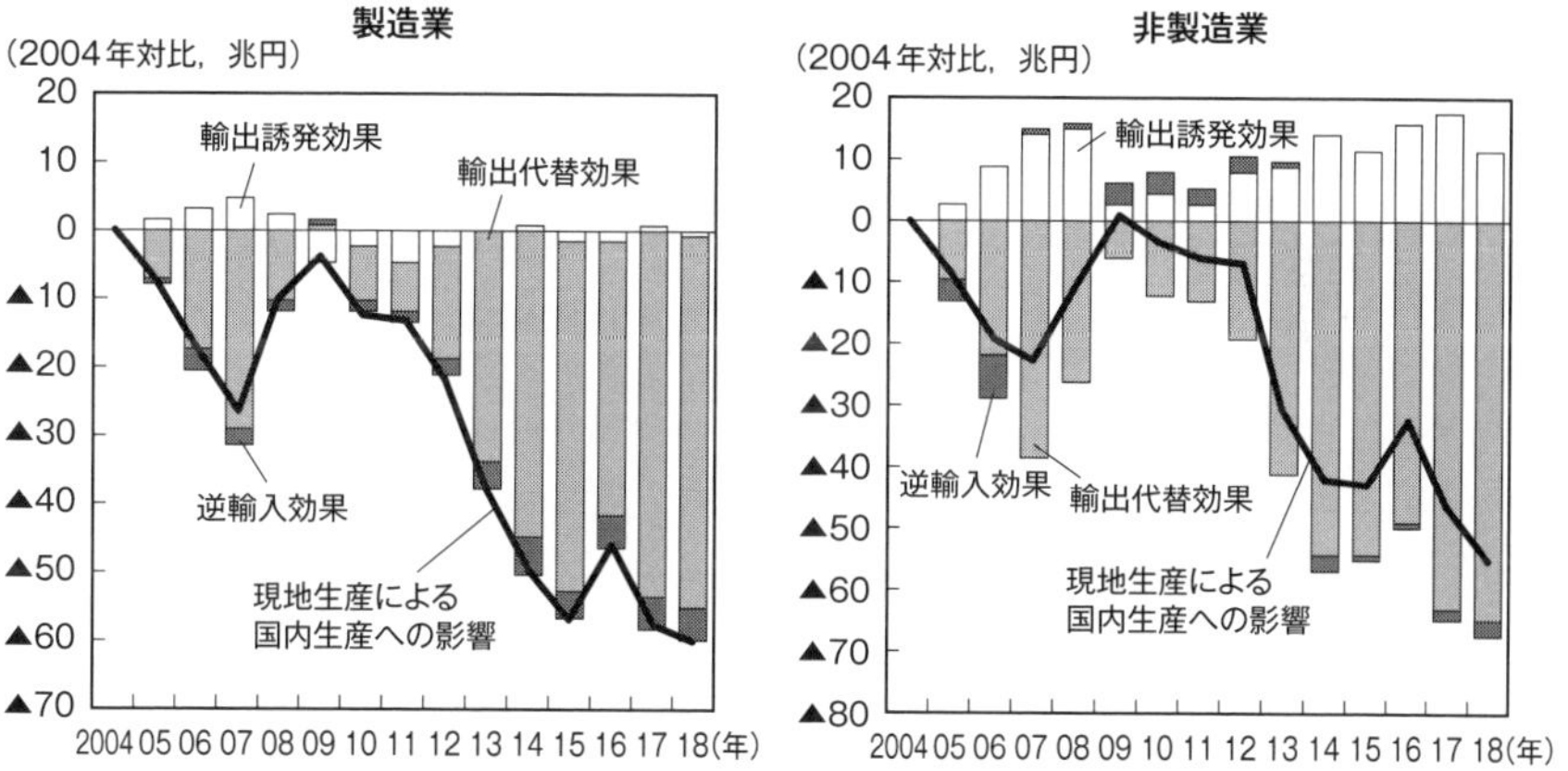

(注) 1.「海外事業活動基本調査」の下記項目を使用し，2004年度と各年度の差額を算出．
　輸出代替効果＝海外現地法人の現地及び第三国への販売額
　逆輸入効果＝海外現地法人による日本への販売額
　輸出誘発効果＝海外現地法人による日本からの仕入額
2. 輸出代替効果と逆輸入効果は，国内生産を減少させる効果があると考えられるため，負値にして使用．

(出所) 経済産業省「海外事業活動基本調査」より作成．農林漁業及び鉱業を除く．

輸入していることによると考えられる。

このように、製造業の海外生産比率が上昇するなかで、輸出代替効果が拡大し、現地調達比率の上昇による輸出誘発効果の縮小も進んでいった。ミクロデータを用いた実証分析によると、生産ラインごと移管する「水平的直接投資」には輸出代替効果が、工程間分業が発生する「垂直的直接投資」には輸出誘発効果があるとされている。したがって、こうしたデータは、日本企業が「水平的直接投資」を進展させていることを示唆している。

「水平的直接投資」は、輸送コストや関税等の貿易コストを節約しつつ、世界需要を取り込むことができる。一方で、これまで日本で行っていた生産活動を海外に分散すること

規模の経済
生産量が増えるにしたがって、生産一単位当たりの費用が低下し、生産性が高まること。

統合の経済
上流から下流に向けた生産工程を集約させることで、生産費用が減少し、生産性が高まること。

表7-2　国内・海外で拡大を図る機能

（複数回答，%，%ポイント）

	国内	海外	差分
研究開発（新製品開発）	48.6	16.5	32.1
生産（高付加価値品）	48.5	30.6	17.9
研究開発（現地市場向け仕様変更）	22.1	21.3	0.8
販売	83.6	82.9	0.7
生産（汎用品）	24.0	35.7	▲11.7
物流	15.5	16.8	▲1.3
地域統括	9.3	14.4	▲5.1
その他	3.2	4.3	▲1.1

（注）国内は「今後3年程度で国内事業を拡大する」とした企業，海外については「今後さらに海外進出の拡大を図る」とした企業を対象に，拡大する機能を複数回答で聞いた結果.
（出所）日本貿易振興機構「2017年度日本企業の海外事業展開に関するアンケート調査（2018年3月）」.

で、輸出代替効果が生じるとともに、一カ所で大量一貫生産することによる「規模の経済」を喪失するといった側面もある。したがって、「水平的直接投資」の拡大は、輸出代替効果の拡大や輸出誘発効果の縮小等を通じて、国内生産の伸びの低下（数量の低下）につながる側面がある一方、対外資産残高の増加を通じて、海外子会社からの受取配当金等、海外からの所得受取りを押し上げる効果がある。経常収支の構成項目をみると貿易収支の黒字を縮小させる一方、所得収支の黒字幅を拡大させることになる。

また、「垂直的直接投資」は、労働集約的な生産工程を日本から賃金の低い生産地に移管・代替することで、コストの節約につながり、中間財の輸出を誘発することが期待される一方、生産工程が分離するため、生産工程間の「統合の経済」を喪失するといった側面がある。

❸ 国内外の環境変化と国内資本の役割

海外進出の進展とともに、競争力向上に向けて国内拠点に期待する役割も変化してきた。一九九〇年代に至るまでは、日本企業による国内のイノベーションは、海外で開発された製品・製造プロセスの吸収・改善によって、先進諸国へのキャッチアップを図ることが中心であった。しかし、比較優位構造の変化、技術の進歩・高度化等を背景に、一九九〇年代以降、企業や業種、また産学官といった部門を超えて連携を強化し、人材の育成、海外の優れた人材・技術の積極的な取込み、ＩＣＴの活用、ブランド戦略も含めたマーケティングや組織改革等広い意味でのイノベーション活動を行うことの必要性が増している。企業に対して、国内・海外の拠点において拡大したい機能を聞いたアンケート調査結果によると、海外に比べて国内は、新製品開発のための研究開発、高付加価値品の生産といった回答が多くなっている（国内は海外をそれぞれ三一・一ポイント、一七・九ポイント上回る）（表７－２）。

第４節　新型コロナの感染拡大を機に浮き彫りになった課題への対応

新型コロナの世界的な感染拡大は、デジタル技術を活用したビジネスモデルの構築、環境問題への危機意識の高まりに対する対応など、わが国企業が長年抱えてきた課題を浮き彫りにした。これに加えて、人口減少による国内労働力等の資源制約が顕在化しつつあり、今後わが国企業は、生産量を拡大するだけではなく、新しい技術や考え方を生み出すことで、付加価値生産性の高い事業を拡大し、海外に展開していくなどの取組みが重要となっている。日本企業がこうした課題にどのように対応し

図7-8　新型コロナ後の業種別企業収益

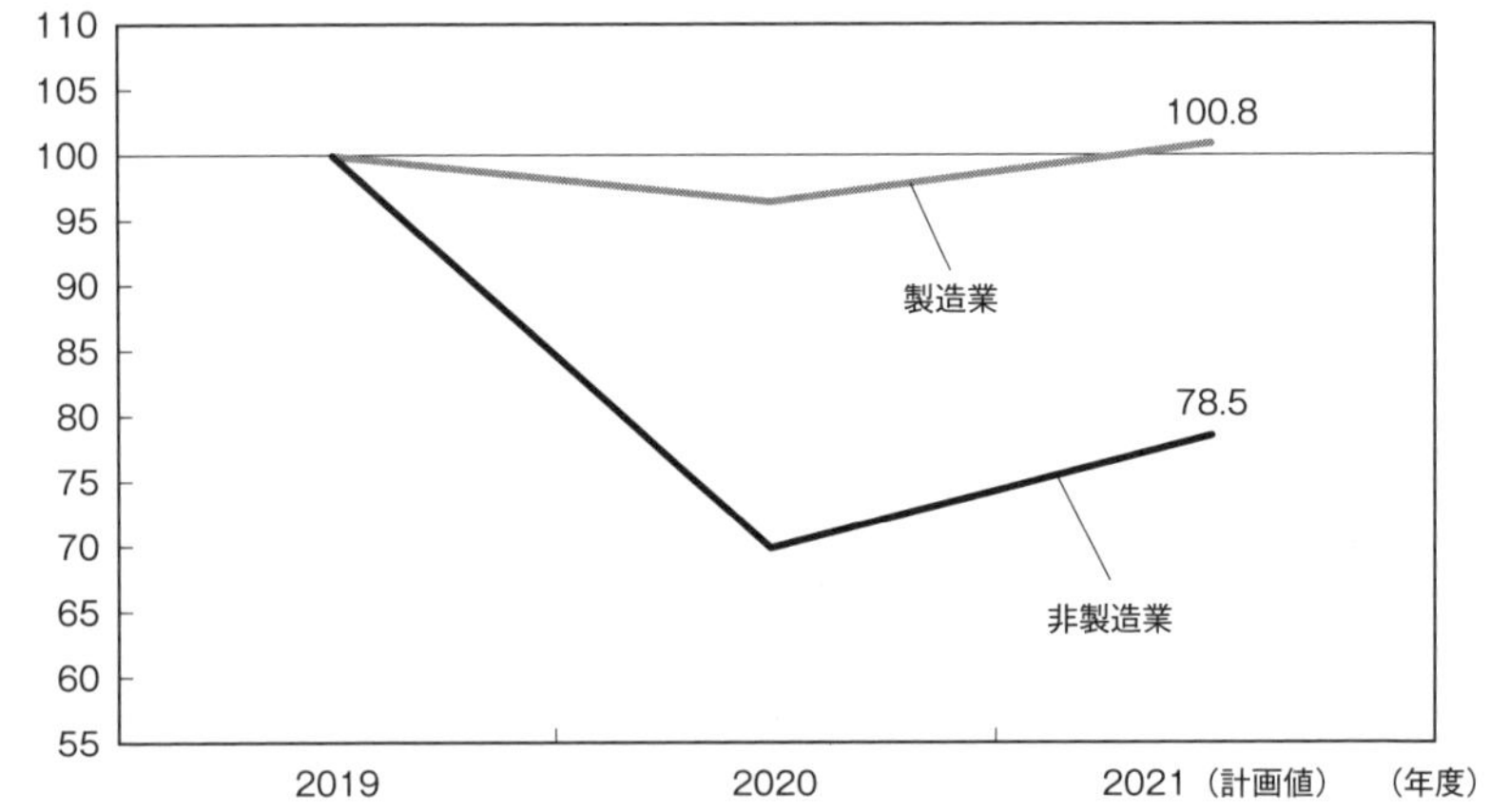

（出所）日本銀行「全国企業短期経済観測調査（短観）［2021年6月調査］」より作成.

てきたかをみてみよう。

❶ 感染拡大後の企業収益の悪化

新型コロナの感染拡大は、外出規制による需要減などを通じて、企業収益に打撃を与えた。業種別の経常利益について、二〇一九年度を一〇〇として二〇年度（実績）の水準をみると、製造業は九六・二、非製造業は六九・六といずれも一〇〇を下回った（図7－8）。特に非製造業の減少幅が大きく、航空・鉄道輸送を含む「運輸・郵便」、対面・接触機会の多い「対個人サービス」や「宿泊飲食サービス」などが大きく減少した。

一方で、二一年度（計画）をみると、製造業は一〇〇・八とコロナ前の水準を回復する見通しとなっている一方で、非製造業は七八・五と依然として一〇〇を下回ったままである。対面・接触を避けるニーズの高まりなどを背景として、製造業と比べて、非製造業の落ち込みはより長期化する形となっている。

こうした落ち込みが企業の倒産につながっているかをみると、二〇年の倒産件数は六四八件（東京商工リサーチ）と、一九年（六九九件）の水準を下回った。民間金融機関による金融支援に加えて、政府系金融機関による実質無利子・無担保融資の提供、雇用者一人当たり月額最大三三万円の雇用調整助成金の特例給付など、政府による各種支援策が下支えに寄与したとみられる。

2　デジタル技術を活用した競争力強化

新型コロナは、わが国企業の長年の課題とされてきたデジタル技術を活用した競争力強化の取組みを、より一層加速させる契機となった。特に、感染拡大抑制を目的として実施された外出規制は、人との接触を極力減らすことのできるデジタルサービスへの需要を一気に高め、企業の取組みを後押しした。

しかし現時点の日本は、こうした分野における国際競争力が低い。スイスの国際経営開発研究所（ＩＭＤ）が毎年発表する「世界デジタル競争力ランキング」によると、二〇二〇年の日本のデジタル競争力は六三カ国中二七位にとどまっている。内訳をみると、ビッグデータの活用と分析（六三位）、変化に対する企業の機敏性（六三位）、経営幹部の国際経験（六三位）がいずれも最下位、デジタル／技術スキル（六二位）が下から二番目となっている。

デジタル技術活用に向けた機運が高まる一方で、企業におけるデジタル人材の不足が指摘されている。日本貿易振興機構が実施した企業向けアンケート調査（二〇二〇年実施）によると、デジタル技術活用上の課題として、半数超（五五・七％）が「技術者など人材の不足」をあげ、次いで「導入や運用のコストが高い」（四九・八％）、「適切な外部パートナーが不足」（二九・四％）となっている。人材確保に向けた取組みについては、大企業が「新卒、中途採用の確保・育成」（六四・九％）で対応するとしている一方で、中小企業は「確保していない」（四四・三％）が多く、中小企業の取組み強化が課題となっている。

人材不足について、ＩＴ技術者の偏在が一因とされている。情報処理推進機構によると、日本のＩＴ技術者の数はアメリカ、中国、インドに次いで多いものの、ユーザー企業で働く割合が二四・八％と、アメリカ（七一・八％）の三割程度にとどまっている。日本はアメリカに比べて、マイクロソフトやオラクルのようなソフトウェア開発企業が少ないことに加えて、仕様・要求を事前に特定して開発業務を一括外部委託するケースが多いことなどが背景にあるとされる。

３　グリーン投資を通じた企業価値の向上

デジタル投資同様、温暖化対策にかかる投資拡大の流れはこれまでも脈々と続いてきたが、欧州を中心として、コストや成長の制約としてではなく、新型コロナ後の経済成長のカギとしてとらえる考え方が広がりつつある。脱炭素化を目指して取引先を選別する動きもみられ、気候変動対策への対応が成長の成否を決める時代に入っている。

わが国でも二〇二一年四月に、菅義偉首相（当時）が二〇五〇年のカーボンニュートラルの実現、二〇三〇年度の温室効果ガス排出量四六％減を掲げ（第13章参照）、再生可能エネルギーの活用など脱炭素社会実現に向けた投資拡大が期待されている。

こうしたなかで、グリーン投資の拡大に資するＥＳＧ（環境・社会・企業統治）投資に注目が集まっている。投資家が長期的な収益獲得を目指して企業にＥＳＧ対応の強化を求める一方で、企業がこうした観点からビジネスチャンス拡大や企業価値向上を図ることで、一層の競争力強化につながることが期待される。世界全体のＥＳＧ投資残高をみると、二〇一八年は三〇・七兆円と、二年前（二〇一

カーボンニュートラル

二酸化炭素、メタン、一酸化二窒素、フロンガスなどの温室効果ガスについて、排出量から吸収・除去量を差し引いた合計をゼロにすること。

ＥＳＧ投資

投資家が、企業の財務情報に加えて、環境(Environment)、社会(Social)、企業統治(Governance)に対する取組みなどの非財務情報を考慮して行う投資のこと。

六年：二一・九兆ドル）から約三割（三四・一％）増えているが、日本が残高に占める割合は七・一％にとどまっており、今後の拡大余地が残されている。

4 オープン・イノベーションや無形資産投資の強化

デジタルやグリーンといった成長分野を含めて、わが国企業のイノベーション能力を高めていくためには、その基礎となる研究開発投資が重要である。

わが国の研究開発費は、ドルベースでアメリカに次いで世界第二位、購買力平価ベースでアメリカ、中国に次いで世界第三位の規模を有しており、研究開発費の対GDP比でみても、韓国と並んで、アメリカ、イギリス、ドイツ、フランスを上回る高い水準にある（図7－9）。また、研究者数でみても、二〇一八年において、わが国は、中国、アメリカに続き、第三位に位置している。人口比では、主要国（G7諸国）のなかで、アメリカ、ドイツに次ぐ三位となっている。

こうした研究開発の成果を特許申請件数でみると、総申請件数、人口一人当たり件数、いずれの面からみても、わが国は国際的に高い水準にある。

日本の研究開発投資のGDP比がこのように主要国中最高であるにもかかわらず、家電や半導体等、国際競争力が衰えている分野が多いのはなぜだろうか。さまざまな要因が考えられるが、まず、前述のように国際的な環境変化を見定めて自社のコア・コンピタンスのある分野に集中するということが適切にできなかったことがあげられよう。日本では、同業他社との研究開発の重複が多いため、いわゆる「自前主義」の傾向が強く、研究開発投資が非効率になってきたと考えられる。効率的なイノベーションのためには外部機関との連携（オープン・イノベーション）が重要であり、国内外の優れた人材、技術を積極的に取り込むことが生産性向上に効果的であると考えられる。わが国企業部門

オープン・イノベーション
他企業や大学・研究機関などの外部組織と連携し、技術やアイデアを組み合わせて革新につなげる取組み。

無形資産
特許やブランドなど、物理的な形をともなわず、目に見えない資産のこと。

図7-9　研究開発費の対GDP比

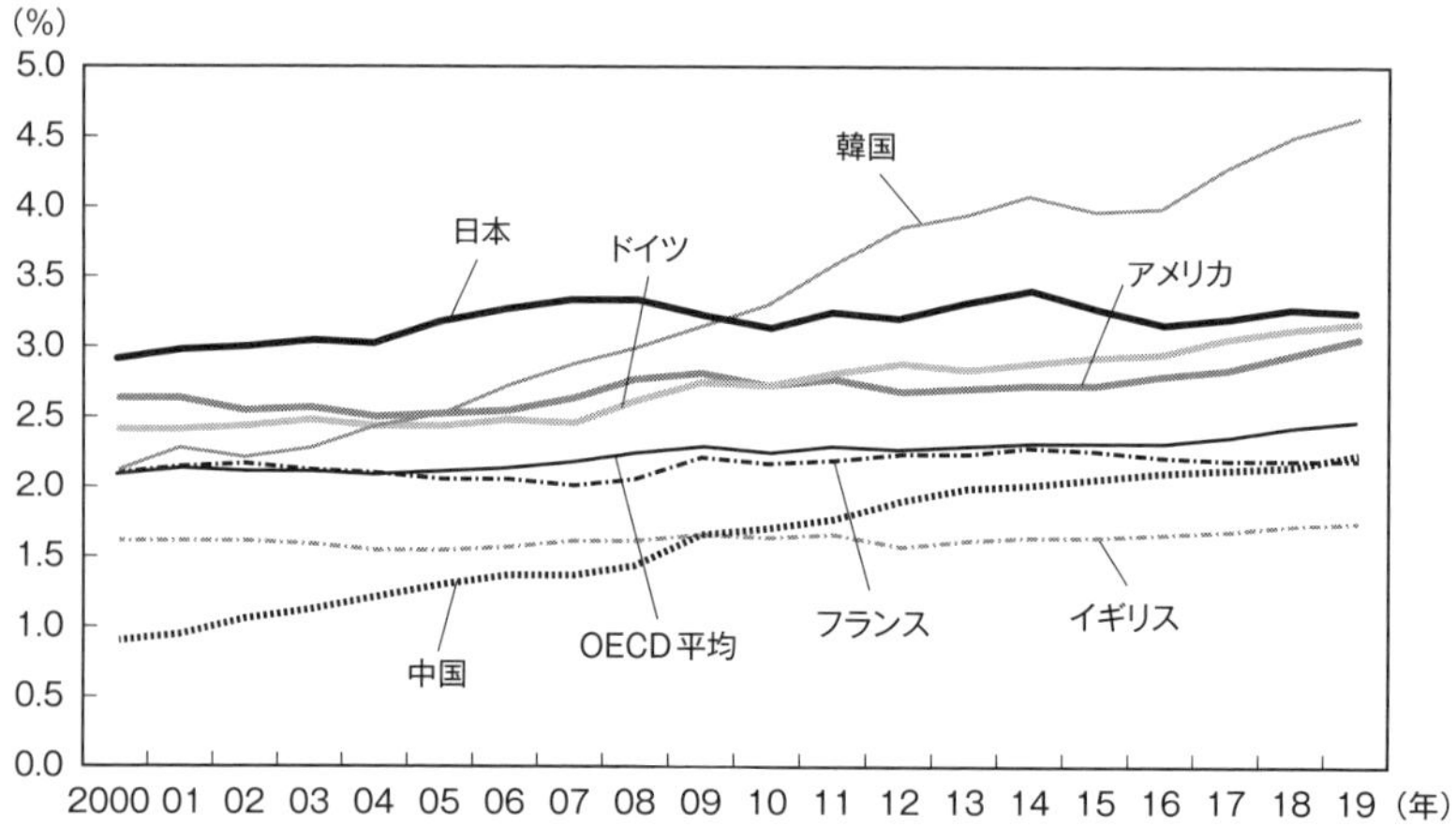

（出所）OECD "Main Science and Technology Indicators" より作成.

の外部組織との協力の程度を測るため、オープン・イノベーション活動の実施率（二〇一五年）を国際比較すると、欧米企業が七八％であるのに対して、日本企業は四七％と低い水準にとどまっている。

　イノベーション能力の向上には、研究開発費だけでなく、幅広く無形資産へ投資を行うことも重要である。無形資産の範囲としては、ソフトウェア、データベース等の「情報化資産」、研究開発、著作権・ライセンス、デザイン等の「革新的資産」、ブランド資産、企業独自の人的資本形成の取組み、組織改革等の「経済的競争能力資産」の三つをあげる研究がある。二〇〇〇年前後の状況を国際比較した研究によれば、アメリカ、イギリスと比較すると、日本は科学的研究開発等の革新的資産のシェアが大きい一方で、人的資本、ブランド、組織への投資等の経済的競争能力資産が小さいとされる。この傾向は現在まで続いていると考えられ、投資拡大が期待される。

5 技術貿易の動向

無形資産投資は、特許、ブランド、技術上のノウハウなどの成果を企業にもたらす。企業はこうした成果を自ら利用するだけでなく、国外の企業や個人に使用許諾や権利譲渡することなどによって、技術を輸出することができる。こうした取引を技術貿易と呼び、技術提供による対価受取りを技術輸出、技術受入れによる対価支払いを技術輸入という。わが国の技術貿易を国際収支のサービス収支のなかの知的財産権等使用料収支でみると二〇〇八年以来、アメリカに次ぐ世界二位の大幅な黒字が続いてきたが、二〇二〇年にはドイツに抜かれ三位に転落した。日本の技術貿易の大きな特徴は製造業を中心に海外の子会社への技術輸出の比率が高いことである。

参考文献

石戸光・伊藤恵子・深尾京司・吉池喜政「東アジアにおける垂直的産業内貿易と直接投資」経済産業研究所 Discussion Paper Series 03-J-009、二〇〇三年。

伊藤元重『どうなる世界経済 入門 国際経済学』光文社新書、二〇一六年。

清田耕造・神事直人『実証から学ぶ国際経済』有斐閣、二〇一七年。

経済産業省『通商白書２０１３』二〇一三年。

独立行政法人情報処理推進機構「グローバル化を支えるＩＴ人材確保・育成施策に関する調査報告書」二〇一一年。

独立行政法人日本貿易振興機構「２０２０年度 日本企業の海外事業展開に関するアンケート調査（ジェトロ海外ビジネス調査）」二〇二一年。

内閣府『平成二五年度 年次経済財政報告』二〇一三年。

内閣府『平成二七年度 年次経済財政報告』二〇一五年。

内閣府政策統括官（経済財政分析担当）『日本経済２０１４‐２０１５――好循環実現に向けた挑戦』二〇一五年。

深見環「アジアにおける域内分業の進展と貿易構造の変容」四天王寺大学紀要第六一号、二〇一六年。

米山茂美・渡部俊也・山内勇・真鍋誠司・岩田智「日米欧企業におけるオープン・イノベーション活動の比較研究」『学習院大学経済論集』第五四巻第一号、二〇一七年。

Corrado, Carol, Charles Hulten, and Daniel Sichel, "Measuring Capital and Technology: An Expanded Framework," staff working papers in the Finance and Economics Discussion Series (Federal Reserve Board), August 2004.

Global Sustainable Investment Alliance, "2018 Global Sustainable Investment Review," March 2019.

第8章 人材育成力の再構築が求められる労働市場

この章では、人口減少、長引く低成長、経済のグローバル化などにともない、いわゆる日本的雇用慣行が崩れ、非正規雇用の比率が高まってきたなかで、労働市場が人材を育成する能力も低下してきたことに焦点を当てる。あわせてコロナ禍がテレワークを一気に促進したものの、課題も残っていることについても考察する。

第1節 経済社会と労働市場、雇用環境の変化

人口減少や少子高齢化といった構造的な変化が続くなかで、経済は長期的に低迷し、二〇〇八年頃の世界金融危機や二〇年の新型コロナウイルス感染症の対策等により、大きな落ち込みを経験した。このような時代変動のなかで、労使双方の思惑や意識の変化や制度変更により、雇用のあり方は変化している。

1 景気・経済社会動向と雇用・賃金の調整

労働需要は、生産活動にともなう派生需要であり、景気変動に応じて生産量が変化すると雇用量も

所定外労働時間

あらかじめ定められている労働時間である「所定内労働時間」以上に働いた時間。いわゆる残業と休日出勤。

有効求人倍率

月間の「有効求職者数」に対する「有効求人数」の割合。「有効求職者数」とは、前月から繰り越された求職者数を含むとの趣旨。「新規求人数」とは、新たに受け付けた求人数（採用予定人員）をいう。なお、「新規求人数」を「新規求職申込件数」で除して得たものが「新規求人倍率」である。

図8-1　有効求人倍率とCI

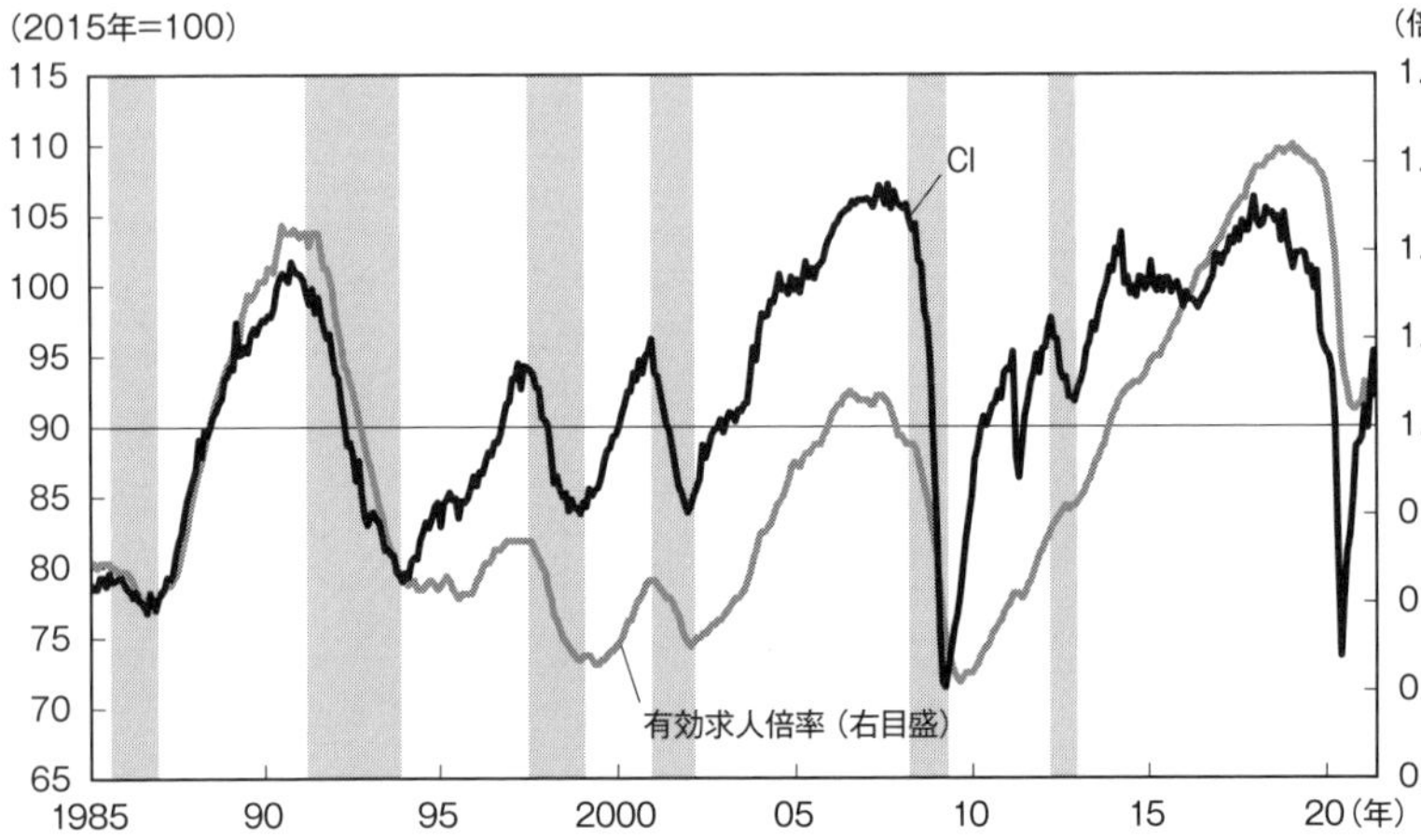

（注）1. CI（コンポジット・インデックス）とは，景気変動を量的にみるための指数で，内閣府の景気動向指数としてDI（ディフュージョン・インデックス）とともに公表しているもの．
2. シャドウは景気後退期．直近の景気の山は2018年10月に設定されているが，谷が設定されていないため，2018年10月以降は網をかけていない．
3. 水平線は，有効求人倍率1倍を示す．

（出所）厚生労働省「職業安定業務統計」，内閣府「景気動向指数」．

調整される。日本では、景気後退期においては、所定外労働時間の削減から始まり、パート社員等非正規の社員の削減・採用抑制、正社員の採用削減、正社員の配置転換・出向、希望退職者の募集、正社員の解雇と進んでいく場合が多い。これは、後述のように、正社員の雇用調整コストが大きいためである。

一九九〇年代以降、長期の景気低迷が続いたことから、それまでの一時的な景気低迷期にみられたよりも厳しい雇用調整を行う企業の割合が増加した。とくに九七年秋以降の金融システム不安をきっかけとした景気後退期には経済成長率がマイナスとなり、労働需要が落ち込むなかで中高年層のリストラにも手を付ける企業が増加した。さらに二〇〇〇年代になると、内需の低迷とともに新

現金給与総額
あらかじめ定められている支給要件で支払われる「定期給与」（本給や残業代等）と、毎月定期的には支払われない「特別給与」（賞与等）との合計。手当を含むが退職金は含まない。

所定内給与
労働契約等に従って支給される給与のうち、あらかじめ定められている労働時間である「所定内労働時間」に対して支払われる給与。本給等に相当し、所定外給与や賞与等を含まない。

所定外給与
所定の労働時間を超えて働いた時間に対して支給される給与や休日労働、深夜労働等に対する給与。

図8-2　賃金の推移

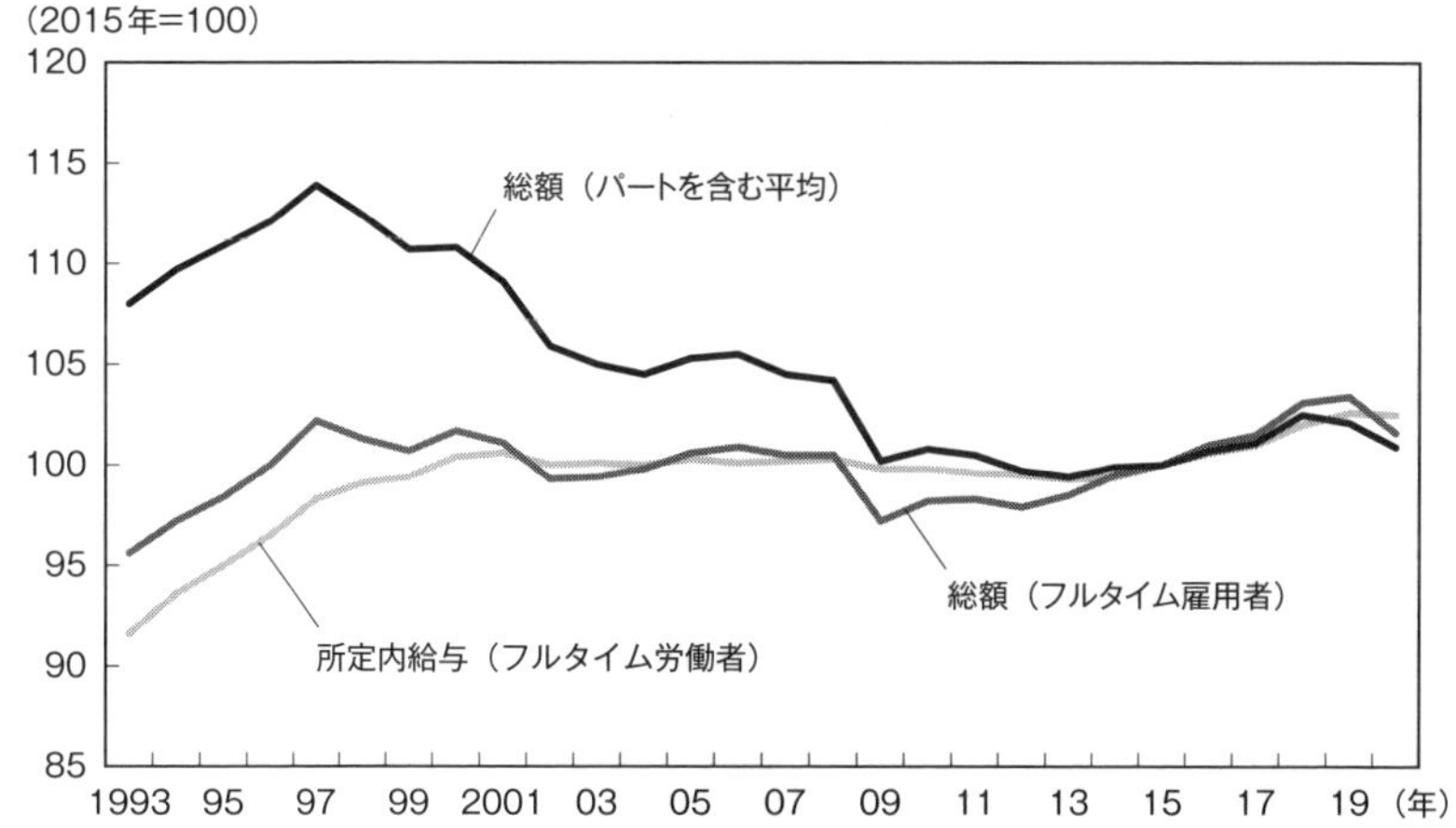

（注）1. 5人以上の事業所.
2. 「パートを含む平均」は就業形態計の動き, 「フルタイム雇用者」は一般労働者の動き.
3. 「総額」は残業手当やボーナスなどを含む現金給与総額, 「所定内給与」は頭注参照.
（出所）厚生労働省「毎月勤労統計調査」.

興国等とのグローバルな競争が激化するなど、企業は人件費の削減をより強く志向するようになり、新規学卒者の採用を抑制する傾向が強まった。その後、二〇〇〇年代後半になって景気が回復し、いわゆる就職氷河期は終わったが、本格的な持続的成長につながらなかったこともあり、正社員採用は抑制が続き、雇用調整の容易な非正規雇用の比率が上昇し続けた。

　非正規雇用への労働供給は、労働需要の変化に対して比較的伸縮的に変動する傾向がある。不況期においては、魅力的な仕事がみつけにくいために、働くことをあきらめて非労働力化する「求職意欲喪失効果」と、主な稼ぎ手の賃金低下や失業によって世帯の収入が低下することを避けるために、働きに出ようとする「付加的労働効果」とが逆方向に作用するが、前者の効果の方が大きく、労働供給は景気に応じて伸縮してきた。ただし、近年は、共働きの家計も増えるとともに、主な稼ぎ手が非正規就業となっている比率も上昇しており、賃金も伸び悩むなかで、後者の効果が大きくなっており、二〇一〇年代以降は、不況期においても労働力率も就業率も大きく下がらなくなっている。

さらに、労働需給を表す指標である有効求人倍率と景気との対応関係をみると（図８－１）、有効求人倍率は好況期に上昇し、不況期に低下する傾向があったが、二〇一〇年代には、景気の変動にかかわらず、上昇傾向が続いてきた。その背景には、人口減少にともなう労働力の伸び悩みや、職種や産業等でのミスマッチなど、構造的な要因があると考えられる。

一方、賃金の動きをみてみよう（図８－２）。フルタイム雇用者の所定内給与は二〇〇〇年以降長期にわたって微減傾向で推移した。フルタイム雇用者の現金給与総額には、残業手当や賞与が含まれるので、景気動向に応じて上下する動きになっている。パートを含めた平均賃金の動きをみると、非正規雇用者の比率の上昇を反映して二〇一三年までかなりの下落傾向が続いていた。

❷ 構造的失業率の上昇、就業ミスマッチ

日本の完全失業率は、一九九〇年代前半までは不況期でも二％台後半と先進諸国のなかでは低いことが特徴であったが、九〇年代後半以降は景気後退期に五％を超えるようになり、二〇〇〇年前後には、リストラの影響もあり、当時景気が回復し失業率が低下傾向にあったアメリカの失業率を一時的に上回った。二〇〇〇年代後半は景気回復もあり失業率は低下したが、〇八～一〇年にかけて世界経済の低迷の影響を受けて五％程度となった。この時期は、いわゆる「派遣切り」も含む非正規雇用の離職等の影響も大きかったが、正社員の離職（団塊の世代を中心とした早期退職や若年離職）も多かった。その後、失業率は一二年からは徐々に低下している。

完全失業率

「完全失業者」の「労働力人口」に占める率。「完全失業者」とは、労働力調査の調査期間中（一二月以外は月末一週間）に、①仕事をしておらず、②仕事があればすぐにつくことができ、③求職活動や事業をはじめる準備をしていた者、を指す。なお、二〇一八年一－三月期調査より集計されている「失業者」とは、③について、一カ月以内に行っていた者を含む。

図8-3　UV曲線の動向

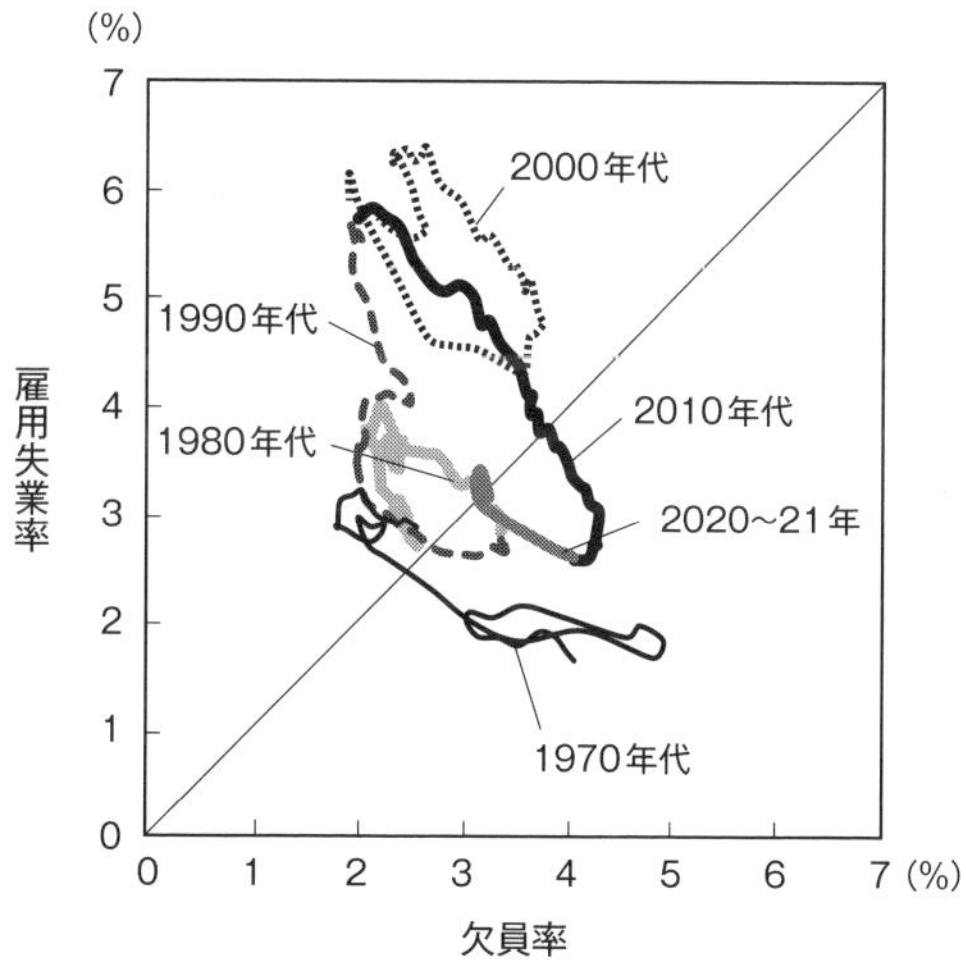

（注）雇用失業率とは，完全失業者を雇用者で除したもの．
（出所）労働政策研究・研修機構（2020）『ユースフル労働統計』，『新型コロナが雇用・就業・失業に与える影響』．

年齢階層別に失業率の動きをみると、他国ではかなり高い値となる若年層（一五〜三四歳）についても二〇一〇年代後半以降は四％程度で落ち着いた推移をみせている。

完全失業者全体に占める長期失業者（失業期間が一年を超える者）の割合も二〇一〇年代初めに、四割近くを占めていたが、新型コロナウイルス感染症前の二〇一九年には三割ほどにまで減少している。

失業率を景気後退にともなう失業（循環的失業）と労働市場のミスマッチによる構造的失業の二つに分けて考えてみると、後者が大きくなっていると考えられる。後者は労働需要と労働供給がたとえ総量で一致していた場合でも、需要側と供給側のニーズが職種や地域などの面で異なっているために生じるものである。これは失業率と欠員率との関係（UV曲線）をみることでわかる。欠員率と失業率とが逆方向（図8－3で右下がり方向）に動くことが循環的失業の増減をあらわすが、この曲線が右上方向にシフトすると構造的失業が高まっているといえる。二〇〇〇年代にはそれまでよりも右上方へシフトしている傾向がみられる。なお二〇二〇年以降はコロナ禍という特殊事情のために、欠員率が低下したがこれをもって構造的なミスマッチが縮小したとはいえないであろう。

ミスマッチのこうした増加の背景には、二〇〇〇年代以降の生産年齢人口（一五～六四歳）が減少傾向にある一方で、労働需要が高まっている職種への転換が進んでいないことがあると考えられる。主に職種間でのミスマッチが原因で、新規雇用の一割程度が失われているとの試算（川田［二〇一九］）もある。

3 女性・高齢者の労働意欲の向上と労働の受け皿

二〇〇九年頃より人口が減少に転じたことを背景に、女性や高齢者の労働力率を高くできるかどうかが重要な課題となった。

女性については、結婚や出産・子育ての機会に離職し、子どもから手が離れるようになった後に非正規等の職に再就職をする人が多かったため、労働力率（あるいは就業率）は三〇代近辺が低くなる特徴がみられる（いわゆる「M字カーブ」）。

こうした就業では、学卒直後の就業で培われたキャリアと復職後のキャリアが断絶し、非正規職での再就業となることが多いため、女性の生産力を十分に引き出せていないという問題があった。この問題を解決するため、産前産後休暇や育児休業制度の充実・取得促進が進められ、地方公共団体においては「待機児童」をなくすことを政策目標にし、保育機能の充実などが図られた（第10章参照）。

労働力率

労働力率は各年齢階層（一五歳以上）について人口に占める「労働力人口」の割合。労働力比率、労働力人口比率ともいう。「労働力人口」とは、就業者と完全失業者（あるいは失業者）の和を示し、一五歳人口から、学生や専業主婦等労働市場に参加しようとしない人口（これを非労働力人口という）を除く人口。なお、「就業率」とは人口に占める就業者の人口の割合である。

図8-4　年齢階級別労働力率

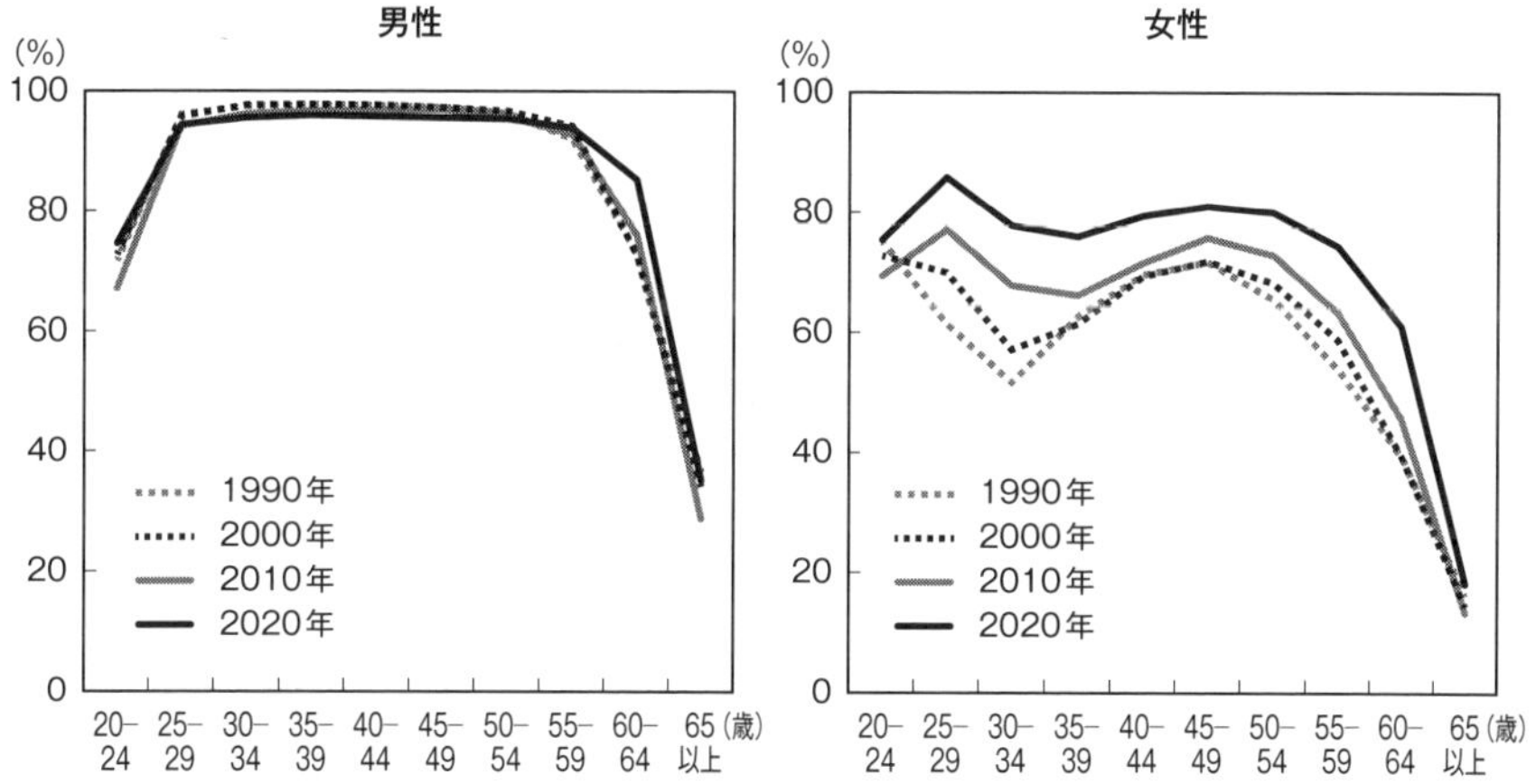

（出所）総務省「労働力調査」.

こうしたことと、未婚率の上昇のために三〇代近辺の女性の労働参加率は、まだ非正規雇用が多いものの、徐々に上昇し、M字カーブは解消しつつある。しかし、配偶者のいる二〇代後半から四〇代前半までの女性非就業者のうち、求職しない理由を出産・育児、介護や看護、家事のためとしているのは、七一・一%に上る。また非正規で就業している女性のうち、出産・育児・家事等のために今の就業形態を選んでいるのは三三・〇%を占める。同世代の配偶者のいる男性非就職者や非正規労働者では、この割合は五%にも満たない（平成二九年度「就業構造基本調査」）。女性が労働市場へ参加しやすくしていくには、男性配偶者が家事労働に参加できる状況を作り出すことも重要である。

一方、高齢者は、定年退職後に労働市場から完全にリタイアする傾向があったが、最近は平均寿命も長くなり、年金給付開始年齢も引き上げられており、定年退職後も継続して就業する人が増加してきた。

ワーク・ライフ・バランス

仕事と生活の調和がとられている状態を示す。官民で策定した「仕事と生活の調和（ワーク・ライフ・バランス）憲章」（二〇〇七年）では、ワーク・ライフ・バランスが実現している社会とは、「国民一人ひとりがやりがいや充実感を感じながら働き、仕事上の責任を果たすとともに、家庭や地域生活などにおいても、子育て期、中高年期といった人生の各段階に応じて多様な生き方が選択・実現できる社会」と定義している。

制度面の背景として、無収入となる期間を生じさせないよう、高年齢者雇用安定法が改正されたことが重要である。二〇〇六年四月からは雇用促進（定年延長、継続雇用制度の導入、定年制の廃止、のいずれかを実施すること）が企業に義務づけられ、経過措置を経た後、二五年四月以降には、原則希望者全員に対する六五歳までの継続雇用が義務化される。さらに、二〇年改正（二一年四月施行）では、七〇歳までの就労機会確保を企業の努力義務とするという規定が付け加えられた。令和二年「高年齢者の雇用状況」によれば、従業員三一人以上の企業の九九・九％で、①六五歳までの定年の引上げ、②継続雇用制度の導入、又は③定年の定めの廃止のうちいずれかの措置を実施済みである。男性の六〇歳代前半と後半の労働力率は、二〇一三年にはそれぞれ七六・〇％、五〇・七％であったが、二〇二〇年には八五・三％、六二・三％と大きく上昇している。

高齢者のこうした労働力率の上昇が、人口減少にもかかわらず近年の労働力の漸増や非正規比率上昇の要因になっている。

高齢者と若年者との間での業務の代替性・補完性に関しては、希望者全員の継続雇用にともなう人件費負担の上昇のために企業は新卒正社員の採用を抑制するのではないかとの指摘もある。一方で、こうした継続就業の促進は、企業内における技能等の継承の問題について、一定の解決の道を与える可能性もあり、若年者と高齢者との組合せや役割分担などが企業にとって重要な課題になっている。

第2節　働き方改革の進捗とコロナ禍

長時間労働の是正をはじめ、生活とのバランス（ワーク・ライフ・バランス）を重視することはかねてからの課題であったが、コロナ禍でリモートでの勤務などのより多様な働き方が急速に求められ

図8-5　労働時間の推移

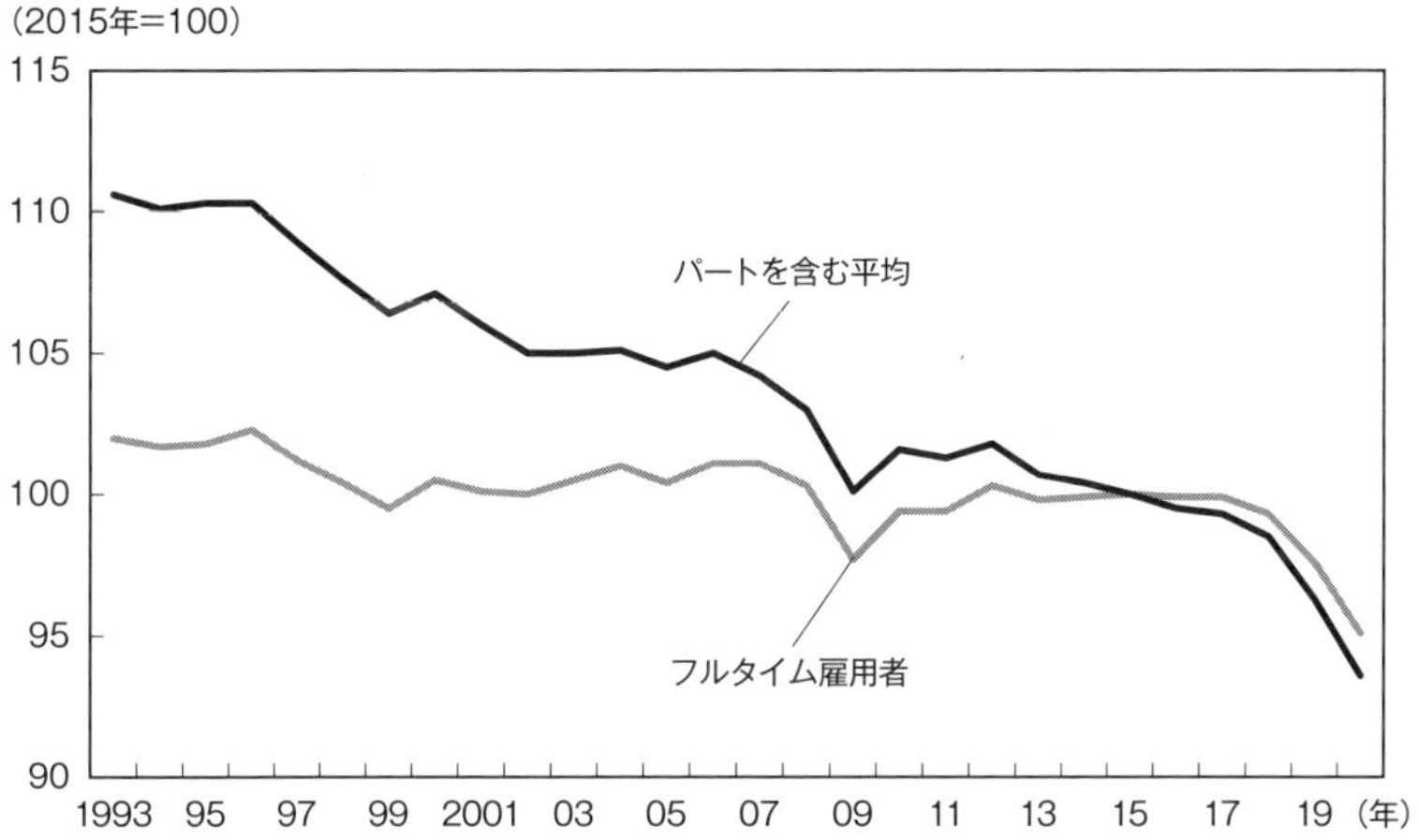

(注) 1. 総実労働時間（残業や休日出勤などの所定外労働時間を含んだ総労働時間）の推移.
2.「パートを含む平均」は「就業形態計」の動き,「フルタイム雇用者」は一般労働者の動き.
(出所) 厚生労働省「毎月勤労統計調査」.

るようになった。しかし、柔軟な働き方を取り入れていく際の課題も浮かび上がっている。

1 働き方改革と労働時間

日本の労働時間の推移をみると、一九八〇年代後半には、ＯＥＣＤ諸国のなかでかなり上位に位置していた。そこから徐々に減少し始め、九〇年代後半には七〇年代〜八〇年代前半と比べると八〜九割程度となった。その後の減少についてはパートタイム労働者比率の増加による影響が大きい（図8－5）。日本で長時間労働をしている労働者の比率は、徐々に低下してきたものの、コロナ禍の前にはＯＥＣＤ加盟国では韓国に次いで二番目に高かった（二〇一八年）。つまり、正規雇用者と非正規雇用者との間で労働時間の二極化がみられたといえよう。

正規職員の労働時間の増加は好況期だけ

でなく不況期においても観察される。不況期においても正規職員の労働時間が増えるのは、正規職員の労働の固定費が高いことが影響している。日本型雇用慣行のもとでは、正社員は企業の特殊スキルを含めて企業内で訓練される。こうした企業では一度解雇してしまうと次に労働力が必要なときに別の人を雇っても、十分な水準の能力を確保できない可能性が高くなる。

また、解雇に関する法制度が十分に明文化されていないため、解雇もしにくい。したがってたとえ不況期であっても、正規雇用者については解雇をせずに（「労働保蔵」）、新規採用を抑制し、現存の正規職員に長く働いてもらうことになる。労働者側からもみても、不況期は転職機会が減少することから、労働条件が悪くなっても辞めづらい状況に陥る。

こうした状況になると、長時間働く正規職を夫に持つ女性は、家事や育児等の夫の貢献・負担を期待しにくいのでワーク・ライフ・バランスが歪むことになる。

2 高度プロフェッショナル人材の活用と高度人材の育成・活用

いわゆる「働き方改革関連法」が二〇一九年度から順次施行された。そこで新たに設けられたのが、労働時間に関する規制の対象外となり、残業代も支払われない「高度プロフェッショナル制度」である。

この制度は、高度の専門的知識を有する労働者を対象にしたものであるが、法案の審議過程においては、過剰な労働時間を労働者に強いることになることなどの懸念も示されていた。こうした議論を受け、労使間で予め具体的な対象業務を特定し、それ以外の業務に従事しないことを前提とし、企業側が健康管理措置をとることについて義務付けが行われることとなった。対象業務の例としては、金融工学の知識を用いて行う金融商品の開発、投資判断に基づく資産運用・有価証券の売買その他の取

働き方改革

安倍内閣が二〇一六年に閣議決定した「ニッポン一億総活躍プラン」のなかで、いわゆる「新・三本の矢」（第3章参照）を貫く横断的課題として位置づけられたもの。長時間労働の是正、多様で柔軟な働き方の実現、雇用形態にかかわらない公正な待遇の確保、などを主な項目とした。

引業務、市場相場や有価証券価値等の分析、評価又はこれに基づく助言の業務、調査分析及び考案・助言の業務、新技術・商品サービスの研究開発などがあげられており、企画・開発・研究等の業務が当たる。二〇二一年三月時点では、二〇社の企業が導入し、労働者五五二人が登録されている。このうち、六事業所で「健康管理時間」（在社時間と社外での労働時間の合計）が月三〇〇時間以上を超えた労働者がいた。

まだ登録人数も少ないことから、この制度の評価は困難であるが、高度な専門的知識や技術を持ち、それを生かせる人材を柔軟な働き方を通じて育成していくための一つの試みといえよう。

3 コロナ禍で急速にとり入れられたテレワークと柔軟な働き方

二〇二〇年には、新型コロナウイルス感染症予防策のための出勤回避策として、企業のテレワーク導入が進んだ。従来の政府目標（世界最先端デジタル国家創造宣言・官民データ活用推進基本計画）では、二〇年までにテレワーク導入企業を一二年（総務省「通信利用動向調査」では一一・五％）比で三倍に、雇用型テレワーカーの割合を一六年の水準（国土交通省「テレワーク人口実態調査」では七・三％）の倍にするというものであったが、一九年には、それぞれ二〇・二％、八・八％と達成が危ぶまれていた。それが、二〇年には、それぞれ、三四・五％、一五・四％と飛躍的に伸びて目標を達成した。ただし、大企業では緊急事態宣言下で九割の企業がテレワークを実施できたとするのに対し、三〇人以下の企業では五割に満たなかったり、業態間の実施率に大きな違いが生じたりと、一律に進んだとはいえない。

テレワークを進めるうえでの課題としては、ネットワーク環境や機器の整備・確保のほか、社内のコミュニケーションや書類への押印対応などがあげられている（東京商工会議所「テレワークの実施

雇用型テレワーカー

テレワーク（第6章136ページ参照）をする人のうち、個人事業主や請負業務を行う自営型の労働者ではなく、企業に雇用されていてテレワークをする人を雇用型テレワーカーという。

状況に関する緊急アンケート」令和二年六月）。コロナ禍で、端末などの整備は進んだが、制度や働き方がテレワークにそぐわない部分は残っており、このまま変化がなければ、今後、テレワークがさらに広がる可能性は低いであろう。新型コロナウイルス感染関連の緊急事態宣言が撤回されると、すぐに（一九年のレベルよりは高い水準ではあるものの）テレワーク実施率は低下するなど、安定してテレワークが普及したとはいいがたい。

ペーパーレス化を進めていた大企業などでは、テレワークの導入もスムーズに進んだと考えられるが、職務管理については多くの企業で困難を抱えたままとみられる。具体的には、テレワークでは職員が一堂に会さないことから、勤怠管理や業績評価に工夫が必要となる。テレワークは場所を問わず行えることから、仕事とプライベートとの境が保ちづらく、かえって長時間労働に従事する結果となるという報告もある。

テレワークの他にも、新型コロナウイルス感染症への対応として時差通勤やフレックスタイムを導入する動きもみられる。これは現場や労働者に労働時間についての裁量を一定程度与えることになるが、働いた時間がまちまちであれば、テレワーク同様、画一的な労働管理が行えなくなる。

こうしたフレキシブルな働き方を導入していくには、あらかじめ明確な職務設定を労使間で共有し、それに応じた業務の評価を行うことが必要となる。このことは、日本型雇用慣行にみられる職能資格制度に基づいた年功序列型を基本とする雇用形態（メンバーシップ型雇用）に変容を迫るものである。

時差通勤・フレックスタイム

企業側が、事業場のすべて、または一部で、始業・終業時間をシフトさせた所定労働時間枠を設けることを時差通勤という。一方、一定期間のうちのあらかじめ決めた総労働時間のなかで、労働者が、始業・終業時間及び一日の労働時間を決めることができる勤務形態をフレックスタイムという。フレックスタイム制度を導入する場合、一日のうち必ず勤務しなければならない時間帯（コアタイム）を定める場合と、定めない場合がある。いずれも、通勤の集中を避け、労働者のワーク・ライフ・バランスを向上させるメリットがある。

第3節　雇用形態と人材育成・生産性

日本では職能教育については、企業内訓練を中心に、主に正社員を対象に行われているので、非正規雇用者に十分な能力形成の機会が与えられない場合もある。高度なスキルをもつ人材に対するニーズも高まっており、学校教育を含め、生涯にわたる人材育成が重要となっている。

1　非正規雇用の増加とその背景

一九九〇年代後半以降、アルバイトやパート、嘱託、派遣、契約社員などの、いわゆる非正規雇用が増加した。この背景として、企業（労働需要側）が、経済社会の急速な変化やグローバルな競争の激化、経済のサービス化にともなって、①人件費の抑制、②多様な人材・専門的なスキルをもつ人材の活用、③景気の変動に合わせて雇用調整できる雇用者、を求めるようになったことがあげられる。①については非正規雇用者は就労時間によっては社会保険費用等を負担せずに済むため、経費が抑制できる効果がある。②については、環境・技術・ニーズの変化に応じて、多様な人材を契約社員や派遣社員という形で、臨機応変に即戦力として雇い入れたいという需要が高まった。③に関しては、正社員の解雇が困難であることが背景にある。「基幹パート」といった言葉が使われるように、正規雇用者と同様の働きをする非正規雇用者もめずらしくなくなってきた。

特に、卸売・小売業、飲食・サービス業などの第三次産業を中心に、非正規雇用の割合は拡大を続けてきた。二〇〇〇年以降は、もともとは正社員の多かった製造業においても、派遣業法の改正等を受けて、生産工程における請負・派遣労働者の活用が広がり、非正規雇用の比率が増大した。こうした結果、役員を除く雇用者全体に対する比率でみて、三五・四％（二〇二〇年）と三分の一以上がいわゆる非正規雇用者で占められるようになった。非正規雇用者の内訳をみるとパート・アルバイト（役員を除く雇用者全体の二四％）、契約社員（同二％）、派遣社員（同五％）、嘱託・その他（同四％）となっており、その内容も多様化している。

特に、女性と高齢者で非正規雇用者の比率は高い。女性では年齢計で五五％と半数を超え、六五歳以上の男性では七〇・五％、女性で七〇・〇％となっている。高齢男性でこの比率が高いのは、定年後に嘱託などの形で勤務することが多いことを反映している。若年女性については、前述のとおり、結婚や出産を機に一度退職した女性の再就業を吸収してきたという経緯がある。特に、保育施設の不足から子どもを保育園に預けられない母親や、残業で忙しい正社員の夫の代わりに介護の負担を担う妻などがフルタイムでは働きにくいなかで、次善の選択として非正規が選択されている可能性がある。

なお、男性の二〇代半ば以降の世代では、非正規比率は低いが、この比率も上昇傾向にある。学校卒業後すぐに非正規で就業する若年者（一五～三四歳）の割合は一九九七年の一六・二％から二〇一八年には二四・〇％を占めるまでになった（厚生労働省「若年者雇用実態調査」）。大卒者でも三年以内に離職する割合は九五年以降三〇％を超えており、一部は非正規化する傾向にある。

日本では非正規雇用と正規雇用では、賃金や労働条件等の待遇面での格差が大きい。賃金については、柔軟にさまざまな仕事をする正規職員と、ある程度職務を決めて採用される非正規職員とでは一概には比較できないが、就業時間の長さによっては社会保険の企業負担の適用外となることなども含めて、報酬に大きな差がみられることが多い。実際、パートタイム労働について賃金格差をみると、欧州諸国ではおおむねフルタイム社員の六〇～八〇％なのに対し、日本では約四五％と低い水準となっている。大卒後に正社員で入社し定年まで勤めた場合と、同時期に非正規雇用（たとえばパート・アルバイト）で就職してずっと非正規職を続けた場合について、現在の賃金体系が今後も維持されると仮定して生涯所得を比較すると、およそ三倍の差となるとの試算もある。

日本の賃金の男女差は大きいが、その理由は、女性において非正規での就業が多いことにもある。国際機関である国際労働機関（ＩＬＯ）が定める労働基準のうち、日本は男女同一報酬規定（ＩＬＯ条約一〇〇号）は批准しているものの、世界一七五カ国が批准している雇用及び職業に関する差別待遇に関する条約（ＩＬＯ条約一一一号）は批准していない。日本の給与が年齢や勤続年数等によって評価される度合いが強いことや、正社員にはさまざまな職務を柔軟にこなすことが求められていることもその背景にあると考えられる。

ただし、正規職と非正規職の待遇の均衡を目指す動きはある。いわゆるパートタイム・有期雇用労働法（「短時間労働者及び有期雇用労働者の雇用管理の改善等に関する法律」）に、二〇一五年からは通常の社員との待遇の違いは不合理であってはならないとする原則が盛り込まれた。また、同一労働同一賃金推進法（「労働者の職務に応じた待遇の確保等のための施策の推進に関する法律」）が成立し、二一年四月からは中小企業も含め、正規社員と非正規社員について、業務の内容やその責任の程度等に応じた均等な待遇とするよう求められることとなった。

2 非正規雇用とルーティンタスク、機械との置き換え

景気の変動に応じて雇用調整が比較的容易という理由で、非正規社員を多く取り込んだり、社内業務をアウトソースしたりしていくなかで、職務をルーティン化、マニュアル化するという取組みが進んでいる。

日本では、管理職や専門職に従事している労働者の割合が比較的小さく、事務補助職などに従事す

図8-6　就業者の職業別構成比（2018年）

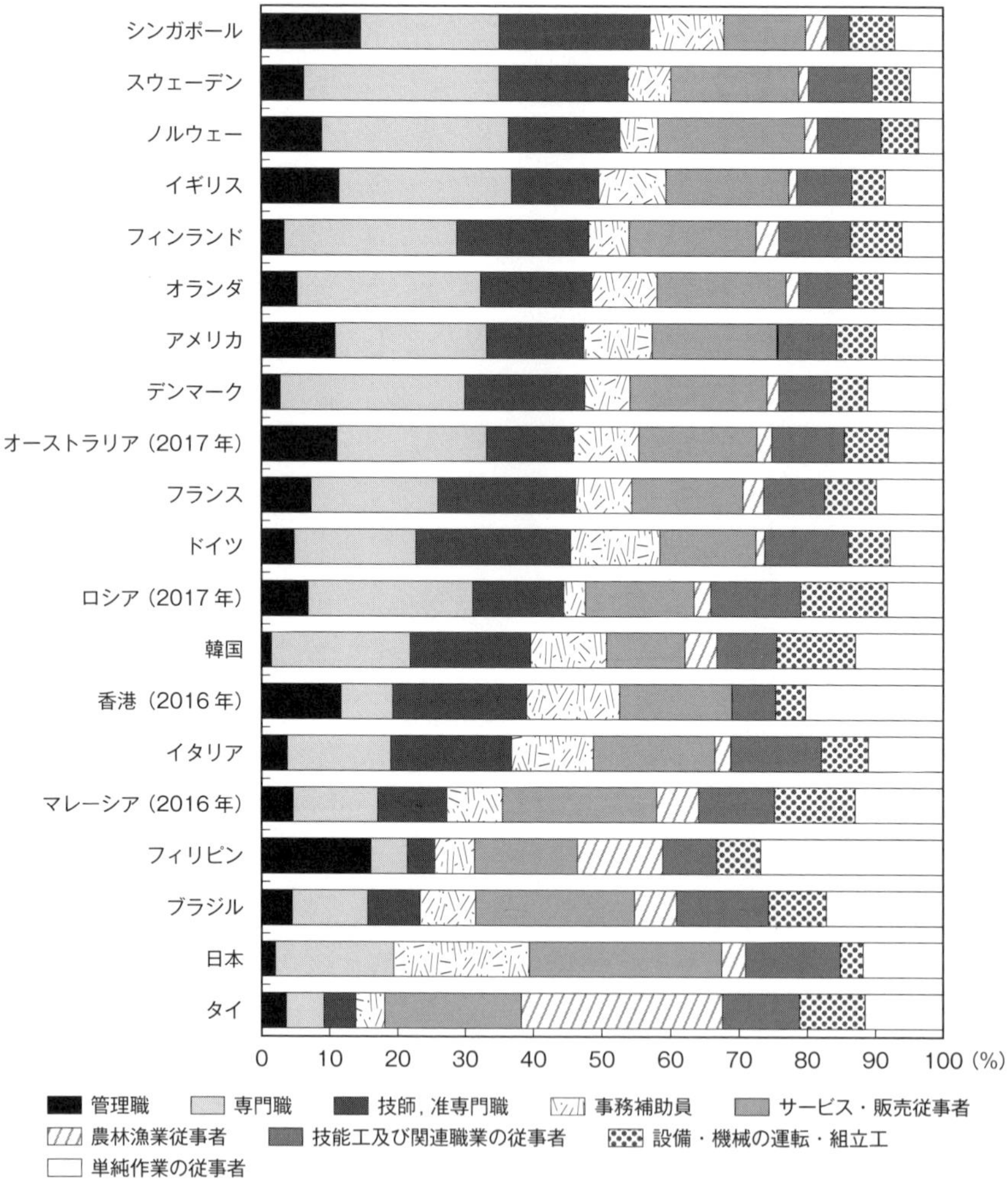

（注）管理職，専門職，技師・准専門職の合計の割合が多い順．
（出所）OECD. stat.

る割合が大きい。国際的な比較調査によれば、日本の職務内容については、ルーティンタスクが多いとされ、非正規社員だけではなく、正社員でも日々の業務の多くでルーティンタスクをこなしているという結果が出ている。

『テクノロジーが雇用の七五％を奪う』とのセンセーショナルな邦訳タイトルのFord［二〇〇九］における試算では、こうしたルーティン化されたタスクは自動化され、コンピュータなどによる代替が進み、労働集約的な業務の割合が減少していくことになる。ただし、この試算は、労働者のスキルが変質しないことを前提としている。技術進歩や普及のスピードに合わせて労働者側に十分なスキル変革がある場合には、労働者が労働集約的かつ機械に代替されやすい業務から、労働集約的でも機械で代替されにくい、あるいは、労働集約的ではない業務に移り、それぞれに生産性が高められていくことも期待される。

3 日本型雇用慣行と世代効果

第二次石油危機後、一九九〇年代初めまでの日本経済は他の欧米先進国に比べると、高い成長率、安定的なインフレ率、低い失業率といったマクロ経済環境に恵まれ、それを支えた日本企業の好パフォーマンスの源として、いわゆる「日本的雇用慣行」が評価された。「日本的雇用慣行」は、高度成長期に製造業・大企業を中心に形成され、次第に中小企業や非製造業にも広がった。その特徴については、通常、定年まで同一企業で勤務する長期的な雇用関係（いわゆる「終身雇用制」）、年齢や勤続年数に比例する賃金上昇（いわゆる「年功賃金」）、企業別労働組合、ＯＪＴ（オンザジョブトレーニング）等にみられる企業内訓練などがあげられる。

二〇〇〇年代以降低成長が続いたことに加え、グローバル化や情報化等の環境変化があったことか

ルーティンタスク
日常的に繰り返す定型的な作業。

オンザジョブトレーニング（OJT=On the Job Training）
職場において、上司や先輩社員が業務を通して部下や後輩社員の指導・訓練を行うこと。これに対して、職場を離れて行われる講義や実習などの研修や訓練をＯｆｆ－ＪＴと呼ぶ。

ら、企業は日本的雇用慣行に含まれる長期雇用や年功型賃金といった暗黙の契約に十分コミットできなくなり、この慣行のもとにある正社員を絞り込み、人件費の削減圧力には非正規労働者の雇用で対応するようになってきた。これが正規・非正規労働者間や、大企業・中小企業間の待遇格差などにもつながっていたと考えられる。

一九九〇年半ばから二〇〇〇年代初めにかけて新規学卒者の就職率が低下する現象がみられ、「就職氷河期」と呼ばれた。リーマンショック後の景気停滞期においても、若年者の採用抑制がみられ、第二次就職氷河期ともいわれた。また、二〇二〇年のコロナ禍においては、客足が冷え込んだ観光、運輸、飲食・小売等の業種において、新規雇用は低迷した。このような景気低迷の時期に、新卒者非正規雇用が増える。こうした時期に不本意な就業となった人については、景気回復後も正規職への転職は少なく、賃金や労働条件面での不利な状況が続くという「世代効果」が、近年の研究で認められている。

この効果は海外でも認められるが、日本では新卒一括採用で一つの企業に勤め続けて内部昇進で賃金が上昇していくことが標準的なキャリアパスと考えられてきたことや、非正規雇用から正規雇用への移行が困難な状況にあるため、この世代効果は大きい。総務省の平成二九年「就業構造基本調査」によれば、初職が正規職であった人のうち、八割以上が現在も正規職であるのに対して、初職が非正規職だった人のうち二〇一七年現在で正規職だったのは二五％にとどまっている。

日本の企業は、採用時において、技術のある者を除いて新卒であることを重視する傾向がある（平成三〇年厚生労働省「若年者雇用実態調査」）。また、新卒採用正社員を中心に職業訓練を行うため、就業のスタートが非正規であることで、人材育成の機会も損なわれている可能性が高い。厚生労働省「能力開発基本調査」（令和元年度調査）によると、正社員に対しては六割の事業所が計画的なＯＪＴ

を実施しているのに対して、正社員以外にも実施する事業所は三割程度にとどまっている。最近は、Ｏｆｆ－ＪＴを重視する傾向も広がっているが、これについても企業が関与する場合は正社員を対象にしたものが多い。また、こうしたトレーニングは新入社員や若手社員に対するものが主となっている。したがって、若いうちに非正規で就業すると、若い時期の人的資本形成が十分でなく、キャリアが形成されにくいことを通じて、将来の就業や賃金水準に影響を及ぼすことが考えられる。

4 社会の変化と人材育成

日本の人材育成は、企業がその従業員、特に正社員に対して行ってきた訓練に大きく依存してきた。企業の人材育成に対する基本的な考え方については、今のところ、厚生労働省「能力開発基本調査」などのアンケートによれば、ＯＪＴを重視し、企業側が主体的に職員の能力形成をするという方針を有している企業が多く、従来の企業内訓練が重視されている様子は変わらない。しかし、正社員についても、その機会は一律のものではない。

ＯＥＣＤ［二〇二二］では、日本の企業訓練は大規模企業が中心に実施しており、中小企業の社員に機会が少ない他、新卒社員への研修が重視され、高齢の社員には機会が少ない点を指摘している。厚生労働省「能力開発基本調査」によれば、規模の小さな事業所では、新卒の正社員に対しても、計画的ＯＪＴやＯｆｆ－ＪＴのいずれも実施していない事業所が四割に上る。一〇〇〇人以上の事業所においては、どちらについても九割以上が実施している状況と差が生じている（令和二年度）。

企業は、職員の生産性を向上させることなどを主眼に、人材育成に取り組んでいるわけだが、業界の生産性の向上にまであらわれてきているだろうか。過去一〇年の間に、需要が高まり新規労働の流入が多かった産業としては、医療・福祉や情報通信等がある。これらの産業の時間当たり生産性の変化をみると、情報通信業ではわずかな上昇にとどまり、医療福祉分野では低下している（日本経済研究センター［二〇一九］）。これらの産業においても、新入社員に対しての計画的ＯＪＴやＯｆｆ－ＪＴなどの実施事業所の率は、他の産業並みであるものの、産業全体の生産性上昇に十分影響するだけの効果は得られていない。上野・神林［二〇一七］は、近年の労働者の賃金が低下している要因として、退職者と入職者の賃金水準の差が大きいことを指摘している。両者の年齢差に基づく賃金の差の影響の他に、高い賃金を受けていた労働者の退職にともない、それまで蓄積されていた技能が失われる一方で、新しい入職者の技能水準や蓄積手段が十分でなかったために、生産性や賃金が伸び悩んだ可能性を示している。急激に労働流入があった産業などでは、教育訓練の効果が生産性の十分な上昇にあらわれるほどに至っていないと推察できる。

　コロナ禍を経て、働き方の変化やデジタル化への対応などが求められているなか、企業の訓練の在り方については変わっていくものと予測される。コロナ禍の下で行われた調査（労働政策研究・研修機構「人材育成と能力開発の現状と課題に関する調査」［二〇二一年二月］）によれば、今後の人材育成・能力開発について、労働者の側は専門性を高めるための知識や技能を習得したいという意識が高く、企業の側も個人の仕事の範囲や役割がより明確になっていくことや、リモートワークを活用した研修が増えること、また個人に合った内容の研修や教育が増えることを予測している。こうした研修を実施していくにあたっての課題として、特に自社で行う研修を重視する傾向の強い大規模企業（同調査においては三〇〇人以上）にあっては、その半数が指導人材の不足を課題としている。このこともあってか、企業側には、より自己啓発を重視し、職員の積極的かつ自発的な能力開発に期待する傾向がある。

　企業による職業訓練は、そもそも長期雇用を前提にした年功賃金制度で機能するものであり、「日本的雇用慣行」の諸要素が相互に補完性をもって発展したものであったといえる。個人の専門性やスキルが重視される局面で、このあり方も変わろうとしている。

日本の労働・雇用状況は二極分化している。低賃金で能力形成の機会も少なく、雇用の持続性に不安がある非正規雇用が増加している一方、正規雇用者は、勤務時間により給与や業績が評価される傾向が強いなかで、長時間労働を続けている。また中途採用の労働市場が十分整備されていないため、現職を離れるとよい就業先がみつけにくいという考えから、時代の流れや適性に応じた場での能力発揮が実現されにくくなっている。最も重要な労働という生産要素の質が十分に高められず、活用されてこなかったことが課題としてみえてくる。日本経済の長期停滞を打開するには、デジタル化やグローバル化の流れに合わせて、人々が能力を高め続けられるような訓練の機会や労働市場を作ることが重要と考えられる。

参考文献

上野有子・神林龍「賃金は本当に上がっていないのか——疑似パネルによる検証」玄田有史編『人手不足なのになぜ賃金が上がらないのか』第一六章、二〇一七年。

川田恵介「日本の労働市場におけるミスマッチの測定」内閣府経済社会総合研究所『経済分析』第一九九号：一二二—一五一、二〇一九年。

神林龍『正規の世界、非正規の世界——現代日本労働経済学の基本問題』慶應義塾大学出版会、二〇一七年。

厚生労働省『令和二年版　厚生労働白書——令和時代の社会保障と働き方を考える』二〇二〇年。

内閣府『令和二年度　年次経済財政報告』二〇二〇年。

日本経済研究センター『第四五回中期経済予測』二〇一九年。

山本勲『人工知能と経済』勁草書房、二〇一九年。

山本勲・黒田祥子『労働時間の経済分析——超高齢社会の働き方を展望する』日本経済新聞出版社、二〇一四年。

Ford, Martin "The lights in the Tunnel: Automation, Accelerating Technology and the Economy of the Future,"

Acculant Publishing, 2009.（秋山勝訳『テクノロジーが雇用の七五%を奪う』朝日新聞出版、二〇一五年）

OECD, *Creating Responsive Adult Learning Opportunities in Japan*, 2021.

第９章　国民生活の現状と格差問題

第1節　家計の消費、貯蓄等の現状

1　消費、貯蓄の動向

民間最終消費支出（名目）はＧＤＰの五割強を占めている（二〇二〇年度は二八六兆円で五三％）。物価上昇率を調整したあとの実質値は一九八〇年代には平均三・七％増加していたが、バブル崩壊後九〇年代には一・八％に低下し、二〇〇〇年代〇・八％、二〇一〇年代〇・四％と増加率はおおむね一〇年毎に半減している。最近二〇年間は一％を下回っている。二〇一九年度は一〇月に消費税率が引き上げられたことから減少に転じ、二〇年度も新型コロナウイルス感染症の影響を受けたことから減少を続けた。これまで実質消費が減少することはあったが、二年続けての減少は過去六五年間で初めてであった（図９－１）。

　所得も長期的に減速がみられている。家計調整可処分所得（実質）の平均増加率は一九八〇年代の二・八％から九〇年代には一・四％、二〇〇〇年以降は〇・六％程度と低下した。バブル崩壊以降は所得が低迷するなかで、消費の伸びが所得の伸びを上回ることも多くなっている。

家計可処分所得

家計が実際に処分可能な所得のこと。家計の収入から経常移転の支払い（税・社会保険料など）を引いたもの。近年の「国民経済計算」では、「家計可処分所得に、医療費や教育費など政府が負担した現実社会給付等を加えたもの」を家計調整可処分所得として推計している。

図9-1　消費，所得，貯蓄率の変化

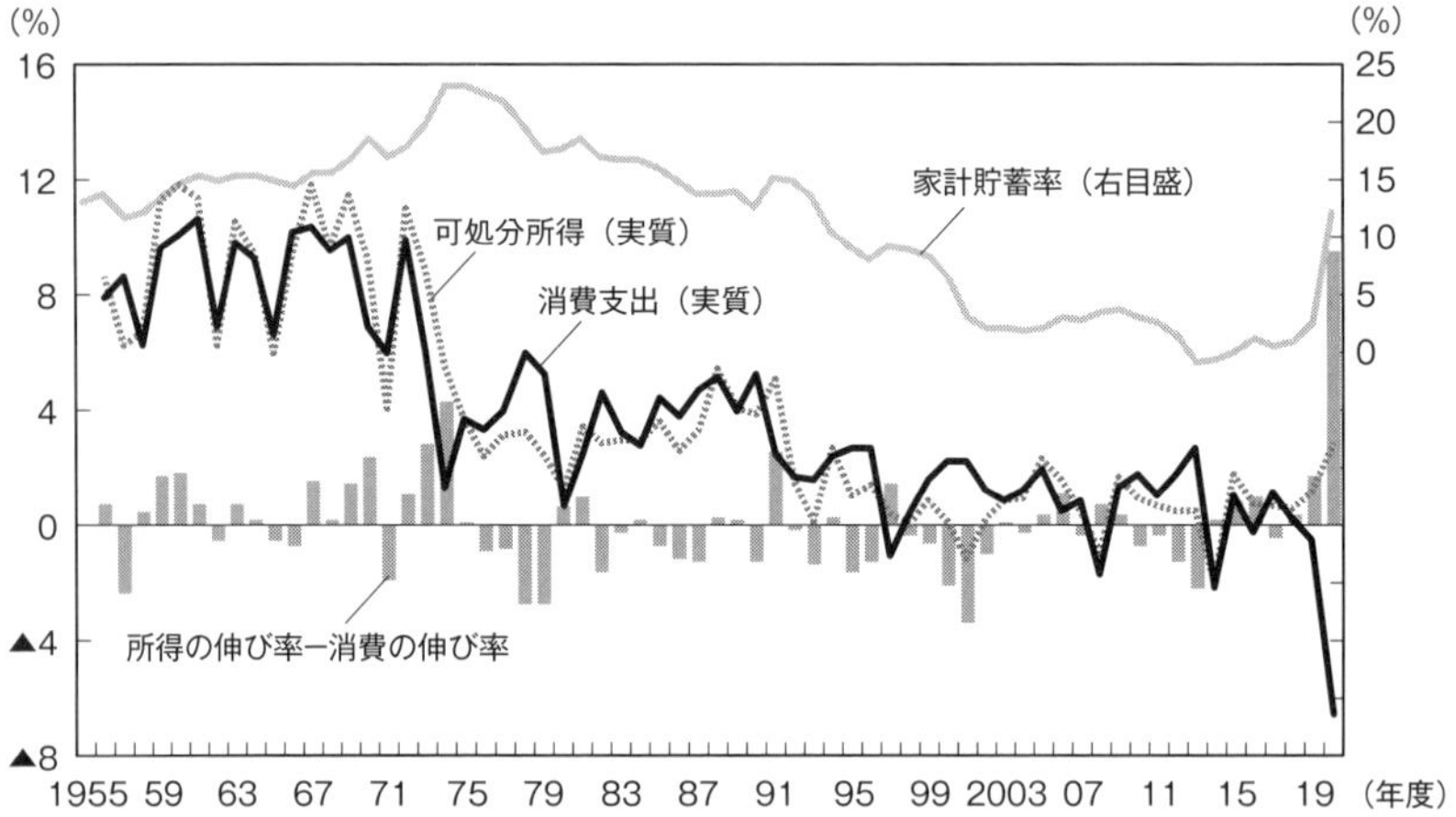

（注）1980年以前は68SNA，81～93年は93SNA，94年以降は2008SNAによる．93SNA以降の数値は消費は現実最終消費支出，所得は調整可処分所得＋年金基金準備金の変動．2020年度は家計最終消費支出，家計可処分所得．

（出所）内閣府「国民経済計算」確報及び家計可処分所得・家計貯蓄率速報（参考系列）より作成．

世帯ごとの消費動向を「家計調査」（二〇二〇年）でみると，総世帯（平均世帯人員二・三人，世帯主平均年齢五九・三歳）の消費支出は月平均で約二三・四万円，二人以上の勤労者世帯（同三・三人，四九・八歳）は約三〇・六万円である。二人以上の勤労者世帯の実質消費は，一九九三年以降減少傾向にある。この背景には，実質所得の減少傾向に加え世帯平均人員減少の影響もある。一方，単身世帯の消費支出は約一五・一万円となった。これを年齢階級別にみると，三五歳未満で約一五万円，三五〜五九歳では約一七万円であるが，六〇歳以上（平均年齢七五歳）は約一四万円と三五歳未満の若年層より低い。ただし，六〇歳以上の高齢層は持ち家率が高い（三五歳未満四％，三五〜五九歳五一％，六〇歳以上八三％）。このため高齢層では家賃支出が低く抑えられ，家賃を除く消費支出額では，高齢層が若年層を上回っている。

特別定額給付金

二〇二〇年年初より感染拡大した新型コロナウイルス感染症に対し緊急経済対策が四月二〇日に閣議決定され、家計支援策として一人一〇万円が支給された。四月二七日時点で住民基本台帳に記録されている全員を対象。

図9-2　最近における名目可処分所得の変動とその要因

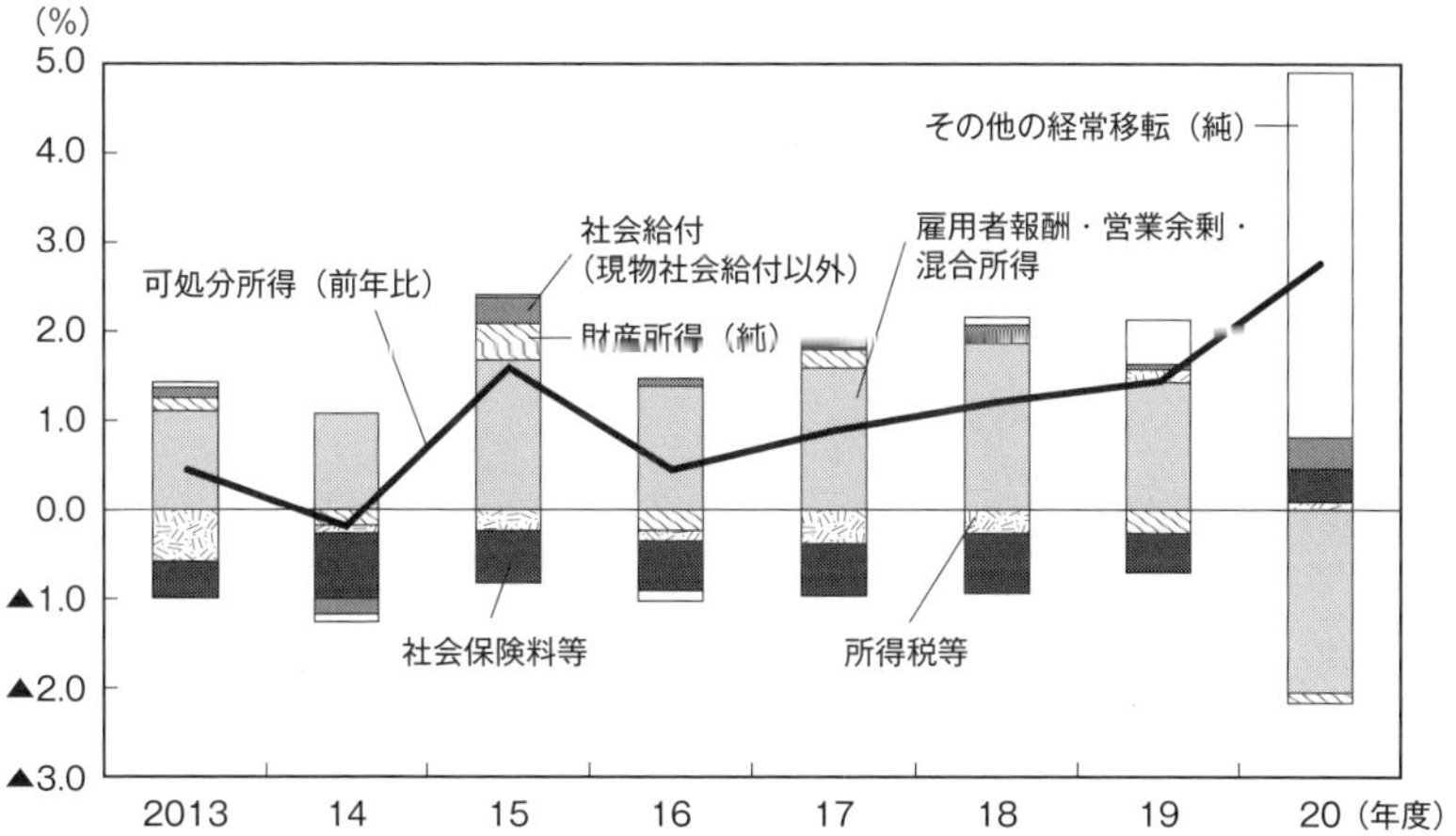

(注) 所得税等は所得・富等に課される経常税（支払），社会保険料等は純社会負担（支払）．2020年に給付された特別定額給付金は「その他の経常移転」に含まれる．

(出所) 内閣府「国民経済計算」確報及び家計可処分所得・家計貯蓄率速報（参考系列）より作成．

2 新型コロナウイルス感染症による影響

二〇二〇年には新型コロナウイルス感染症が国内でも拡大し、四月には緊急事態宣言が発出されるなど、国民生活にも大きな影響を及ぼした。雇用情勢悪化により二〇二〇年度の雇用者報酬は二・〇%減少したものの、特別定額給付金が支給されたことなどにより可処分所得は一九年度の一・五%増から二・九%増へと大幅増となった(同実質〇・八%増、一・九%増)。特別定額給付金は、所得水準や世帯人員数にかかわらず一人当たり一〇万円給付されるというもので、九月下旬までに事業費一二・七三兆円の九五%に相当する一二・七兆円が給付された(総務省資料)。これは、一九年度の可処分所得(三一五兆円)の四%に相当する(図9−2)。一方、感染予防のための外出自粛もあり、消費はサービス消費を中心に消費が減少した結果、貯蓄率は八・九%ポイント上昇した。

コロナ禍における行動自粛のなか、インターネットを利用した財・サービスの購入（以下、ネット消費と呼ぶ）は拡大した。ネット消費の利用世帯割合は二〇一〇年の約二〇%から徐々に上昇し、一九年末には四六%となっていたが、二〇年末には五五%へと一年間で九%ポイント上昇した（「家計消費状況調査」）。二〇年の大幅上昇には五〇歳以上の中高年齢層の利用増加寄与が大きかった。購入対象品目もコロナ以前は旅行予約などの利用が大きかったが、二〇年には食料、衣料、家電、音楽ソフト等が増加した。

3 家計貯蓄率の低下とその要因

家計貯蓄率は、一九七〇年代半ばをピークに、以降ほぼ一貫して低下傾向にある（前掲図9－1）。二〇一九年度には三・二%となった。日本は一九七〇年代頃までは主要先進国のなかで貯蓄率が高い方であった。貯蓄率の国際比較をする場合、各国において家計の範囲や推計方法が必ずしも一致していないため、厳密な比較は難しいことに留意する必要があるが、ＯＥＣＤ（経済協力開発機構）によると、家計貯蓄率はアメリカやカナダなど他の先進国でも低下がみられているものの、日本の低下幅は大きく、最近では先進国のなかで家計貯蓄率が低い国となっている（表9－1）。

日本の家計貯蓄率低下の要因としては、人口高齢化など以下の要因が指摘されている。

（1）高齢化要因

ライフサイクル仮説によれば、家計は生涯にわたり得られるであろう所得を考えながら現在の消費を決定する。このため、所得の多い現役世代の間に貯蓄を行い、退職後はその貯蓄の取崩しを消費にあてることとなる。家計調査をみても、高齢無職世帯は消費支出が可処分所得を上回り消費性向が一

家計貯蓄率

家計可処分所得に対する家計貯蓄の比率。貯蓄は可処分所得から消費を引いたもの。

ライフサイクル仮説

家計が消費を決定するに当たり、現在の所得だけではなく、生涯所得を考慮して決めるという考え方。モディリアーニ（F. Modigliani）や安藤（A. Ando）らによって提案された。所得の多い現役の時期に貯蓄を行い、退職後に貯蓄を取り崩すという消費パターンとなる。

表9–1　主要先進国の家計貯蓄率

（%）

	1971–80年	1981–90年	1991–2000年	2001–10年	2011–19年
日本	17.2	13.3	10.2	2.0	1.5
アメリカ	11.6	9.0	6.3	4.4	7.4
ドイツ	—	—	10.8	10.0	10.2
イギリス	12.9	13.0	13.2	8.4	8.4
イタリア	21.5	22.6	14.8	8.0	2.8
カナダ	12.8	13.9	7.1	3.2	3.1
韓国	13.2	18.0	19.2	9.0	6.4

（注）日本以外は対家計民間非営利団体を含む．イギリスは粗貯蓄．韓国の1970年代は71–80年の平均値．
（出所）OECD“Economic Outlook No 109”（2021年5月）等より作成．

を超えており（貯蓄率はマイナス）、ライフサイクル仮説と整合的となっている。

ライフサイクル仮説に従う家計が多ければ、人口高齢化は国全体でみた家計貯蓄率を低下させる。ただし、高齢化は一九七〇年代以前から徐々に進んでいたことを考慮すると、高齢化要因のみで日本の家計貯蓄率の長期的な動向を説明することはできない。

（2）成長率要因

高度成長期には経済成長率が予想を上回り上昇することが多かった。所得の増加が一時的なものと認識された場合、家計は所得の増加分ほど消費を増加させないため、貯蓄率は一時的に上昇する。高度成長期にはこのような効果が家計貯蓄率を押し上げた可能性がある。バブル崩壊後は同様な効果が逆に働き、当初は家計が所得の伸びの低下を一時的なものと認識し、家計は所得の減少分ほど消費を減少させず、貯蓄率を引き下げる効果が働いた可能性もある。

単純なライフサイクル仮説によれば、人口構造（現役世代と高齢者世代の比率）が一定であっても、経済が成長していれば、生涯所得の多い現役世代の貯蓄の積増しが高齢者世代の貯蓄の取崩しより多くなり貯蓄率は押し上げられる。七〇年代半ばまでの日本の家計貯蓄率の上昇にも、高い成長率が寄与していた可能性がある。一方、二〇〇〇年代以降世帯主が五〇歳代の世帯では貯蓄率がほぼ横ばいであるのに対し、四〇歳代以下の世帯で貯蓄率の上昇がみられている。これは、若い世代で期待成長率が低下していると考えると、整合的な動きといえる。

（3）社会保障制度の整備

日本の公的年金制度は一九六一年以降皆年金となり、七三年に制度が大幅に拡充された。日本の制度は基本的には賦課方式であり、現役世代から引退世代への所得移転の性格を持つが、制度が導入・拡充される過程においては現役世代の可処分所得と貯蓄率を制度改正以前の世代に比べ押し下げる効果が働いたと考えられる。また、公的年金制度が整ったことにより、引退後のために必要と考える貯蓄額を引き下げたり、高齢者が貯蓄の取崩しを加速させれば、貯蓄率を低下させる効果が働く。

（4）流動性制約と消費者信用

所得が予定していた消費を下回る場合、家計は貯蓄を取り崩すか借入れを行うことにより消費に充当する。しかし、若い世帯などで貯蓄がなく借入れもしにくい場合、その家計の消費には制約がかかる。このような状況は流動性制約とよばれている。したがって、消費者信用市場の発達により借入れが容易になったことが貯蓄率を低下させた可能性がある。

（5）利子所得の減少

金利が低下する局面では財産所得が減少し、可処分所得が抑制されるため、消費が変わらない場合、貯蓄率を押し下げる効果が働く。可処分所得に占める利子所得（受取りから支払いを差し引いたもの）の比率は増減しつつも低下傾向にある。金利低下により金融資産を保有する高齢層などの世帯を中心に利子所得が減少した一方で、消費がそれほど抑制されなかったために貯蓄率が低下した可能性もある。

（6）高齢無職世帯の負の貯蓄の拡大

（1）の高齢化要因に加え、高齢無職世帯の貯蓄率の低下が家計貯蓄率低下を加速させた可能性がある。「家計調査」によると、高齢無職世帯（世帯主が無職かつ六〇歳以上の世帯）の貯蓄率は負であるが、一九九〇年代半ば以降貯蓄率はマイナス幅が拡大傾向にある。年齢階級別にみると、世帯主が六〇歳代、七〇歳代以上の世帯ともに低下傾向がみられている。社会保障給付の減少などからともに可処分所得が減少傾向にあるためと考えられ、高齢無職世帯のこうした変化も家計全体の貯蓄率を押し下げる方向に寄与している。

4 消費生活の変化

（1）消費構造の変化

中長期的な消費構造の変化をみると、衣・食の比率が低下し、通信・医療・教養娯楽などが上昇している。まず、「家計調査」（二人以上世帯）でみると、食料への支出比率は一九八五年に二七・〇％であったが、二〇一九年では二五・七％、被服・履物も七・一％から三・七％、家具・家事用品は四・三％から三・九％へと低下している。教育費は四・〇％から一九九〇年に四・七％へと上昇した後、三・九％に低下した。増加している項目は、交通・通信（一九八五年、九・一％→二〇一九年、一四・九％）、保健・医療（同二・五％→四・七％）、住居（同四・六％→五・八％）、教養娯楽（同八・九％→一〇・〇％）、光熱・水道（同六・五％→七・五％）である。とくに、携帯電話の普及等により通信費が伸びたことなどから、十大費目のなかで交通・通信が九〇年代半ばに教養娯楽を抜き食料に次ぐ二番目に大きな支出項目となった。また、この一〇年間の変化に着目すると、食料の比率

帰属家賃

借家の居住者は家賃を払っており、GDPに計上される。一方、持ち家居住者は持ち家に住むことから得られるサービスを享受しているにもかかわらず家賃は払っていない。このため、持ち家については、仮にその家が借家であった場合に支払ったであろう家賃を帰属家賃として推計し、GDPに計上している。国民経済計算で帰属計算が用いられる他の例として農家の自家消費などがある。

がやや持ち直している。

「家計調査」からは、家計が実際に支出した金額がわかるものの、医療、教育など、家計がその便益を受けながらも公的負担になっているものや、帰属家賃などは含まれていない。そこで、国民経済計算でこうした項目も含む消費支出の内訳（名目）を比較可能な一九九四年以降についてみると、先にみた傾向と同様に、被服・履物、家具・家庭用機器関連の支出比率は低下している。住居（電気・ガス・水道含む）のほか、情報・通信、保健・医療、そして介護を含む個別ケア関連の比率に上昇がみられる。

（2）世帯構造の変化

消費構造の変化の背景には、所得水準の向上、技術進歩や生活様式の変化のほか、人口構造や世帯構造の変化もある。「国勢調査」によると、二〇一五年の世帯数（一般世帯）は五三三〇万世帯となり、一九八〇年（三五八二万世帯）に比べ約一・五倍に増加した（その間の人口増は九％）。いわゆる核家族世帯（夫婦のみ、夫婦と未婚の子、親と未婚の子、のいずれかからなる世帯）が増加しており、全体の六割弱（五六％）を占めている（図9－3）。ただしそのシェアは若干ながら低下している。これは一人世帯が大幅に増加しているためである。

一人世帯（単身世帯）は、八〇年には全世帯数の二〇％であったが、二〇一五年には一八四二万世帯となり、全世帯数の三五％を占めるようになった。なかでも、高齢一人世帯（六五歳以上）の増加が目立っており、一人世帯の三割強（三二％）は高齢一人世帯である。一方、その他の世帯（夫婦と親、夫婦と親と子ども、兄弟姉妹等）は五〇二万世帯と減少が続いている。結果として、この間、一世帯当たり人員数は三・三人から二・四人へと低下している。二〇二〇年速報値では、世帯数は五五七二万世帯へと増加し、人口は一億二六二三万人へと減少したことから、一世帯あたり人員は二・三

図9-3　増加する1人世帯と減少する世帯人員

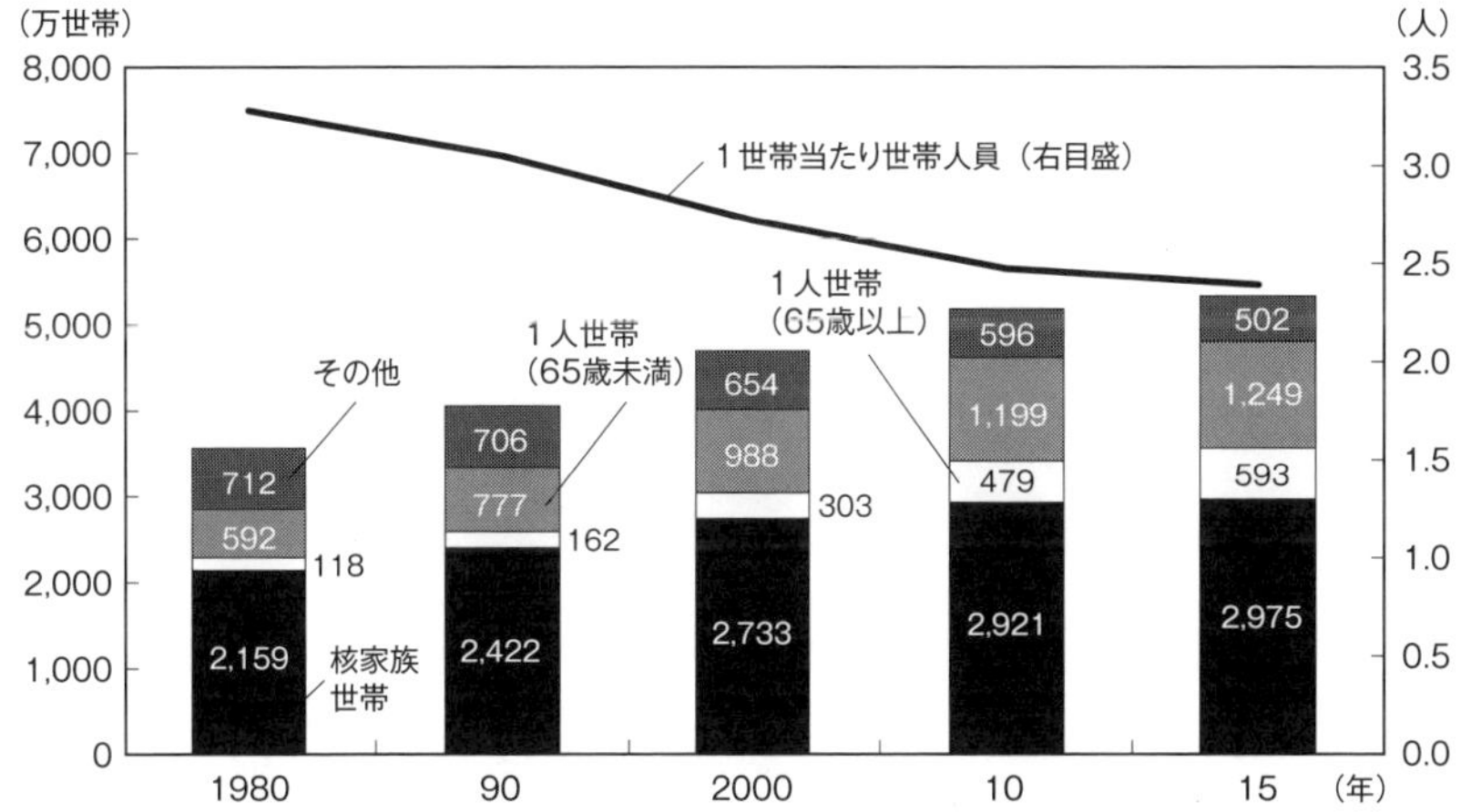

（出所）総務省「国勢調査」より作成.

人へと引き続き縮小している。

（3）高齢者の消費

高齢者の消費は教育や交通・通信の比率が低い一方で、食料、保健医療などが高いことが特徴である。「家計調査」（二〇二〇年）によると、消費動向をみるうえで重視されてきた二人以上の勤労者世帯の世帯数は全体の三分の一に過ぎなくなっている。単身勤労者世帯が一六％となっているほか、無職世帯が約四割を占める。無職世帯の多くは高齢者である。高齢者世帯や単身世帯は平均所得が低いものの、高齢者や単身者の消費が消費全体に及ぼす影響が強まっている。世帯主が六〇歳以上の世帯の消費支出は全体（総世帯）の四九％を占め、その比率はこの一〇年間で約六％ポイント上昇しており、六五歳以上の世帯でも四〇％を占めている（一〇年間で一〇％ポイント上昇）。

家計の消費水準は、世帯主が五〇歳代でピークとなった後減少に転じ、世帯主年齢が上昇するにつれ緩やかに減少する傾向がみられている。二〇二〇年においては、世帯主が五〇歳代の世帯の消費支出は月平均三三万円（世帯人員三・一五）に対し、六〇歳代の世帯で二八万円（同二・六五）、七〇歳以上では約二三万円（同二・三八）となった（二人以上の世帯）。

第2節　家計保有資産の現状と特徴

1 家計の保有資産の現状

家計部門（個人企業を含む）が保有する総資産は、二〇一九年末には三〇三三兆円（金融資産一八八四兆円、土地・住宅等の非金融資産一一四九兆円）となった。負債は三四〇兆円で、総資産から負債を除いた正味資産は二六九二兆円である。人口（二〇歳以上）一人当たりでみると、金融資産一七九一万円、正味資産二五六〇万円となる。家計の保有する非金融資産の六割強（六三％）が土地（七二八兆円）であり、日本の土地資産（一二五〇兆円）の六割（五八％）は家計により保有されている。正味資産を、直接比較可能な一九九四年以降についてみると、変動しつつも減少傾向にあったが、二〇一一年を底に再び増加基調に転じている。これは、土地資産額が下げ止まったことなどによる。

主要先進国と比較すると、日本の家計の金融資産額の可処分所得比は、純金融資産（金融資産から負債を除いたもの）で五・一倍、金融資産六・二倍であり、アメリカ（それぞれ四・三倍と五・三倍）、イギリス（同三・四倍、四・八倍）、ドイツ（同二・三倍、三・三倍）などと比べても高く、G7諸国のなかで最も高い水準にある（一八年、OECDによる）。

日本の家計は金融資産の多くを現金・預金で保有している。資金循環表によると、家計の現金・預

保険・年金・定型保証
保険・年金契約における加入者の債権のことで、家計にとって資産となる。生命保険の受給権、損害保険会社等の積立型損害保険にかかる準備金、年金受給権、信用保証会社など定型保証機関による保証金額などが含まれる。

図9-4　日米欧における家計の金融資産構成

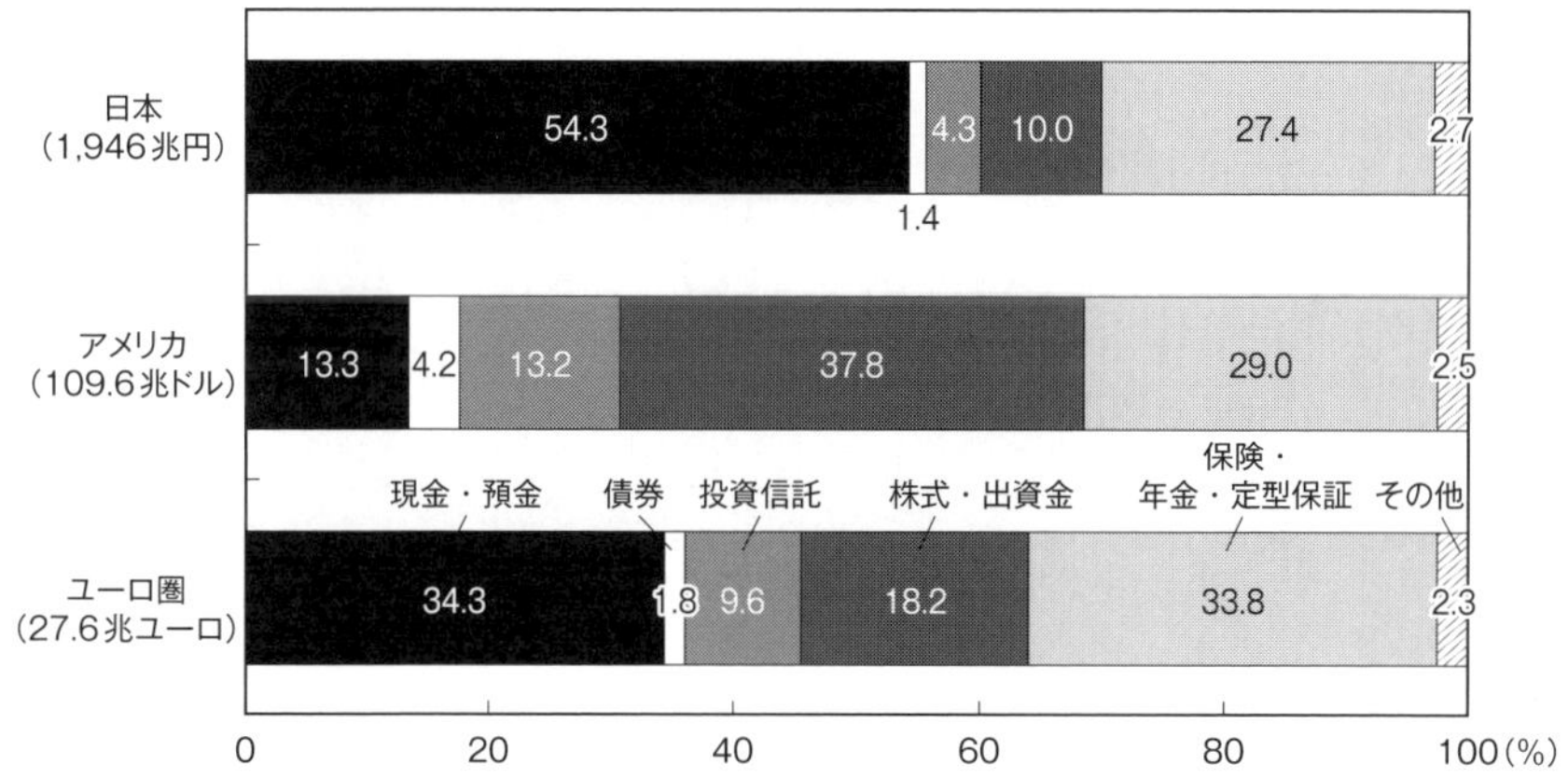

（注）2021年8月末.
（出所）日本銀行「資金循環統計参考図表」より作成.

金保有額は金融資産の五四％を占める（図9－4）。一七％が保険・年金・定型保証で、株式等は一割にとどまる。アメリカの四割弱（三八％）、ユーロ圏の一八％と比べても低く、日本の家計の資産保有は安全志向といえる。ただし、日本において、運用・貯蓄目的の貯蓄性資産を保有している家計を対象に、リスク資産を保有する家計の割合をみると、二人以上の世帯では二〇〇〇年から一六年にかけて緩やかに上昇しており、低金利が長期化するなかで資産の収益性にも目が向けられるようになっている（中城・篠・今久保［二〇一七］）。また、リスク資産を保有する世帯がどの程度の割合をリスク資産で持つかについては、リスク資産の期待収益率や安全資産利子率、市場のボラティリティなどの影響を受けるが、リスク資産を保有するか否かについては、家計の金融知識などにも影響を受けることを踏まえると、金融知識の普及・啓発も重要である（伊藤・瀧塚・藤原［二〇一七］）。

全国家計構造調査

家計における消費、所得、資産、負債の実態を総合的に把握するために五年に一度実施される調査。「全国消費実態調査」が二〇一九年調査で大きく改訂され名称も変更された。全国消費実態調査と単純比較はできないが、一部について二〇一四年調査と比較可能な遡及集計統計表が公表されている。

図9-5　世帯主の年齢別資産保有額

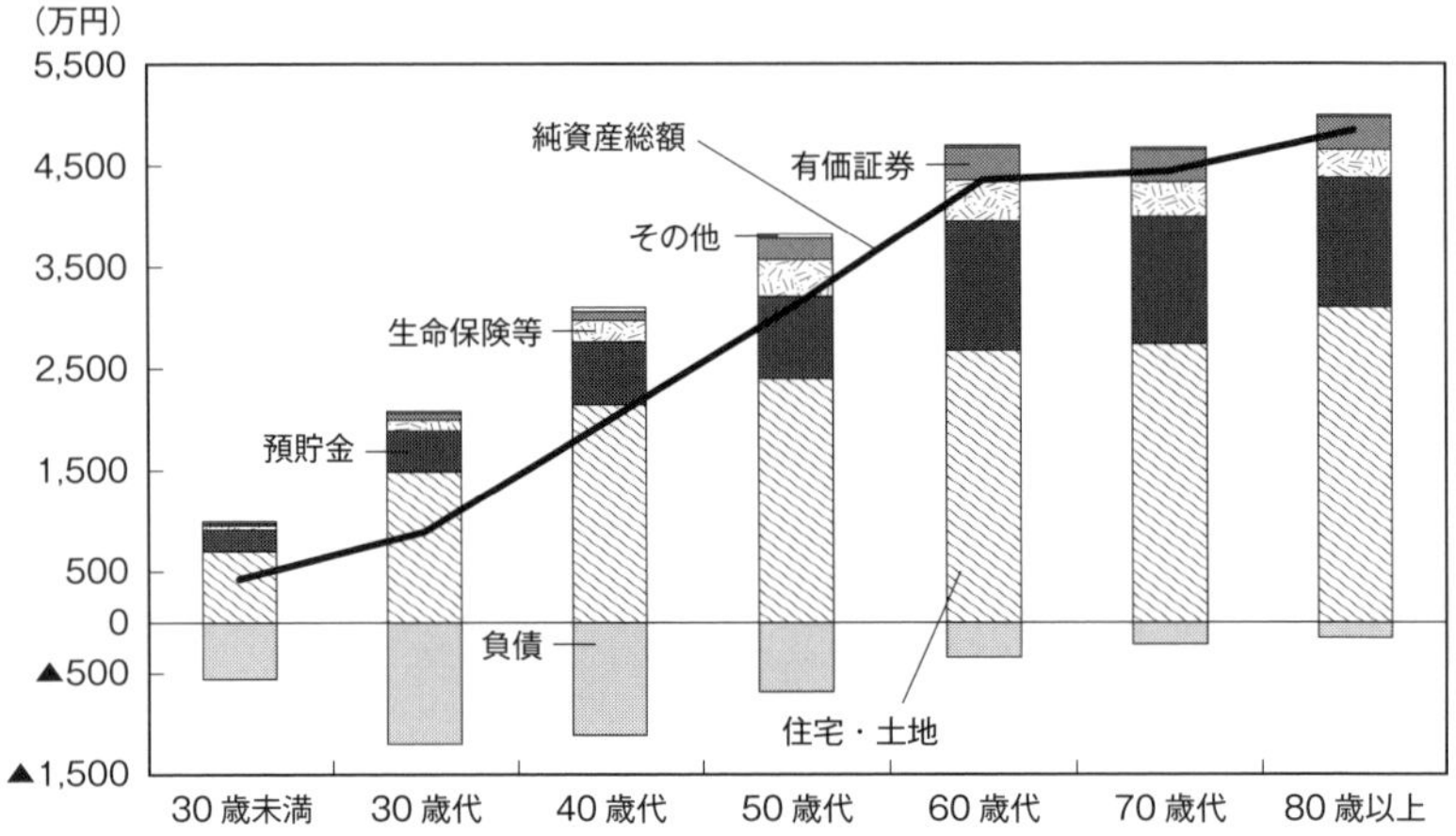

（注）二人以上世帯.
（出所）総務省「全国家計構造調査（2019年）」.

2 年齢差の大きい家計資産保有

家計の資産保有は年齢による差が大きい。二人以上の世帯の純資産（住宅・土地資産＋金融資産−負債）の保有額は、世帯主が三〇歳代の家計（八八七万円）と比べ、五〇歳代で三・五倍（三一三二万円）、六〇歳代（四三五五万円）及び七〇歳代（四四四三万円）では五倍となっている（「全国家計構造調査」二〇一九年、平均値）。単身世帯でも六〇歳代三二五一万円、七〇歳以上で三四八七万円を保有している。

純資産総額のうち住宅・土地資産の占める割合が高く、純金融資産は全体では二六％にとどまっている。負債が縮小し純金融資産額がプラスに転ずる五〇歳代で二四％、六〇歳代以上では四割弱で、七〇歳以上の世帯でもこの比率はあまり変わらない（図9−5、二人以上の世帯）。単身世帯でも住宅・土地資産の占める割合は高く、七〇歳以上では金融資産が四割弱となっている。

二人以上の世帯について五年前と比較すると、まず世代（生まれた年）に着目すると三〇歳代、四〇歳代、五〇歳代、六〇歳代前半までの世代では五年前と比べ純資産は増加し、六〇歳代後半以上では減少している。六〇歳代前半で仕事から引退する世帯が多いことを踏まえるとライフサイクル仮説と整合的な動きといえる。次に、年齢階級別に五年前と比較すると、四〇歳代及び七〇歳代を除きどの年齢階層も純資産は減少している。現役世代では負債増、高齢層では預貯金の減少などによる。金融緩和下で住宅ローンなどが借りやすいことも影響していると思われる。

3 空き家問題の現状と対策

少子高齢化・人口減少が進むなかで空き家数が増加し、社会問題としても取り上げられるようになっている。空き家数は、一九八三年には三三〇万戸であったが、その後一貫して増加し、二〇一八年には八四九万戸、空き家率（住宅数に占める空き家の割合）は一三・六％となった（図９－６）。空き家の六割弱を占める「賃貸用又は売却用の住宅」は増加が鈍化する一方で、別荘用でもなく賃貸・売却用でもない「その他の住宅」（以下、その他の空き家）の増加が顕著となっている。その他の空き家が総住宅数に占める割合は全国平均で五・六％だが、地域別には鹿児島県、高知県などで一〇％を超えるなど西日本を中心に高い傾向にある（総務省「平成三〇年住宅・土地統計調査」）。その他の空き家の約七割は一戸建てである。

空き家の所有者を対象とした調査によると、当該家屋に人が住まなくなった理由は「別の住宅への転居（四二％）」「最後に住んでいた人の死亡（四〇％）」と答えた人が多く、「老人ホーム等の施設に入居」も六％となっており、高齢化が空き家増加の一因となっている。そのほか空き家の主な特徴を

空き家の種類

総務省「住宅・土地統計調査」では、空き家について、別荘など「二次的住宅」のほか、「賃貸用又は売却用の住宅」、「その他の住宅」（＝転勤・入院などのため居住世帯が長期にわたって不在の住宅や建て替えなどのために取り壊すことになっている住宅）の内訳がわかる。

図9-6　空き家の種類別推移

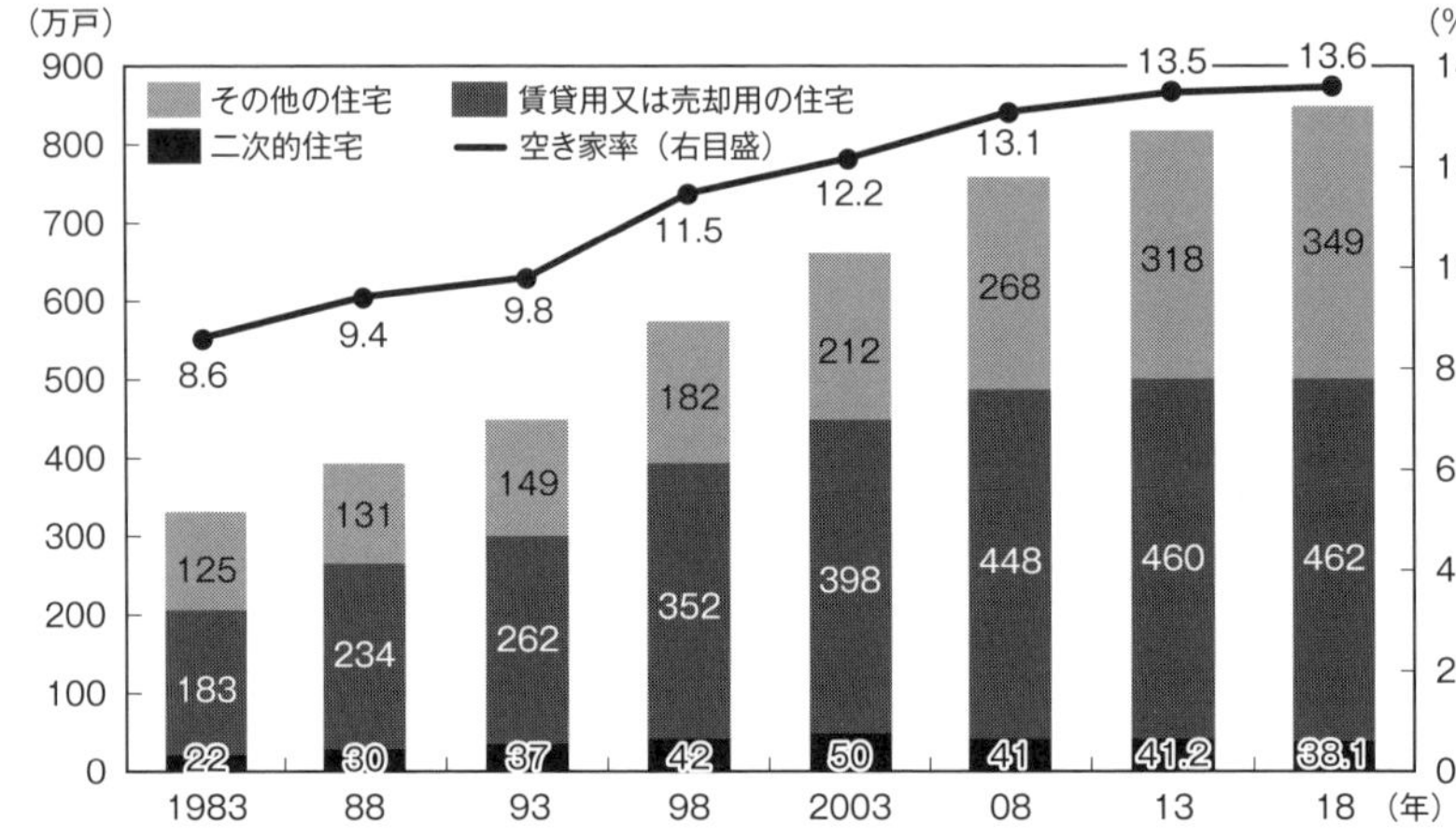

（出所）総務省「住宅・土地統計調査」より作成.

あげると、①取得方法は相続が五五％で、②二〇年以上の空き家が二割を占め、③腐朽・破損のある空き家は五五％で、ない空き家の三九％を大きく上回る。④今後五年間の利用については「セカンドハウスなどとして利用」が一八％、「売却」が一七％いる一方で、「空き家にしておく」と答えた人が二八％にのぼる（国土交通省「令和元年空き家所有者実態調査」）。

空き家の問題は、管理が不十分になりがちとなるという問題のほか、安全性の低下、不法投棄懸念など地域の生活環境にも負の影響を及ぼす要因が指摘されている。このため、自治体の条例による対応が図られてきたが、一四年に「空家等対策の推進に関する特別措置法」が成立、一五年五月に全面施行された。これにより、①空き家の実態把握・所有者の特定のために固定資産税情報の市町村による内部利用が可能になったほか、②倒壊のおそれがあったり、景観上問題があったりする空き家を市町村が「特定空き家」と指定し、所有者に修繕や解体を助言・指導、勧告、命令し、所有者が対応しない場合行政代執行が可能となった。また、特定空き家に指定されると、家が建っている土地についての固定資産税の軽減措置から除外される。特定空き家等に対する措置は、助言・指導は六一四市町村（一万九〇二九件）、代執行は五七市町村（六九件）、所有者が特定できない場合に適応される略式代執行は一二八市町村（一九一件）となっている（施行～二〇年三月の累積件数）。空き家の活用という観点からは、空き家を地域交流施設や体験学習施設として利用するための改修等に要する費用の補助事業などが行われている。

第3節　所得格差と貧困

1 所得格差は拡大しているのか

日本がすでに所得格差の小さな国でないことは、統計のうえでも明らかになっている。格差を示す代表的な指標としてジニ係数がある。この指標はゼロに近いほど平等、一に近いほど不平等な所得分布であることを示す。ＯＥＣＤによると、税や社会保障による再分配を行った後の可処分所得でみた場合、二〇一五年における日本のジニ係数は〇・三三九となり、Ｇ７諸国のなかではアメリカ、イギリスに次ぎ三番目に高くなっている。

日本の所得格差は、一九八〇年代以降拡大基調にあった（図９－７）。税や社会保障による再分配を行う前の当初所得ベースでみると、ジニ係数は、八〇年の〇・三四九一から二〇一六年には〇・五五九四へと大きく上昇している。

もっとも、図９－７をみても明らかなように、再分配後の所得（再分配所得）でみたジニ係数は、

ジニ係数

格差や不平等度を測る指標でイタリアの統計学者ジニにより考案された。横軸に所得の低い世帯から高い世帯へ累積百分率をとり、縦軸に所得の累積百分率をとって結んだローレンツ曲線とその両端を結ぶ対角線で囲まれる面積の大きさ（図の斜線部分）と下半分の三角形の面積との比。一に近づくほど不平等度が大きい。

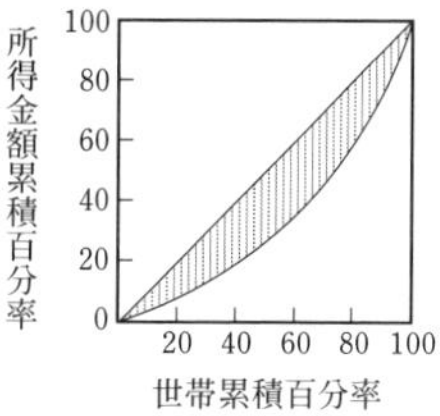

等価所得
世帯ベースの所得を、

図9-7　所得格差の拡大傾向（ジニ係数）

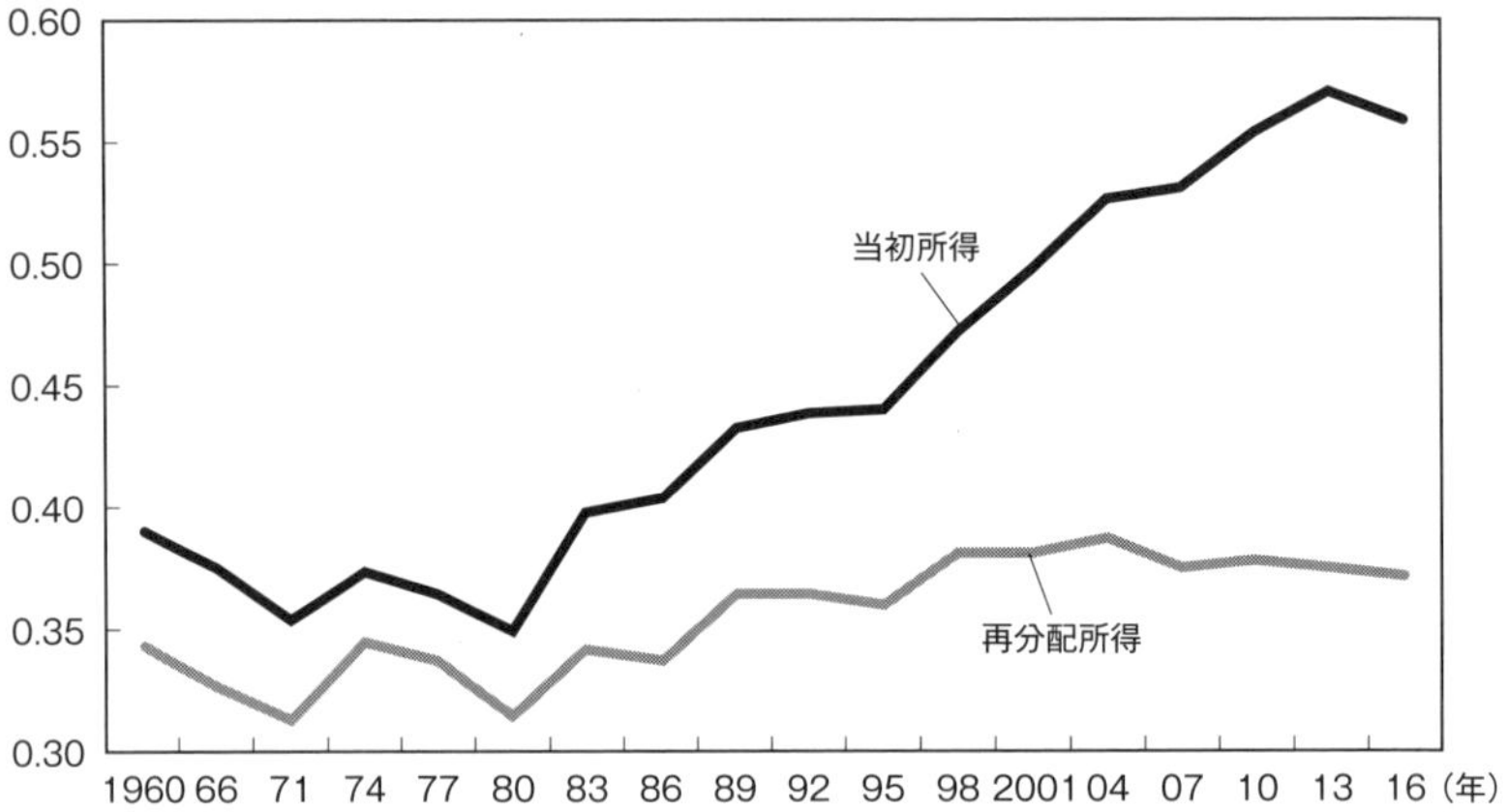

（注）世帯単位でみたジニ係数.
（出所）厚生労働省「所得再分配調査」.

一九九八年以降は〇・三八前後で頭打ち傾向にある。二〇一六年におけるジニ係数の再分配前後の〇・五六から〇・三七への改善のうち、税による貢献は小幅にとどまり、その多く（八六％）が社会保障（医療・介護・保育など現物給付含む）による改善となっている（厚生労働省「所得再分配調査」）。また、年齢階級別のジニ係数をみると、当初所得では五〇歳代後半頃から高齢になるに従い所得格差が大幅に拡大する傾向がみられるが、再分配所得ではかなりの程度、縮小・改善していることがわかる（図9－8）。

ただし、所得格差は高齢世帯のほか、一人親世帯（一人親と未婚の子どものみの世帯）や単独世帯で大きくなる傾向にあり、それは次項でみるように貧困の問題とも関連している。

2　貧困問題と子どもの貧困

格差問題とともに注目を浴びているのは、貧困の問題である。貧困をみるうえで注目されて世帯の人数を勘案して個人ベースの所得に換算したもの。世帯規模が大きくなると一人当たり生活費が安くなる傾向があるので、通常世帯人数の平方根で世帯所得を除して求められる。

絶対的貧困率

ある国・地域において、最低生活を維持するのに必要な所得水準に満たない人の総人口に占める割合のこと。たとえば世界銀行では一日一・九〇ドル（購買力平価ベース）を基準にしている。

中央値

ある値（例：所得）について、全員をその値の大きさの順に並べたとき、中央に位置する人の値のこと。中位数ともいう。高所得者の所得が多いことから、通常、所得の中央値は平均値より低くなる。

図9-8　世帯員の年齢階級別ジニ係数

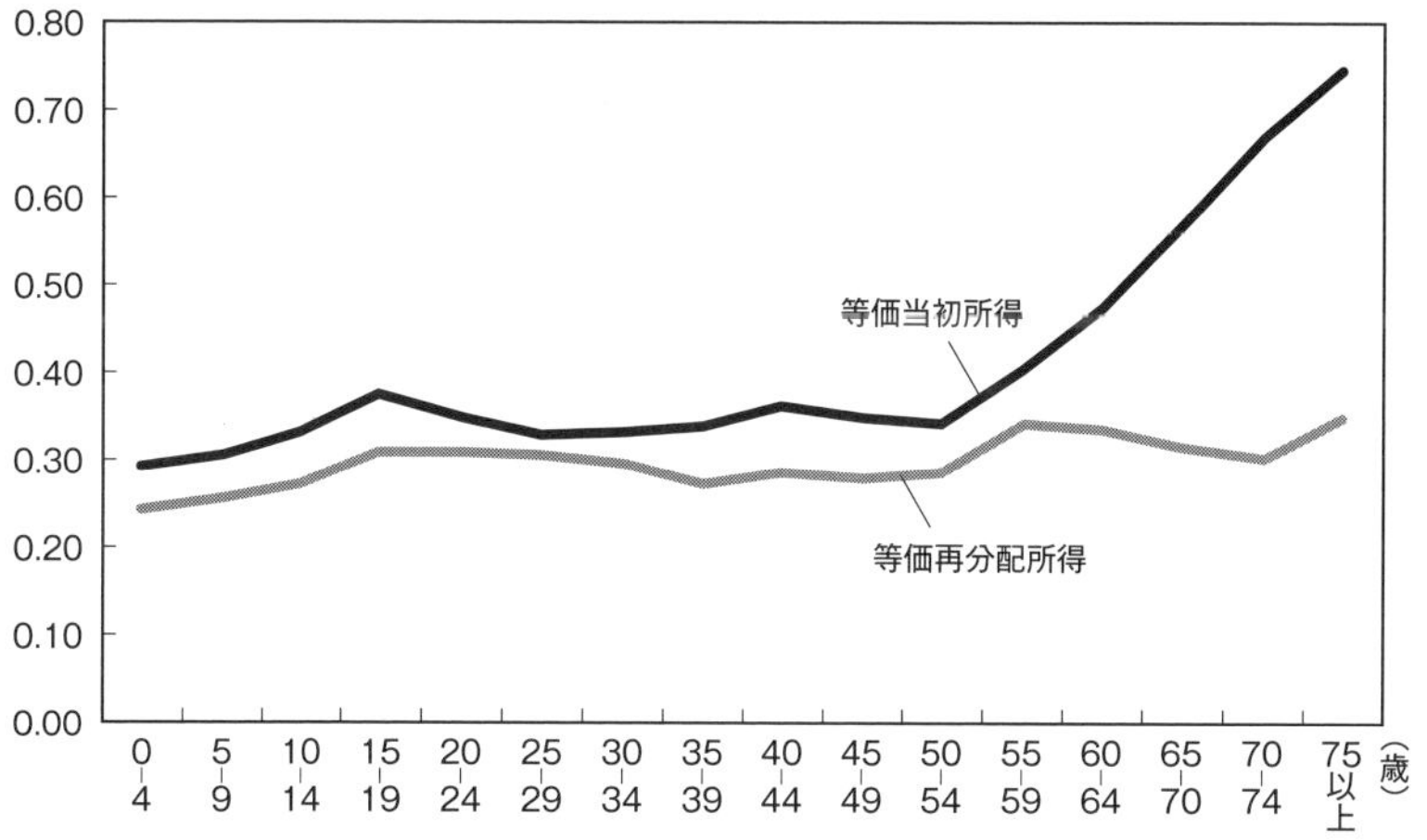

（注）等価所得については，頭注参照.
（出所）厚生労働省「平成29年所得再分配調査」.

いる指標として、相対的貧困率がある。貧困率とは、一般に、所得がある一定の水準に満たない人々の、全体の人口に占める割合を示す。たとえば世界銀行では、必要最低限の生活水準を維持するための絶対的貧困率を公表している。これに対し、相対的貧困率は、社会の総世帯の所得の中央値に対する一定の割合を貧困線と定義し、その貧困線以下の所得にとどまっている世帯または人々の全体に占める比率で、一定の割合としては五〇％が最も一般的となっている。すなわち相対的貧困率は、一国において所得がちょうど真ん中（平均値ではなく中央値）の人の半分の所得に届かない人を貧困とみなす、という考え方で、先進国の貧困を評価する指標として用いられることが多い。

　日本の相対的貧困率は、二〇一八年には一五・七％で、Ｇ７諸国のなかではアメリカに次ぎ第二位の高さとなっている。一九八五年の一二・〇％から二〇一二年には一六・一％

表9-2　相対的貧困率の推移

(%)

年	1985	1991	1997	2000	2003	2006	2009	2012	2015	2018	2018 (新基準)
相対的貧困率	12.0	13.0	14.6	15.3	14.9	15.7	16.0	16.1	15.7	15.4	15.7
子どもの貧困率	10.9	12.8	13.4	14.5	13.7	14.2	15.7	16.3	13.9	14.0	14.0
子どもがいる現役世帯	10.3	11.7	12.2	13.1	12.5	12.2	14.6	15.1	12.9	12.6	13.1
うち大人が1人	54.5	50.1	63.1	58.2	58.7	54.3	50.8	54.6	50.8	48.1	48.3
うち大人が2人	9.6	10.8	10.8	11.5	10.5	10.2	12.7	12.4	10.7	10.7	11.2
名目値（万円）											
中央値	216	270	297	274	260	254	250	244	244	253	248
貧困線	108	135	149	137	130	127	125	122	122	127	124

（注）貧困線は等価可処分所得の中央値の50%，新基準は，OECDの所得定義の新基準に基づく．
（出所）厚生労働省「国民生活基礎調査」より作成．

と上昇トレンドにあった。その後はやや改善がみられている（表9－2）。一八年の等価可処分所得の中央値は二四八万円、貧困線は一二・四万円となっている。

表9－2にあるように、日本では子どもの相対的貧困率が二〇一二年まで上昇してきたが、とくにひとり親の現役世帯（その多くが母子世帯）の貧困率が五割弱と高い水準にある。日本の子どもの貧困率はOECD加盟国平均を上回っている（二〇一六年または最新年）。なかでも、ひとり親の現役世帯の貧困率は、OECD加盟国のなかで韓国に次ぎ二番目に高くなっている。

子どもの貧困問題が深刻化した背景には、長期的な景気低迷のほか、若年雇用の非正規化が進むなど、雇用・所得環境の悪化・不安定化があげられる。また、第10章でみるように、日本の社会保障給付のなかで子育て世帯など若い年齢層への支援が手薄であったことも一因として考えられる（第10章の図10－1参照）。子ども期の貧困は、教育や成人後の就業、所得に悪影響をもたらすだけでなく、生活

セーフティ・ネット

経済的あるいは社会的なリスクに対して、広く社会全体で備えておく仕組み（安全網）。社会保障は、失業や疾病、要介護状態になるリスク、高齢になって収入を稼げなくなるといったリスクに社会的に備えるセーフティ・ネットといえる。そのほか、預金保険は銀行の経営破綻から預金者を保護するセーフティ・ネットである。

満足度や健康・健康意識にも無視できない影響を及ぼし、社会階層の固定化にもつながるおそれがあるので、政策的に解消を目指す必要がある。

こうした状況を受け、一四年に「子どもの貧困対策法（子どもの貧困対策の推進に関する法律）」が施行された。子どもの貧困状況及び施策実施の年一回の公表が政府に義務づけられたほか、同年八月には同法に基づき「子供の貧困対策に関する大綱」が閣議決定された。大綱では、教育支援、生活支援、保護者に対する就労支援のほか、ひとり親世帯の支援策の調査・研究も盛り込まれ、各都道府県は貧困対策計画をまとめる努力義務が課せられた。その後ひとり親世帯の貧困率は若干改善したものの、依然高い水準にある。

国民の生活保障の最後のセーフティ・ネットとして存在する生活保護を受けている世帯（被保護世帯）の数は二〇〇五年に一〇〇万世帯を超え、一八年に一六四万世帯と増加したがその後はほぼ横ばいとなっている（図9－9）。受給者数は一一年に二〇〇万人を突破し、一五年三月に二一七万人となったが、その後は減少し一九年には二〇五万人、二一年五月には二〇四万人となっている。人口当たりの比率（保護率）もバブル崩壊後上昇傾向にあったが、一六年頃からわずかに改善し、一九年には一・六二%、二〇年には一・六三%となった。

被保護世帯の内訳をみると、高齢者世帯が増加している。現役世代と考えられる「その他の世帯」のシェアは二〇〇〇年の六%から上昇し、一三年には一九・五%を占めたが、一三年をピークに低下に転じ、二〇年には一五%となった。

生活保護受給者減少の背景として、景気改善のほか、一四年には、生活保護受給者への就労・自立支援の強化を図るとともに、不正受給への厳正な対処、医療扶助の適正化に取り組むことが重要との観点から、生活保護法が一部改正されたことがあった。一五年四月には「生活困窮者支援法」に基づ

ワーキング・プア

正社員並みにあるいは正社員としてフルタイムで就業しているにもかかわらず、最低限の生活さえ維持が困難なほど低い収入しか得られない人々のこと。失業者など従来の貧困層とは異なる、新たな貧困として問題視されるようになっている。

図9-9　減少に転じた生活保護受給者数

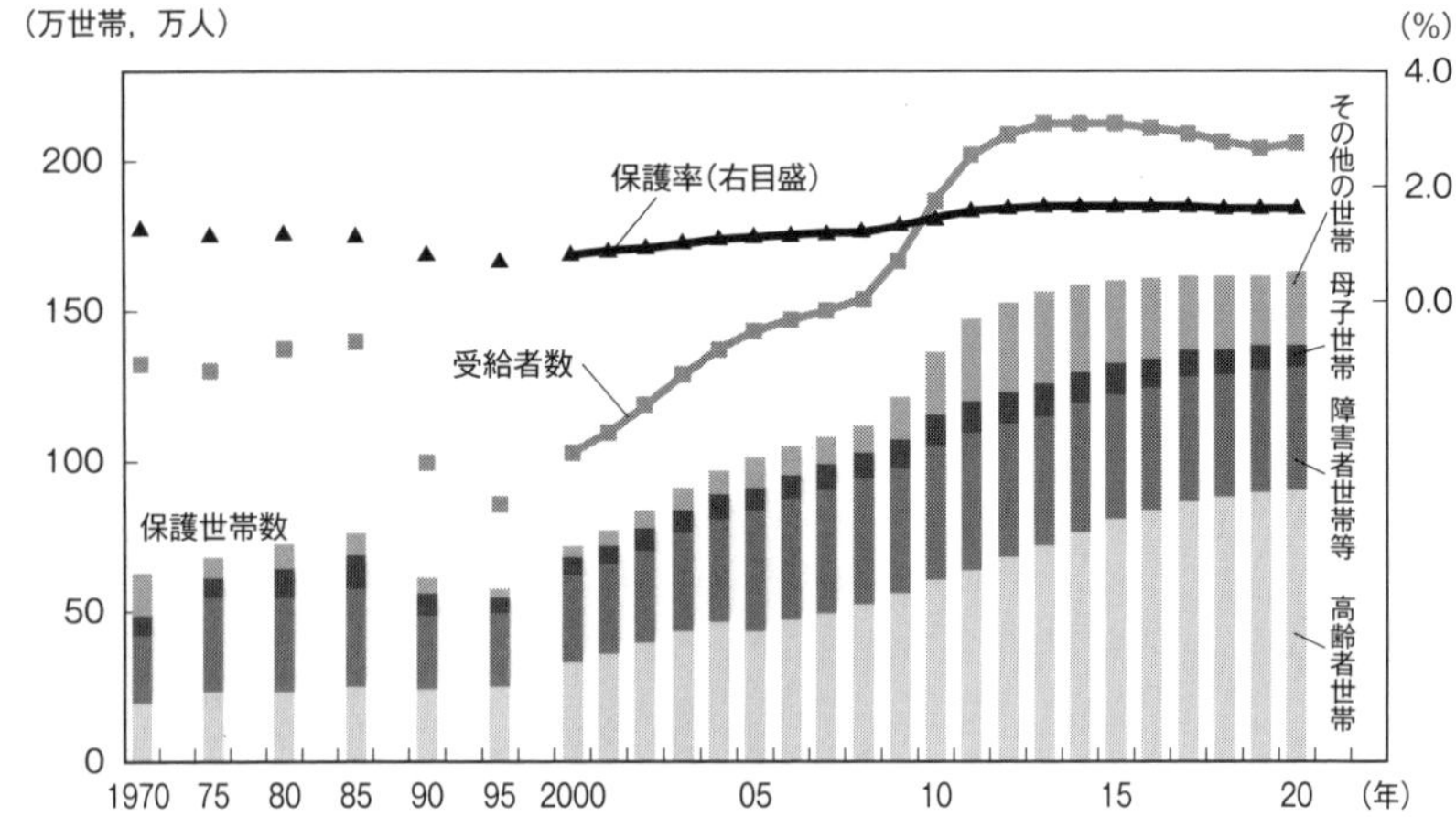

（注）障害者世帯等は障害者世帯・傷病者世帯．受給者数は被保護人員．2020年は月次調査（概数値含む）の平均値．

（出所）厚生労働省「被保護者調査」等より作成．

き生活保護に至る前の生活困窮者を対象とする新たな自立支援制度が導入された。その後も生活保護基準を見直す一方で、保護世帯の子どもの大学進学支援などが進められている。

3　ワーキング・プア

二〇〇〇年代半ばには、働いても低い収入しか得られない人々を称してワーキング・プア（働く貧困層）が話題とされるようになった。ワーキング・プアは日本では厳密な定義があるわけではないが、生活保護の水準や相対的貧困線が一つの目安となることが多い（年齢層も若年とは限らない）。これまでの研究で、現役世代については、日本では失業や無業よりもパート、アルバイト等の非正規雇用で働いている人々の方が、貧困率が高いとの指摘もある（樋口・石井・佐藤［二〇一一］）。希望する人には正規雇用へのスムーズな転換を促進するなど、能力と意欲に応じた所得が得られるような労働市場の実現が重要となっている。

4 再分配政策の評価

すでにみたように、再分配前の所得である当初所得のジニ係数は近年大幅に上昇しているが、再分配後の所得のジニ係数は低めに抑えられ、上昇も小幅にとどまってきた。これだけをみると、日本の再分配政策はうまく機能しているように思える。しかし、次の二点に留意する必要がある。

第一は、再分配効果のかなりの部分は、年齢階層間の所得移転で説明されるという点である。世帯主が退職した後の世帯は若年・中年層（現役世代）より所得が低い。公的年金などの社会保障は若年・中年層に負担を求め、高齢層に年金や医療、介護給付を行っている。その結果、年齢階層間の所得格差は縮小する。こうした年齢階層間の所得再分配の規模は、人口高齢化とともに自然に拡大するので、政府の格差是正策の成果とはいいにくい面がある。

第二は、再分配政策をみるうえでの生涯所得という視点の重要性である。所得格差を考える場合、これまでみてきたように現在の所得を対象とすることが多いが、生涯を通じてみれば、現役時の負担と高齢時の受給はかなりの程度相殺される。貧困の回避という視点では各時点の所得も重要であるが、格差問題を考えた場合、生涯を通じて得る所得にどの程度の格差が生じるかという視点も重要である。言い換えれば、同じ世代に属する個人の間で、生涯所得ベースの再分配がどの程度行われているかが問題なのであり、再分配政策の効果を年間所得で測ることは過大評価をもたらしがちである。しかし、統計の制約もあって生涯所得の計算は難しく、試算や研究はいまだ限られている。

5 人口減少社会における再分配政策の方向性

所得格差の長期的趨勢については、経済発展の初期の段階には拡大するものの、しだいに縮小するという、クズネッツの「逆U字仮説」が有名である。しかし、どの先進国をみても所得格差は、近年程度の差こそあれ拡大に転じている。格差拡大の背後には、ＩＴ技術の高度化、グローバル化など産業構造の変化、高齢化といった要因が働いている。

戦後日本を振り返ると、一九五〇年代に大企業・中小企業間の格差をめぐる「二重構造」論が展開されたものの、所得格差は高度成長とともに縮小していった。しかし、八〇年代に反転し、格差はそれ以降拡大傾向にある。敗戦で経済的に「リセット」された日本社会も、六〇年も経過すれば勝ち組・負け組がはっきりしてくる。しかも、その格差は教育機会などを通じて次世代に受け継がれつつある。今後の再分配政策には、次の二点が求められている。

第一に、同一世代内での再分配を重視する必要性が高まっている。これまで、若年層の負担で高齢層の所得を平均的に引き上げるという形で、再分配後の所得格差拡大は抑制されてきたが、少子高齢化のもとで、先細る若年・中年層に格差是正機能を期待するのはしだいに難しくなる。しかも、年齢階層間の所得移転は、世代間格差の拡大というもう一つの問題につながる。貧困リスクへの対応を含め、再分配は同一世代内で処理するという視点が重要となっている。

第二に、再分配政策の対象を、世帯から個人にシフトしていく必要がある。第10章で述べるように生涯未婚率はさらに上昇が見込まれるので、高齢世帯のうちかなりが身寄りのない単身世帯となっていくことが予想される。結婚した人々にとっても、子どもの数が少なくなっており、家族による支援を従来ほど期待できず、さまざまな社会的リスクに個人で立ち向かっていかなければならない人々も増えていくことが予想される。そうした個人をセーフティ・ネットの枠内にとどめるべく、支援していくことが求められる。

参考文献

阿部彩『子どもの貧困――日本の不公平を考える』岩波新書、二〇〇八年。

阿部彩『子どもの貧困Ⅱ――解決策を考える』岩波新書、二〇一四年。

伊藤雄一郎・瀧塚寧孝・藤原茂章「家計の資産選択行動――動学的パネル分析を用いた資産選択メカニズムの検証」日本銀行ワーキングペーパーシリーズ、No.17-J-2、二〇一七年四月。

大竹文雄『日本の不平等』日本経済新聞社、二〇〇五年。

小塩隆士『再分配の厚生分析――公平と効率を問う』日本評論社、二〇一〇年。

厚生労働省編『厚生労働白書』各年版。

国土交通省ホームページ「空家等対策の推進に関する特別措置法関連情報」https://www.mlit.go.jp/jutakukentiku/house/jutakukentiku_house_tk3_000035.html（二〇二一年六月二〇日現在）。

鶴光太郎・前田佐恵子・村田啓子『日本経済のマクロ分析――低温経済のパズルを解く』日本経済新聞出版社、二〇一九年。

内閣府ホームページ、経済社会総合研究所国民経済計算関係資料等。

中城瑞希・篠潤之介・今久保圭「わが国家計の金融資産選択における行動特性」日銀レビュー、2017-J-7、二〇一七年五月。

樋口美雄・石井加代子・佐藤一磨「貧困と就業――ワーキングプア解消に向けた有効策の検討」RIETI Discussion Paper Series 11-J-056、二〇一一年四月。

Hayashi, Fumio, "Why Is Japan's Saving Rate so Apparently High?" in Stanley Fischer ed., NBER *Macroeconomics Annual* 1986, Vol. 1, MIT Press, 1986, pp. 147–210.

Horioka, C. Y., "The (Dis) saving Behavior of the Aged in Japan," *Japan and the World Economy*, Vol. 22, No. 3, 2010, pp. 151–158.

Murata, Keiko, "Dissaving by the elderly in Japan: Empirical evidence from survey data," *Seoul Journal of Economics*, Vol. 32, No. 3, 2019, pp. 27–53.

OECD Income Distribution database

https://stats.oecd.org/Index.aspx?DatasetCode=IDD（二〇二一年六月三〇日現在）。
OECD Family Database
https://www.oecd.org/els/family/database.htm（二〇二一年七月二〇日現在）。

第10章　少子高齢化時代の社会保障

第1節　少子高齢化と社会保障

1 拡大を続ける社会保障費

社会保障制度とは、すべての国民に健康で文化的な生活を保障することを目的とした制度である。内容としては、公的年金、公的医療保険、公的介護保険、子育てに対する公的関与（公立保育所、保育に関する助成など）、生活保護（第9章参照）、失業保険が主なものである。

日本で社会保障の問題が深刻化している背景には、第1章でみたように、世界で経験したことがない高齢化が進行していることに加え、少子化のためにそれを支えるべき若い世代が少なくなったことがあげられる。二〇二五年頃までには団塊の世代が後期高齢者に達し、年金、医療、介護などの負担が大きく増えることが予想されている（いわゆる二〇二五年問題）。一方、第8章でみたように、人口が減少していくなかで、女性の能力をどう活かしていくかも大きな課題であるが、子育てと勤労を両立させる環境の整備にも遅れがみられ、出生率が低いことの一因にもなっている。

一九年度の社会保障給付費の総額は一二三・九兆円となった。国民一人当たりでは九六万円で、内

後期高齢者
七五歳以上の人。六五～七四歳の人を前期高齢者と呼ぶ。

図10-1　社会保障給付費の推移

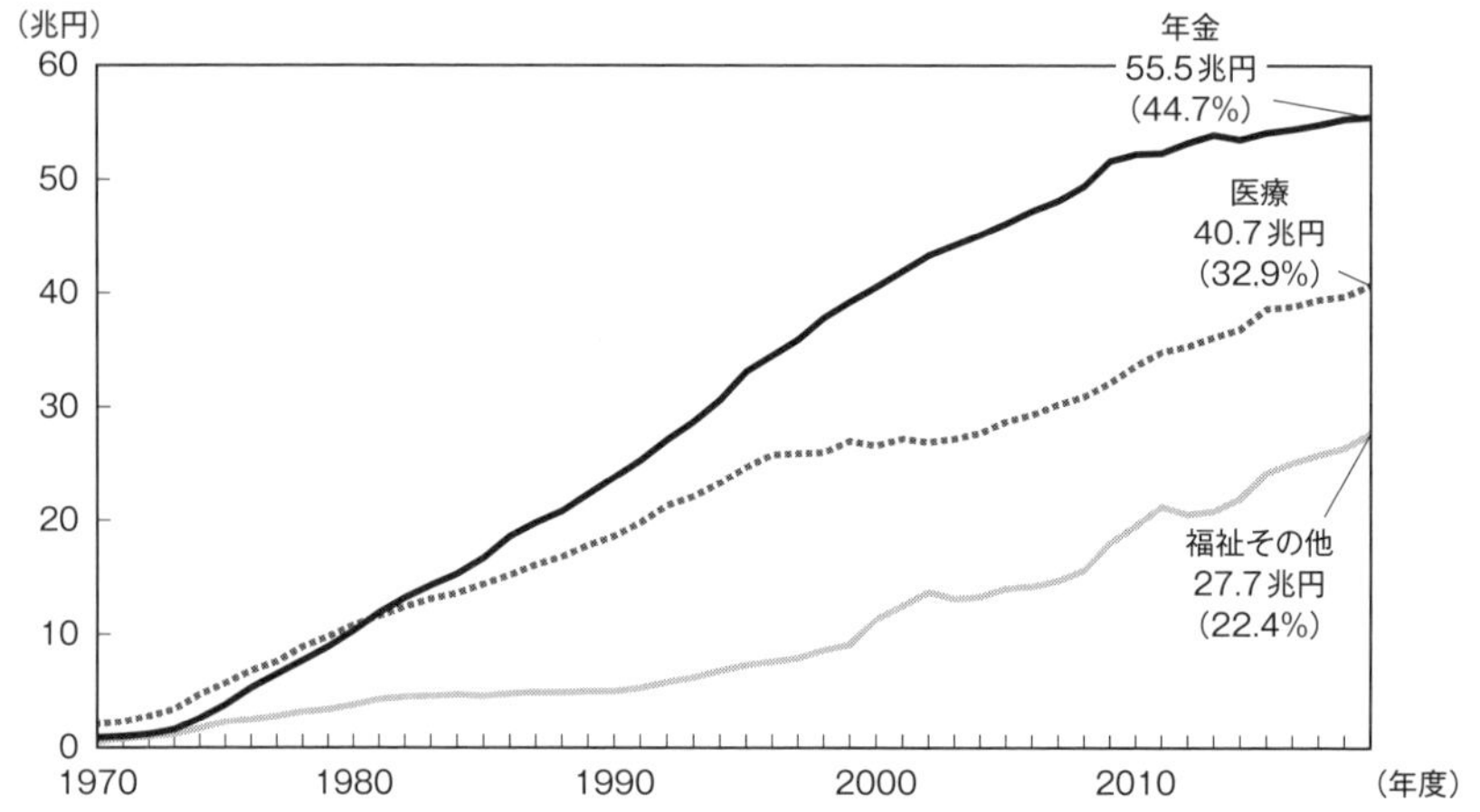

（注）1. 介護や保育は「福祉その他」に含まれる.
2. 構成比は2019年度の社会保障給付費全体に占める比率.
（出所）国立社会保障・人口問題研究所「2019年度社会保障費用統計」.

訳をみると、半分弱が年金で、約三分の一が医療となっている（図10－1）。一九八〇年度と比較すると、全体では五倍になっているが、三つの分類ごとにみると、「福祉その他」の伸び率が最も高く、次いで年金、医療の順になっている。

実は、国際的にみると、日本の社会保障給付の規模は高齢化のわりにはそれほど大きくない（図10－2）。それにもかかわらず、社会保障の一体的・抜本的な改革が必要とされるのは、高齢層向けの給付財源を現役層が拠出する保険料や税によって調達する形になっているので、高齢化が進むと制度が維持できなくなるからである。経済の低成長が続く一方、人口高齢化にともなって、六五歳以上一人を支える一五～六四歳が一九七〇年には一〇・〇人（胴上げ型）であったものが、二〇一五年には二・三人（騎馬戦型）となり、四〇年には一・五人、六〇年には一・三人（肩車型）に移

図10-2　政策分野別社会支出の国際比較

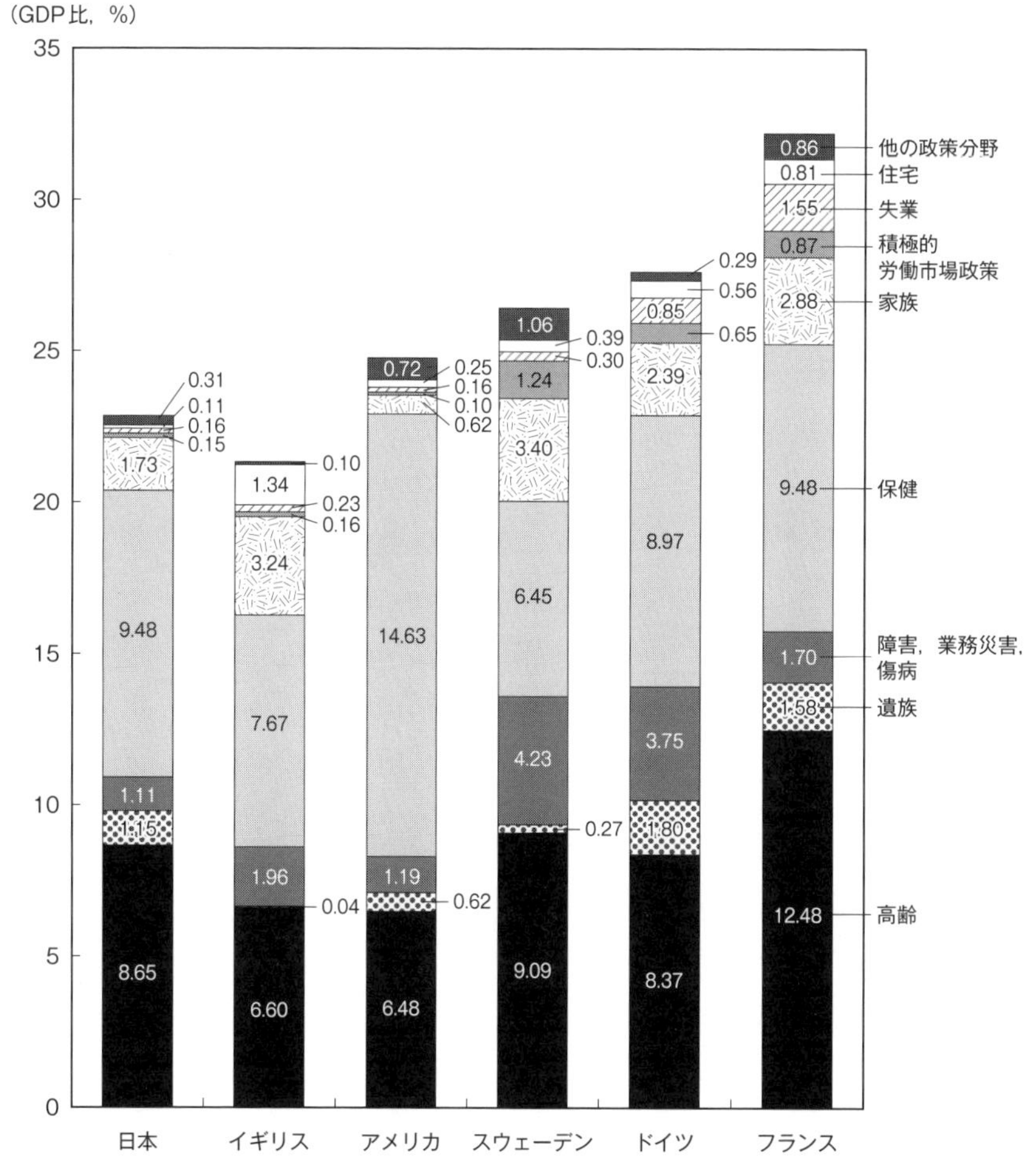

(注) 1. 現金給付と現物給付の他，施設整備費などを含む．
2. 高齢には年金が，保健には医療が含まれる．
3. 日本は2019年度，他は2017年度．
(出所) 国立社会保障・人口問題研究所「2019年度社会保障費用統計」．

行していくことが見込まれている（国立社会保障・人口問題研究所の平成二九年人口推計）。こうした状況をふまえ、制度の持続可能性や世代間の公平性について真剣に取り組む必要がある。

2 社会保障と税の一体改革

日本の社会保障制度は、高度経済成長期に作られたもので、三つの前提に基づいていた。第一は、「正規雇用・終身雇用・完全雇用」であり、勤め人は職域保険に、その他の人は地域保険に加入することで、皆保険・皆年金を達成した。第二は「右肩上がりの経済成長」であり、給付の増大は、給与の増加による保険料の増加や税収増によりまかなえると考えられた。第三は、企業の福利厚生の充実、核家族モデル（専業主婦が子育てを担う）、地域社会のつながりといった「企業・家族・地域からの支援」であり、現役世代については社会保障制度による対応は補完的でよいと考えられた結果、高齢者に対する給付が相対的に手厚くなってきた。

しかしながら、状況は当時と比べて大きく変化した。第一に、現役世代では、非正規社員の増加など就労形態が多様化した結果、職域保険に参加できない就業者が増加し、企業による生活保障機能は大幅に低下している。社会保険料や税収の自然増加も見込みにくくなっている。第二に、家族形態の変化（単身高齢世帯の増加、共働き家庭の増加、離婚の増加にともなうひとり親世帯の増加など）や、地域コミュニティの弱体化などによって、子育てや介護などを個人や家族で担うことが難しくなっている。第三に、超高齢化、少子化の進展により、現役世代から高齢世代への移転や負担の将来への先送りが困難になってきている。

これまでも、社会情勢の変化に対応し、年金、医療、福祉など制度ごとに改革が実施されてきた。しかし、少子高齢化のもとでは個別の改革では不十分で、税制も含めて総合的に見直すべきだとの機

社会保障制度改革国民会議
二〇一二年一一月から一三年八月二一日まで内閣に設置され、社会保障四分野（年金、医療、介護、少子化対策）の改革に必要な事項が審議された。

運が高まり、二〇一二年二月に当時の民主党を中心とする政権は「社会保障・税一体改革大綱」を閣議決定した。その後自民党・民主党・公明党の三党合意を経て、消費税率の引上げ等を定めた税制抜本改革法、子ども・子育て支援関連三法、年金関連四法が成立した。その後、消費税率の一〇%への引き上げは二度にわたって延期されたが、二〇一九年に実施された。

第2節　年金・医療・介護

1　公的年金制度

（1）公的年金制度の特徴

二〇一九年三月末時点で、公的年金の加入者数は六七四六万人、受給者数は四〇六七万人（国民の三割強）に達している（年金給付額は令和二年度予算ベースで五五・七兆円、国庫負担は同一三・二兆円）。公的年金は高齢者世帯の所得の約六割を占めており、五割以上の高齢者世帯が公的年金だけで生活している。

長年にわたり、公的年金制度は、民間のサラリーマンなどが加入する厚生年金、公務員等が加入する共済年金、自営業者・農業従事者を対象とする国民年金によって構成されてきたが、一五年一〇月から公務員等も厚生年金に加入することになった（図10－3）。年金給付は、すべての加入者に共通に支給される基礎年金部分（これも国民年金と呼ぶ）と、厚生年金・共済年金の加入者に対して保険料に応じて支給される報酬比例部分とで構成される二階建て構造（図10－3のように、後述の企業年金等を三階部分と呼ぶこともある）になっている。保険料は、国民年金は定額、厚生年金・共済年金

モラルハザード（moral hazard）

何らかの制度的要因のためにリスク回避の度合いが弱まること。たとえば、自動車保険によって交通事故の損害が補償されると、被保険者が注意散漫となり、事故が起こりやすくなる。

積立方式と賦課方式

積立方式は、老後に受け取る年金財源を現役

図10-3　日本の年金制度の体系

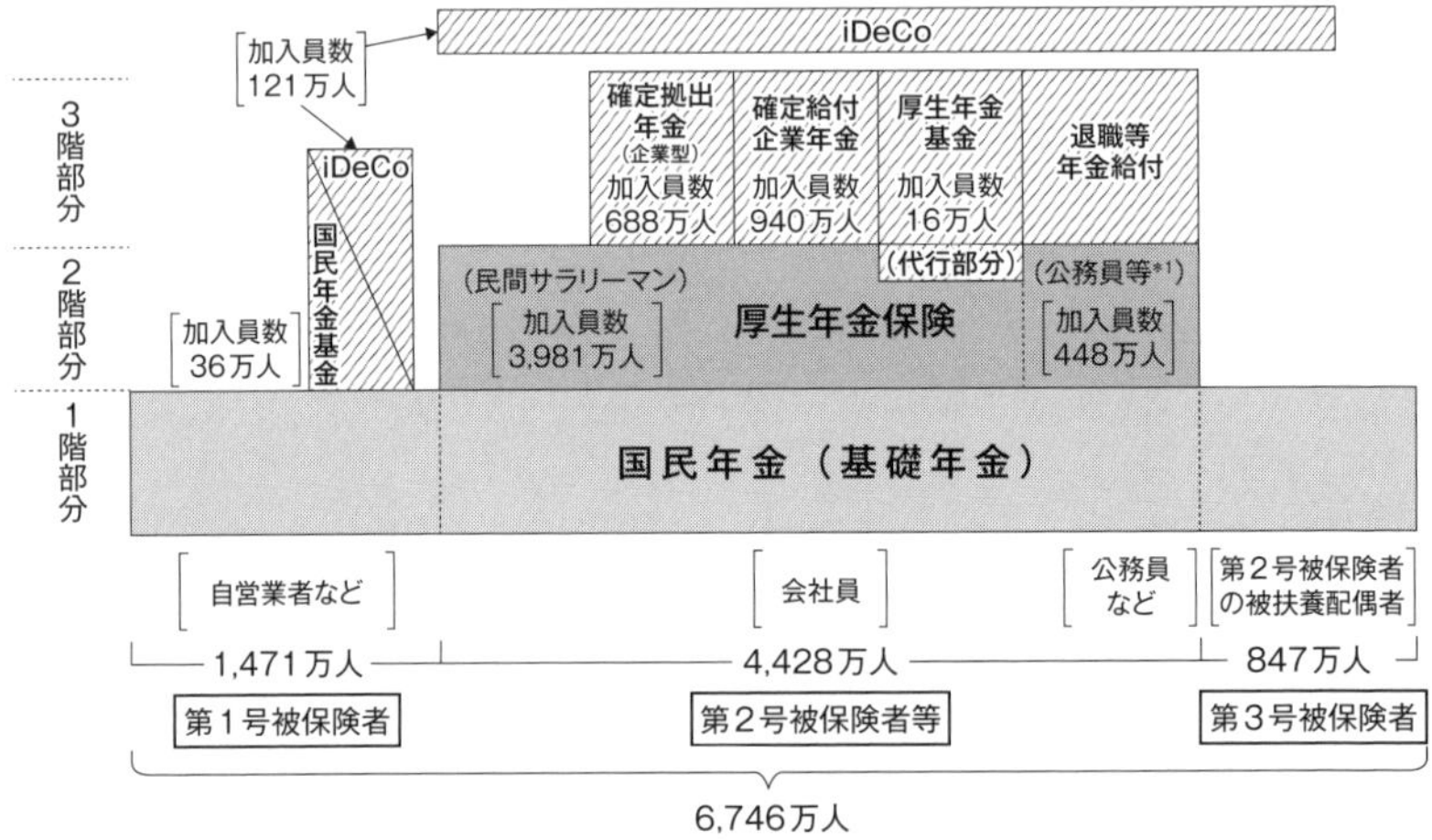

（注）1. 数字は2019年3月末.
　　　2. 斜線部分は任意加入.
（出所）厚生労働省.

は報酬比例の形で拠出される。自営業者・農業従事者は第一号被保険者、民間サラリーマン・公務員などは第二号被保険者、専業主婦などは第三号被保険者（ただし保険料の負担義務はない）と分類される。

　日本の公的年金制度は、次の三つの特徴を持っている。第一は、国民すべてが基礎年金の給付を受けるという「国民皆年金」の仕組みになっていることである。ただし、一人年間七八万円（二〇二一年度、四〇年加入で満額支給の場合）の基礎年金だけでは老後の生活を支えることは困難であるし、保険料を払っていなかったために受給できない人もいる。

　第二は、強制加入の社会保険方式となっていることである。保険料の拠出実績がなければ年金は受け取れない。強制加入としているのは、老後にお金が不足した人を生活保護で救済するとすれば、

それをあてにして十分な貯蓄をしない人が増えるというモラルハザードの問題があるからである。ただし、国民年金では、後述のように、失業者などに対しては保険料免除等の制度がある。また、社会保険方式といっても、基礎年金の給付については、国庫負担が入っており、その比率は〇九年度から、それまでの三分の一から二分の一に引き上げられた。

第三の特徴は、公的年金には、積立方式と賦課方式の二つの方式があるが、現役世代の保険料負担で高齢者世代を支えるという賦課方式で運営されていることである。保険料率の急な変更を回避するために年金積立金が保有されてはいるが、基本的には賦課方式であり、人口や賃金の動きに応じて世代間の不公平が生まれている。

(2) 年金財政の見通し

少子高齢化が進むなかで年金制度を維持していくための方法としては、①現役世代から徴収する保険料を引き上げる、②年金の給付額を引き下げる、③年金の支給開始年齢を引き上げる、の三つが考えられる。どれも痛みをともなうものではあるが、以下、それぞれについてみていこう。

まず、保険料の引上げについては二〇〇四年から一七年にかけて段階的に引き上げられた。国民年金については一七年度に一万六四九〇円に、厚生年金については一七年九月から一八・三％（標準報酬月額と標準賞与額に対する比率、労使折半）になって一応終了した。

第二に、給付額の引下げについてはスライド方式の見直しが行われてきた。年金の受給額は、各人が受給年齢に達したさいに、スタート時点での受取額が決まり（裁定と呼ぶ）、その後、物価や賃金などにスライドして給付額が変化していく。既裁定者の年金については物価スライドが原則であった時期もあったが、近年は、賃金の伸びがプラスで物価上昇率より低い場合には賃金の伸びを用い、賃金の伸びがマイナスの場合には物価の変動率とゼロの低い方を用いることになっていた。しかし二一

時の保険料で積み立てておく方式である。一方、賦課方式は、各時点において現役層が高齢層の年金給付の財源を負担する方式である。日本を含め、ほとんどの国の公的年金は賦課方式が基本となっている。

標準報酬月額、標準賞与額

基本給に各種手当を含めて、どの等級に相当するかを決めたものが標準報酬月額で、これに保険料率をかけたものが保険料（労使折半）になる。標準賞与額はボーナスから一〇〇〇円未満を切り捨てた額。ただし上限があり、年金の場合、最高額は標準報酬月額で六五万円、標準賞与額では一月あたり一五〇万円。健康保険の場合、標準報酬月額で一三九万円、標準賞与額では年度内の累計で五七三万円。

年度からは、賃金の方が物価よりも大きく下落したさいには、賃金にスライドして支給額を削減することになった。二〇〇四年から新規裁定者も含めて導入された「マクロ経済スライド」は、現役の被保険者の減少と平均余命の伸びから算出した「スライド調整率」を差し引くもので、将来の現役世代の保険料の負担が増えすぎないようにし、年金制度を「百年安心」にするというふれこみで導入されたものである。ただし、それが名目支給額の引下げをもたらす場合には実施しないとしているので、実際に実施したのは一五、一九、二〇年度の三回だけであった。そこで、一八年からは、マクロ経済スライドの未調整分を、景気回復時など実施可能なときに実施していくこととなった。なお、過去の物価下落時に、特例措置として減額を行わなかった時期があるが、一三年度から一五年度にかけてその分を調整するための引下げも行われた。

第三に、支給開始年齢については、サラリーマンの場合、かつては六〇歳から年金を受給できたが、段階的に引き上げられており、男性の場合、一九六一年四月二日以降生まれの人は、基礎年金も報酬比例部分も六五歳からの支給とされている。一方で支給開始までは勤労所得が得られるようにとの観点から、第8章で述べたような高齢者就業促進策が講じられている。なお、前記の支給年齢は原則の話であり、六〇歳以降には繰上げ支給を受けることが可能であるが、支給額は一月繰り上げるごとに〇・四％（二〇二一年度までは〇・五％）減額される。一方、七〇歳までの（二二年四月からは七五歳までの）繰下げ支給の選択も可能で、支給額も増額される。

このような各面の制度改正で、日本の年金は持続可能になったのであろうか。これを判断するポイントは二つある。一つは、現役世代の負担が重くなりすぎないかという点であり、もう一つは老後を支えるに足る年金受給が確保できるか、という点である。前者については、保険料率の引上げが一応終わったので、今後は後者が問題である。これをみる指標としては、所得代替率という指標が用いら

財政検証
年金に関して、少なくとも五年に一度、将来の人口や経済の前提を設定したうえで、長期的な年金財政の見通しを作成し、給付と負担の均衡が図られているかどうかを確認するもの。

れる。これは、モデル世帯（四〇年間厚生年金に加入し平均的な収入を得てきた夫と専業主婦の妻の世帯）で夫婦二人の給付開始時の年金額が、現役世代の男性の平均所得の何割ぐらいになるかという指標であるが、政府は五〇％を確保するとしてきた。政府は五年に一度、将来試算を含めた財政検証を行って公表している。二〇一九年の財政検証ではさまざまな試算がなされているが、経済成長と労働参加が一定程度以上進むケースでは五〇％は維持できるが、最悪のケースでは積立金も枯渇して四〇％も割るという結果となっている。

このように、日本の年金制度の持続可能性についてはなお不安が残っていることからこの財政検証では、加入者の範囲を拡大するケースや、基礎年金の保険料支払いを六五歳まで（現行制度では六〇歳まで）にする等のケースの試算も行っている。

なお、二〇一九年に消費税率が一〇％に引き上げられた際に、年金を含めても所得が低い人の生活を支援するために、老齢年金生活者支援給付金（満額支給の基礎年金のみの場合は年額約六万円）等が創設され、年金に上乗せして支給されている。

(3) 第三号被保険者をめぐる議論

サラリーマンの妻で専業主婦である人は、第三号被保険者と呼ばれ、国民年金の保険料の個人負担をしていない。一方、自営業者や、農業者、無職者、短時間の非正規雇用者などの第一号被保険者は保険料（二〇二一年度、月額一万六六一〇円）を納付する義務がある（免除や猶予の話は後述）。また後者の人たちの妻は、二〇歳以上六〇歳未満である限りやはり第一号被保険者で、専業主婦であっても保険料の納付義務がある。このことが不公平だと問題にされることがある。しかし、第三号被保険者の分の保険料は、サラリーマンである第二号被保険者が全体として負担しているので、問題はそれほど単純ではない。ただし、子育てをしながら第二号被保険者として働く女性や独身者もこの負担をしていることは、不公平とも考えうる。年金制度を単に長生きして働けなくなるというリスクをカバーするものととらえるのか、より広く社会のなかでの支え合いととらえるのかによって、妥当性の評価が異なるといえよう。

（4）国民年金保険料の未納問題

第一号被保険者には、失業や低所得の場合には保険料の納付が免除される制度や、学生等に納付を猶予する制度があり、四割以上が全額免除・猶予の適用を受けている。その適用以外の、納付義務のある保険料の納付率も、改善傾向にあるとはいえ、なお八割未満（一八年度の保険料の納付率は最終的に七七・二％）にとどまっている。

その背景には、制度（納付義務があること、及び給付にさいして国庫負担が半分あるので、納付した方が得であること等）に対する無理解だけでなく、払いたくても払えない人や国民年金制度が将来破綻すると考えている人もいると考えられる。保険料の納付が十分でないと、将来給付が受けられないか減額されることになる。しかし、現行制度のもとでは各種の扶助を含めれば生活保護の支給額の方が国民年金の支給額より多いことや、国民年金を受給してもその分だけ生活保護が削減されることから、将来生活保護に頼ることを想定して保険料を納付しない人もいると思われる。このため、国民年金と生活保護という二つの制度の整合性に配慮しつつ改善を図っていく必要がある。

（5）企業年金等

企業年金は、企業が従業員の老後の生活を保障するために設けたものであり、三階部分として、公的年金を補完する役割を果たしてきた。現在は、厚生年金基金（一九六六年発足、確定給付型）、確定拠出企業年金（二〇〇一年発足）、確定給付企業年金（〇二年発足）がある。このうち厚生年金基金は、かつては三階部分の代表的な存在であり、また二階部分である厚生年金の代行も行っていたが、保険料を支払う現役世代が減少してきたうえに、長引く低金利のもとで運用が困難になるという背景のなかで解散が相次ぎ、一四年以降の新設が禁止された。

一方、二〇一七年からは六〇歳未満であれば原則としてｉＤｅＣｏ（イデコ／個人型確定拠出年金）に加入できるようになった。これは運用方法を指定できる私的年金であるが、掛け金も給付も税制上の優遇を受けられることから、企業型（前記の確定拠出企業年金）からの移行もあって、加入者数が伸び二〇二一年四月には一九八万人となっている。このほかに、無職や自営業者を対象にした確定給付型の任意加入の年金として国民年金基金もある。

2 医療保険制度

（1）医療保険制度の概要

日本の医療保険制度は一九六一年に全市町村で国民健康保険事業が開始されたことによって、国民皆保険制度となった。

現行の医療保険制度の基本構造は、大企業のサラリーマン（扶養家族を含む、以下同じ）が加入する組合管掌健康保険（組合健保）（加入者数約二八五〇万人、二〇二一年度予算ベースの数字、以下同じ）、中小企業のサラリーマンが加入する全国健康保険協会管掌健康保険（協会けんぽ、約四〇六〇万人）、公務員などが加入する各種共済（約八四〇万人）、無職・自営業者・農業従事者などが加入する国民健康保険（国保、約二九五〇万人）という、いわば職業別の各種の医療保険のほか、七五歳以上の全高齢者を対象とする後期高齢者医療制度（約一八二〇万人）によって構成されている（図10－4）。

税による負担は制度によって大きく異なり、協会けんぽについては給付費等の一六・四％の補助が

全国健康保険協会管掌健康保険（協会けんぽ）
中小企業のサラリーマンやその扶養家族が加入する健康保険。従来は、政府管掌健康保険（政管健保）として国（社会保険庁）が保険者として運営していたが、二〇〇八年一〇月一日以降、新たに創設された全国健康保険協会が保険者として運営している。

図10-4　医療保険制度

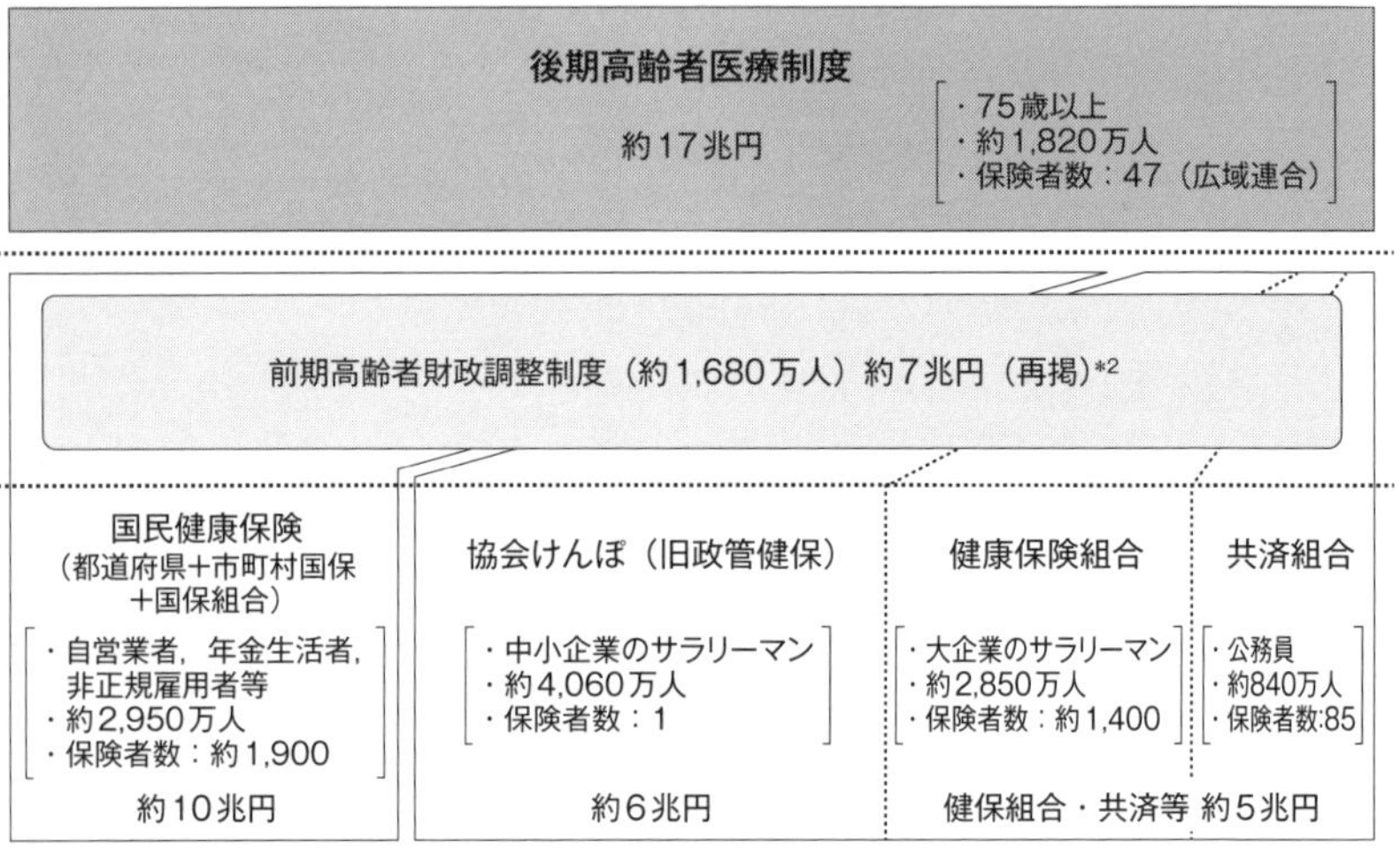

（注）1. 加入者数・保険者数，給付費は令和3年度予算ベース．
2. 前期高齢者の1,680万人の内訳は，国保約1,230万人，協会けんぽ約340万人，健保組合約100万人，共済組合約10万人．

（出所）厚生労働省．

行われているが、組合健保へは少額の補助にとどまり、共済組合への補助は近年行われていない。国民健康保険と後期高齢者医療制度には後述のように多額の税金が投入されている。また、主に現役世代を対象とする、組合健保、協会けんぽ、各種共済は、支出のうち、被保険者に対する保険給付は五〜六割程度に過ぎず、残りの大半は、後述のように高齢者に関する支援にあてられている。

　企業などに勤めていた人が定年退職すると、一定の条件のもとに二年間はそれまでの健康保険が継続できるが（任意継続制度）その後は国民健康保険に移行することになる。このため、国民健康保険の加入者の四割以上は無職であり、高齢者が多い。高齢者は医療費が多い一方で所得も低めであることから、国民健康保険は赤字体質であり、給付費等総額約一一・一兆円（二一年度予算ベース、以下同じ）のうち約三分の一を組合健保、協会けんぽ、各種共済からの財政支援（前期高齢者交付金で約三・八兆円）に頼り、残りの五割を税金でまかない、さらに不足分の追加投入を受けている。

国民健康保険は市町村を中心に運営されてきたが、市町村間で高齢者比率や所得水準が大きく異なることや小規模市町村の財政の不安定要因になってきたことなどから、一八年度からは都道府県が財政運営等に関して中心的な役割を担うことになった。この結果、市町村間の保険料格差が縮小していくことが予想される。なお、保険料ではなく国民健康保険税を徴収している自治体が多いが、これはその方が、時効が長いなど、自治体にとって好都合であるからである。

サラリーマンの健康保険料は半分を事業主が負担することが多いが、国民健康保険は保険料全額を被保険者が支払う必要があるうえに、定額部分や子どもも含めた人数比例の部分もあり、所得に対する負担の比率は低所得者の方が重くなるという逆進性を持っている。こうしたこともあって、国民健康保険に加入する世帯のうち一三・四％に保険料の滞納がある（二〇年六月現在）。

後期高齢者医療制度は、七五歳以上の全国民を対象に〇八年度から始まった制度で、運用は都道府県ごとに設置された後期高齢者医療広域連合が行っており、費用の半分を税金（国・都道府県・市町村が、それぞれ四：一：一で負担）で、約四割を現役世代関係の各医療保険者からの支援（後期高齢者支援金）で、残りの約一割を加入者が負担する保険料（年金からの天引き等）でまかなっている。

保険適用医療についての自己負担率は、未就学児が二割、六～六九歳が三割、七〇～七四歳が二割（現役並み所得者は三割）、後期高齢者は一割（現役並み所得者は三割）となっている。ただし、前記の方式で算出した自己負担額が多額になったときに、所得に応じて決められる金額で負担をほぼ頭打ちにする制度（高額療養費制度）も設けられている。また、六歳未満に関しては乳幼児医療費助成制

国民医療費

医療保険の対象となりうる傷病の治療に要した費用の合計。保険診療の対象とならない先進医療、各種差額（特別の病室や歯科の金属材料等）、正常な出産、健康診断、予防接種、処方箋に基づかない買薬、眼鏡、通院などの費用は含まれない。

度を設けている自治体が多い。

（2）医療費の増加

こうした医療保険制度のもとで、国民医療費は増加基調にある。二〇〇〇年度に三〇・一兆円、ＧＤＰ五・七％であった国民医療費は、一八年度には四三・四兆円、ＧＤＰ比七・九％に達している。このうち、六五歳以上の医療費が二六・二兆円（一人当たり七三・九万円）と、全体の六一％を占めている。また七五歳以上の医療費は一六・五兆円（同九一・九万円）と全体の三八％となっている。一人当たり国民医療費を都道府県別にみると、最大の高知県が四五・五万円、最小の千葉県が三〇・一万円とかなり開きがある。国民医療費は今後さらに大きく伸びて四〇年には七六兆～八〇兆円になると見込まれている。

（3）医療制度の課題

日本の医療制度は、高齢化率が高いわりには、総医療費の対ＧＤＰ比率でみても、一人当たり総医療費でみても、ＯＥＣＤの平均を少し上回る程度である（表10－1）。保険証があればどこの医療機関でも診療が受けられ、医療の水準もおおむね高いなど、全体としてみればうまく機能してきたと評価できるが、これまで指摘した点に加え様々な課題も抱えている。

まず、新型コロナウイルス感染症の流行に関しては、欧米諸国に比べて、感染者数は相当少なく、人口当たりの病床数も多い（表10－1）にもかかわらず、医療は逼迫し、入院先が見つからずに自宅療養のまま死亡する人が続出した地域もあった。これは通常の医療との両立が困難として新型コロナ感染症患者を受け入れない民間の中小医療機関が多かったためと、国公立の病院にも十分な受け入れを行わないものがあったためである。また国全体としては検査能力がかなりあったのにもかかわらず、縦割りの問題のために、検査数がなかなか増えなかった時期もあった。こうした問題は二〇二一

包括払い制度（DPC）

疾病分類ごとに治療コストを査定し、提供した医療行為の多寡にかかわらずその額を支払う制度。日本では二〇〇三年から一部の病院を対象に導入された後、対象が拡大してきた。実際には特殊な治療などについての出来高払いと組み合わされている。治療期間の短縮をもたらす一方で、重症者などの受入れが敬遠されるなど過少医療につながる可能性もある。

表10–1　医療関係主要指標の国際比較

	65歳以上人口比率	男性平均寿命	女性平均寿命	総医療費のGDP比率	一人当たり総医療費	急性期治療平均入院日数	一人当たり診療回数	人口千人当たり医師数	人口千人当たりベッド数	人口百万人当たりCT数	乳児死亡率	肥満(BMI30以上)比率	認知症比率
	(%)	(歳)	(歳)	(%)	(購買力換算米ドル／年)	(日)	(回数／年)	(人)	(床)	(個)	(1,000人当たり)	(%)	(1,000人当たり)
	2017年	2018年[*2]	2018年[*2]	2019年	2019年	2018年	2017年	2018年	2018年	2018年	2018年	2017年	2017年
日本	27.7	81.6	87.7	11.1	4,823	27.8	12.6	2.5	13.0	111.5	1.9	4.4	23.3
アメリカ	15.6	76.3	81.4	17.0	11,072	6.1	4.0	2.6	2.9	9.5	5.8	31.0	11.6
ドイツ	21.3	78.6	83.4	11.7	6,646	8.9	9.9	4.3	8.0	35.1	3.2	16.3	20.2
イギリス	18.2	79.4	83.1	10.3	4,653	6.8	5.0	2.8	2.5	14.9	3.9	21.0	17.1
フランス	19.5	79.1	85.1	11.2	5,376	8.8	5.9	3.2	5.9	17.7	3.8	15.4	19.7
スウェーデン	19.8	80.6	84.3	10.9	5,782	5.7	2.8	4.3	2.1	18.7	2.0	13.1	18.1
OECD平均	17.4	78.1	83.4	8.8	4,224	8.0	6.6	3.5	4.5	26.6	4.1	17.1	14.8

（注）1. 国によって調査年が古いものもある．また一部推計値を含む．
　　2. 平均寿命は，日本，フランス，スウェーデンは2020年，アメリカは2019年，ドイツとイギリスは2017–19年．
（出所）OECD“OECD Health Statistics 2018”，同“Health at a Glance 2017”等．

年九月の菅義偉内閣の退陣表明の重要な背景となった。

従来からの問題もいくつか残っている。第一に医師と患者間の情報の非対称性のもとで、医師がサービスの必要性を判断する一方、患者は保険が使えるのでコスト意識がやや弱いという構造であり、回復への最短治療を行う誘因が十分ではなく、サービスが過剰になるバイアスが残っていることである。医薬分業の推進や入院に関する包括払い制度（DPC）の導入などの改革で、この問題はある程度改善されてきたが、人口一人当たりの診察回数や平均入院日数は他の先進国の水準を大きく上回っている（表10－1）。

第二に、混合診療の問題である。保険適用外の新薬などと保険適用医療を組み合わせようとすると、後者にも保険がきかなくなるという原則がある（差額ベッドと歯科材料は例外）。患者の選択肢の拡大や医療技術の促進などのために混合を認めるべきという積極論がある一方で、それを認めると医療機関が患者に対して高価な保険外の負担を求めるなど、患者の負担が不当に拡大し、その結果医療への公平なアクセスが阻害されたり、安全性や有効性が確認されていない医療が実施されたりしてしまうおそれがあるとの慎重論もある。この問題に関しては規制改革の重点課題として検討が進められた結果、先進医療や治験などは保険医療と併用できることになり、さらに一六年度からは患者申出療養という制度も設けられ、併用の対象は徐々に拡大している。

第三に、医療の進歩にともなって医療費が高額化する一方で、コスト削減のための誘因が小さいことである。新薬の高い薬価が保険財政の圧迫要因になることも懸念されている。コスト削減については、前述の包括払い制度の導入やジェネリック医薬品の利用などの努力がなされているが、これまでのところその効果はそれほど大きくない。

3 介護保険制度

（1）公的介護保険制度

寝たきりや認知症の高齢者などのための介護ニーズは、今後とも増加する見込みである。公的介護保険制度が導入される前は、介護サービスは、行政がサービスの内容を決める「措置」であり、その量が少ないことや、家族の介護負担が重いことが問題であった。そこで、高齢者の介護を国民全体として支えていくこと（介護の社会化）を目指して二〇〇〇年に公的介護保険制度が導入された。

この制度のもとで、要介護認定（または、より程度の軽い要支援の認定）を受けた場合には、認定区分に応じた金額の範囲内で、自己負担一割（所得の多い人は二割または三割）で保険を使って介護

患者申出療養

高度の医療技術を用いた療養であって、患者の申し出を起点に、将来の保険適用につなげるためのデータを集めつつ、保険との併用を認めるもの。

ジェネリック医薬品

有効成分に関する特許が切れた後に別の製薬会社が同じ有効成分を用いて製造した薬。後発医薬品とも呼び、先発医薬品に比べ安価。政府は二〇年九月までにこれの使用率を八割にするとの目標を立てていたが、七八%にとどまった。

要介護認定
常時介護を必要とする状態（要介護状態）になったという認定。要介護状態の程度は要介護一から要介護五の五段階となっており、市町村に設置される介護認定審査会で判定される。

図10–5　年齢階層別の要支援・要介護認定者数と対人口比率

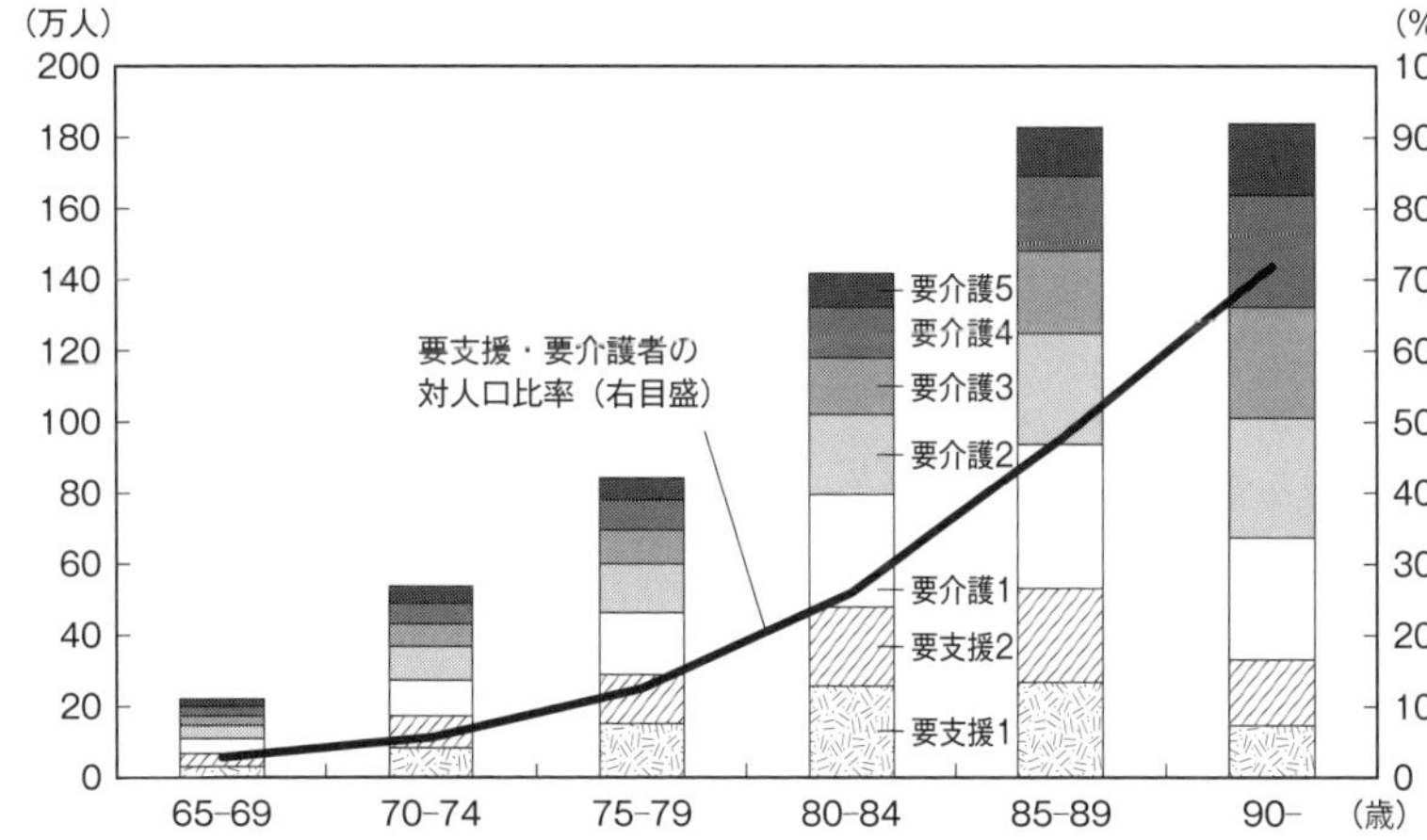

（注）1. 要支援・要介護認定者数は2021年4月末.
2. 対人口比率は2021年5月1日現在の人口の推計値に対する比率.
（出所）厚生労働省「介護保険事業状況報告」，総務省「人口推計」.

サービス（予防を含む）を受けることができる。認定を受けた人の比率は年齢とともに高くなり、八〇代後半では五割弱となっている（図10－5）。六五歳未満でも四〇歳以上で加齢にともなう特定の疾病で認定を受けた場合には受給資格がある。保険からの給付は五割が公費で、五割が保険料でまかなわれている。介護保険料は高齢者も含む四〇歳以上のすべての人が負担している。保険の運営者は各市町村となっている。保険料は所得に応じて徴収されるが、制度発足当初に比べ相当引き上げられており、六五歳以上（第一号被保険者）の負担は全国平均で月額六〇一四円（二〇二一～二三年度、三年に一度改定、原則年金から天引き）になった。高齢者の多い自治体では高額になり、最高値は最低値の約三倍となっている。

(2) 介護保険制度の課題

高齢化に加え、介護保険制度が浸透して

きたことから、介護サービスの利用者数は、二〇二一年二月には居宅サービス三九四・一万人、施設サービス九五・五万人、地域密着型サービス（小規模多機能型居宅介護など）八六・七万人に達し、一〇年前に比べそれぞれ、一・二七倍、一・一三倍、三・〇七倍に増えている。施設サービスに関しては、食費や居住費については、利用者が所得に応じて費用負担をすることになっている一方、自己負担が高額になった場合には所得に応じて設定される上限を超えた部分の払い戻しを受けられる。

介護サービスの価格は介護報酬という公定価格で規定されているので、価格競争の余地はなく、サービス需要が急速に増加するなかで、介護現場での労働力不足が深刻化してきた。介護職員の賃金水準が低いことから近年処遇改善の措置が導入されたが労働力不足はなお続いている。

（3）医療と介護の連携

高齢化が進むなかで、また財政制約が厳しくなるなかで、医療と介護の両方を必要とする状態の高齢者が、住み慣れた地域で自分らしい暮らしを続けることができるように、との観点から医療と介護の関係機関が連携して、予防も含めた包括的かつ切れ目のないサービスを提供するための政策が進められている。二〇一四年度には各都道府県に地域医療介護総合確保基金が創設され、計画に基づく事業を進めている。また、各市区町村に設置されている地域包括支援センターが企業やボランティア団体などの協力を得て、地域包括ケアシステムを整備していくことが期待される。

公的介護保険での介護サービスの種類

居宅サービスとは、訪問介護（ホームヘルプ）、通所介護（デイサービス）、短期入所生活介護（ショートステイ）など。施設サービスとは、介護老人福祉施設（特別養護老人ホーム）、介護老人保健施設など。地域密着型サービスとは、小規模多機能型居宅介護、夜間対応型訪問介護、認知症対応型共同生活介護（グループホーム）など。

介護報酬

事業者が利用者に介護サービスを提供した場合に、その対価として事業者に支払われるサービス費用。サービスごとに設定されている。厚生労働大臣が社会保障審議会の意見を聴いて定める。

第3節　子育て支援

1　少子化の背景

日本の合計特殊出生率は二〇〇五年に一・二六まで落ち込んだ後、やや回復しているが（二〇年、一・三四）、その水準は依然として低く、出生数は八四万人（二〇年）まで減少してきた。この結果、長期にわたって人口減少が続くことが見込まれている。少子化の背景にある現象をみていこう。

(1)　結婚と出産

諸外国に比べ、日本では婚外子（嫡出でない子）の比率が約二%ときわめて低く、出産と結婚とは多くの場合、結びついている。そこで結婚についてみてみると、女性のいわゆる生涯未婚率（五〇歳時点での未婚率）は一九八〇年に四・四五%だったが、二〇一五年には一四・〇六%へと上昇している。国立社会保障・人口問題研究所によれば、四〇年には男性の約三割、女性の二割弱が生涯未婚と予測されている。

非婚化に加えて、晩婚化・晩産化も進んでいる。女性の平均初婚年齢と第一子出生時の平均年齢は、一九八〇年にはそれぞれ二五・二歳、二六・四歳であったが、二〇一九年には二九・六歳、三〇・七歳となっている。

さらに、結婚後の子どもの数にも減少がみられる。国立社会保障・人口問題研究所の「出生動向基本調査」によると、完結出生児数は、一九七〇年代前半から二〇〇二年まで、二・二人前後で安定的に推移し、日本の男女は結婚すれば平均二人強の子どもを生み育ててきたといえる。ところが、これが〇五年には二・〇九人へと減少し、一五年には一・九四人へと低下し、子どもが二人未満で

合計特殊出生率
年齢別の出生率を合計し、一人の女性が一生に産む子どもの数の平均を計算したもの。人口を一定に保つためには、二・〇八前後が必要。

完結出生児数
結婚後一五～一九年の夫婦の平均的子ども数で、夫婦の最終的な平均出生子ども数とみなされる。

ある夫婦の割合が増加している。

（2）若年層の経済状況

収入が低いと結婚や子育てが難しくなると考えられる。二〇一五年の国勢調査によれば、男性の正規雇用者と非正規雇用者の間で未婚率に大きな開きがある。また、内閣府の「結婚・家族形成に関する意識調査（一五年三月）」によれば、子育ての不安要素として、「経済的にやっていけるか」をあげる人が高所得者以外では多い。

（3）ワーク・ライフ・バランス（仕事と生活の調和）

後述のように育児休業の制度が拡充してきたこともあって、出産後も就業を続ける女性の比率は高まってきているが、第一子出産前就業者のなかで出産退職をした人の比率は四七％となお高い（二〇一〇年～一四年の出産、「出生動向基本調査」）。また、非正規雇用者にも育児休業取得は可能ではあるが、実際に取得した人は少なく、パート等の就業継続率は二五％と正規職員の六九％に比べ低いものにとどまっている（同上）。

子育て期にある三〇歳代や四〇歳代の男性は他の年代に比べ、週労働時間が六〇時間以上の就業者の割合が、他の年代より高い。一方で夫の休日の家事・育児時間と第二子以降の出生状況の間には正の関係性がみられる（厚生労働省第一四回二一世紀縦断調査）ことから夫の就労時間を短くしたり、育児休暇取得を容易にしたりすることも少子化対策として有効であると考えられる。

2 子育て支援に対する取組み

（1）子育て支援の意義

子育て支援は、「外部性」の観点から正当化しうる政策といえよう。すなわち、子どもは、いずれ労働力化し経済全体の成長を促すとともに、社会保障の負担を通じて親だけでなく社会全体の高齢者扶養に貢献する。しかし、子どものもたらすこうしたメリットが出産・子育てを行う親に還元されないと、子ども数は社会にとって望ましい水準を下回ってしまう。この問題を軽減するためには、出産や育児を社会全体で支援し、子どもの外部経済効果を「内部化」する仕組み、すなわち子育て支援が有意義となる。

二〇二〇年五月に閣議決定された第四次の「少子化社会対策大綱」では、若い世代が結婚や子どもについての希望を実現できる社会をつくり、「希望出生率一・八」を実現するため、「結婚・子育て世代が将来にわたる展望を描ける環境をつくる」「多様化する子育て家庭の様々なニーズに応える」「結婚、妊娠・出産、子供・子育てに温かい社会をつくる」など五つの基本的な考え方に基づき、少子化対策を進めていくこととしている。

(2) 待機児童問題

少子化の一方で保育所定員は年々増加しているにもかかわらず、共働き世帯の増加や核家族化のために都市部の待機児童問題は深刻であった。このため国は二〇一三年に「待機児童解消加速化プラン」を策定し、一七年度末までの待機児童解消を目指し、約五〇万人分の保育の受け皿確保を行った。しかし、解消の目標は達成できず目標は三年先送りされ、一八年からは「子育て安心プラン」に移行し約三二万人分の受け皿確保を上積みし、女性の就業率の「M字カーブ」（第8章参照）を解消するとした。さらに二〇年末には「新子育て安心プラン」が策定され、二一年度からの四年間でさらに約一四万人分の整備を行うこととした。その結果、待機児童数は一七年の約二万六〇〇〇人をピークに四年間連続で減少し、二一年四月には約五六〇〇人になった。ただし、これには新型コロナウイルス感染症の流行にともなう保育ニーズの減少も影響している可能性がある。

希望出生率一・八

二〇一五年に安倍内閣が打ち出した「新三本の矢」（第3章参照）の第二の矢「夢をつむぐ子育て支援」で設定された目標。希望通りに結婚ができ、希望通りの人数の子供を持てた場合に実現すると推計された合計特殊出生率を二〇二〇年代初頭に実現させようというもの。

待機児童数

認可保育所への入園を待っている子どもの数。定員が少ない地域では職場復帰を望む母親にとって保育園の確保（保活とも呼ばれる）が育児休業中の重要課題になっている。

（3）認定こども園、子ども・子育て本部、こども庁

一方で、「幼稚園と保育所の両方の良さを併せ持つ」施設として「認定こども園」の制度が二〇〇六年に創設された。「幼保一元化」がキャッチフレーズにされたこともあったが、幼保連携型、幼稚園型、保育所型、地方裁量型の四タイプが設けられ、入園にさいしては、希望するのは教育か保育かあるいはその両方か、を選択して申し込む仕組みとなっている。こども園の数は徐々に増え、二〇年四月には八〇一六の園に約一〇二万人が在籍している。内訳をみると園数、在籍園児数ともに約七割が幼保連携型になっている。

一五年には、児童福祉として保育所を所管する厚生労働省と幼児教育として幼稚園を所管する文部科学省との縦割りの問題を克服するため、内閣府に子ども・子育て本部が設置され、すべての子ども・子育て家庭を対象に、幼児教育、保育、地域の子ども・子育て支援を拡充する体制が作られた。認定こども園に関する事務はここが担当している。なお、子どもの貧困や児童虐待問題なども含めて子どもに関する政策を一元的にとりあつかう行政組織（いわゆる「こども庁」）の創設を検討することが二〇年の政府の「骨太の方針」に盛り込まれた。

（4）児童手当と育児休業

二〇〇九年の衆議院選挙を前に、民主党（当時）は、子育ては社会全体で支援すべきとし、中学生までの子どもに関し所得制限なしで一人月額二万六〇〇〇円を給付することをマニフェスト（政権公約）の目玉として掲げた。その財源は、所得税に関する扶養控除などの廃止とともに行財政の無駄をなくすことなどで捻出できるとしていたが、政権獲得後には財政上の制約から、半額の月額一万三〇〇〇円の支給にとどまった。しかし、それまでの扶養控除のメリットが低所得者には小さかったことと比べれば、所得に依存しない定額の給付となったことは一歩前進との見方もできる。その後自民党

児童手当

三歳未満で一律一万五〇〇〇円（月額、以下同じ）、三歳から小学校終了まで第一子・第二子は一万円、第三子以降は一万五〇〇〇円。中学生は一律一万円。支給には所得制限があるが、所得制限以上に対しては、当分の間の特例給付として一律五〇〇〇円となっている。

を中心とする政権に移行後は、所得制限のある形での児童手当に移行している。

一方、雇用保険加入者は育児休業取得中に、育児休業給付を受けることができる。一九九五年の開始時には休業開始前賃金の二五％であったが、二〇〇七年一〇月に五〇％となり、一四年度以降、一八〇日目までは、六七％に引き上げられた。育児休業給付は非課税となっており、育児休業期間中には社会保険料免除措置があることから、休業前の税・社会保険料支払後の賃金と比較した実質的な給付率は八割程度となり育児休業取得による収入減をかなり緩和するものとなった。一七年一〇月からは、子どもを保育所等に預けられないなどの理由がある場合には二年まで延長することができるようになった。二一年には、男性の取得を念頭に置いた新しい枠組みが創設されたり、分割取得が可能となったりするなど更なる改正が行われた。

（5）幼児教育・保育の無償化

欧州諸国と比較すると、日本は子育て支援も含めた家族関係社会支出が少なかった（図10－2）。第9章でみたように、日本の子どもの貧困率は高いが、その背景には子育て世帯支援が後回しになってきたことがあると思われる。何人の子どもを産むかということはプライベートな問題ではあるが、政策がそれに大きな影響を及ぼす可能性に注意して、少子化の行き過ぎを防ぐことも必要であろう。消費税率の一〇％への引上げを財源に一九年一〇月から実施された幼児教育・保育の無償化によって、二歳児までの保育料は住民税非課税世帯には無料（保育所または認定こども園等）、または一定額まで無償（認可外保育所等、ただし保育の必要性の認定が必要）になった。また三～五歳児については保育所、認定こども園及び制度の対象幼稚園の利用料が無料となったほか、対象とならない幼稚園や認可外保育施設等（ただし保育の必要性の認定が必要）についても一定額まで無償になった。こうした負担軽減が、少子化の一つの歯止めになることが期待される。

第4節　将来世代に配慮した社会保障へ

日本の社会保障の各制度にはほぼ共通の特徴がある。第一に、サービス供給にかかる費用が、保険料や自己負担でまかないきれず公費（税金）で穴埋めしていることである。その過程で、現役世代から高齢世代への大規模な所得再分配が生じており、高齢化の進行にともなって、これを続けることが困難になっている。第二に、サービスの供給価格が公定価格となっているため、価格メカニズムによる需給調整がなされにくいことである。低価格のサービスに対する需要超過（特別養護老人ホームへの待機高齢者や認可保育所への待機児童）は解消されず、介護職員や保育士など担い手が人手不足であっても、就業者の賃金上昇や供給増加につながりにくい。第三に、供給に対して多くの規制が課せられていることである。具体的には、サービス提供主体が医療法人、社会福祉法人などに限定されている場合や、補助金や税制面でこれら法人が優遇されている場合があり、株式会社やＮＰＯなどの参入が不利になっている。また、財政負担を避けたい地方公共団体が、計画に基づき新規の施設の指定を抑制することもある。

これらの特徴（問題点）を以下のように変え、可能な範囲で市場メカニズムを導入していくことが、社会保障制度を高齢化に堪えられるように改革していくうえで重要であろう。

第一に、新規参入を増やすことである。医療、介護、子育て支援サービスなどの潜在需要は大きい。サービスの質の確保に配慮をしつつ、多様な主体による多様なサービスの提供を促し、また可能な範囲で価格競争を導入することが重要である。医療、介護、子育てなどの連携が進めば、コストも低下しうる。多様な担い手が情報通信技術の利用やロボット技術の導入などを試みることによって生産性が高まることも期待できる。

社会保障・税番号（マイナンバー）制度
第4章92ページの頭注参照。

第二に、低所得者に配慮しつつも、価格メカニズムの働く余地を増やすことである。自己負担が高くなれば、利用者がより価格を意識して、その必要性や価格に見合った効果が得られるかに敏感になる。

第三に、現役世代・将来世代の負担の一律増加を抑制しつつ、高齢者に経済力相応の負担を求めていく必要がある。二〇一八年一〇月に発足した第四次安倍内閣が掲げた「全世代型社会保障」もこうした方向に沿ったものであるが、経済力に資産を勘案するところまでは踏みこんでいない。

社会保障制度は制度ごとに別の機関が個別に保険料支払いと給付の情報を管理しているため、利用者にとって煩雑であるのはもちろん、真に救済すべき人に対して、必要十分な支援が行われているとはいいがたい状況にある。そこで、所得、資産、保険料支払い、サービス給付などの情報を正確に把握し、効率的な給付を行うために二〇一六年から導入された「社会保障・税番号（マイナンバー）制度」をプライバシーの保護に配慮しつつ活用していくことが期待される。

参考文献

大守隆・田坂治・宇野裕・一瀬智弘『介護の経済学』東洋経済新報社、一九九八年。

小塩隆士『社会保障の経済学』（第四版）、日本評論社、二〇一三年。

厚生労働省編『厚生労働白書』各年版。

国立社会保障・人口問題研究所『日本の将来推計人口（平成二九年推計）』二〇一七年。

国立社会保障・人口問題研究所『令和元年度社会保障費用統計』二〇二一年。

内閣府編『少子化社会対策白書』各年版。

内閣府編『男女共同参画白書』各年版。

第11章　増加した所得収支黒字と急減したインバウンド

本章では、国際収支の動向や円の為替レートなど、日本経済の国際的な側面をみていく。経済のグローバル化が進むなか、国際取引や為替を通じた海外経済とのかかわりを理解することはこれまで以上に重要となっている。最近では、企業の海外進出の拡大や経済のサービス化等を背景に、所得収支やサービス収支の増加が大きく、過去みられていたように製品の輸出で稼ぐ体質からの変化が確認できる。なお、新型コロナウイルス感染症の影響を受けて、貿易・サービス収支には変動もみられたが、所得収支はそうした状況下においても安定的に黒字を維持している。

第1節　日本の国際収支の動向

❶ 国際収支とは

国際収支（balance of payments）は、一定期間における一国のあらゆる対外経済取引を体系的に記録したものであり、取引の内容に応じ、①財貨やサービス、所得の取引や経常移転を記録する経常収支、②対外金融資産・負債の増減に関する取引を記録する金融収支、③生産資産（財貨、サービス）・

経常移転・資本移転

「移転」とは、「交換」と対比される取引の概念であり、当事者の一方が経済的価値のあるもの（財貨、サービス、金融資産など）を無償で相手方に提供する取引を指す。提供されたものの性質や使途により「経常移転」と「資本移転」に区分される。

表11-1　*IS*バランスの概念

$$Y = C + I + \underbrace{X - M}$$

　＝財貨・サービスの純輸出＝貿易・サービス収支

$$Y' = C + I + \underbrace{X - M + R}$$

　＝貿易・サービス収支＋海外からの所得（純受取）
　　＋海外からの経常移転（純受取）
　＝経常収支

$$X - M + R = Y' - C - I$$
$$= S - I$$

Y　：国内総生産（GDP）	X　：輸出
Y'：国民総可処分所得（GNDI）	M　：輸入
C　：消費	R　：海外からの所得と経常移転（純受取）
I　：投資	S　：貯蓄

金融資産以外の資産の取引や資本移転を記録する資本移転等収支、に区分される。

　わが国の国際収支統計は、二〇一四年一月の取引計上分から、国際通貨基金（ＩＭＦ）が〇八年に公表した「国際収支マニュアル第六版」に準拠した統計に移行した。新基準では、経常収支は、①商品などの財貨の取引（輸出入）を計上する貿易収支、②旅客や貨物の輸送、旅行などのサービス取引、また、著作権等使用料などを含むその他サービスを計上するサービス収支（ここまでの二つを合計したものを貿易・サービス収支と呼ぶ）、③直接投資や証券投資といった投資より得られる所得及び財産所得を計上する第一次所得収支、そして、④無償資金協力など政府による経常移転、また労働者送金といった個人間での移転による所得の再配分を計上する第二次所得収支、の四つの項目からなっている。

　ここで、国際収支統計と国民経済計算の関係をみると、貿易・サービス収支は、国内総生産（ＧＤＰ）の一部を構成する「財貨・サービスの純輸出」に対応する概念となっている（表11－1）。この「財貨・サービスの純輸出」と、「海外からの所得（純受取）」「海外からの経常移転（純受取）」の和が経常収支に相当する。後者の二つはＧＤＰと国民総可処分所得（ＧＮＤＩ）との差でもある。

経常収支は、海外との経常取引の収支をあらわすと同時に、一国の所得と支出の差額、あるいは貯蓄と投資の差額と理解することもできる。たとえば、国内の経済主体が全体として貯蓄超過である場合、恒等関係（表11－1）より経常収支は黒字となる。経常収支はフローの概念であるが、これが黒字の場合、ストックの概念である一国の対外純資産（対外債権－対外債務）は増加し、逆に赤字の場合には、対外純資産は減少するという関係が原理的に成り立つ。

対外金融資産・負債にかかる取引を計上する金融収支については、直接投資、証券投資（株式や債券）、金融派生商品、その他投資及び外貨準備に分類され、さらに、それぞれ「資産」（非居住者に対する債権）と「負債」（非居住者に対する債務）に区分される。

なお、新基準では、資産・負債の増減に着目し、金融収支については、資産・負債の増加をプラス（＋）、減少をマイナス（－）とあらわす。この結果、国際収支統計にかかる恒等式は、

経常収支＋資本移転等収支－金融収支＋誤差脱漏（恒等式を満たすための調整項目）＝0

とあらわされることとなる。

❷ 日本の経常収支の動向

ここでは、日本の国際収支の長期的推移を、経常収支に焦点を当て概観するとともに（図11－1）、対外経済取引にみられる不均衡への政策対応と国際的政策協調の動きを振り返る。加えて、わが国の経常収支にみられる最近の構造的な変化やその背景となっている要因を紹介する。

金融派生商品

他の金融商品や指数、商品に連動する金融商品。具体的には、オプションのプレミアム・売買差損益、新株予約権などがある。

居住者・非居住者

「居住者」とは、ある国に拠点を持ち、長期間にわたって相当規模の経済活動を行う者をあらわす。たとえば、国内に主たる事務所を有する法人や非居住者の国内の支店等も「居住者」とみなされる。「非居住者」は「居住者」以外の者をあらわす。

経常収支不均衡
経常収支の赤字や黒字が相当大きいこと。赤字が大きい国は外国への借金をハイペースで増加させていることを意味するので、いつまでもその状況が続けられないのではないかという問題意識に基づく言葉。概念的には各国の経常収支を合計すればゼロになるので、赤字国の問題の裏側として黒字国も問題にされることが多い。

図11-1　日本の経常収支の推移

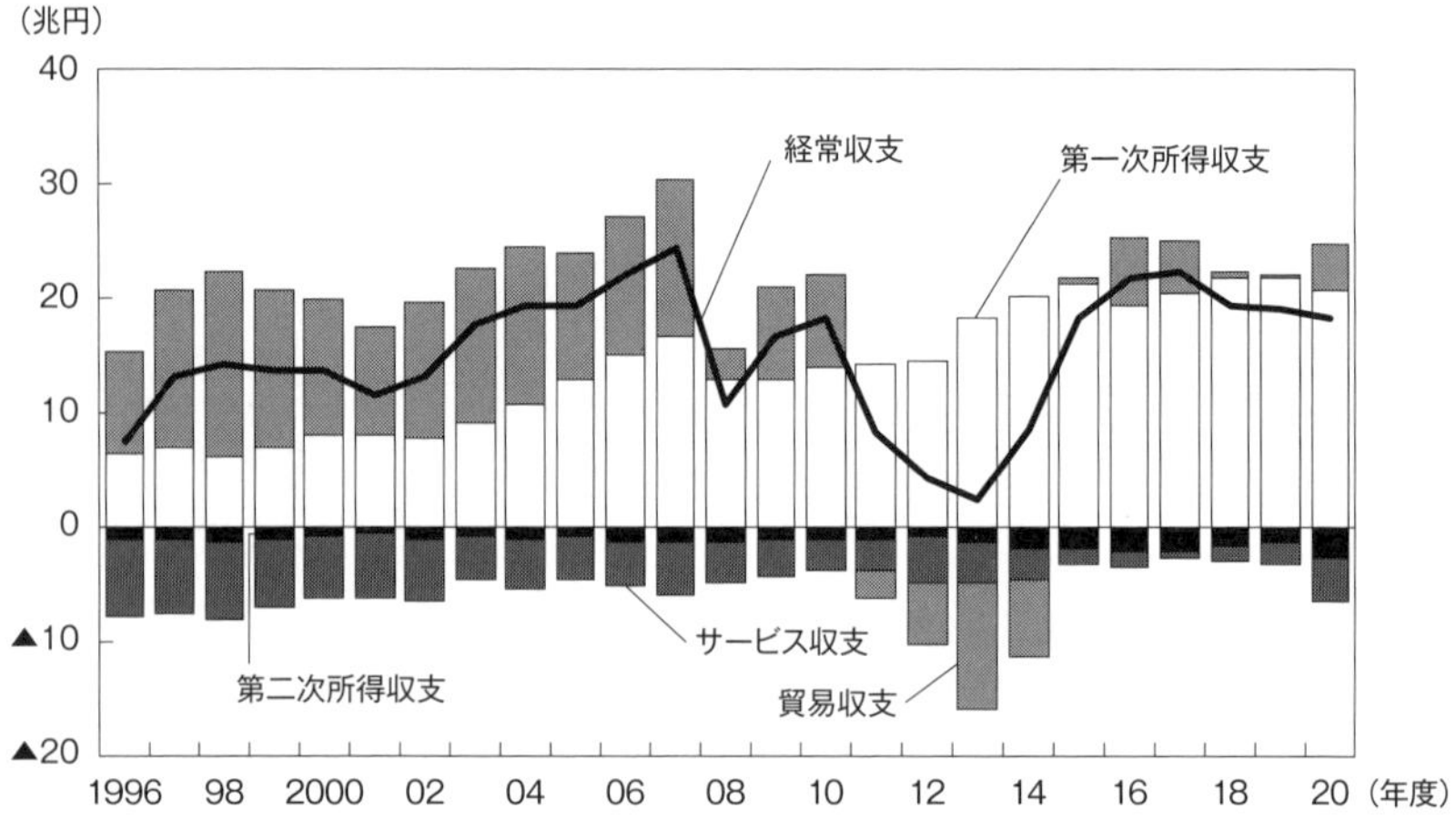

（出所）日本銀行「国際収支統計」.

（1）日本の経常収支の推移と経常収支の不均衡問題

わが国の経常収支は、一九六〇年代後半以降、産業の技術進歩による生産能力の増加と国際競争力の強化を背景に、二度の石油危機の直後を除き、黒字幅を拡大させてきた。こうした傾向は、八〇年代に入っても変わらず、日本の経常収支黒字は拡大を続けたが、それとは対照的にアメリカの経常収支は、八〇年代前半にみられた、ドル高・円安や日米の内需成長率の違い（アメリカで高く、日本では低かった）を背景に、大幅に悪化した。

アメリカ、日本、さらにはドイツなど、主要先進国でみられた経常収支不均衡の拡大は、世界経済の安定的発展にとって大きな問題とされ、八五年からその是正のための国際的政策協調が強化された。まず、八五年九月にニューヨークのプラザ・ホテルで開かれた五カ国蔵相・中央銀行総裁会議（G5）では、ドル相場の水準を引き下げることが必要との認識が示されるとともに、主要国によるドル売り介入が実施された（いわゆる「プラザ合意」）。こうした状況のなかで、ドルは円やマルクなど主要通貨に対し大幅に減価することとなった。また、それ以降、財政金融政策などマクロ経済政策面での国際協調もG8などのメカニズムを中心に進展をみせた。しかし、こうした為替レートの大幅な調整やマクロ経済政策の国際協調にもかかわらず、経常収支の世界的な不均衡（アメリカの赤字、日本、ドイツの黒字）は継続した。

とくに、二〇〇〇年代に入ると、アメリカの経常収支赤字は、財政赤字の拡大に加え、住宅価格高騰とそれにともなう消費ブームによって貯蓄率が低下するなか、〇八年の世界金融危機に至るまでの間、急速に拡大することとなった。他方、アジア新興国、とりわけ中国における経常収支の黒字の拡大が顕著となり、新興国を含む世界の主要国間の経常収支の不均衡という、グローバル・インバランスの問題が発生した。

経常収支の黒字や赤字は、それ自体が直ちに問題であるとは一概にはいえないが、不均衡が国内経済や市場の歪み（たとえば、特定の部門に過剰な貯蓄や投資が生じている）などを原因としている場合には、そうした課題に取り組むことが重要となる。世界金融危機以降、グローバル・インバランスの調整に向け、赤字国、黒字国が協力して対応を進めることが求められるようになっているが、先進国に加え、新興国をも含む主要二〇カ国・地域財務大臣・中央銀行総裁会議（G20）が国際的政策協調の場として活用されている。二〇一九年のG20サミットの首脳宣言では、グローバル・インバランスについて、不均衡は依然として高水準かつ持続的であり、その動向を評価するにあたっては、貿易、サービス、所得収支を含む経常収支のすべての構成要素に着目する必要があるとの認識が示された。なお、こうしたグローバル・インバランスについては、新型コロナ感染症拡大の影響を受けて世界の貿易量が大きく変動したもとでも、大きく変わらないとみられている。

二〇〇〇年代以降、わが国の経常収支は引き続き黒字で推移したが、その要因をみると、かつての貿易黒字を主体としたものではなく、とくに世界金融危機後については、円高方向への動きにともない企業が海外生産の拡大を進めるなかで第一次所得収支が増加してきた。第一次所得の受取の大部分は米国債等の証券投資から得られる証券投資収益であったが、アジアを中心としたグローバル・バリュー・チェーンの構築が進むなかで、二〇〇〇年代半ばから直接投資収益のシェアが拡大傾向にあり、最近では、証券投資収益を上回るまでにその役割が拡大している。

（2）二〇一一年以降にみられる経常収支の構造的な変化

わが国の経常収支の動きをみると、東日本大震災を契機に貿易収支が赤字に転じたことから、二〇一一年四－六月（第2四半期）期以降、黒字幅が急速に縮小した。そうしたなか、一四年一－三月（第1四半期）期には、消費税率引上げにともなう駆込み需要による輸入の増加等を背景に貿易収支の赤字幅が拡大し、経常収支は一時的に赤字になった。その一方で、所得収支の黒字幅が拡大を続け、また、サービス収支の赤字幅が縮小傾向を示すなど、経常収支の各項目には構造的な変化がみられるようになった。

一一年以降にみられた貿易収支の赤字幅拡大について、当初は震災による輸出基盤への打撃の影響が大きかったが、その後進展した円高による輸入数量の増加や原子力発電を代替するための燃料輸入の増加に加え、鉱物性燃料価格の上昇を通じた輸入金額の増加による影響も赤字拡大要因になった。一二年秋以降、為替は大幅な円安となったが、アジア諸国等の経済の減速といった要因に加え、海外生産の拡大や一部業種の競争力の低下といった日本の輸出構造の変化を背景に、期待されたような輸出数量の増加はみられず、この結果、一四年度の貿易赤字は、統計として連続性のある一九九六年度以降で最大となった二〇一三年度に続き、大きなものとなった。貿易収支は、原油安などを背景に一

グローバル・バリュー・チェーン（GVC＝Global Value Chain）

製造業などにおける生産工程が国内外に分散する国際的な分業体制をあらわす。生産工程の分業が海外に広がることにより、原材料や部品、資本財などの貿易が活発化される。

五年度に再び黒字に転じた後、一六年度後半以降、世界の貿易量が回復するもとで、輸出に支えられ黒字が続いている。こうした傾向は、新型コロナの影響を受けて以降も大きく変わっていない。

第一次所得収支については、二〇一一年以降、直接投資収益と証券投資収益の受取りの増加により黒字幅が拡大傾向で推移し、一八年度には一九八五年度以降でみて過去最高となった。背景には、海外への生産拠点の移転や積極的なＭ＆Ａなどの動き、また、経常収支の黒字が続くことにより、海外子会社株式や外国証券等の対外資産残高が増加したことがあると考えられる。

サービス収支については、海外への生産拠点の移転などを一因とする知的財産権等使用料の受取りの増加（たとえば、海外への生産拠点の移転にともない、国内親会社の所有する産業財産権や技術情報に対し、海外子会社が使用料を支払うといった取引が拡大している）や旅行収支の改善を背景として、一二年秋以降、赤字幅が縮小傾向で推移してきた。とくに旅行収支については、訪日外国人旅行者数及び旅行中の消費（旅行収支の受取）が増加し、一四年度に五五年ぶりの黒字となった後も、新型感染症の影響を受けて減少に転じるまで、黒字幅を拡大させてきた。

（3）インバウンド客増加の背景

海外から日本を訪れる外国人旅行者（いわゆるインバウンド客）の数は、二〇一三年に過去最高の一〇〇〇万人を突破した後も、新型コロナの影響を受けて減少に転じる前の一九年には三一八八万人（外国人旅行者受入数は、アジアで三位）と、増加が続いていた（図11－2）。また、こうした旅行者による旅行中の消費についても、一四年の二兆円から一九年には五兆円近くまで増加し、過去最高を更新していた。

インバウンドが経済に与える影響については、タイやギリシャなどの先行国に比べればまだ小さいが、地方部においても三大都市圏（東京、神奈川、千葉、埼玉、愛知、大阪、京都、兵庫）に続き外

図11-2　訪日外国人旅行者数，訪日外国人旅行消費額の推移

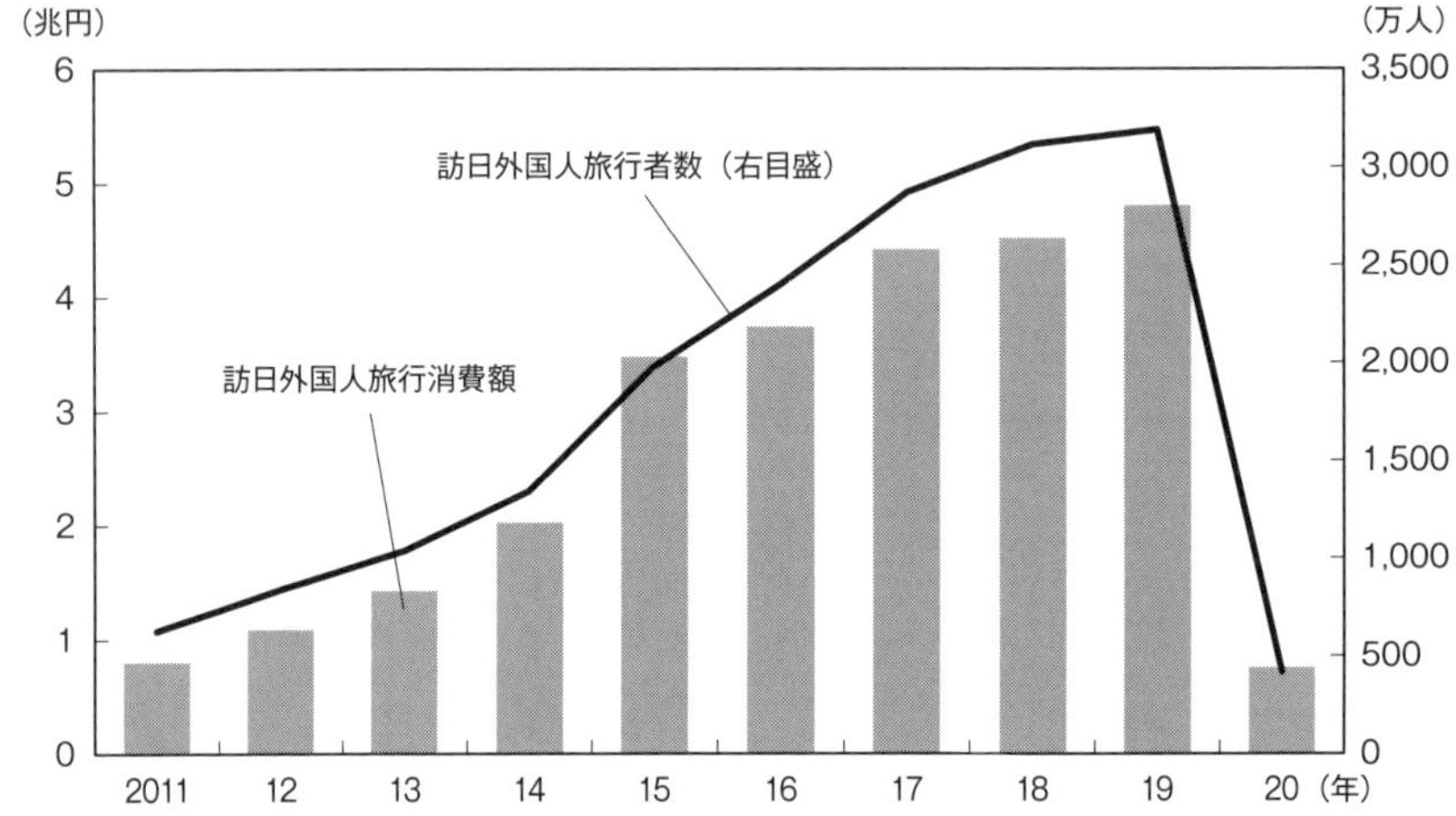

（出所）観光庁「訪日外国人消費動向調査」.

国人延べ宿泊者数が増加し、一九年には地方部のシェアが四割程度となるなど、地方経済の活性化要因としての期待も高まっていた。

コロナ禍以前にみられた外国人旅行者の増加の理由としては、①二〇二〇年までに四〇〇〇万人に倍増させるといった目標のもと、ビザ要件の緩和や免税制度の拡充など国をあげた取組みを行ったこと、②中国など近隣のアジア諸国の所得水準が上昇したこと、③一三年以降、為替レートが円安方向に動いたこと、などがあげられる。

インバウンド客の増加は、とくに中国や東南アジアからの増加が顕著であるが、インバウンド消費の動向をみても、中国のシェアが拡大しており、二〇一〇年は二割程度であったが一〇年代半ばには四割程度にまで増加した。インバウンド客一人当たりの消費額についても、平均的な消費額が、一〇年から一五年にかけて約三割増加し、一八万円となるなか、中国人訪問客の消費額は二八万円と、平均を一〇万円程度上

回っていた。ただし、こうした中国人訪問客の一人当たり消費額は、一〇年代半ば以降鈍化がみられ、消費内容も、これまで最も大きなシェアを占めていた買い物代が減少するなど、消費の傾向が百貨店での買い物などを中心としたモノ消費から、サービスを中心としたコト消費に移りつつあることを示している。

こうしたインバウンド客による旅行中の消費は、国際収支統計上、サービス収支の一部である旅行収支の受取りとして計上され、ＧＤＰ統計上も消費ではなく旅行サービスの輸出といった点からＧＤＰの増加に貢献してきた。

（4）新型コロナの影響を背景に財貨とサービスで異なる動き

わが国の経常収支については、新型コロナの影響を受けた後も、第一次所得収支の大幅な黒字を背景に全体として黒字となる傾向に変化はみられない。その一方で、貿易収支とサービス収支の間で異なる動きがみられるようになった。

貿易収支の動きをみると、新型コロナによる影響が拡大した二〇二〇年当初、諸外国におけるロックダウン等の経済社会活動の制限措置の影響により海外経済が減速することで、自動車関連財を中心に、わが国の輸出も弱まり一時的に赤字に転じたが、その後、世界的に経済活動が再開されることにともなって回復し、二〇年を通してみれば一七年以来の黒字幅を記録することとなった。

貿易収支とは対照的に、サービス収支をみると、旅行収支の黒字幅が九割減となり、新型コロナの影響を強く受けて悪化した。二〇二〇年に入ると、水際対策の強化や各国政府が渡航自粛勧告等を行ったことを背景にインバウンド客が急速に減少し、その結果、サービス収支は、貿易収支に先んじて赤字となった。その後も、国を跨いでの移動が制限されることで、インバウンド客は、二〇年には、一九年の三一八八万人から四一二万人にまで減少した。また、一九年には五兆円近くあった旅行消費額も、二〇二〇年には〇・八兆円未満にまで減少することとなった。ＵＮＷＴＯ（国連世界観光機関）によれば、二〇二〇年における国際旅行市場の損失は、〇九年の世界金融危機時の損失の約一一倍となる約一・三兆ドル（約一三九兆円）とされている。

その後、段階的に、ビジネス目的や在留資格を持つ外国人などの入国が進められているが、新型コロナの影響からの回復がみられる財貿易とは異なり、コロナ禍以前の増勢を取り戻せていない。インバウンド客については、次の目標として、二〇三〇年までに六〇〇〇万人にまで増加させるといった目標が掲げられているが、その回復時期は、国内外の感染動向等に依存している。

新型コロナの影響を受けたインバウンド消費の急減は、旅行サービスの輸出の減少を通して、二〇二〇年のＧＤＰ成長率を〇・六％程度押し下げることとなった。こうした経済へのマイナスの影響は、コロナ禍前にみられたインバウンド需要が失われたことを背景に、とくに宿泊や旅客輸送、飲食等を中心とした観光関連産業で顕著であった。

❸ 日本の貿易構造の変化

ここでは、日本の輸出・輸入にみられる貿易構造の変化を品目別及び地域別に振り返る。

（1）日本の品目別の輸出・輸入の推移

戦後の世界貿易がほぼ一貫して拡大を続けるなか、日本経済は、製造業を中心に輸出需要の拡大に依存し、輸出主導の成長・発展を遂げてきた。この間、日本企業は、技術革新、生産コストの削減など供給面の改善を進めてきた。それが、日本の産業構造の高度化をもたらし、ひいては所得水準の向上に大きく寄与してきた。同時に、日本は貿易自由化を徐々に進め、輸出、輸入の双方を拡大することにより、貿易のメリットを享受してきた。

かつてのわが国の貿易の特徴は、天然資源に恵まれず、近隣に有力な工業国が存在しなかったため、海外との国際分業を行うさい、加工貿易を中心とする垂直分業の形をとっていたことであった。しかし、最近はこうした状況が変化し、直接投資を通じた生産拠点の東アジアへの移転にともない、日本と東アジア諸国との間で生産工程統合（工程間分業）の動きが強まっている。

日本の品目別の輸出、輸入の推移をみると、経済の発展や産業構造の高度化と歩調をあわせて、その構成項目が変化していることがわかる（図11－3、11－4）。輸出についてみると、一九七三年の第一次石油危機にともなうエネルギー価格の上昇を契機に、鉄鋼などの素材型製品のシェアは低下に転じ、自動車をはじめとする加工組立型製品のシェアが拡大した。この結果、九〇年の輸出総額に占める機械機器のシェアは七五％に達し、機械のなかでも高度な技術を必要とする、半導体電子部品、コンピュータを含む事務用機器といったＩＴ関連製品のシェアが高まった。こうした長期的な輸出構造の変化には、日本の所得の上昇や技術進歩などに加え、変動相場制への移行にともなう円高の進展も影響してきたとみられている。二〇〇〇年代に入ると、東アジアとの生産工程統合の進展により、部品・中間財、投資財の輸出のシェアが高まった。その後も、中国を中心とする東アジア新興国の投資の活況を受けて、化学品や鉄鋼などの金属品の輸出シェアが高まりをみせた結果、二〇年には、機械機器のシェアは六〇％程度にまで低下した。

日本の輸入の品目別構成の変化をみると、一九八〇年代半ばまで食料品、鉄鉱石や羊毛などの原材料、石油を中心とする鉱物性燃料の割合が高く、工業製品のシェアが低い状況が続いていた。鉱物資源や土地が稀少な日本にとって、原材料や食料の大部分は比較劣位にあり、こうした輸入構成は伝統的な貿易理論からみても自然な姿であった。しかし、その後、輸入構造は大きく変化した。すなわち、東アジア諸国の急速な工業化にともない、この地域との水平貿易が進展したこと、また、円高に

垂直分業・垂直貿易

それぞれの国の資源賦存状況などを背景に、得意な分野のモノやサービスを輸出し、不得意な分野では輸入すること。

工程間分業

第７章１６４ページの頭注参照。

水平分業・水平貿易

同じ産業分野で輸出と輸入を同時に行うことをさす場合もあるが、狭義には、産業内貿易のうち「工程間分業」によるものを除外して「製品差別化分業」によるものをさす（第７章１６４ページ参照）。

図11-3　日本の品目別輸出構造の変化

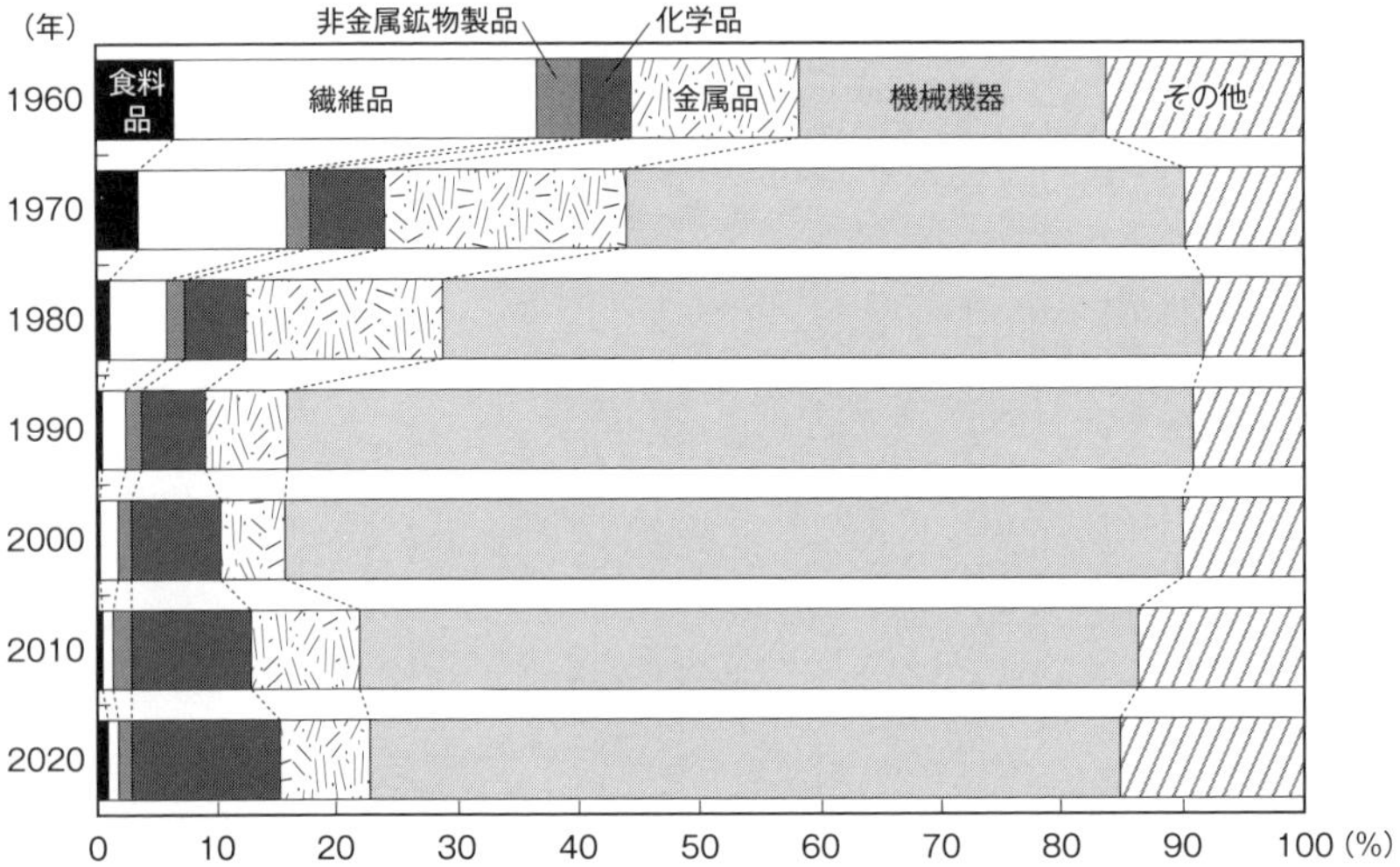

（出所）財務省「外国貿易概況」.

ともない価格の変化に感応的な工業製品の輸入が増加したこと、さらには素材型産業のウェイトの低下や省資源、省エネルギーがいっそう進展したこと、などにより原材料や鉱物性燃料の輸入のシェアが低下する一方、製品類のシェアが上昇した。この結果、製品輸入比率は八〇年代後半以降五〇%を上回り、二〇〇〇年には六〇%台に達した。石油価格の上昇によって鉱物性燃料のシェアが上昇し、製品輸入比率は、一〇年には五〇%程度に低下したが、最近では、ふたたび上昇し、六〇%台となっている。

(2) 日本の地域別の輸出・輸入の推移

次に、日本の輸出、輸入の推移を地域別にみていく（図11-5、11-6）。輸出先では、対米輸出のシェアをみると、一九八〇年代前半はドル高やアメリカの景気拡大の過程で高まり、八六年に三八・四%にまで達した。しかし、その後、対米・対アジ

図11-4　日本の品目別輸入構造の変化

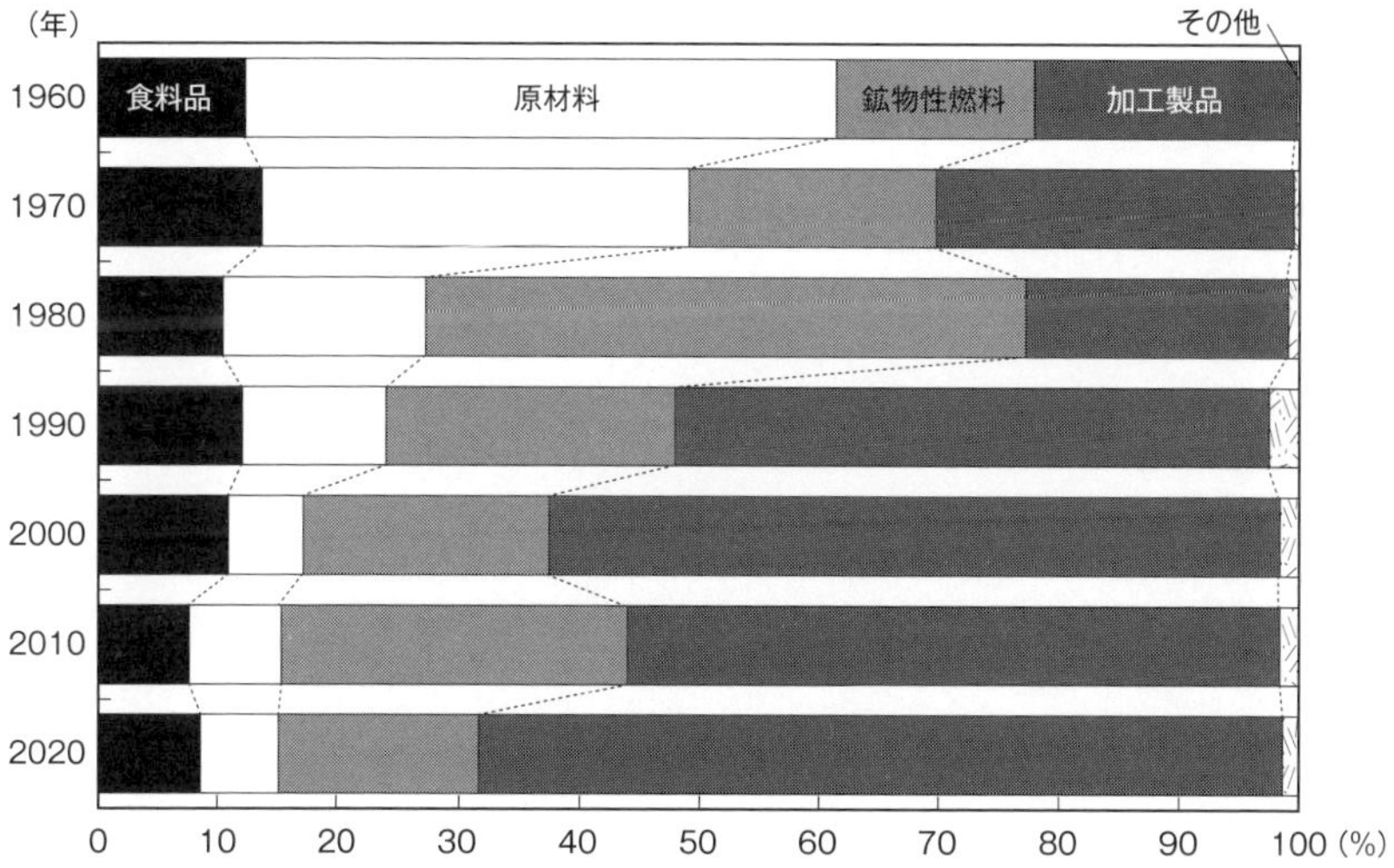

（出所）財務省「外国貿易概況」.

ア直接投資の増大による現地生産シフトなどにより、日本からの対米輸出のシェアは継続的に低下し、代わって中国を中心とするアジア向けのシェアが拡大してきた。アジア向け輸出のシェア増加の背景には、これら諸国の所得水準の向上による日本の消費財への需要の高まりに加えて、これら諸国が日本企業等の生産工程に組み込まれてきたことにともない、日本からの資本財・中間財の輸出が増えたことがある。こうしたなか、二〇〇九年には、中国向けの輸出シェアが一八・九％となり、はじめてアメリカ向けの輸出シェアを上回ることとなった。その後、二〇一〇年代に入るとアメリカ経済の堅調な回復等を背景に、アメリカ向けの輸出が増加し、ふたたびアメリカが日本にとっての最大の輸出先市場となったが、二〇年には、新型コロナによる経済活動の落ち込みを比較的早く脱した中国に向けた輸出がアメリカ向けを上回った。

図11-5　日本の地域別輸出構造の変化

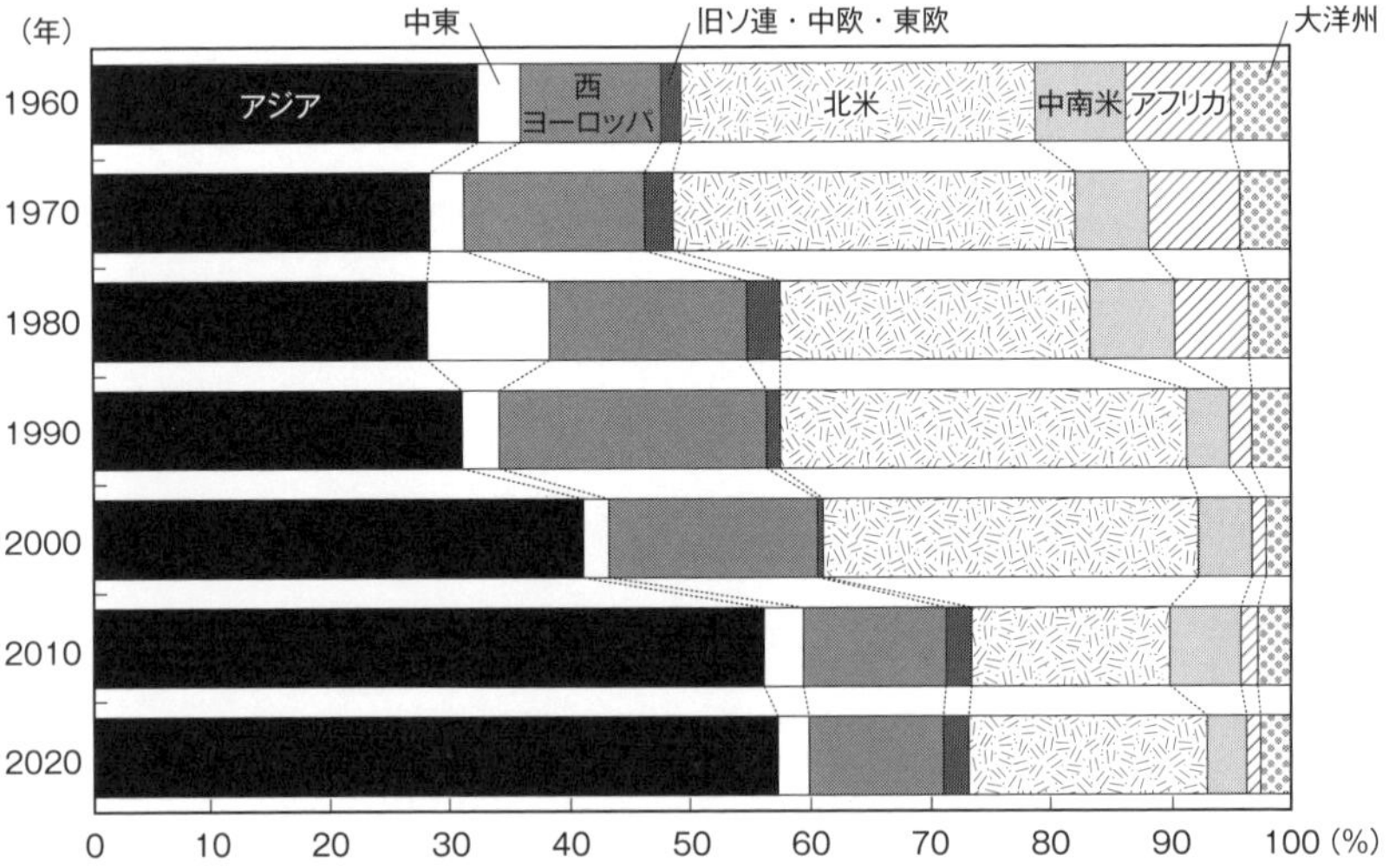

（出所）財務省「外国貿易概況」.

日本の輸入元を地域別にみると、以前は原材料や鉱物性燃料の主たる輸入元であるアメリカ、中近東のシェアが高かった。しかし、一九八〇年代半ば以降、原油価格の低下、円高による製品輸入の増大にともない、アメリカや中近東からの輸入シェアは低下し、アジアからの輸入シェアが高まっている（二〇二〇年には、五〇％）。とくに、中国からの輸入増が顕著となっており、〇二年には、アメリカからの輸入シェアを上回り、わが国にとっての最大の輸入元となった。

貿易構造に影響を与える要因として、日本企業の海外進出もあげられる。第7章でみたように、日本企業の海外進出が進んでいるが、海外進出の拡大は、輸出代替効果が働く場合、国内生産の減少につながる可能性も考えられる一方、対外資産残高の増加を通じて、海外からの所得受取りを押し上げる効果を期待できる。第一次所得収支

図11-6　日本の地域別輸入構造の変化

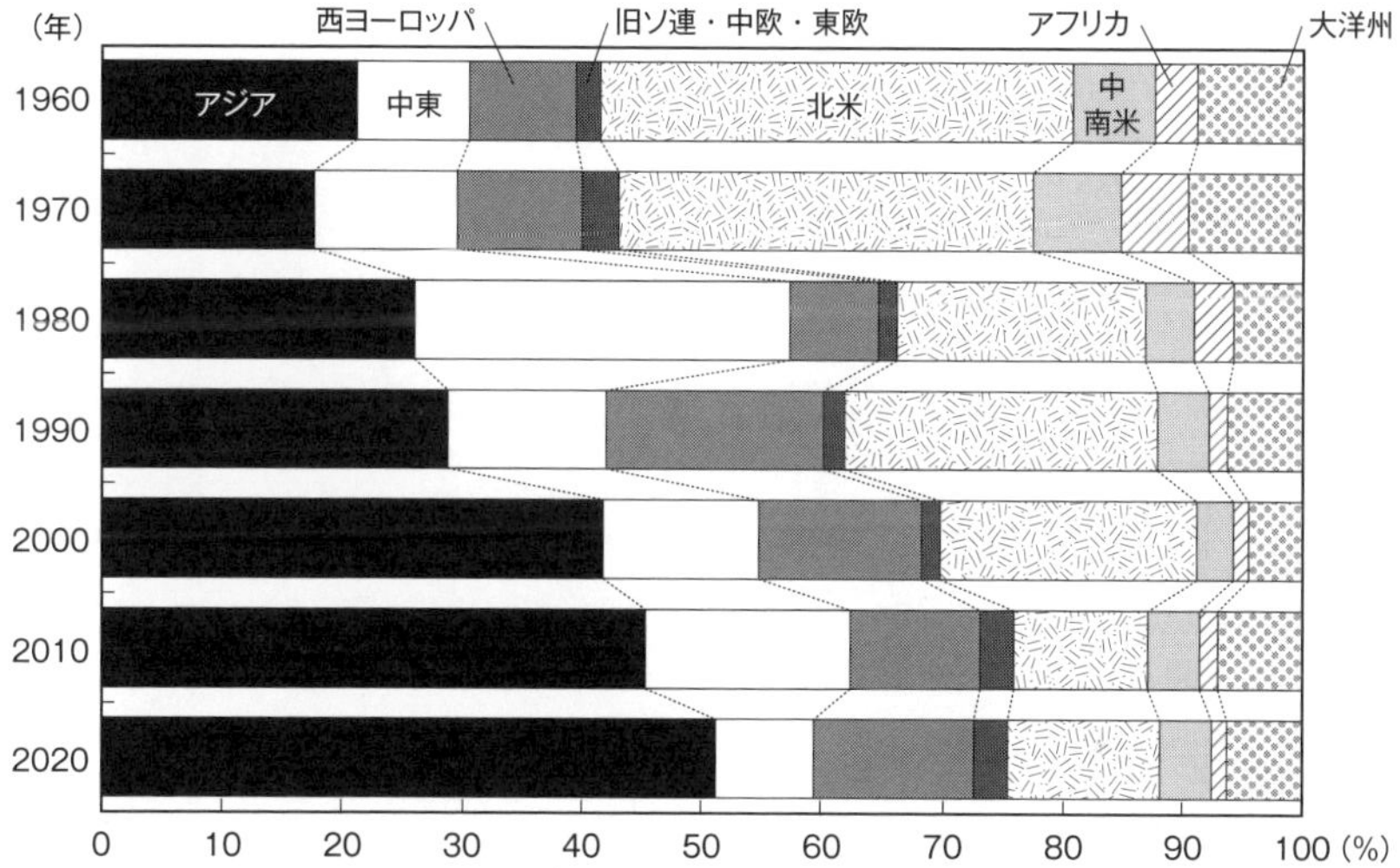

（出所）財務省「外国貿易概況」.

とその内訳の推移をみると、一二年秋以降の円安局面では、〇五〜〇七年における前回円安局面と比べて、直接投資収益の受取りが大きくなっているが、これには、企業の海外生産拡大にともない、そこからの収益やその円での評価額が増加したことが影響している。ただし、新型コロナ感染症が世界的に拡大した初期において、国際的なサプライチェーンの寸断を通じた供給制約という課題に直面した企業にとって、これまで進めてきた直接投資の方向性（近年ではアジア向けが増加）やサプライチェーンのあり方が見直される可能性も考えられる。

第2節　為替レートと国際通貨体制

1　固定相場制から変動相場制へ

日本では、一九七三年以降、それまで採用してきた固定相場制を放棄し、変動相場制へ移行した。変動相場制のもとでは、各国通貨当局には為替を一定に維持する義務はなく、為替レートは、外国為替市場における各通貨に対する需要と供給によって原則として自由に変動することとなる。すなわち、円を例にとれば、外貨に対する需要が強いときには円安になり、逆に円に対する需要が強い場合には、円高となる。

変動相場制への移行にあたり、大きく分けて三つの効果が期待された。第一は、為替レートの変動により、経常収支の調整が迅速に達成されるということであった（経常収支自動調整効果）。たとえば、日本の輸出競争力が強くなり、経常収支の黒字が大きくなると、輸出で得た外貨を円に替えようとする動きが増え、円レートは上昇する。これによりマーシャル＝ラーナー条件が満たされる場合には貿易黒字が縮小することになる。

第二に、各国は経済政策を対外均衡の追求に振り向ける必要がなくなり、国内目標（物価や雇用の安定など）の達成のためだけに政策を活用することができると考えられた（経済政策の自立性）。

第三には、インフレなど一国で生じた名目的なショックは為替レートの変動によって吸収され、他国に悪影響（たとえばインフレの伝播など）を及ぼさないことが期待された（攪乱の隔離・封じ込め効果）。

ただし、七三年以降続く変動相場制下において、これらの効果は当初期待されたほどに機能してこ

固定相場制とニクソンショック

固定相場制とは、通貨間の交換比率、すなわち為替レートを、原則として一定に維持する制度であり、戦後まもなくから七〇年代初に至るまで、円については一ドル＝三六〇円というレートが設定されていた。しかし、一九七一年八月、アメリカのニクソン大統領が、金とドルとの固定比率での交換停止を含む新しい経済政策を突然発表したことをきっかけとして円のレートは維持できなくなり、同年一二月に発足したスミソニアン体制においては、円のレートは一六・八八％切り上げられ、一ドル＝三〇八円となった。この「金ドル交換停止」は、きわめて大きな驚きを与え、また世界経済に対しても大きな影響を与えたことから「ニクソンショック」と呼ばれ

なかった。まず、経常収支の自動調整効果についていえば、①為替レートが経常収支を是正する方向（たとえば日本で経常収支が黒字の場合には円高の方向）に動いたとしても、輸出入の価格弾性値が小さいために、その是正が不十分なものにとどまってしまうこと、また、②金融・資本市場の自由化、国際化にともない、国際的な資本移動が大幅に活発化するなかで、外国為替の取引に対する経常収支というフローの要因の影響が小さくなったこと、などを背景に、為替レートが必ずしも経常収支を是正する方向には動かなくなった。

この結果、各国では経常収支不均衡の是正のために、財政金融政策を発動せざるを得なかった。すなわち、変動相場制に期待された第二の効果「経済政策の自立性」も十分には発揮されなかった。また、金融・資本市場の国際的な統合など各国経済の相互依存関係が強まるなかで、ショックの隔離効果も現実には十分には働いてこなかった。さらに、為替レートが大きく変動すると、輸出入価格も大きく変動し、その結果、取引が不安定となったり、先行きの不安から企業の設備投資意欲が減退したりするなど、長期的にみると合理的な資源配分をかえって阻害するのではないかといった懸念も指摘されている。

なお、変動相場制のもとで、一九九八年の規制緩和を受けて、個人が、比較的少額の証拠金を業者に委託し、主として差金決済（売却金額と買付金額との差額の授受による決済）による外国通貨の売買を行う取引が出現した。こうした取引は、「FX取引」「外国為替証拠金取引」と呼ばれ急増しており、その投資額（店頭金融先物取引出来高）は、二〇二〇年には、一五〇〇兆円を超えている。ロスカット（期待と反対方向に動いた場合の損切り取引）が自動的に行われるために、東日本大震災直後のように、為替相場の大きな変動の背景になることもある。為替相場は、基本的には、各国経済の基礎的諸条件（ファンダメンタルズ）を反映し、外国為替市場における各通貨に対する需給により市場

た。「金ドル交換停止」は、ドルの切下げを狙った通貨防衛策であり、これによって一九四四年から続いた固定相場制が崩壊した。

マーシャル＝ラーナー条件

通貨の減価（増価）が貿易収支改善（悪化）をもたらすためには、輸出と輸入の価格弾性値の合計が一より大きい（小さい）ことが必要であるとする条件。この条件を満たさないと、為替の調整により貿易収支の改善が期待できない。

において決定されるものであるが、近年みられるように、投資対象としての外国通貨の役割が拡大するなか、投機的な取引によってファンダメンタルズから乖離し、短期間のうちに大きく変動するなど不安定な動きを示すことがある。

2 変動相場制のもとでの円レートの推移

(1) リーマンショック以降の円高局面

一九七三年からの円の為替レートは、産業の生産性や貯蓄投資バランスなど日本経済のファンダメンタルズの長期的な改善を反映し、対ドル為替レートでみても、名目実効為替レート（日本円と各通貨との為替レートを貿易ウェイトで加重平均したもの）でみても長期的には増価（円高）の傾向を続けてきた（図11－7）。そうしたなか、二〇〇八年秋のリーマンショックを契機に、世界的なリスク回避の動きが生じるなか、ドル円でみた為替レートは、一一年一〇月には、プラザ合意後最高値となる七五円台まで増価した。

他方、名目実効為替レートを内外の物価指数の動きで調整して、物価変動の影響を除去したものが、円の実質実効為替レートである。これをあらわす指数（指数が高いほど、実質的な円高であり、物価の影響を除去しても為替レートの水準が割高となっていることを意味する）をみると、二〇一〇年を一〇〇とした場合、一一年末には、一〇四程度となっていた。

この時期の対ドル為替レートや名目実効為替レートは歴史的な高水準であったが、実質実効為替レート指数でみれば、過去の円高ほどではなかった。それにもかかわらず、一〇年代初に生産工程の対外移転がみられた背景には、他の経済環境も影響していたことが考えられる。すなわち、「六重苦」とよばれた諸要因で、円高のほかに、貿易自由化の遅れ、高い法人税、環境制約、雇用環境、不安定

ファンダメンタルズ
投機に左右されない為替レートを決定する「経済の基礎的諸条件」である。サミットやG8会議などで一九七〇年代終わりから頻繁に使用された用語で、投機的要因以外の、経済成長率、物価上昇率、国際収支などのマクロ経済指標の状況を指す。

図11-7　円の為替レートの推移

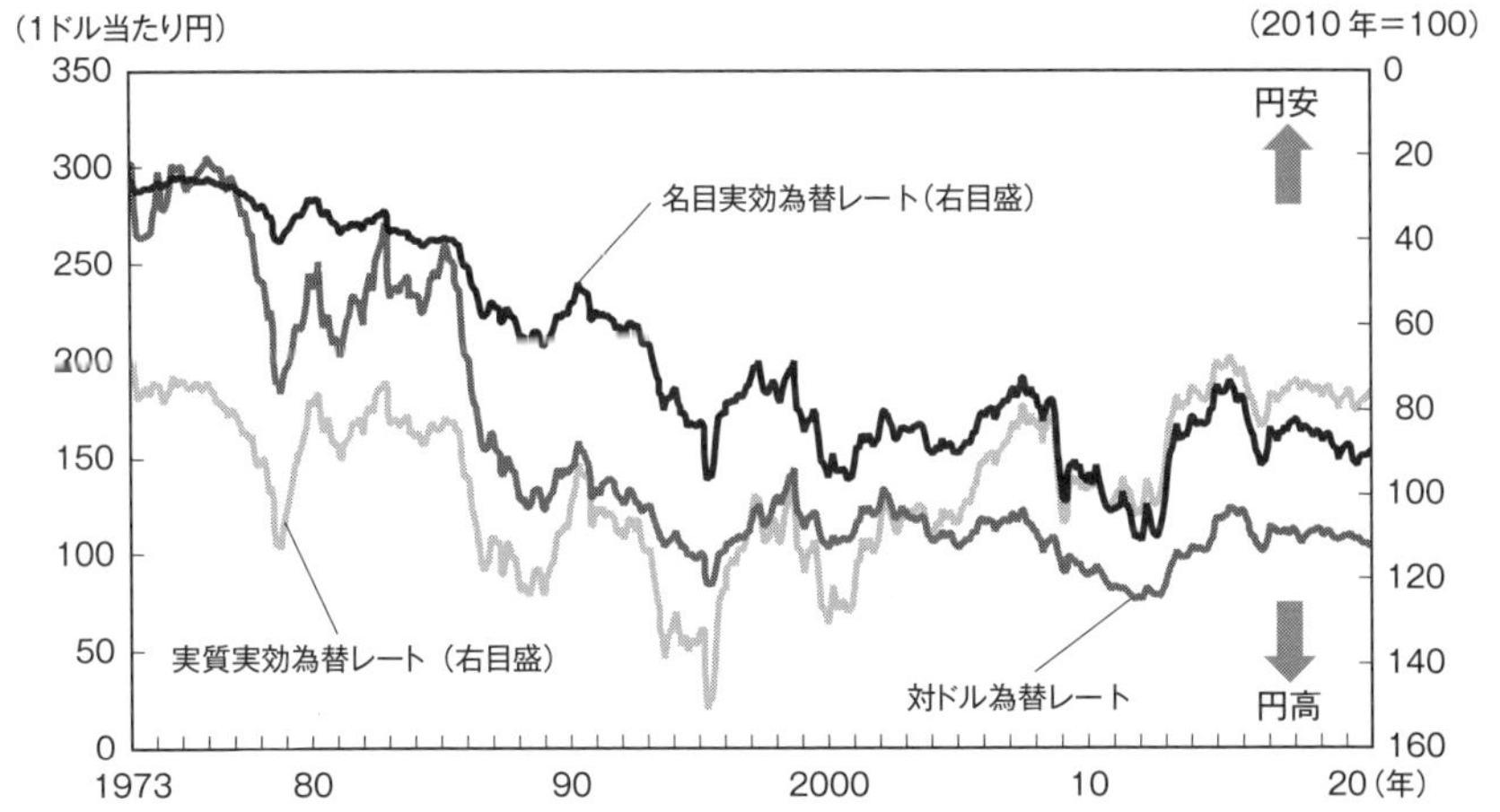

（出所）日本銀行ホームページより作成.

な電力事情である。また、サプライチェーンの海外移転によるリスク分散といった要因も考えられる。

（2）アベノミクス以降の円安局面

二〇一二年秋以降、アベノミクスの第一の矢として「大胆な金融政策」が実施されたことなどを背景に為替レートが大幅に円安方向に変化し、一三年末には、一ドル一〇〇円台まで減価した。その後も、円安傾向が続いたが、その一方で、期待されたような円安による輸出数量の押上げ効果が十分にはみられてこなかった。

その背景には、海外生産の拡大や比較優位の変化のためにわが国の輸出構造が変化したことがあげられる。具体的には、電気機械の輸出のなかで家電から産業インフラ用の重電へのシフトなど、価格競争に服しやすく標準化度合いの高い量産型の財から、高付加価値で価格競争力の高い財への移行がみられた。こうした状況の下で円安に際して、企業が輸出先市場での価格の引下げによる販売数量増、マーケット・シェアの拡大よりも、円建て輸出価格の上昇を通じて数量当たりの収益増を志向するようになったとみられる。

なお、円安による輸出数量の押上げ効果が弱まっている背景には、財輸出において中間財や資本財といった企業内取引が増加し、価格を引き下げる必要のある取引の割合が低下しているといったことなども影響していると考えられる。

第3節　円安と日本経済

二〇一二年秋以降、それ以前と比べ、為替レートの円安傾向が続いてきたが、こうした傾向は日本経済にどういった影響を与えてきたのであろうか。伝統的には、為替レートの円安方向への動きは、輸出数量の増加と輸入数量の減少に寄与し、わが国の景気を押し上げる方向に作用してきた。また、Ｊカーブ効果により、貿易収支の改善にも寄与してきた。他方で、円安は、自国通貨価値の減少であるので、日本経済の実質的な購買力を低下させるという面をあわせ持つが、短期的にみれば景気に対してはメリットが大きいと一般的に考えられていた。これは、購買力の低下を通じ内需を抑制する効果に比べ、外需を刺激する効果が大きいとみられていたためである。

前節で述べたように、円安による輸出数量の押上げ効果は弱まったが、このことは、円安のメリット、デメリットの変化をもたらすことになった。円安が持つ日本経済へのプラスの側面としては、とくに最近では、企業が輸出価格の上昇を通じて売上金額を増加させる傾向を強めるなか、輸出比率が高く円安のメリットを受けやすい大企業製造業を中心に企業収益が拡大し、こうした動きが賃金や設備投資などの増加につながることで経済へ波及していくことが考えられる。実際に、日本企業の経常

Ｊカーブ効果

自国通貨が減価した場合、貿易収支が一時的に悪化し、時間の経過とともに改善に向かう現象を指す。通貨が増価する場合には、これと逆の動きとなる。これは、為替変動による相対価格変動がもたらす数量効果が、為替変動により直ちに発生する価格効果よりも遅れてあらわれることにより生じるものである。

利益は、一八年に至るまで過去最高水準を更新してきており、堅調な雇用・所得環境を支えてきた。円安のメリットは、輸出比率の高い製造業に限らず、商社などの卸売業やサービス業をはじめ非製造業の一部でもみられるようになった。実際に、非製造業の売上高経常利益率は、二〇一〇年代半ば以降受取配当金などにより押し上げられており、事業を国内に限らずグローバル展開するような企業を中心に円安のメリットを享受する企業が増えているとみられる。

その反面、円安が進むことにより、輸入に依存する企業では、輸入原材料品等を購入するさいの価格が上昇し、収益を圧迫するというデメリットも生じる。とくに、原材料価格の上昇を販売価格に十分に転嫁することができない中小企業にとっては、その影響は大きいと考えられる。加えて、円安の影響を受けて、電気、ガスといったエネルギーや食品・日用品等の生活必需品など、身の回りの物価が上昇する場合には家計の消費を抑制することとなる。

すでにみたように、円安による輸出数量の押上げ効果が弱まる一方で、企業収益の浮揚効果は高まったとみられるが、こうした効果を経済全体へと波及させていくため、企業が収益の増加を積極的に賃金増や投資につなげていくことを促す環境づくりが必要となっている。逆に、円安のもと、原材料価格上昇の販売価格への転嫁を十分に行えない中小企業等に対しては、価格転嫁を適切に行うことができるよう支援を行うことが重要となる。

なお、従来、非製造業にとって円安は不利とされてきたが、円安は外国人観光客を増やすので、宿泊業、飲食業などを中心に、こうした状況が変化しつつあることは注目に値する。

参考文献

伊藤元重・大山道広『国際貿易』（モダン・エコノミックス14）、岩波書店、一九八五年。

浦沢聡士・笠原滝平「経常収支にみられる構造的な変化――インバウンドの実証分析」一橋大学経済研究所『経済研究』第六八巻第三号、二〇一七年。

観光庁編『観光白書』各年版。

経済企画庁編『経済白書』各年版。

財務省ホームページ（国際局、外国為替・国際通貨制度）。

内閣府政策統括官『日本経済』各年版。

内閣府編『経済財政白書』各年版。

日本銀行ホームページ（国際収支統計）。

第12章　資源エネルギー戦略の再構築

第1節　エネルギー需給と原発依存

1　エネルギー需給

日本のエネルギー供給は、昔から輸入した化石燃料への依存が高かったが、福島の原子力発電所の事故以降、原子力発電の減少にともない、化石燃料依存度は一層高くなった（図12－1）。一次エネルギー供給の四割弱を石油が占めており、石炭、天然ガスも重要な地位を占めている。電力や都市ガスなどの二次エネルギーの形も含めて消費される最終エネルギーは、発電や精製などの過程でロスが生じるため、一次エネルギーの七割弱であるが、最終エネルギー消費は二〇〇五年をピークに減少している（図12－2）。電力のゼロエミ比率は二〇一〇年には三五％と欧州よりは低いもののアメリカ並みであったが、福島の事故後大きく低下した（二〇一八年で日本一九％、アメリカ二九％、ドイツ四六％、イギリス五三％、フランス八〇％）。

一方、日本のエネルギー効率は比較的高い。ＧＤＰ当たりのエネルギー使用量はアメリカより少なく、欧州諸国と並んで世界平均を下回っている。しかし一人当たりでみると、エネルギー使用量や電

化石燃料
石油、石炭、天然ガスのように有機物が長期間で変成してできた燃料、燃焼にともない二酸化炭素が放出される。

一次エネルギー
自然界に存在するままの形のエネルギー源。これを転換・加工して、電力、都市ガスなどの使いやすい形にしたものを二次エネルギーという。

最終エネルギー消費
転換・加工されずそのままの形で使われる一次エネルギーと転換・加工されて使われる二次エネルギーとを合わせたもの。

ゼロエミ比率
発電時に温暖化ガスを排出しない電源（具体的には原子力発電と各種の再生可能エネル

ギー発電）の全体に占める比率。

図12-1　一次エネルギーの供給と自給率の推移

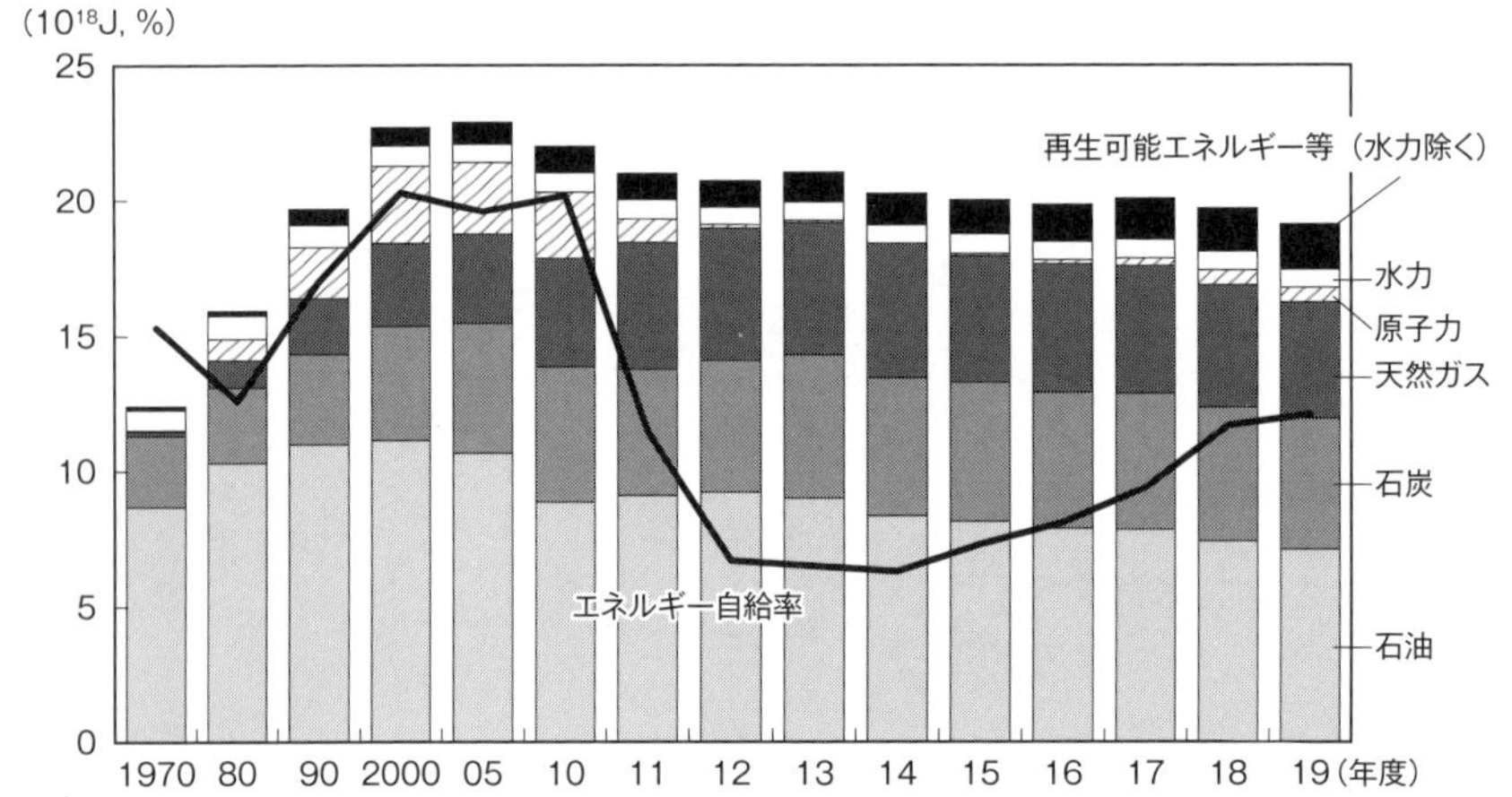

（注）J（ジュール）＝エネルギーの大きさを示す指標で，1MJ＝0.0258×10^{-3}原油換算kl．ただしM（メガ）は10の6乗．
（出所）資源エネルギー庁．

力使用量は、アメリカよりは少ないものの欧州に比べやや多めである（図12－3）。

❷ 原発事故までは原子力の大幅活用を目指していた

日本の原油や天然ガスの産出量は少なく、かつてエネルギーの主役を務めた石炭の生産も近年は八〇万トン程度と最盛期の二％以下に減少している。このため、日本はエネルギーの自給率が低く、原発事故前の二〇〇九年度でも自給率は一八・五％（準国産とみなされる原子力発電を含めた場合）に過ぎなかった（一九年は一二・一％）。原子力発電の原料となるウラン鉱石も全量を輸入に依存しており、原子力発電も輸入とみなせば、自給率は七・〇％に過ぎなかった。また、原油輸入の中東依存度は、低下した時期もあったが当時は九割程度（二〇年でも九二・〇％）と欧米の二割程度に比べて際立って高く、化石燃料の

自主開発比率
その国の企業が参画する内外の権益からの引取量の比率。

図12-2　最終エネルギー消費と実質GDPの推移

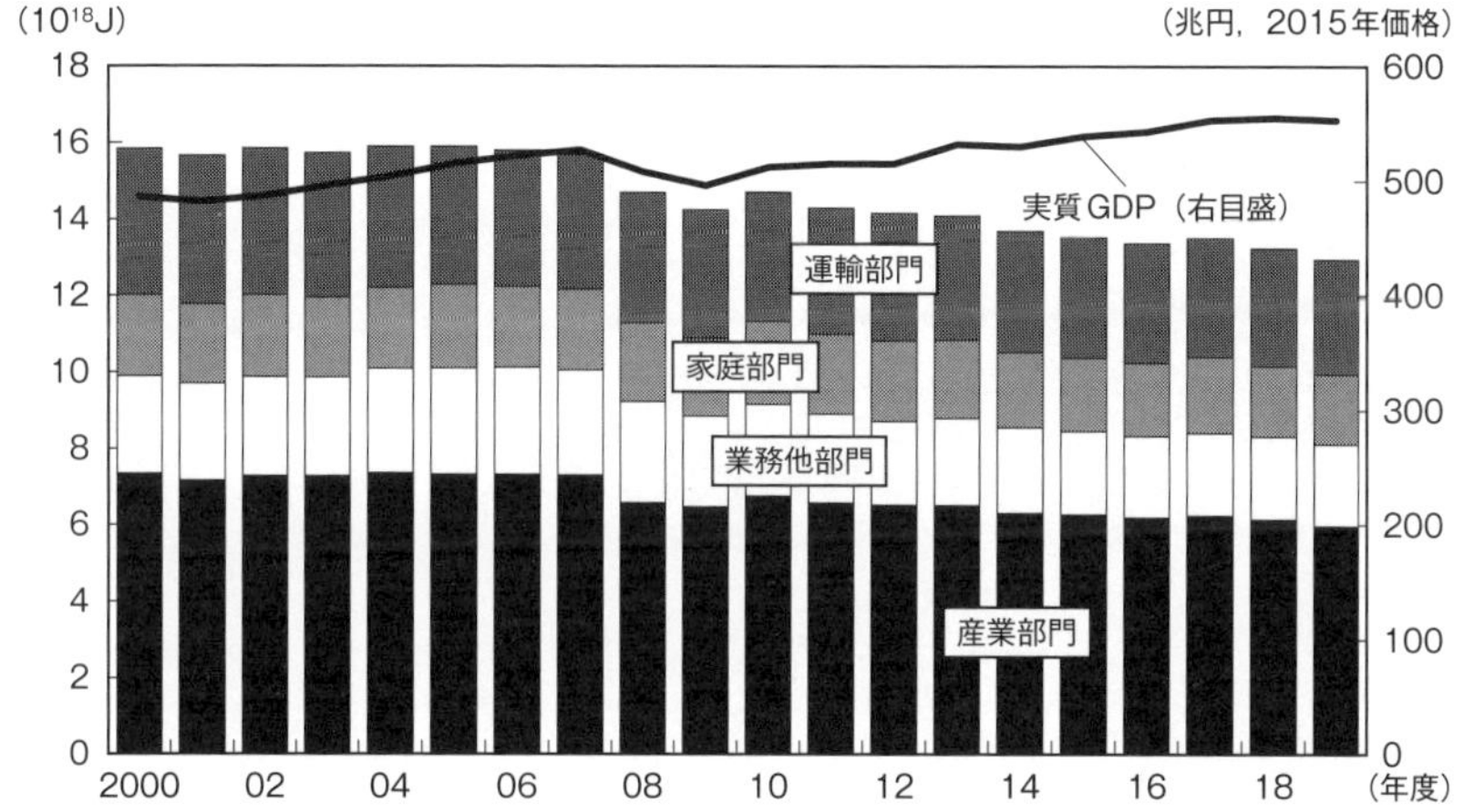

（注）1. J（ジュール）＝エネルギーの大きさを示す指標で，1MJ＝0.0258×10^{-3}原油換算kl．ただしM（メガ）は10の6乗．
2. 産業部門は農林水産鉱建設業と製造業の合計．
（出所）資源エネルギー庁，内閣府．

自主開発比率も二割台で欧米に比べると低い。

こうしたことから、二〇一〇年六月に策定された「第三次エネルギー基本計画」では、エネルギー自給率を三〇年に倍増することとし、そのために再生可能エネルギーの導入を拡大するとともに、電源構成に占める原子力発電の比率を四五%に上昇させる（一〇年度実績二六%）こととしていた。具体的には三〇年までに「少なくとも一四基以上」（同義である「少なくとも」と「以上」とを重ねて用いているところに意気込みが感じられる）の原子力発電所の新増設を行うとともに、諸外国より低かった設備利用率も〇八年度の約六〇%から九〇%に上げることを目指すとしていた。

一方で、エネルギー消費を節約するという方向での政策対応は、エネルギー効率が高かったことや、原子力による供給

規模の経済
第7章172ページの頭注参照。

発送電分離
発電と送電を同じ（または同じ資本の）事業者が行うことを禁止することによって、発電分野に競争を導入すること。電力の質や安定性を損なうとの懸念も指摘され、諸外国でも初期にそうした問題がみられたが、経験の蓄積によって解決している。

図12-3　主要国のエネルギー効率

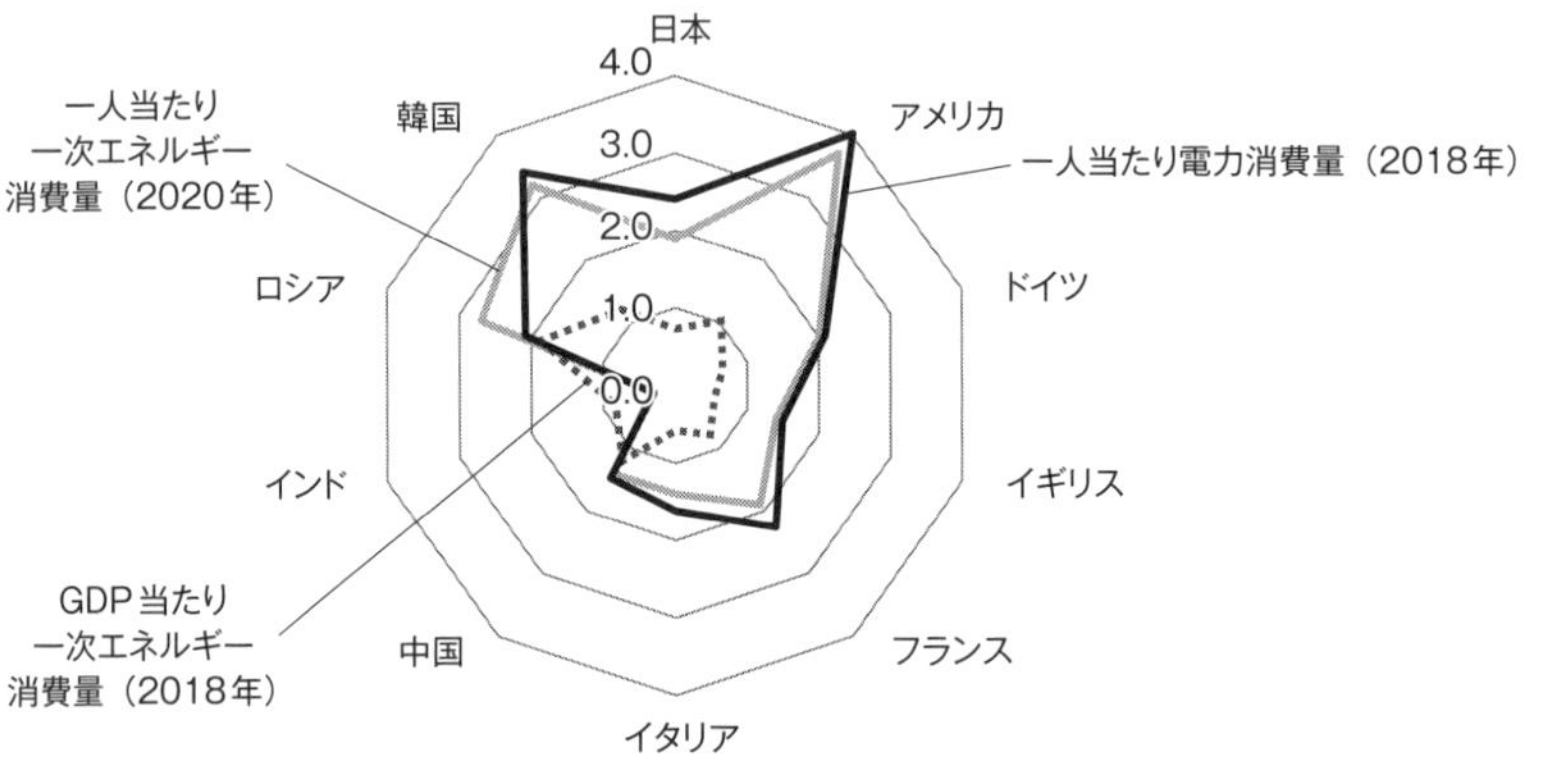

（注）1が世界平均の水準.
（出所）BP資料及びIEA（国際エネルギー機関）統計より筆者作成.

増を見込んでいたことなどから、比較的手薄で、欧州諸国にみられたような都市への自家用車乗入れ規制・課金や炭素税の導入（第13章参照）は遅れていた。

3　異質だった規制方式

エネルギー産業は規模の経済が大きく、供給にはネットワークが不可欠であるうえに、生活や産業の基盤である。こうしたことから、各国で比較的強い公的規制が行われている。多くの先進国ではこうした規制は、独立した規制機関が行っているが、日本では原子力の安全確保を担当する原子力保安院も経済産業省のもとにあるという特殊な体制をとっていた。これに対し、OECDやIAEA（国際原子力機関）は、独立した機関が規制に当たるべきであると勧告していた。

また、各電力会社は地域独占の色彩が強く、多くの先進国で導入されていた発送電分離が日本では見送られていた。このため、発電事業者間の競争を通じたコスト低減や再生可能エネルギー発電（後述）

の普及は遅れてきた。このような体制のもとで、地域間の電力融通は限定的で、災害に脆弱な供給システムになっていた。

　さらに、かつて発電所に関する環境アセスメントを例外的に通商産業省（当時）が所管し、一二年半ばまで大気や水の汚染に関する各種法律で放射性物質による汚染が適用除外となっていたことなどにみられるように、旧通産省や経済産業省が担当してきたエネルギー政策と旧環境庁や環境省が担当してきた環境政策の連携が弱かったといった問題も抱えていた。

第2節　原発事故

1 福島第一原子力発電所の事故

二〇一一年の三月一一日に発生したマグニチュード九・〇の東日本大震災によって、福島第一原子力発電所ではきわめて深刻な事態に陥った。稼働中の原子炉の緊急停止はできたものの、地震によって送電鉄塔が倒壊して外部電源の喪失が起きたうえに、大津波によって非常用の発電機の機能も失われ、一号機から三号機までの三つの原子炉でメルトダウン（炉心溶融）が起きた。一号機と三号機の建物は、燃料棒の破損によって発生した水素の爆発によって大きく破壊されてしまった。また二号機も圧力上昇によって破損し、大量の放射性物質が大気中に出てしまった。さらに、休止中であった四号機でも爆発が起こった。四月には放射能で汚染された水がやむをえず海洋に放出された。

　この事故は、国際評価尺度で一九八六年のチェルノブイリ事故と並ぶレベル七と、人類史上最も深刻な事故と位置づけられた。

環境アセスメント

開発事業を行うさいに環境に与える影響を調査・予測・評価すること。

メルトダウン（炉心溶融）

原子炉が異常に高温になり燃料等が溶融すること。燃料が鋼鉄製の圧力容器を溶かして抜け落ちた可能性も指摘されている。

原発事故報告書
福島の原発事故に関しては二〇一二年二月に通称民間事故調が、六〜七月に東京電力、国会、政府、がそれぞれ調査報告書を公表している。内容には差もある。

2 事故の原因と処理

原子力発電所の深刻な事故は日本では絶対に起きないとされていた。この事故の原因や経緯については、一二年に各種の事故調査報告書が作られたが、未解明な点もなお残っている。総じていえば、地震や津波に対する想定や対策が甘かったことや、規制当局の監督が形骸化していたことが背景としてあげられる。また事故発生後の関係者の対応にも問題があったことも指摘されている。こうした意味で国会の原発事故報告書が指摘するように「あきらかに『人災』」でありその背景には「組織的、制度的問題」があったといえよう。

事故当初の避難指示は限定的で、汚染の方向や広がりを予測するシステムが巨額を投じて開発されていたにもかかわらず、的確に活用されず、避けることのできた被曝ももたらしてしまった。

原子力発電に関する安全面のチェックが不十分であったのではないかとの反省が生まれ、経済産業省傘下の原子力安全・保安院に代わって一二年九月に原子力規制庁が環境省に設置された。また、環境関係の諸法律で放射能汚染が適用外であったことも改められた。

事故直後には、四号機でプールに取り出したばかりの使用済み燃料が、「東日本壊滅」をもたらすことが危惧された。余熱でプールの水が蒸発したり、プールが崩壊や水漏れしたりして使用済み燃料が暴露するリスクがあったからである。事実、海外の有力な専門機関は、暴露に至る可能性が高いと分析し、大使館からの勧告に従って遠方に避難した外国人も多かった。こうした状況に至らなかった理由は、定期点検の作業の遅れのために水が残っていた、という偶然の幸運であったことがその後明らかになっている。

政府は一一年末に事故の収束を宣言したが、四号機のプールからの使用済み燃料の取出しが終了したのは一二年末であった。汚染された地下水や冷却水は処理されたあとタンクに保管されているが、トリチウム（三重水素）は除去できていない。タンクの設置場所が少なくなってきたことやタンクの老朽化のために、この水をどうするかが検討されてきたが、二一年四月に政府は、国の基準を下回る濃度に薄めたうえで海へ放出するという方針を決定した。

❸ 電力需給への影響と再稼働

事故の当事者である東京電力は、事故対策の費用に加え、原子力発電から火力発電への代替にともなう燃料費の増加、さらには膨大な賠償費用の負担などから、経営不安に陥り、大量の公的資金を受け入れて事実上国有化された。しかし、株価は大幅に下落したものの株式の上場は続けられている。

原子力発電所の安全性に関する不安の高まりは他の電力会社にも大きな影響を与えた。中部電力は菅直人首相（当時）の要請に応じて浜岡原子力発電所を停止させた。また定期点検を終えた原子力発電所の安全性の確認をどのように行うかについての議論がまとまらず、一二年五月にはすべての原子力発電所が稼働を停止した。その後同年七月には、夏場の電力が不足し停電が避けられないとの電力業界の説明に応じて、野田佳彦首相（当時）が主導する形で福島の事故後はじめて福井県の大飯原子力発電所が再稼働された。その後、約二年間の原発稼働ゼロの時期を経て、二一年七月現在、全国六〇基（建設中も含む）のうち九基が再稼働しているほか、六基が新規制基準合格、二四基が廃炉決定済みとなっている。

トリチウム（三重水素）

水素の同位体で陽子一個に中性子が二個付いたもの。水素と同様に酸素と反応して水になる。半減期は一二・三年で弱いβ線を出してヘリウムに変わる。体内被曝が危険だという見方もある。大量に除去する実用技術はまだない。

第3節　エネルギー政策の模索

❶ 原子力発電のコストをめぐる議論

福島での深刻な事故を受けて、エネルギー政策の見直しが行われた。原子力発電は二酸化炭素を排出しないという特性に加えて、他の発電方法に比べコスト面での優位が大きいと電力業界や政府はかつて主張していた（表12－1）。

しかし、こうした議論に対しては事故の前から、電力会社の財務データなどをもとに多くの観点から疑問が呈されてきた。

第一に、コストに研究開発費を含めるべきではないかという点である。しかし再生可能エネルギー関係のコスト試算にも研究開発費は含まれないことが多いという再反論もある。第二に、地元に払う立地対策費が含まれていないという指摘もなされている。しかし、これは施設建設などにあてられ、その施設から地元がサービスを享受するので、純粋の意味のコストではないとも考えられる。第三に、揚水発電のコストを含めるかどうかという点である。原子力発電所は出力調整が困難なので、夜間など需要が少ない時間帯に生じる電力の消費先が必要となる。このため揚水発電所をセットで建設し、余剰電力のある時間帯に水を揚げ、電力需要のピーク時にこれを落として発電することが行われてきた。この過程で三割程度の電力ロスが生じることや、稼働率が限定的であることから、揚水発電のコストは比較的高いものとなる。このため原子力発電のコストは揚水発電とセットで考えるべきとの見方もある。

また、使用済み核燃料の処理や将来の廃炉など、いわゆるバック・エンドコストの問題がある。放

揚水発電

余剰電力を使って水を上部の貯水池に揚げ、その水を落として発電する施設。東京電力管内だけでも原発一〇基分に相当する能力があるといわれている。

表12-1　発電コストに関する政府の説明の変化

（円/kWh）

公表時点 試算対象時点	2010年6月 不明	2015年5月 2030年	2021年8月 2030年
太陽光	49		
事業用太陽光		12.7～15.6	8.2～11.8
住宅用太陽光		12.5～16.4	8.7～14.9
風力（大規模）	10～14		
陸上風力		13.6～21.5	9.9～17.2
洋上風力		30.3～34.7	26.1
水力（小規模を除く）	8～13	11.0	10.9
石油火力		28.9～41.7	24.9～27.5
LNG火力	7～8	13.4	10.7～14.3
石炭火力		12.9	13.6～22.4
原子力	5～6	10.3～	11.7～
バイオマス（混焼）		13.2	14.1～22.6
地熱	8～22	16.8	17.4
出所	2010年6月：「エネルギー白書」第122-3-2図.	2015年5月：総合資源エネルギー調査会発電コスト検証ワーキンググループ資料.	2021年8月：総合資源エネルギー調査会発電コスト検証ワーキンググループ資料.

（注）1．電力システム全体を安定させるための系統安定化費用は含んでいない.
2．2015年公表の水力は一般水力，2021年公表の水力は中水力.
3．2021年公表のバイオマスは石炭との5%混焼.
（出所）資源エネルギー庁.

射性廃棄物は長期にわたって厳重な保管が必要であり、そのコストが過小評価されているとの指摘もある。廃炉のコストについても、経験が少ないので正確な算定が可能とはいいがたい。

さらに、福島の事故は、事故にともなう諸コストも加算する必要性を示唆している。これには、事故対策、汚染水処理、廃炉などの直接的なコストのみならず、化石燃料への代替にともなうコストや賠償に必要な費用、さらには賠償の対象にはならない社会的なコストなども含まれよう。

以上のいずれの要因も正確な区分や想定は容易ではないが、さまざまなコストを勘案すれば他の発電方法に比べ安くない可能性があることなどについての認識が広まってきた。欧米での試算例をみても、原子力発電は石炭火力などに比べてコスト高となっている。政府も二一年の八月に、事業用太陽光発電のコストが二〇三〇年には原子力発電を下回る可能性が高いことを示唆する試算を発表した（表12－1）。ただし、原子力発電のコストの多くは設備費などであるので、サンク・コストの比率が高いことにも注意が必要である。

2 三つのシナリオと「二〇三〇年代ゼロ」

政府は福島の事故後の一一年一〇月にエネルギー・環境会議を設置した。翌一二年六月には、国民的議論に向けて、二〇三〇年の発電に占める原子力依存度を〇％、一五％、二〇～二五％とする三つのシナリオを提示し、各地で意見聴取会を開催するとともに、意見の公募を行った。また新しい試みとして、討議型世論調査も実施した。

その結果、国民の多くが〇％を望んでいることが明らかとなり、政府は同年九月に、「二〇三〇年代に原発稼働ゼロを可能とするようあらゆる政策資源を投入する」とし、①原子炉の運転期間を四〇年とする制限を厳格に適用する、②原子力規制委員会の安全確認を得たもののみ再稼働する、③原発の新設・増設は行わない、との原則を含む「革新的エネルギー・環境戦略」を作った。

この「戦略」に対し、産業界からは電力コストが増加して産業空洞化を招くとか、原子力関係の人材の育成・確保も困難になるなどとして強い異論が示された。アメリカやフランスなどからも懸念が示された。こうした背景のなかで、この「戦略」の閣議決定は見送られた。

サンク・コスト（埋没費用）
計画を変更しても回収できない費用。

エネルギー・環境会議
エネルギーと環境の政策を政府一丸となって策定するために二〇一一年一〇月に設置された閣僚レベルの会議。

討議型世論調査
無作為に抽出した国民に当該問題への討議に参加してもらい、参加前と後の意見を調べる世論調査。

図12-4　電源構成の目標の修正

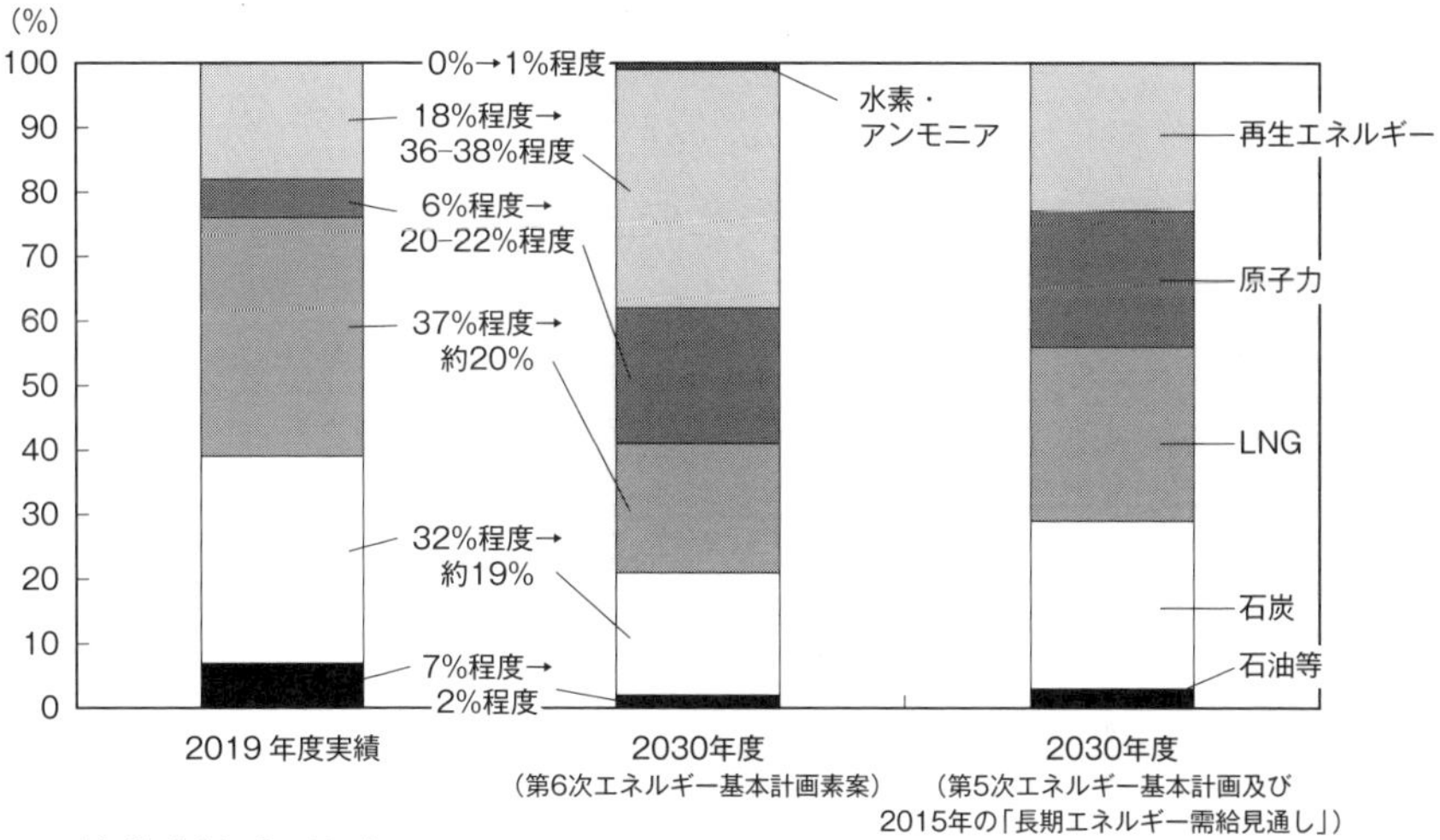

（出所）資源エネルギー庁.

3 自公政権のエネルギー政策

二〇一二年末に誕生した自民党と公明党による政権は、この「戦略」にとらわれず原発の新規制基準に基づく再稼働申請を受け付けた。また原発輸出に関しても積極的な姿勢をみせた。一四年四月に決定された第四次エネルギー基本計画では、原子力発電を「重要なベースロード電源」と位置づけた。

その後、一五年七月に政府は、国連に提出した三〇年の温暖化ガスの排出抑制目標にあわせて「長期エネルギー需給見通し」を作成した。そこでは、三〇年度の電源構成について、「原発依存度の低減を図る」としながらも、原子力の比率を二〇～二二%とした（図12－4）。この数字は、すべての稼働可能な原子力発電所を再稼働させても、稼働四〇年との原則を守る限り実現できない数字である。こうした流れのなかで、新規制基準のもとでの原発再稼働の動きが広まった。

4 核燃料サイクル、もんじゅの廃炉、最終処分場問題

原子力発電と密接に関連しているのが核燃料サイクル政策である。これは、本来は、使用済みのウラン燃料を再処理してプルトニウムを取り出して高速増殖炉で燃やすことを狙いとしたものである。賦存量が限定的なウラン資源を最大限活用するという意味で、原子力関係者の夢の託された政策ともいえる。政府は使用済み核燃料を全量再処理してこの用途に向けるという方針のもと、高速増殖炉の原型炉「もんじゅ」に巨費をつぎ込んできたが、トラブルが続き、稼働が何度も延期された挙句、一六年に廃炉の決断がなされた。しかし、核燃料サイクルについては、「高速炉の研究開発に取り組む」とした。高速炉とは、燃料の増殖はしないが、核のゴミが少ないもので、フランスでの実証炉建設に協力するとした。しかし、フランスは一八年になって計画を大幅に縮小し、実証炉を作るとしても小型のものでその判断は二四年になる旨や、現在のウラン価格からみて実用化されるとしても相当先になるとの見方を伝えてきた。

一方で、日本は外国に再処理を依頼してできた四六・一トン（二〇年末、原爆約六〇〇〇発分）のプルトニウムを保有している。プルトニウムは核兵器に使いうるので、保有が国際的に厳しく限定されている。こうした状況のなかで、苦肉の策として、プルサーマルという形で、再処理した燃料をウラン燃料に混ぜて用いるという方式を一部の原子力発電所で用いてきた。一八年七月に策定された第五次エネルギー基本計画では「プルサーマル等を推進」するとしたが、プルトニウムの消費量は、わずかなものにとどまっている。

使用済み核燃料についての最終処分場の目処がついていないことが、全量再処理の原則を修正しにくくしている。各原発のプールでの保管は限界に近づいており、乾式貯蔵の申請を行っているところ

核燃料サイクル
使用済み核燃料を再処理して再び燃料として使うこと。ただし、プルトニウムは軍事転用される可能性もある。

高速増殖炉
再処理で抽出されたプルトニウムを燃料とし、プルトニウムを再生産しながら運転する原子炉。技術的に困難度が高く、多くの国は撤退。

原型炉、実証炉
原型炉は実際に安全に発電ができるかどうかを確かめるための炉。実証炉は経済性の確認を行うための炉。実験炉、原型炉、実証炉、商用炉という段階を経て実用化に至る。

プルサーマル計画
ウラン用に設計された原子炉に、再処理された燃料を混ぜて使うこ

と。余剰プルトニウムの利用はできるものの経済性はよくない。

もある。青森県六ヶ所村で建設中の再処理工場の貯蔵プールもほぼ一杯である。青森県むつ市の使用済燃料中間貯蔵施設の事業開始は、二一年夏に八回目の延期がなされ二三年度からとなったが、この施設は再処理をするまでの間貯蔵するとしてきたので、最終処分を行うことになると、地元の強い反対が予想される。このように、核燃料サイクル政策は、推進も撤退も困難な状況のなかで維持されてきた。しかし、二〇二一年九月の自由民主党の総裁選で、その見直しが争点の一つとなったことから、今後転換される可能性もみえ始めてきた。

5 小型原子炉等

一方で最近、安全性の観点から、小型原子炉に注目する見方もある。SMRとよばれる小型モジュール炉は構造が簡単で標準化・パッケージ化が容易で、制御しやすいので脱炭素化の切り札になりえるとの主張がある。しかし、小型であるので規模の経済性を得られないとか、小型だから安全とはいえない、といった懐疑論もある。他方、核融合発電に期待する声もあるが、実用化のメドは立っていない。

第4節　再生可能エネルギー

1 枯渇性資源への依存の限界

石油や天然ガスなどの化石燃料は枯渇性と考えられているが、可採年数の推移をみると、新しい油田・ガス田の発見や採掘技術の進歩のために、ほぼ横ばい傾向で推移してきた（図12－5）。とはい

可採年数
確認埋蔵量と年間生産量の比。R／Pと呼ぶこともある。

再生可能エネルギー
太陽光や太陽熱、水力、風力、バイオマス、地熱など、比較的短期間に再生が可能で枯渇しないエネルギー。

図12-5　原油と天然ガスの可採年数（世界計）と日本の輸入価格の推移

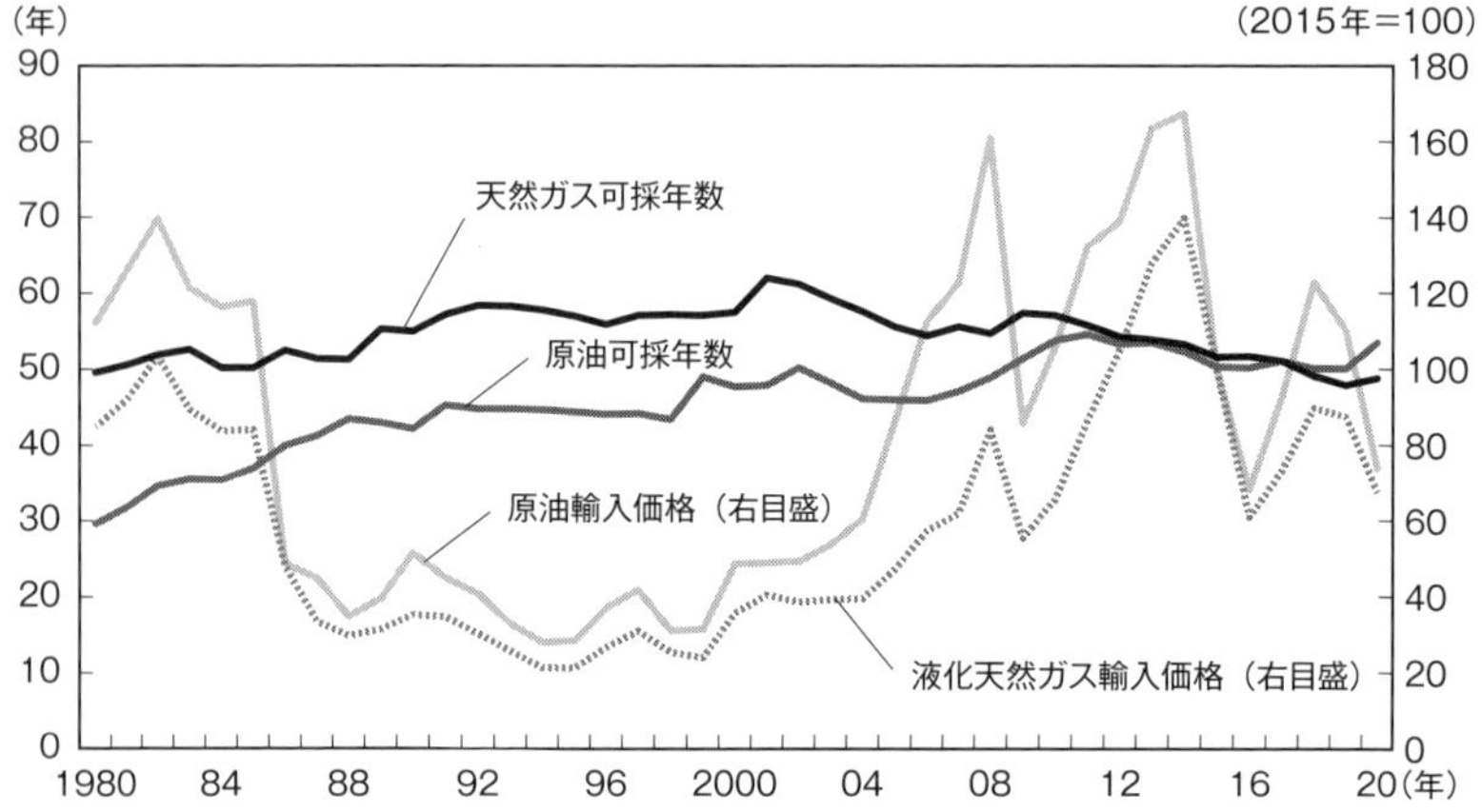

（出所）日本銀行「輸入物価指数」，BP “Statistical Review of World Energy 2021”.

え、このような状況がいつまでも続くと考えるのは楽観的に過ぎるであろう。また、過去に何度も石油危機があったように、エネルギー価格は大きく変動する（図12－5）。何らかの要因で中東からの原油輸入が滞る可能性もある。国民生活や経済活動の基盤であるエネルギーの多くを海外からの化石エネルギーに依存することは、国民生活の安定性の観点からも問題があるといえよう。

加えて、化石燃料の使用は、地球温暖化ガスを発生させ、地球の生態系に大きな悪影響を及ぼすことが危惧されている（第13章参照）。この観点からも、化石燃料の使用は削減すべき段階にきていると考えられる。一方、新しいエネルギーとして期待された原子力発電は、前述のように安全性や使用済み燃料の問題などが課題になっている。また、資源量の面でもかつて期待されたほどではないことが明らかになってきた。

こうしたなかで、持続可能性のある再生可能エネルギーへの期待が高まってきたが、日本では一九九四年に創設した家庭用太陽光発電に関する補助金を二〇〇五年に打ち切ってしまい、その後の普及は停滞し諸外国に遅れていた。

2 固定価格全量買取制度

二〇一二年七月から再生可能エネルギー発電に関する固定価格全量買取制度（ＦＩＴ制度）がスタートした。それ以前の買取制度に比べ①余剰分だけではなく、全量を固定価格で買い取る（ただし住宅からは従来どおり余剰分のみを買い取る）、②自家発電設備のみならず、売電を目的とした施設からも全量を買い取る、ことが大きな特徴で、各地でメガ・ソーラーなどが続々と建設された。

買取価格は、買取開始時の水準で固定され、事業者にとっての価格下落リスクがないように配慮された。また制度発足当初の買取価格は十分な利益が見込める水準に設定することとされ、関係業界からのヒアリングをもとに定められた。高めの買取価格の設定にともなって生じた逆ザヤは、一般の電力料金に「再エネ賦課金」として上乗せされる。

このような制度はドイツなどで導入され、再生可能エネルギーの普及に大きな役割を果たしたが、一方で電力料金の上乗せ分が増加し、電力ネットワークの安定性確保のための投資が必要になるといった副作用を生んでいる。

こうした副作用への配慮が不十分なままに導入されたこの制度は、発電方法や規模別に価格が設定されたことで、コストの高い発電方法が国民負担を増やすリスクや、早期の大量の導入が将来の高効率設備の普及を妨げることになるリスクをともなったものであった。また導入量に関する目標との整合性も不明確なものであった。

このため制度発足後数年にして、以下のような問題が表面化した。

まず、太陽光に関し認定されただけで稼働していないものが大量に出てきた。これは、高い買取価

全量買取り
発電した全量を買い取ること。余剰買取りに比べ、自家消費分×（買取価格−販売価格）だけ売り手の収入は多くなるが、節電の誘因はより小さい。

メガ・ソーラー
大規模（出力一メガ＝一〇〇〇ｋＷ以上）な太陽光発電施設。電力会社が設置するものもある。

格の権利を確保したうえで、将来の設備価格の低下を待つという事業者が多かったためと考えられる。このことは、国民にとって高い負担を強いることにつながった。

また、導入が太陽光発電に大きく偏った。土地さえあれば設置できるという太陽光の特性に加えて、買取価格が高めに設定されたことが、その背景にある。さらに、導入総量の上限がなかったために、電力会社の接続能力を超える申込みが殺到した地域が続出した。将来の導入目標の範囲のなかで、入札によって安い順に購入していくような、競争メカニズムを利用した方式が望ましかったと思われる。

3 制度の見直しとＦＩＰ制度

こうしたことから、制度の見直しが行われた。まず二〇一四年度以降に認定された五〇ｋＷ以上の太陽光設備については半年以内に土地と設備を確保できなければ認定が失効することとなった。その後一五年一月には以下のような見直しが行われた。

①太陽光と風力については、超過供給となった場合に接続を無補償で制限できる設備により小規模なものも含めることとし、制限できる上限を三〇日／年から太陽光は三六〇時間／年に、風力はその倍に変更。

②接続申込み量が接続可能量を上回る見込みの電力会社は指定電気事業者に指定され、①の上限を上回って接続を制限することができる。

③電力会社への電力の販売価格は原則として接続申込み時のものではなく、接続契約時のものとする。

こうした修正により、高い買取価格のために国民負担が増えることや、不安定な電力を大量に購入

FIPとFIT
Feed-in Premiumの略称。一方、FITはFeed-in Tariffの略称。

図12-6　固定価格全量買取制度で認定した設備と買取状況

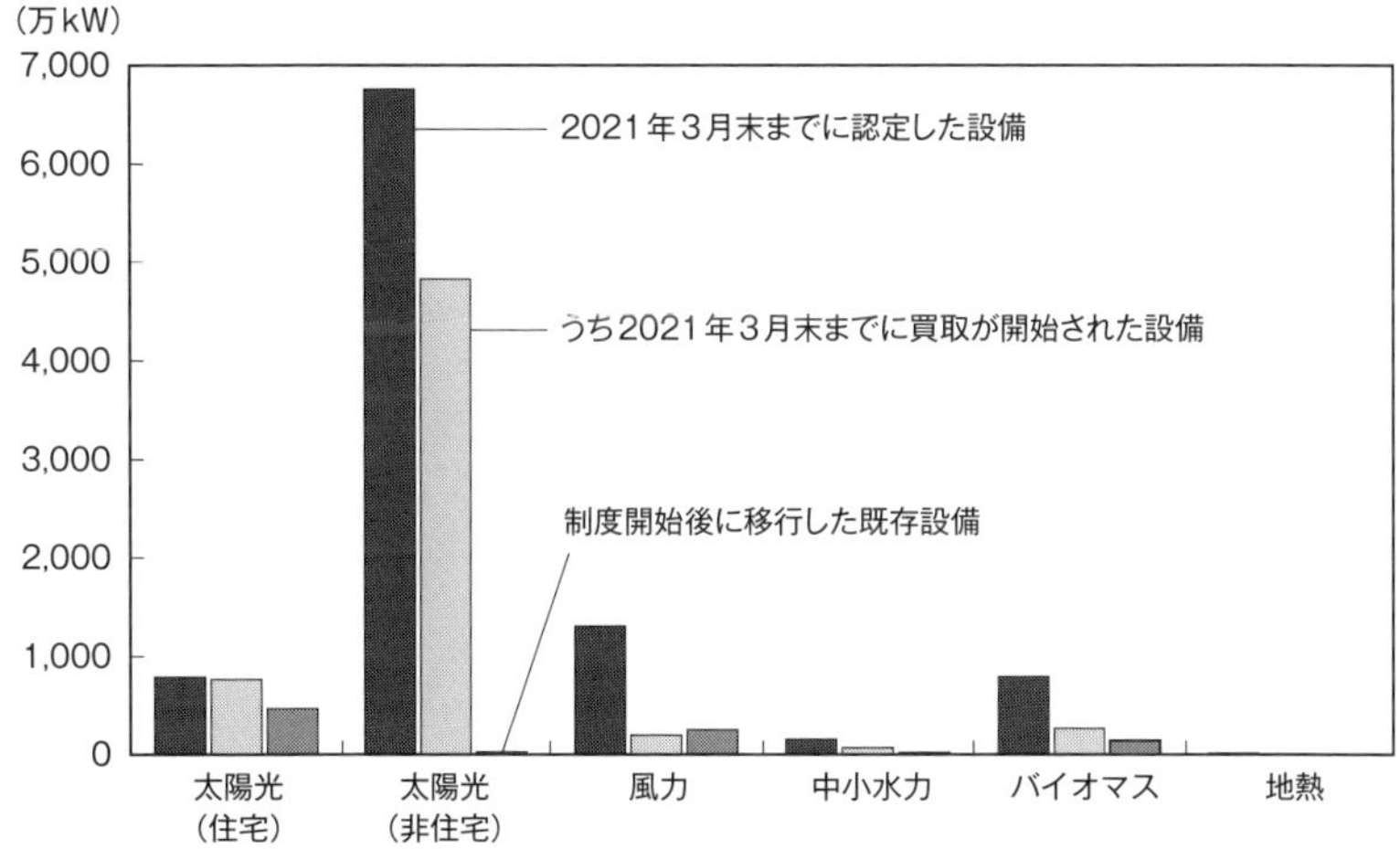

（出所）資源エネルギー庁.

することにともなう不安には歯止めがかかった。一方で、販売を予定していた立場からみると、事業採算が不確実となった。

さらに、一七年度からは大規模太陽光について入札制が導入され、一八年度には、一二から一四年度に認定された太陽光設備のうち未稼働の二四〇〇万kW分（同期間に認定された容量の四割強）からの買取価格を引き下げられ、未稼働設備の問題は解決に向かっているが、太陽光以外の発電の普及はなお緩慢でそれぞれの特性に合わせた促進制度の必要性を示唆している（図12－6）。

二二年度からは、欧州の一部で実施されているようなFIP制度が導入されることになった（一定規模以上は、新規認定時にFIPの選択が可能になったり、FITからの移行が可能となる、ただし新規認定の大規模太陽光等はFIP制度のみ利用可）。この制度は、事業者が電力会社ではなく市場に電力を販売するが、一定のプレミアム（補助額）も受け取れるというもので、完全な市場競争への移行過程とも位置づけられるものである。事業者間の競争の促進を通じて国民負担を小さくし、蓄電池などを活用して電力需要の大きい時期に供給を増やすというインセンティブも生まれる。さらに、化石燃料を使わずに発電した電気が持つ「非化石価値」の回収もできるようになる。供給量に関しても、事業者は「計画値」を作り、それと実績値の差（インバランス）に応じて費用を払うことになり、総量の管理がしやすくなる。

一方、電力に関する規制緩和が進み、二〇一六年には小売りが全面自由化され、二〇年には大手電力会社の送配電網を発電部門から切り離す「発送電分離」が実現した。いわゆる新電力のシェアは販売電力量で二割まで伸びており、再生可能エネルギーを重視している業者も多い。

4 日本の再生可能エネルギー発電

日本の再生可能エネルギー発電の状況をみると（表12－2）、まず、太陽光に偏重する一方で、風力の比率が小さい。欧州に比べ風向きが不安定なためとの見方もあるが、風向きによらず発電できるものもあり、電力の地域独占体制のもとで電力の広域融通が遅れてきたことや、洋上風力のために長期にわたって海域を占用するルールの整備が遅れたことが背景にある。二〇一九年には最大三〇年の占用許可を事業者に与える再エネ海域利用法が施行された。

一方、地熱発電は、太陽光や風力と異なり、気象条件によらず安定的に発電でき、基幹電力になり得る。地熱発電用のタービンや発電機の世界シェアの六割強を日本企業が占めていることからわかるように、日本の技術水準はきわめて高く、また、アメリカ、インドネシアに次いで世界第三位の資源量を持っている。しかし、国立公園の規制や温泉が枯渇する懸念などから、開発が遅れてきた。

表12-2　日本の主な再生可能エネルギーと世界シェア

発電設備量	日本（万kW）	世界（万kW）	日本の世界シェア（%）	年
太陽光	6,700	70,750	9.5	2020
風力	421	73,328	0.6	2020
地熱	53	1,408	3.7	2020
水力（揚水を含む）	約5,000	約130,600	約4%	2019
発電量	**日本（TWh）**	**世界（TWh）**	**日本の世界シェア（%）**	**年**
太陽	82.9	855.7	9.7	2020
風力	7.8	1,591.2	0.5	2020
地熱，バイオ，その他	34.9	700.1	5.0	2020
水力（揚水を含む）	77.5	4,296.8	1.8	2020

（出所）BP "Statistical Review of World Energy 2021"，IEA.

5　導入目標とその上方修正

二〇一八年の七月に策定された第五次エネルギー基本計画では、三〇年度の電源構成の目標については前述の一五年の「長期エネルギー需給見通し」を引き継ぎ、再生可能エネルギーの比率は二二～二四％程度とした。しかし、一四年にドイツで二七・三％、カリフォルニア州で三〇・二％とこの比率を大きく上回る値がすでに達成されていたことや、日本でも太陽光発電の単価が平均的な電灯料金を下回ってきたこと、さらには輸入化石燃料による発電よりも再生可能エネルギー発電のほうが雇用創出や地域活性化効果が高いこと、などを勘案すれば、この見通しはかなり消極的なものであった。実際、二〇年度には、この比率は日本でも二一・二％まで上昇してきたとの推計もある（環境エネルギー政策研究所）。

その後二一年七月に政府は、第六次エネルギー基本計画に向けた作業のなかで、三〇年度の目標の改定についての素案を公表した。これは温室効果ガスの排出を四六％削減するとの新目標（第13章参照）に対応す

図12-7　各国の電源構成における再生エネルギー発電の比率と日本の目標

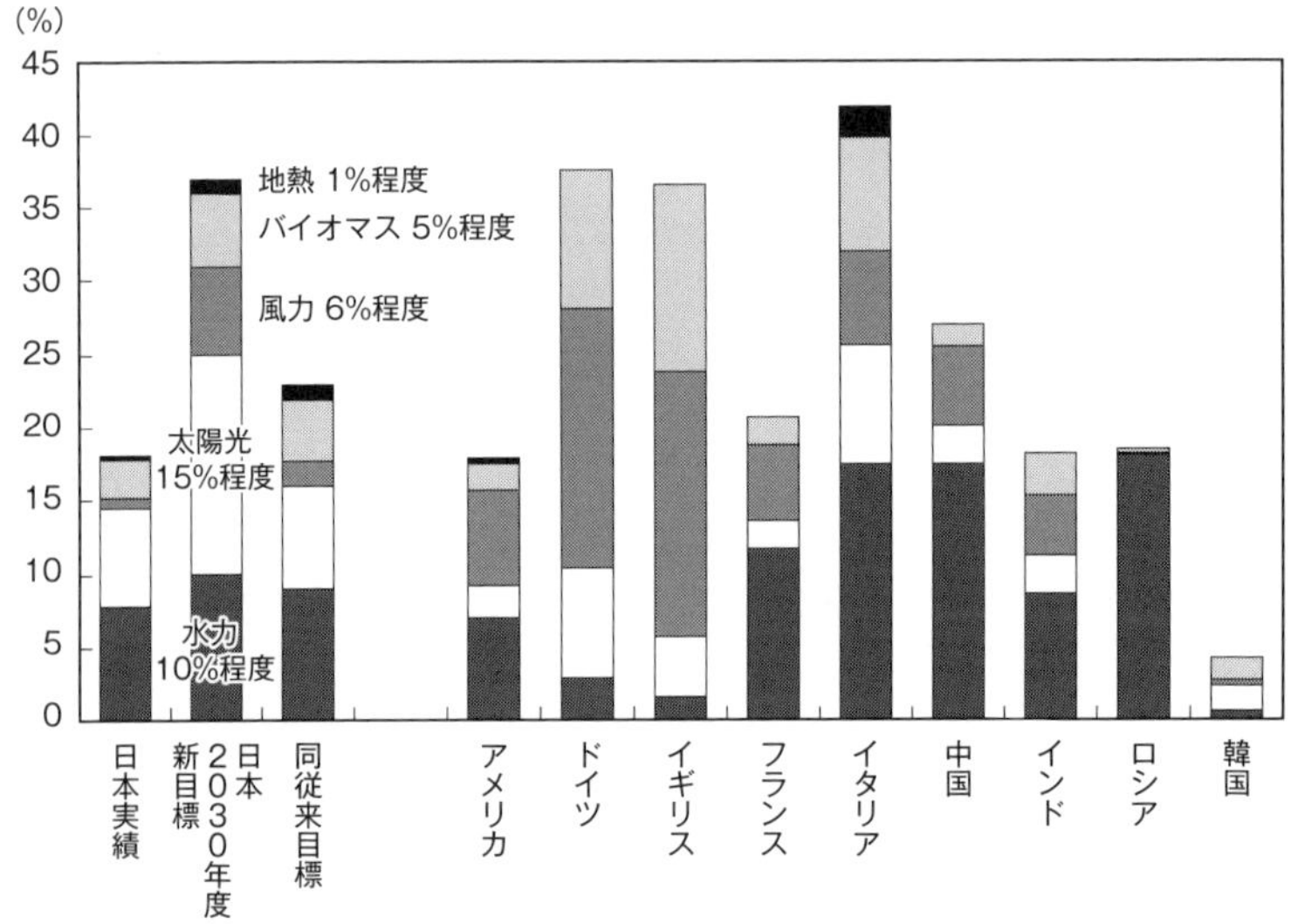

（注）1．日本の実績は2019年度，海外諸国は2018年の実績．
　　　2．日本の新目標は第6次エネルギー基本計画の素案，従来目標は第5次エネルギー基本計画．
（出所）資源エネルギー庁，IEA．

るもので、原子力発電の比率を二〇〜二二%に据え置く一方で、再生可能エネルギー（水力を含む）の比率を三六〜三八%へと大幅に引き上げた。その背景には、太陽光発電などのコストに相当の低下が見込めるようになったことがある（表12－1）。しかし、それでもなお、ドイツやイタリアで一八年にすでに達成されている水準を下回っている（図12－4、図12－7）。

一方、他の先進国では廃止の方向が打ち出されている石炭発電の比率は、第五次計画の約二六%よりは下方修正されたものの、約一九%となおかなりの水準に設定されている。日本が高効率の石炭発電の技術を持っていることは事実であるが、それでも天然ガスに比べれば温暖化ガスの排出量は多いので、この程度の下方修正で国際社会からの批判が止まるかどうかは疑問である。

第5節　資源・エネルギーをめぐる新しい動き

❶ オイルシェール・シェールガス

オイルシェールとは石油のような油分（油母《ゆぼ》）を多く含む岩石（油母頁岩《けつがん》）であり、シェールガスとはそうした岩石に含まれているガスのことである。硬い砂岩層に含まれるタイトサンドガスや石炭鉱床に含まれるCBM（コールベッド・メタン）などとあわせて、非在来型天然ガスとも呼ばれる。しかしこれらの存在は従来から知られていたが、大規模な採掘は採算が合わないと考えられてきた。しかし高圧の水を当ててガスを取り出す手法が開発され、アメリカを中心に採掘が急速に進んだ。このため「シェール革命」という言葉が注目を浴びたこともあった。しかし、日本の大手商社も含め巨額の損失を計上する企業が続出し、一時の熱気は沈静化している。

❷ レアメタル、レアアース等

鉄・銅・亜鉛・アルミのようなベースメタルや金・銀のような貴金属などは古くから金属資源として利用されてきたが、近年産業活動に利用され注目を集めているのがレアメタルとレアアースである。とくにレアアースはハイテク製品や電気自動車に用いる磁石・磁性体の材料となり、日本で世界の半分程度を用いている。一方、生産ではコストの優位性を背景に、中国が大きなシェアを占めている。

レアメタル
希少金属。ニッケル、クロム、タングステンなどのほか、液晶パネルに使われるインジウムや太陽光パネルに使われるガリウムなどがある。

レアアース
レアメタルの一種で希土類と呼ばれる一群の物質。

一時中国は環境保護を理由として、レアメタルとレアアースに関して輸出を抑制し、価格の急騰を招くとともに、輸入国に供給不安感を抱かせた。こうした規制を外交交渉の手段として用いているのではないかという懸念も生じた。

こうしたことから日本などの輸入国は輸出規制は自由貿易の原則に反するとしてＷＴＯ（世界貿易機関）に提訴し、審査の結果輸入国側の主張が認められた。一方で日本企業は供給先の多様化を図るとともに、レアアースに依存しない代替的技術の開発に力を入れ、いくつかの成果が出てきている。また、二〇一二年には、日本の南鳥島付近の海底で大量のレアアースの鉱床が発見され、期待を集めている。こうした動きを背景にレアアースの価格は一五年には急騰前の水準に低下した。

3 海洋資源と森林資源

日本は天然資源に乏しいとされてきたが、降雨量に恵まれ豊かな森林と豊富で良質な水資源を持っている。また領海と排他的経済水域を合わせた管轄海域の広さは世界第六位となっており、前記のレアアースのみならずメタンハイドレートも大量に存在する。海底にあるメタンハイドレートは回収にコストがかかりすぎるとの見方が強かった時期もあったが、海底からの柱状の盛り上がり（プルームとよばれる）からの採掘の可能性が注目を浴びている。メタンは二酸化炭素の二五倍の温室効果があるので、大気中に浮上する前に回収して有効利用することで、地球温暖化の抑制にも寄与することも期待されている。

さらに尖閣諸島近海には油田がある可能性も示唆されている。こうした資源を持続可能な形で、また周辺諸国との関係にも配慮しつつ利用していくことが期待されている。

南鳥島
小笠原諸島（東京都）の一部で日本の最東端にある平坦な熱帯の島。東京から約二〇〇〇キロメートル離れ、面積は一・五平方キロメートル。

排他的経済水域（EEZ=Exclusive Economic Zone）
経済的な主権の及ぶ範囲。沿岸から二〇〇海里（約三七〇キロメートル）までを設定することが国連海洋法条約で認められている。

メタンハイドレート
メタンと水からできた氷状の結晶。

第6節　今後の資源・エネルギー政策

以上みてきたように、日本のエネルギー政策の福島事故以降の混乱と模索はなお続いているが、原子力と核燃料サイクル政策へのこだわり、石炭発電の重視、再生エネルギーのなかでの太陽光への偏り、という三つの特徴は、残ってはいるものの弱まる徴候がみえてきた。今後の方向性を考えていくうえで、資源面も含めて、重要なことは何であろうか？

まず、確立された技術であっても現実には深刻な問題を起こす可能性のあるものに関しては、推進側と監視側とを分離し、諸外国にみられるような体制を整備することである。たとえば、原発再稼働の審査に関しては、技術的な安全性だけでなく、安全に運用していくための仕組みやインセンティブが十分に整備されているかとか、万一の事態に備えた避難の準備ができているかといった点も含め、全体的・総合的な観点から安全性を担保する仕組みが必要であろう。「再稼働の判断には立ち入らない」とする原子力規制委員会は総合的な役割を果たしているとはいいがたい。また、大事故のさいの諸費用が、国の負担や電気料金の引上げによってまかなわれるような仕組みのもとでは、規制側にもモラルハザードがある可能性がある。これを防止するための一つの方策は、市場の機能を活用することであろう。たとえば、事故が起きた場合には、それが異常に巨大な天災地変または社会的動乱によって生じた場合であっても、元本を削減して被害の弁済に充当するような債券を発行し、市場で消化された案件だけを実行するというような新しい仕組みも検討に値しよう。

第二に、持続可能性への配慮である。化石燃料への依存を低める必要があるが、一方で使用済み燃料の処分場の目処がないまま原子力発電を続けることや、一〇万年もの超長期にわたり子孫に高濃度核廃棄物という負の遺産を遺すことも、持続可能性の観点からは疑問である。また、「非可逆的な問題をもたらす可能性がある場合には、科学的な不確実性が残っていても規制などの措置を講じるべき」という予防原則の考え方も重視すべきであろう。

第三に、諸外国の経験に学ぶことである。先駆的な事例にも問題点が含まれていることはあるし、失敗事例からも学べることは多い。とくにドイツでは、さまざまな副作用に悩みつつ、試行錯誤をしながらも再生可能エネルギーの開発を進めてきた。また、多くの電源を束ねて相互に融通するシステム（仮想発電所）によって太陽光発電や風力発電にともなう不安定性の問題を解決する試みも行われている。こうした経験から学ぶべきことは多い。

参考文献

NHKスペシャル『メルトダウン』取材班『福島第一原発1号機冷却「失敗の本質」』講談社現代新書、二〇一七年。

大島堅一『再生可能エネルギーの政治経済学』東洋経済新報社、二〇一〇年。

大守隆『環境とエネルギーの経済学』東洋経済新報社、二〇一六年。

環境エネルギー政策研究所『自然エネルギー白書、【速報】国内の二〇二〇年度の自然エネルギー電力の割合と導入状況』二〇二一年七月。

環境省『環境白書（『環境白書・循環型社会白書・生物多様性白書』）』各年版。

資源エネルギー庁『エネルギー白書』各年度版。

日本科学技術ジャーナリスト会議『4つの「原発事故調」を比較・検証する――福島原発事故 13のなぜ？』水曜社、二〇一三年。

原科幸彦『環境アセスメントとは何か――対応から戦略へ』岩波新書、二〇一一年。

第13章　経済との関係が強まる環境問題

第1節　日本の環境問題への対応の歴史

1　鉱害問題から公害問題へ

日本では、江戸時代中期の元禄の頃には、すでに一〇〇万人を超える人口が江戸に集中していながら、鎖国体制等を背景に、資源を徹底的に使いまわす省資源型の社会が形づくられ、一部の地域における、たたら製鉄などの鉱業に由来する土砂の流出や森林の過剰伐採などの問題を除き、今日指摘されるような大規模な公害・自然破壊などの環境問題はほとんどみられなかったといわれている。しかしながら、明治時代に入り、外国との貿易が開始され、富国強兵政策と資本主義の台頭のなかで各種産業における生産力が飛躍的に増強されることとなり、次第に環境問題が顕在化することとなった。

明治中期からは、まず、鉱山の操業拡大にともなう鉱害問題が大きな社会問題となった。たとえば、一八八〇～九〇年代の足尾銅山の鉱毒問題、一八九三年頃からの別子銅山の煙害事件などである。この時代には、被害が起きると、それを被った住民や農民らが原因企業に個別に抗議を行った。足尾銅山の鉱毒問題では、地元の国会議員を中心に鉱毒反対の農民運動が巻き起こり、国会でも取り

足尾銅山の鉱毒問題

明治時代の産業振興の過程で、足尾銅山から排出される排水は渡良瀬川を経由して周辺の農地を汚染し大きな被害をもたらした。周辺農民は当時帝国議会の代議士であった田中正造を先頭に足尾銅山の鉱毒問題の解決を求め反対運動を行ったが、根本的な解決にはなかなか至らず、被害の最も激しかった谷中村は廃村となり跡地は渡良瀬遊水池となった。

上げられたが、この動きは、必ずしも原因企業による適切な対応や政府による本格的な問題の解決にはつながらなかった。他方、別子銅山の煙害事件の場合には、瀬戸内海の島への精錬所の移転など、原因企業による一定の対応も行われた。しかしながら、当時の知識や技術的な限界もあり、この精錬所の移転は逆に煙の拡散をもたらし、結果として被害をさらに拡大するなどの問題を引き起こした。

　このような鉱害問題は、その後の各種産業の発展にともない、いわゆる典型七公害といわれるような、より幅広い公害問題へと拡大し、第二次世界大戦後の高度経済成長期にさらに本格化した。すでに、一九三二年頃からの産業の重化学工業化により公害による被害を訴える事例が増加していたが、戦後の復興にともない、その状況が次第に深刻化した。しかしながら、国が本格的な対応をとらなかったため、国に先立って地方公共団体がその解決を図るべく、まず対応をとることとなった。東京都による一九四九年の工場公害防止条例の制定がそのはじめの事例であり、五四年には大阪府が、五五年には福岡県がそれぞれ公害防止条例を制定した。

　五五年前後からは、国策としての石油コンビナートが育成された。また、六〇年からは所得倍増計画による急速な産業経済の発展が始まった。鉱工業生産やエネルギー消費が急激に高まり、火力発電所や石油化学工場群から莫大な量の亜硫酸ガスや炭化水素等の汚染物質を排出することとなった。また、当時の優良大企業の一つとみなされていたチッソ株式会社からの排水による水俣病は、五三年頃から本格的に引き起こされたとみられており、その被害が水俣湾から周辺に大きく広がったのもこの時期であった。また、六〇年代の半ば頃からは、四日市ぜんそくをはじめ各地で大気汚染によるぜんそく被害や水質汚濁による公害が次第に大きな社会問題となっていった。

別子銅山の煙害事件

明治時代の産業振興の過程で、住友鉱山株式会社新居浜精錬所からの鉱煙は周辺の農作物に大きな被害をもたらした。周辺住民が精錬事業の停止を強く要求した結果、一九〇五年、会社は精錬所を瀬戸内海の四阪島に移転したが、それはかえって煙害被害を周囲に拡大することとなり、この問題の解決にはその後長い年月を要した。

水俣病

戦後の経済復興期に操業していたチッソ水俣工場の排水によるメチル水銀中毒によって引き起こされた公害病。メチル水銀によって汚染された魚介類を食べた周辺住民が健康被害を受け、重篤な患者は死亡に至った。その症状の報告から一九六五年の国による公式確認に至るまでに時間を要

2 激甚公害への対応

一九六〇年代の後半から七〇年代にかけて、公害問題はさらに深刻化し、水俣病、四日市ぜんそくなどの四大公害病裁判の提起をはじめ、きわめて大きな社会問題となり、国はいよいよ本格的な対応を迫られた。そのため、六二年にはじめての公害関連立法として、「ばい煙の排出の規制等に関する法律」が制定された。このような状況のなかで、予防措置を中心とした計画的、総合的な行政によりこれを克服していくべきとの声の高まりが、新たな公害対策のための法の制定につながった。

六七年、国は公害対策基本法を制定し、公害の定義として、大気汚染、水質汚濁、土壌汚染、騒音、振動、悪臭、地盤沈下の七つを定めるとともに、環境基準の設定、白書の国会への報告、公害紛争処理制度の設立、公害対策審議会の新設などを盛り込んだ。ただし、この基本法は経済の発展を阻害するのではないかとの懸念の声も根強く、当初の法律には、「生活環境の保全については経済の健全な発展との調和を図られるようにする」という、いわゆる経済調和条項が入っていた。しかしながら、この条項は環境よりも経済を優先するものではないかとの批判が高まり、その後七〇年のいわゆる公害国会において削除された。

この公害国会では、公害対策基本法の一部改正をはじめ、大気汚染防止法、水質汚濁防止法、海洋汚染防止法、公害防止事業費事業者負担法など公害関係一四法案の制定または改正が行われ、公害関係法の全般の充実・強化が図られた。さらに、七一年には環境問題を一元的に担当する環境庁が設立され、七三年には、四大公害裁判の相次ぐ企業側の敗訴を背景に、行政的に健康被害者の公正、迅速な救済を図るための公害健康被害補償法が制定された。

一連の公害関連諸法の制定と健康被害者の補償・救済制度の制定により、健康に被害を与えるよう

し、その間被害が拡大した。新潟県阿賀野川流域でも同様の被害が生じた。

四日市ぜんそく

昭和三〇年代中頃から、三重県四日市市の石油コンビナートからの大気汚染物質の排出にともなって生じた呼吸器系の健康疾患。一九六七年に民事訴訟が提起され七二年に被告六社の共同不法行為を認め原告に対し損害賠償を命じる判決が出され、その後の日本の企業行動と環境政策の進展に大きな影響をもたらした。

四大公害病

第2章35ページ頭注を参照。

図13-1　激甚公害を反映した公害健康被害補償法対象地域

（注）1. 第一種地域とは，相当範囲の著しい大気汚染による気管支ぜんそく等の疾病が多発している地域．第二種地域とは，水俣病，イタイイタイ病等原因物質との因果関係が明らかな疾病が多発している地域．

2. 楠町は2005年2月に四日市と合併．

な激甚な公害はその後急速に改善されていった。たとえば、ぜんそくの大きな原因物質の一つである二酸化硫黄の排出量と観測濃度は、六七年をピークとして急速に低下し、環境基準を超える地点は大幅に減っていった。このような速やかな公害の克服の背景には、原因企業に対する厳しい規制が実施されたことと同時に、公害防止設備に対する国や地方公共団体からの財政援助や税の減免、さらに、政策金融として日本開発銀行、中小企業金融公庫等からの融資があったことが指摘できる。

3 自然破壊への対応

一八九七年には森林法に保安林制度が盛り込まれ、一九一九年に制定された都市計画法では、都市内の公園緑地の整備あるいは風致地区の制度が導入された。優れた風景や名勝などを保護・保全することを目的にした史蹟名勝天然紀念物保存法が制定されたのも同じ一九年である。

昭和に入ってからは、一九三一年に、国立公園法が制定され、同法に基づき三四年には、瀬戸内海、霧島、雲仙の三国立公園がはじめて指定された。一方、狩猟と鳥獣保護の制度としては、一八九五年に制定された狩猟法がある。この法律は一九一八年に全面改正され、狩猟鳥獣の範囲を明示しそれ以外はすべて保護鳥獣とすることとされ、その後鳥獣保護区域の設定などが行われた。

第二次世界大戦後の急速な経済復興やその後の所得倍増計画の進展等にともない、全国各地で産業や観光等を目的とした海岸の埋立てや道路の建設などの開発による自然破壊が大きな社会問題となった。そのため、環境庁発足の翌年の七二年には、自然環境保全全般についての基本的な理念や基本方針を盛り込んだ自然環境保全法が制定された。また、関連法制度として、六六年に首都圏近郊緑地保全法等が制定され、七三年には都市緑地保全法が制定された。さらに、野生動植物の保護をめぐる国際世論の高まりを受けて、いわゆるワシントン条約が採択されたことにともない、九二年には、絶滅のおそれのある野生動植物の譲渡の規制等に関する法律が制定された。

4 都市生活型公害と地球環境問題

健康を損なう激甚公害が次第に克服されていく一方で、健康には直接かかわらないものの、生活環境の悪化につながる騒音や振動、悪臭、さらに池や沼などの富栄養化による水質問題などの、都市化の進展にともなういわゆる都市生活型公害は、なかなか改善せず、残された公害問題となった。また、大量生産・大量消費・大量廃棄の時代のなかで、廃棄物問題が環境問題の一つの分野として大きくクローズアップされていった。しかしながら、これらの都市生活公害は、多くの複合的な要素が関係しており、激甚公害のように不法行為として取り締まれば解決するような問題ではないことがその解決を遅らせることとなった。

このような、通常の事業活動や日常の生活のなかから生じてくる問題は、気候変動問題をはじめとする地球環境問題の背景にもなっている。そのため、地球環境問題への対処を軸に、これまでの公害・自然保護が別々に取り組まれてきた行政の体系を再編し、経済的手法など政策手段についても拡充することの必要性が認識されてきた。こうした背景のもと、一九九二年にブラジルで開催された環境と開発に関する国連会議（いわゆる地球サミット）を契機に、九三年、これまでの公害対策基本法に代えて、自然環境の保全も統合した「環境基本法」が新たに制定され、これがその後の環境行政の基本的な枠組みとなった。

富栄養化

もともとは、湖沼等の閉鎖性水域が流域からの窒素化合物やリン酸塩などにより栄養塩類を供給されて、生物生産性の高い富栄養湖に移り変わっていく自然現象。近年では、湖沼に加えて東京湾等の閉鎖性海域においても人口及び産業の集中による栄養塩類の排出により、同様の現象が加速化され、藻類等が異常繁殖し悪臭を放つなどの水質悪化が生じている。

第2節　循環型社会の構築と環境ビジネス

❶ 廃棄物処理からリサイクルへ

日本の廃棄物対策は、明治以降、公衆衛生対策としてはじまった。近代化にともない、それまでは地域社会のなかで貴重な資源として極力使いまわしされてきた各種の資源が、不要な廃棄物として増加することとなった。また、廃棄物の量の増加のみならず、コレラ・ペスト等の伝染病の流行もあり、公衆衛生の観点から、ごみ・し尿の処理が社会的課題となった。このため、一九〇〇年には「汚物掃除法」が制定され、第二次世界大戦後の五四年には「清掃法」が制定された。これは、汚物を衛生的に処理し、生活環境を清潔にすることにより、公衆衛生の向上を図ることを目的として、清掃事業の実施主体を市町村に置き、処理体系を充実しようとしたものである。

昭和三〇年代に入ると、急激な経済成長のなかで、ごみの量がさらに増加し、質の面でもプラスチックの割合が増えるなど変化した。し尿についても、これまで農村で肥料として利用されていたものが化学肥料に代替され、処理が必要となってきた。

都市ごみや、し尿の問題に加え、事業活動にともなって排出される廃棄物の増大や、廃油の不法投棄による水質汚染などが問題となったため、七〇年には公害国会で清掃法が「廃棄物の処理及び清掃に関する法律」（いわゆる「廃棄物処理法」）に改正された。この改正により、廃棄物が「産業廃棄物」と「一般廃棄物」に区分されることとなり、産業廃棄物については事業者が処理することが原則となった。一般廃棄物の処理はそれまでどおり、市町村の義務とされた。

その後も、廃棄物の量の拡大と質の多様化が進み、処理施設の限界が顕在化したことから、九一年には廃棄物処理法が改正され、目的に廃棄物の減量化と再生利用が加えられることとなった。同時に「再生資源の利用の促進に関する法律」が制定され、リサイクルの推進が法制度としてはじめて規定された。しかし、廃棄物の処分が大都市圏を中心に困難になり、リサイクル率も低いため、九五年には「容器包装に係る分別収集及び再商品化の促進等に関する法律」（いわゆる「容器包装リサイクル法」）が、また、九八年には「特定家庭用機器再商品化法」（いわゆる「家電リサイクル法」）が制定されるなど、リサイクル関係の法律の整備が相次いだ。

❷ 循環型社会形成推進基本法

以上のように個別にリサイクル法の制定が進められたが、依然として問題が解決せず、また不法投棄の問題なども顕在化してきたため、個別の対応のみならず、資源の消費が抑制され、環境への負荷が少ない「循環型社会」の形成が必要であると認識されるようになった。このため、二〇〇〇年には「循環型社会形成推進基本法」が制定され、生産から流通、消費、廃棄に至るまで物質の効率的な利用やリサイクルを進めるための基本的な枠組みが明らかにされた。具体的には、同法第五条（原材料、製品等が廃棄物等となることの抑制）、第七条（循環資源の循環的な利用及び処分の基本原則）に基づき、処理の優先順位として、３R「発生抑制（Reduce）」「再使用（Reuse）」「再生利用（Recycle）」、熱回収、適正処分、が明示された。また、生産者が、自ら生産する製品等について、使用され廃棄物となった後まで一定の責任を負う「拡大生産者責任」の考え方が規定された。

このような考え方に基づき、さらに同年に「建設工事に係る資材の再資源化等に関する法律」（いわゆる「建設リサイクル法」）、「食品循環資源の再生利用等の促進に関する法律」（いわゆる「食品リサイクル法」）、等の個別リサイクル法が相次いで制定された。

また、日本においては、国土の狭さもあり、ごみの焼却処理が主流となってきたが、一九九七年に大阪のゴミ焼却施設周辺のダイオキシン汚染問題が社会的な問題となり、これを契機に、ごみ焼却施設の大型化・高性能化と集約化が進められた。その一方で、一部の自治体において、不燃ごみとして収集されたプラスチック等のごみが焼却処理されている問題等が明らかになり、さらに、プラスチックごみによる海洋汚染が世界的な問題となった。プラスチックごみに関しては、二〇一九年に3R＋Renewable（再生可能資源への代替）を基本原則とした「プラスチック資源循環戦略」が策定されるとともに、二〇年よりレジ袋の有料化がスタートした。レジ袋自体のプラスチックごみにおける割合は約二％と少ないため、レジ袋の辞退率は上がったものの、直接的な環境改善効果は必ずしも高いとはいえないが、資源循環における脱石油資源の観点からのライフスタイル転換のきっかけとなることが期待されている。また、プラスチック使用製品の設計から廃棄までの資源循環を促進するための「プラスチックに係る資源循環の促進等に関する法律」が二一年に制定された。

3 環境産業の動向

環境省の調査によれば、わが国の環境産業の市場規模は、二〇〇〇年以降、一時、リーマンショック以降の経済不況の影響を受けたが、継続して拡大基調にあり、一九年には、全体で一一〇・三兆円（前年比一・三％増）と過去最大になった（図13－2）。これにともない、環境産業の全産業に対する市場規模の割合は、二〇〇〇年の六・一％から一〇・五％へ増加しており、雇用規模も約二六八・八万人と、過去最大となり、低成長の日本経済のなかで相対的に高い伸びを示し、その位置づけも大きくなっている。

分野別にみると、市場規模は、二〇〇〇年以降、ハイブリッド車などのエコカーの増加や太陽光発

図13-2　国内市場規模の推計結果

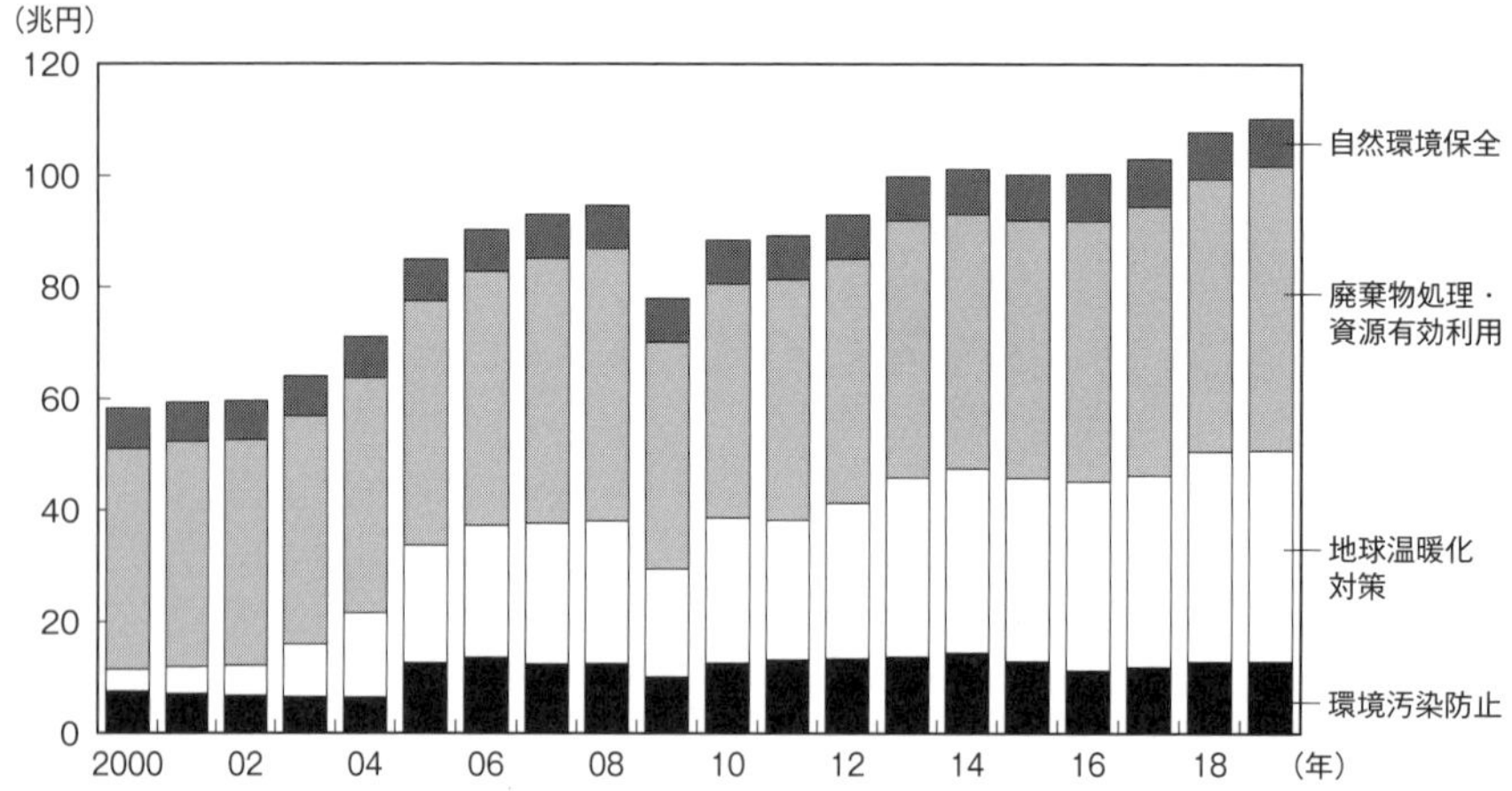

（出所）環境省.

電などの再生可能エネルギー利用の急成長にともなう「地球温暖化対策分野」や、石油業界各社が〇五年よりサルファーフリー（硫黄分が微量）のガソリンと軽油を一斉供給したことなどによる「環境汚染防止分野」の伸びが目立っている。一方で、廃棄物処理・資源有効利用分野や自然環境保全分野は、景気後退の影響もあり、相対的に伸びが小さい状況にある。

　ＧＤＰに占める環境産業の付加価値額の割合は、二〇〇〇年の五・三％から一九年の八・三％まで増加しており、付加価値額の側面においても環境産業が日本の経済成長に与える影響が大きくなっている。また、一九年の環境産業の経済波及効果は、製造業の割合が多いこともあり約二三〇・一兆円と、市場規模の約二倍となっている。輸出入の状況をみると、地球温暖化対策を中心に輸出入ともに急速に増えており、一九年には、輸出は、ハイブリッド車などのエコカー等により一七・二兆円、輸入は、再生可能エネルギー関係を中心に四・〇兆円となっている。
なお、隣の中国においても、第一一次、第一二次五カ年計画における中央政府の環境対策の重視を反映して、環境産業の規模は拡大している。日本貿易振興機構の一八年の報告書によると、環境対策の強化にともない、環境産業の規模は、二〇〇〇年の〇・一七兆元から一五年の四・五五兆元へと約二五倍に急速に増加しており、二〇年には約一〇兆元に達するとの見込みが示されている。

生物多様性

生態系の多様性、種の多様性、遺伝的多様性を含む生物の豊かさを包括的にあらわした広い概念。その保全は食料や薬品などの生物資源のみならず人間が生存していくうえで不可欠の生存基盤としても重要。

第3節 生物多様性の保全と経済

❶ 自然保護から生物多様性の保全へ

日本の自然保護行政は、風景地の保全や自然破壊への対応から出発したため、自然保護や自然環境の保全という言葉や概念は、人為的な影響の少ない地域や、絶滅のおそれのある種の保全など、特別な地域や種の保全ととらえられがちであった。しかしながら、特別な地域や種ばかりでなく、生物が生息している場所とそこに生息する生物の総体を保全する必要があるとの、いわゆる生物多様性の保全についての認識が世界的にも次第に高まっていった。そのような状況のなかで、一九九二年に生物多様性条約が採択され、日本は翌九三年に同条約を締結し、同条約は同年に発効した。

この条約は、生物多様性の保全、生物多様性の構成要素の持続可能な利用、遺伝子資源の利用から生ずる利益の公正で衡平な配分の三つの目的を有しており、自然資源が必然的にかかわる経済との関係を色濃く反映したものであった。日本では当初、国内法を適切に運用することで条約の実施は担保できるとして新たな国内法の整備は行わなかったが、生物多様性に関する関心が国際的にも高まるなかで、二〇〇八年に「生物多様性基本法」を成立させた。

❷ 生物多様性基本法と日本の生物多様性ホットスポット

同法は、生物の多様性の保全及び持続可能な利用を推進し、生物の多様性の恵みを将来にわたって享受できる、自然との共生社会の実現を目指した基本法である。また、そのもとになった生物多様性条約の強化のため、二〇一〇年には、遺伝子資源の取得と利益配分に関する新たなルールが「名古屋議定書」として採択された。具体的には、たとえば、他国の遺伝子資源を取得するさいに、当該国の国内法に基づく同意等を確認することが必要になった。生物資源に広く関連する経済活動に関しては、この条約や議定書に基づくルールがいわば世界標準になることになった。

一方、国際的な環境ＮＧＯであるコンサベーション・インターナショナルは、世界的な生物多様性重要地域としてマダガスカル等、世界の三四カ所をホットスポットとして指定しており、日本とその近海は、〇五年の見直しに際して追加指定された。また、ユネスコが事務局をつとめる世界遺産条約にもとづく世界自然遺産は、二〇年現在、世界で二一三件登録されており、そのうち屋久島、知床等四件が日本で登録されていたが、二一年には「奄美大島、徳之島、沖縄北部及び西表島」が新たに追加登録された。

❸ 生態系サービスへの支払い（ＰＥＳ）

以上のように、自然環境の保全に関しては、生物多様性の概念を軸に世界的なルールづくりが進められている。しかしながら、途上国の発展にともない、地域の自然が破壊されるという状況が依然として続いているという現実もある。そのような状況に歯止めをかけるための政策の一つとして、生態系サービスへの支払い（ＰＥＳ：Payment for Ecosystem Services）という考え方が世界的に進展してきている。

これは、森林をはじめとする豊かで多様な自然が人類に与える恵みを生態系のサービスととらえ、それに対する金銭的な評価をできるだけ行い、それら自然の開発や取引にさいしてそれを織り込んだ社会システムを形成することにより、生物資源の適切な保全と利用を図ろうとするものである。すでに欧米諸国の一部やコスタリカなどの一部途上国でそのような考え方に基づく政策が実際に行われている。日本でも、二〇〇一年に施行された地方分権一括法を機に、高知県など多くの自治体で間伐や再造林などの森林整備の費用にあてるため、地方税という形で森林環境税が創設されてきた。二四年度からは国税としても森林環境税が創設されることとなった。具体的には、現行の復興特別税の期限が切れたあと、引き続き住民税への一〇〇〇円の上乗せという形をとる。

第4節　気候変動対策と経済

1　ＩＰＣＣ評価報告書と一・五℃特別報告書

気候変動問題は、今や、国内的にも国際的にも大きな環境問題となってきている。その理由として、気候変動による被害や損害が、公害などのこれまでの局地的な環境問題と異なって地球規模であり、人類全体の文明や生存基盤を脅かしかねない規模のものであること、問題の原因がエネルギーや森林の利用という人類の営みそのものであり、その対応策も環境政策、エネルギー政策、経済政策、さらには現代文明のライフスタイルのあり方も含めた広範なものにならざるをえず、問題の深刻さに

気候変動

産業革命以降の人間の活動の拡大にともなう化石燃料の使用等による温室効果ガスの濃度の増加で、より多くの熱が大気に吸収され、地球規模で気温が上昇する現象。地球温暖化ともいうが、地域により年により気温等が変動しつつ全体として大きく気候が変化していくため、国際的には気候変動といういい方が多い。

もかかわらず、その解決が難しいものとなることがある。

科学の観点からは、気候変動の進行とその影響について厳しい警告が発せられている。

ＩＰＣＣ（気候変動に関する政府間パネル）では、一九九〇年以来、これまで五～七年ごとに、気候変動に関する世界の論文をレビューし、自然科学的根拠の評価（第一作業部会）、社会システムや生態系の脆弱性、適応策の評価（第二作業部会）、温室効果ガスの排出抑制及び気候変動の緩和策の評価（第三作業部会）についての報告書を公表してきた。

二〇二一年八月に、他の作業部会に先立って公表された第六次評価報告書第一作業部会報告書（自然科学的根拠）では、「人間の影響が大気、海洋及び陸域を温暖化させてきたことは疑いの余地がない」と、従来の「可能性が極めて高い」という表現を超えた断定的表現が用いられたことが注目される。同報告書ではさらに、「広範囲にわたる急速な変化が、大気、海洋、雪氷圏及び生物圏に起きている」こと、「世界中の全ての地域で、多くの気象及び気候の極端現象に既に影響を及ぼしている」ことが指摘されるとともに、「熱波、大雨、干ばつ、熱帯低気圧のような極端現象について観測された変化に関する証拠、及び、特にそれら変化を人間の影響によるとする原因特定に関する証拠は第五次評価報告書以降、強化されてきた」としており、人間の営みが著しい気候変動を引き起こしていることがますます明らかになってきたことなどが報告されている。

なお、二〇一三年から一四年にかけて公表された第五次評価報告書では、気候変動の多くの特徴及び関連する影響は、たとえ温室効果ガスの人為的な排出が停止したとしても何世紀にもわたって持続するだろうとされている。また、このような地球規模での深刻な損害に対して、工業化以前と比べて温暖化を二℃未満に抑制する可能性が高い緩和措置は複数あること、しかしながら、そのためには、二酸化炭素及びその他の長寿命温室効果ガスについて、今後数十年にわたり大幅に削減し、二一世紀

IPCC

各国政府を通じて推薦された科学者が、地球温暖化問題について議論を行う公式の場として、国連環境計画及び世界気象機関の共催により一九八八年に設置された、気候変動に関する政府間パネル。温暖化に関する科学的知見の評価、温暖化の社会経済的影響の評価、今後の対策のあり方について継続的に検討を行い、おおむね五年ごとに最新の評価報告書を公表している。

温室効果ガス（GHG＝Greenhouse Gas）

大気中の二酸化炭素やメタンなどは太陽からの熱を地球に封じ込め、地表を暖める働きがある。一九九七年に採択された京都議定書では、二酸化炭素、メ

タンのほか、一酸化二窒素、HFC類、PFC類、六フッ化硫黄（SF_6）を合わせて六つの物質が温室効果ガスと定められた。また、二〇一一年の締約国会議で三フッ化窒素（NF_3）が追加された。温暖化ガスともいう。

末までに排出をほぼゼロにすることを要すると指摘されていた。国際社会では、この第五次評価報告書を踏まえ、欧州を中心に二〇五〇年時点における世界の温室効果ガスを半減する必要性が強く主張され、日本政府も基本的にその立場に立ってきた。その場合、今後見込まれる途上国の経済成長を加味すると、先進国では五〇年時点で、現状比で六〇％から八〇％の削減が必要となるとの認識が共有されてきた。

また、二〇一五年に採択されたパリ協定（後述）で、気温上昇の抑制目標として、工業化以前と比べて「二℃、できれば一・五℃に抑制」との記述が盛り込まれたこともあり、IPCCは、一八年に「一・五℃特別報告書」を公表した。主な内容は、以下のとおりである。①現在の進行速度では、地球温暖化は、二〇三〇年～二〇五〇年に一・五℃に達する。②地球温暖化を一・五℃以下にすることは不可能ではない。しかし社会のあらゆる側面において前例のない移行が必要であり、二〇三〇年までに二酸化炭素排出量を四五％削減し、五〇年頃までに正味ゼロにする必要がある。③地球温暖化を一・五℃以下に抑制することは明らかな便益があり、持続可能な開発の達成や貧困の撲滅等、気候変動以外の世界的な目標の達成に貢献しうる。

しかしながら、その解決の道筋は、明らかになっているとはいいがたい状況にある。

2 京都議定書とその後の国際枠組み

一九九七年に採択された京都議定書は、先進国に対し人類史上はじめて温室効果ガスの削減義務を課すという画期的なものであった。この議定書において一九九〇年を基準年として二〇〇八年から一二年の五年間の平均値で、日本は▲六％、EUは▲八％、アメリカは▲七％の削減目標値とするなど、先進国が削減目標を決め、全体で約五％の削減を目指すことが合意された。しかし〇五年の発効

排出量取引制度
環境汚染物質の排出量低減のための経済的手

までに、当時最大の温室効果ガス排出国であったアメリカが、中国等の途上国が削減義務を課されないのは不公平であることや、気候変動対策がアメリカの経済に悪影響があることなどを理由として離脱したため、気候変動の安定化に向けた実効性は低下せざるをえなかった。

その後、国際社会は京都議定書後の新たな国際枠組みをめぐって議論を進めたが、コペンハーゲンでの新議定書の合意に失敗したことから、京都議定書を、第二約束期間（二〇一三～二〇年）を設定する形で延長し、新たな国際枠組みを二〇年から実施することとしたが、カナダ、ロシア及び日本は、先進国にのみ削減義務を課する京都議定書の延長は不公平であり実効性が低いとして第二約束期間には参加しないこととした。

二〇一五年末のパリ会議（COP21）では二〇年以降の新枠組み（パリ協定）が合意された。アメリカや中国も含め多くの国々が参加したことや、今世紀後半には排出を実質ゼロにするという長期目標が先進国と途上国の共通認識として設定されたことは画期的である。しかし一方で、五年毎の見直し規定はあるものの、各国の削減目標は自主的なものであり、達成が義務ではないことや、各国の排出抑制が目標どおり進んでも、産業革命前に比べて地球の平均気温の上昇を二℃以内に抑えるとの国際的目標の達成には不十分であることなど大きな課題を残していた。

3 日本の気候変動対策の現状と課題

日本の温室効果ガスの排出量は、暖冬や猛暑などの気温要因、景気要因、原子力発電所の稼働状況、という三つの要素が大きく影響してきた。基準年の一九九〇年からみると、おおむね増加傾向にあったが、二〇〇八年のリーマンショックに端を発した世界的な景気後退の影響にともない〇八年から減少に転じた（図13－3）後、一〇年からは景気の回復にともないふたたび増加に転じ、さらにそ法の一つ。国や企業、燃焼施設等を対象に無償配分やオークションにより削減計画に基づく排出限度を定め、それを超過する場合は市場から排出クレジットを購入し、それに満たない場合はクレジットを売却できる仕組み。排出削減しやすいところから削減が進むので、排出削減費用総額は最小になる。

環境自主行動計画

一九九七年の京都議定書の採択を契機に当時の経団連が策定した温暖化対策にかかる産業界の計画。各種の業界団体ごとに、二酸化炭素をはじめとする温室効果ガスの削減や抑制についての目標や対策をとりまとめた。業界自身による自主的な取組みであることが最大の特徴であり、目標水準についてもそれぞれの団体が自主的に策定した。

図13-3　日本の温室効果ガスの排出量（1990-2019年度）

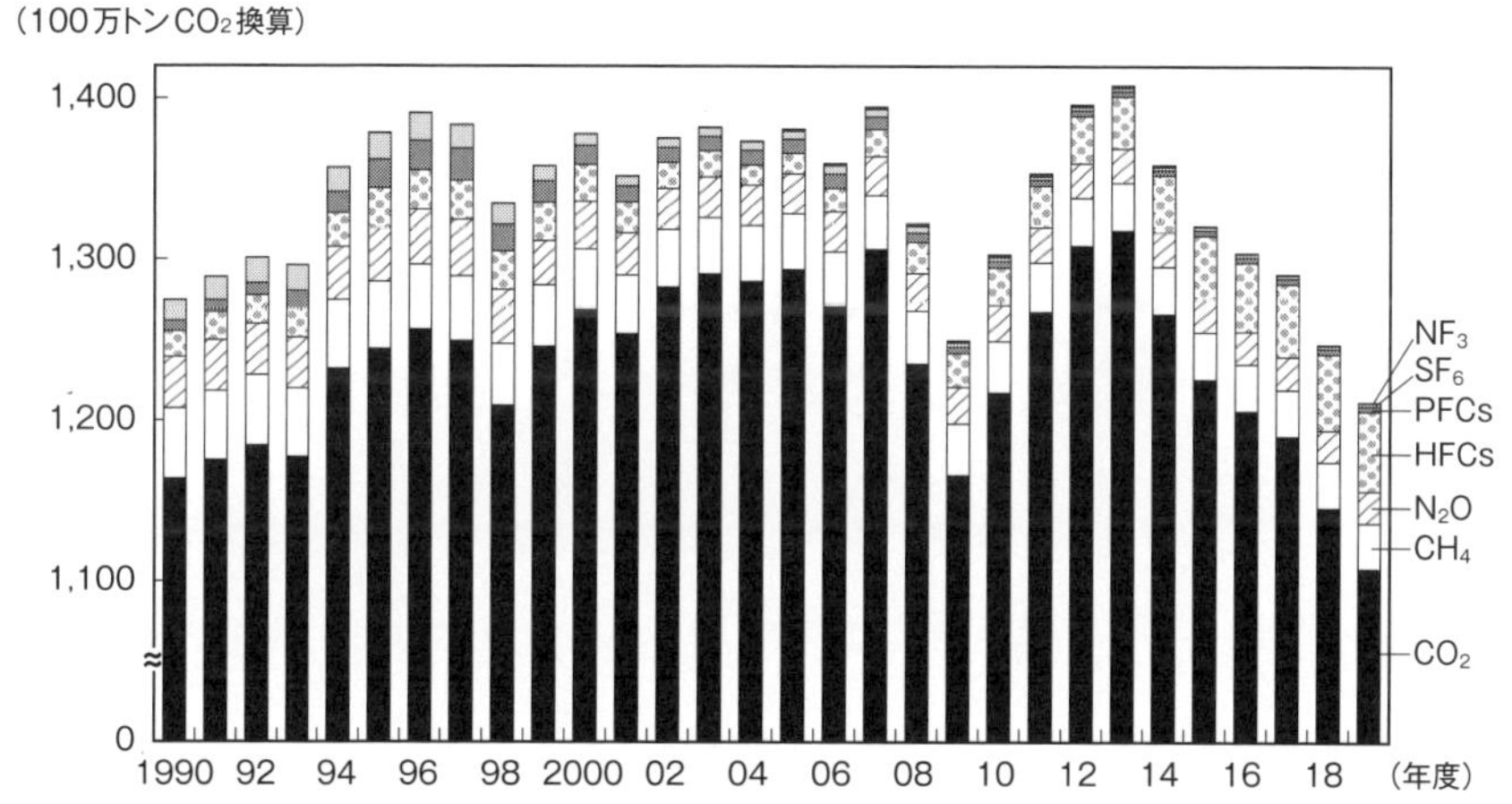

（注）CO_2（二酸化炭素），CH_4（メタン），N_2O（一酸化二窒素），HFCs（HFC類），PFCs（PFC類），SF_6（六フッ化硫黄），NF_3（三フッ化窒素）．312ページ頭注参照．
（出所）環境省．

の後の、原子力発電への依存度の大幅低下にともなう火力発電の増強の影響もあり、排出量は増加した。結果的には、日本における京都議定書の第一約束期間（二〇〇八〜一二年）の排出目標は達成されたが、その要因としては、〇八年から〇九年初頭にかけての景気後退の影響に加え、途上国で削減に協力した分や、排出権を海外から購入した分などを実際の排出量から控除して計算することができたという事情が大きい。

日本における温室効果ガスの排出が、リーマンショックによる景気後退期を除き、増加傾向にあった背景として、省エネ法やエコカー減税・補助金などにより個々の企業や製品の省エネは促進するものの、排出量取引制度など、総量としての排出量のコントロールを行う政策が欠けており、具体的な対策は産業界自身による環境自主行動計画などに委ねられていたことがあげられる。また、温暖化ガスを排出しない原子力発電への期待が大きく、それが進まない場合のシナリオを用意しておらず、結果として、比較的安価な石炭火力で補ってきたことがあげられる。

このような課題の認識や東日本大震災後の状況も踏まえ、日本は一二年七月から再生可能エネルギーの導入促進のための固定価格全量買取制度をスタートさせた（第12章参照）。また、税制のグリーン化の観点からは、一二年一〇月から、石油・石炭税に上乗せする形で石油、石炭、天然ガスなどの化石燃料に課税する「地球温暖化対策のための税」が新たに導入され、税率が段階的に引き上げられ一六年四月以降は二八九円／CO_2となった。この税収は、省エネ対策などに用いられている。

これらの新たな政策は、環境基本法でもその導入がうたわれていた、いわゆる市場メカニズムを活用した経済的措置である。しかしながら、「地球温暖化対策のための税」は税率が低いことから、温室効果ガスの削減効果は限定的である。経済的措置の一つの柱とされ、当初導入の検討が進められていた二酸化炭素の国内排出量取引制度については、国レベルでは二一年夏現在いまだ進展がないが、東京都は一〇年から、国に先がけて取引制度を導入した。この制度は、排出枠のキャップの対象が、発電所などの大規模二酸化炭素排出源（いわゆる直接キャップ）ではなく、そこから発電される電気使用量（いわゆる間接キャップ）などを主な対象としていること、多くの対象事業者はキャップの目標を達成しており排出枠の取引自体はあまり多くないこともあり、クレジット価格は比較的低いことなど、ＥＵの排出量取引制度とは異なっている面があるが、排出枠のキャップがかかっているという意味で、本格的な排出量取引制度の基本的な要件を備えている。

一方で、パリ協定に関連して、日本は一五年七月に三〇年度における温室効果ガスの排出量を一三年度比で二六％削減するとの目標を条約事務局に提出した。また、この目標の達成のため、一六年に「地球温暖化対策計画」を、さらに一九年には「パリ協定に基づく成長戦略としての長期戦略」を策

温室効果ガス二〇五〇年実質ゼロ
二酸化炭素をはじめとする温室効果ガスの人為的な排出量から森林などによる吸収量を差し引いたものを二〇五〇年までにゼロにすること、カーボンニュートラルともいう。

定した。しかしながら、この削減目標は、〇五年度比で欧米の目標と比べてみるとかなり見劣りがするものであり、また、対策や長期戦略の基本構造は、技術革新などの産業界の自主的な取組みを支援することを中心とする従来からの政策の継続であり、炭素に価格づけするカーボンプライシングなどの政策手段が不十分であるとの批判があった。

その後、二〇年一〇月に菅義偉首相は、「温室効果ガス二〇五〇年実質ゼロ」の方針を表明するとともに、二一年の四月に、日本の三〇年度における温室効果ガスの排出量を一三年度比で四六％削減（九〇年度比では約四〇％、〇五年度比では約四五％減）するとの新たな目標を明らかにした。

なお、日本における温室効果ガスの排出量は、一三年をピークに一四年以降、減少傾向にある。その背景としては、一一年に起こった東日本大震災後の全国的な省エネ活動の広がりと再生可能エネルギー導入促進のための固定価格全量買取制度による再生可能エネルギーの利用拡大、及び一五年以降、順次行われた原子力発電所の再稼働が寄与しているが、今後、中長期的な温室効果ガスの削減、なかんずく二〇三〇年や二〇五〇年の削減目標が実現できるかは見通せない状況にある。

4 世界の気候変動問題への取組み

気候変動対策は本節の冒頭で述べたように、エネルギー政策や経済政策などと密接に関係しており、各国ともその取組みに苦労している。しかしながら、気候変動政策を将来の経済発展と結びつけて積極的な展開を図っている国もある。

アメリカは、二〇〇一年のブッシュ政権による京都議定書からの離脱、二〇一六年のトランプ政権によるパリ協定からの離脱など、気候変動対策の面では、カリフォルニア州など一部のレベルでの動きを除き、国としては消極的な対応が目立っていた。しかしながら、二一年初に発足したバイデン政権はパリ協定への復帰を決定するとともに、気候変動政策を大きく転換し、温室効果ガスの排出を三〇年までに〇五年比五〇～五二％削減するとの新たな方針を打ち出した。

なお、これまで、温室効果ガスの削減には必ずしも積極的な姿勢を示してこなかった中国においても、一一年からのパイロット事業を踏まえ、全国的な温室効果ガスの削減のための排出量取引制度を一七年から、まずは発電所を対象として開始し、さらに、バイデン大統領の新政策に呼応し、三〇年に二酸化炭素の排出をピークアウトさせるとともに、六〇年までに炭素中立を達成するとの目標を公表するなど、これまでの姿勢を転換しつつある。

一方、ＥＵでは、一九九〇年代からの加盟国での炭素税の導入にはじまり、各国がそれぞれの気候緩和策を導入してきていたが、域内共通炭素税導入の検討とその断念を経て、二〇〇五年にはＥＵ当局により、大規模燃焼施設を対象とした域内共通の本格的なキャップつき排出量取引制度を導入した。また、小規模施設や自動車燃料など、この制度ではカバーできない分野の温室効果ガス削減については、各国の炭素税やエネルギー税その他の政策を組み合わせ、全体としてバランスをとりながら削減がなされるよう努めている。その背景には、国際的な削減目標の合意に先立って、ＥＵ全体として温室効果ガスの排出を二〇五〇年には実質ゼロに、三〇年に一九九〇年比で、▲五五％削減を掲げるなど、世界で一歩進んだ目標設定がある。

なかでも、国内の発電の約半分を石炭に依存し原子力発電の割合も約二割あったドイツは、ＥＵ同様、二〇五〇年の自国の排出削減目標を実質ゼロにするとともに、二〇三〇年では、一九九〇年比で六五％と定めている。ドイツは、その達成のための具体的な政策ロードマップを定めており、二二年までにすべての原子力発電を止めるとともに、二〇年には石炭火力発電を三八年までに全廃し、それを再生可能エネルギーで代替していく方針を明らかにしている。

炭素税

気候変動対策のため、二酸化炭素の排出量に応じて徴収する租税制度。化石燃料を燃焼した場合に排出する二酸化炭素の量に応じて徴収することで、地球温暖化の原因となる二酸化炭素の排出削減の経済的インセンティブをねらいとすると同時に温暖化対策の財源調達にあてることを目的とする。

その達成手段としてはEUの排出量取引を中心に国内エネルギー税、さらには再生可能エネルギーの固定価格全量買取制度などの市場メカニズムを活用した政策を核として、それに各種の支援策を組み合わせている。あわせて徹底したエネルギー効率の改善により、エネルギー需要そのものを削減することを政策の柱としている。特に、二〇二〇年に四〇％の削減目標が達成できないとの見通しのもとに、一九年より、交通部門における燃料や建物の熱エネルギーに対する新たなカーボンプライシングの国内政策（二五年までは燃料への課税、二六年からは国内排出量取引）の検討に着手し、二一年からそれを実施に移している。

なお、リーマンショック以降の世界的な景気の落ち込みを反映し、〇八年に二酸化炭素トン当たり約二九ユーロをつけていたEUの排出量取引市場におけるクレジット価格は、〇九年以降、二〇一三年のトン当たり約三ユーロ前後を底として低迷してきたが、二〇一五年のパリ協定合意後の気候変動対策の広がりやEU当局の制度改革などにより、一七年半ば以降、上昇傾向に転じ、二〇年末に制度発足以来の最高値を更新し、二一年に入ってからもさらに上昇し、夏には五〇ユーロに達した。

EU諸国におけるこれらの一連の政策は、以下のような高度の政策統合の考え方に支えられている。すなわち、EUにおける一三年以降二〇年までの政策を定めた気候・エネルギー政策パッケージでは、政策の目的を「気候変動の安定化」「エネルギーの安全保障」「国際競争力の強化」の三つとしているが、このような複数の政策目標を同時に達成するための政策が政策統合である。ドイツの例で典型的にあらわれているように、気候変動政策の根本を化石燃料の利用から再生可能エネルギーへの転換ととらえ、これを実現することでエネルギー自給率とエネルギー安全保障を高め、その過程で新たな技術やビジネスモデルを創出し国際競争力を強化するという基本戦略である。また、その政策手段として、欧州排出量取引制度や国内炭素価格と市場メカニズムを活用した経済的措置を

低炭素経済

太陽光や風力、水力、バイオマスなどの再生可能な自然エネルギーや原子力などの低炭素型のエネルギーによって支えられる経済。気候変動や石油の枯渇などの問題を背景に、石油や石炭など温室効果ガスを排出しかつ再生不可能資源でもある化石燃料によって支えられている現代の経済と対比される。より広く低炭素社会経済ともいう。

政策の中心に据え、政策目標を達成するための費用を抑える経済合理的な手法をとっているところに大きな特徴がある。さらに、近年では、投資において環境（Ｅ）、社会（Ｓ）、ガバナンス（Ｇ）を重視するＥＳＧ投資や環境問題の解決に資する事業に使途を限定して資金調達する環境債（グリーン・ボンド）の活用など、ノン・ステート・アクターズと呼ばれるいわゆる非政府主体による取組みも目立っており、その動きは国際的に広まりつつある。

以上、欧米を中心に各国の気候変動の緩和策をみてきたが、気候変動自体はいずれにしてもすぐには進行が止まらないことから、ＩＰＣＣでは、それを前提とした気候変動への適応策も策定すべきことを述べている。主な項目としては、人間開発、貧困緩和、生活保障、災害リスクマネジメント、生態系管理、空間・土地利用計画などがあげられており、日本でも一八年に「気候変動適応法」を制定するなど、各国でも、高温耐性の農作物の開発普及、堤防・洪水調整施設等のハード施設の整備などさまざまな分野における適応策の検討と実施が進みつつある。

5 気候変動問題と持続可能な社会（グリーン経済）の構築

図13－4、図13－5は一九九〇年から二〇一〇年までのドイツと日本の実質ＧＤＰ、一次エネルギー消費量及び二酸化炭素の排出量の動向を指数表示したものである。これらの図は、ドイツがエネルギー消費と二酸化炭素排出を一貫して削減しつつ実質ＧＤＰを増大させてきたこと、それに対して、日本はかなりの間エネルギー消費や二酸化炭素の排出を増やしつつもＧＤＰの伸びはドイツを下回っていたことがわかる。ドイツの経済発展が持続可能な低炭素経済を目指す二一世紀型のもの、すなわちグリーン経済になっているのに対し、日本は転換が遅れてきたとみることができよう。

日本では、パリ協定における長期目標を踏まえ、さらに、二〇五〇年における温室効果ガス実質ゼ

図13-4　ドイツにおける実質GDP，一次エネルギー消費，及び二酸化炭素排出量の推移（1990–2020年）

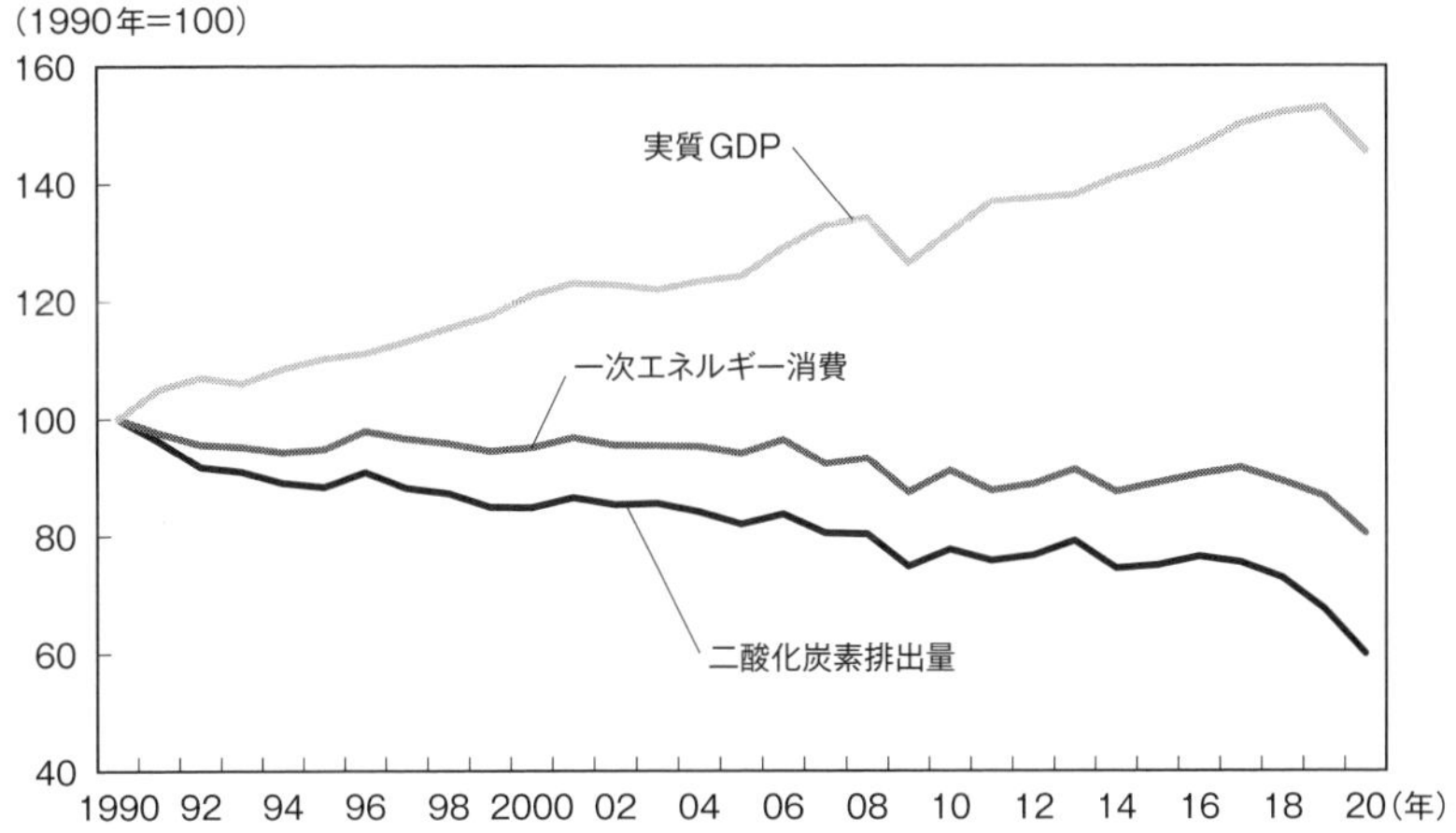

（出所）IMF“World Economic Outlook Database”（2021年4月）及びBP統計より作成.

図13-5　日本における実質GDP，一次エネルギー消費，及び二酸化炭素排出量の推移（1990–2020年）

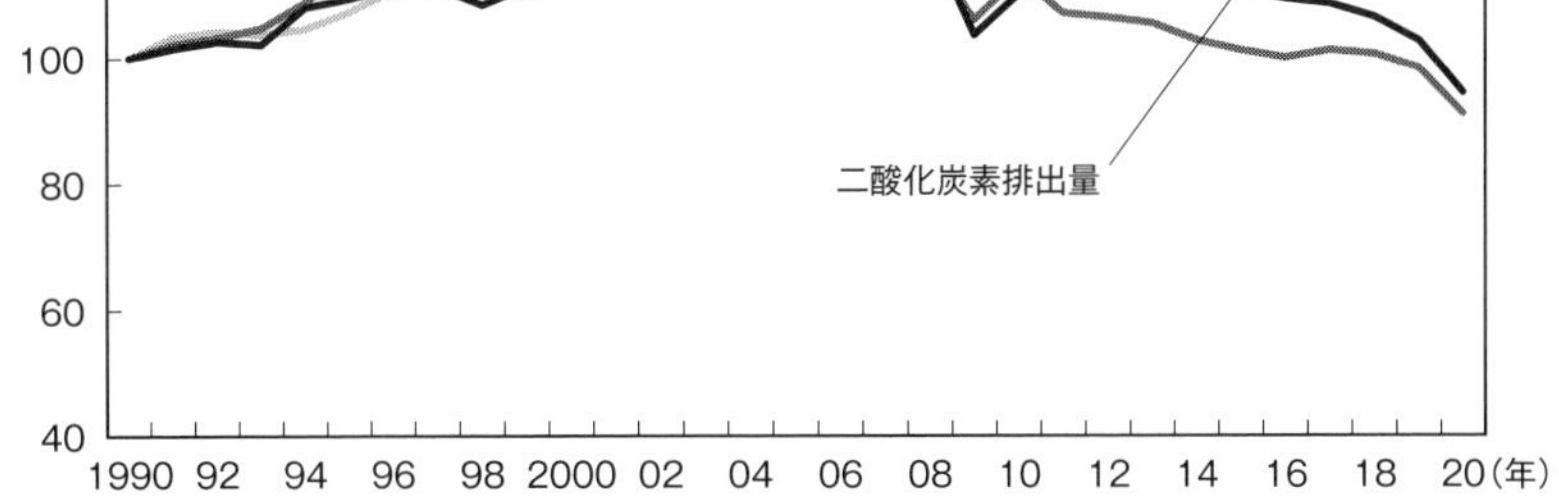

（出所）IMF,“World Economic Outlook Database”（2021年4月）及びBP統計より作成.

ハーマン・デイリーの持続可能な発展の三原則

アメリカの経済学者ハーマン・デイリーが一九七〇年代に持続可能な発展の条件として掲げた以下の三つの原則。①再生可能な資源は、それが再生できるペースで使うべきこと。②再生不可能な資源は、それが再生可能な資源で代替できるペースで使うべきこと。③廃棄物や有害物は、自然が受け入れ浄化できるペースで排出すべきこと。

ロに向けた国レベルの長期戦略の確立が求められる。しかしながら、ドイツのような二〇五〇年までの再生可能エネルギーの導入による石炭火力や原子力発電への代替経路や、温室効果ガスの削減を実現する実効性のある経済的措置を含む具体的な政策手段を明示した長期的な国の政策ロードマップは、二一年夏現在、いまだ確立されているとはいえない状況である。

こうした違いの背景には、国の政策のバックボーンともいうべき基本理念の違いがあると考えられる。これを象徴するのが一九九二年の地球サミットでのアジェンダ21を受けて各国が策定すべきとされた国別行動計画である。日本は、九四年に環境政策の基本として策定された「環境基本計画」をそれに該当するものとして登録しているが、ドイツでは二〇〇二年に、「ドイツの展望——私達の持続可能な発展に関する戦略」をドイツのすべての各政策の上位計画として策定している。そこでは、持続可能性を確保するルールとして、主な行動分野の冒頭に「再利用不可能な自然資源は、他の資源による代替可能性を考慮した枠組みにおいてのみ利用されるべき」という考え方が明記されるなど、政策を方向づける基本理念が確立されている。

このルールは、ハーマン・デイリーの持続可能な発展の三原則に沿ったものであり、自然資本の重要性を強調するいわゆる「強い持続可能性」の考え方に軸足を置いたものとみることができる。

もとよりドイツにおいても大胆な経済・エネルギーシステムの改革は容易ではなく、必ずしも順調に進んでいない面もある。しかしながら、今日の経済社会の問題に正面から向き合い、高い理念と長期的な戦略のもとで環境と経済を統合し、環境上健全で経済的にも十分引き合う持続可能な経済社会を作っていこうというドイツの挑戦は、日本にも多くの示唆をもたらしているといえよう。

強い持続可能性と弱い持続可能性

強い持続可能性とは、自然資本は人間の福祉の究極的な源泉であり、森や海など自然資本を人工資本で代替することには限度があるので、その制約を超えて成長することは不可能であるという考え方。弱い持続可能性とは、自然資本を人工資本で代替していくことは基本的に可能であり、自然資本の減少は持続可能性の妨げにはならないという考え方。

参考文献

一方井誠治『コア・テキスト環境経済学』新世社、二〇一八年。

一方井誠治・Sven Rudolph「ドイツ国内排出量取引制度――これは国内交通部門と熱部門の持続可能な政策となるか？」『環境情報科学』第五〇巻第二号、二〇二一年。

植田和弘・梶山恵司編著『国民のためのエネルギー原論』日本経済新聞出版社、二〇一一年。

亀山康子・高村ゆかり編『気候変動と国際協調――京都議定書と多国間協調の行方』慈学社出版、二〇一一年。

環境省「ＩＰＣＣ『１・５℃特別報告書』の概要」二〇一八年。

環境省「環境産業の市場規模・雇用規模等に関する報告書」二〇二〇年七月。

環境省「気候変動に関する政府間パネル（ＩＰＣＣ）第６次評価報告書第一作業部会報告書（自然科学的根拠）政策決定者向け要約の概要」環境省ホームページ、二〇二一年。

環境省「気候変動に関する政府間パネル（ＩＰＣＣ）第６次評価報告書第一作業部会報告書（自然科学的根拠）と従来のＩＰＣＣ報告書の政策決定者向け要約における主な評価」環境省ホームページ、二〇二一年。

小西雅子「第一回スクールパリ　これまでの気候変動国際交渉」ＷＷＦジャパン、二〇一五年。

日本貿易振興機構「中国における環境規制と市場規模の最新動向調査」二〇一八年。

日本貿易振興機構「気候サミットを振り返り、新排出量削減目標を点検する」（地域・分析レポート）、二〇二一年。

諸富徹編著『環境政策のポリシー・ミックス』ミネルヴァ書房、二〇〇九年。

「ＥＩＣネット環境用語集」環境イノベーション情報機構。

ICAP "Allowance Price Explorer" (https://icapcarbonaction.com/en/ets-prices).

第14章

パンデミックに襲われた世界経済の主要課題

世界経済は、二〇〇七年以降の世界金融危機（通称リーマンショック）によって経済活動が大幅に収縮した後、二〇一〇年代には低金利と物価安定が共存するもとで安定的な経済成長を続けていたが、二〇二〇年初からの新型コロナウイルス感染症の影響により、再び大きな経済危機を経験することとなった。各国で感染拡大防止の観点から経済活動の抑制策がとられ、ＧＤＰの大きな落ち込みや雇用の悪化がみられたが、企業や家計に対する大規模な財政面及び金融面からの支援策がとられるとともに、ワクチン接種など感染症対策が進み、二〇二一年には主要国の経済は回復に向かった。

世界経済の動向を中長期的にみると、中国など新興国の経済発展が続き、技術的にも先進国へのキャッチアップが進む一方で、世界最大の経済規模を持つアメリカと、世界第二位の中国との間で貿易摩擦や先端技術等の分野で軋轢が生じており、経済安全保障的な観点から相互依存関係を見直す動きもみられている。他方で、地球温暖化については、世界的に取組みの機運が高まっており、企業レベルでも脱炭素化に向け、新たなエネルギーの活用や技術革新の取組みが加速している。

本章では、こうした最近の動向を含めて、世界経済の中長期にわたる経済動向を俯瞰した後、各地域別の経済動向や課題等について整理するとともに、国際的な経済連携や企業のグローバル化にともなう課題への取組みについて触れる。

第1節　世界経済動向の概観

❶ 世界経済全体の動向

（1）主な国・地域の経済規模と所得水準

ＩＭＦのデータに基づくと、二〇二〇年時点の世界経済のＧＤＰ規模は、およそ八四・五兆米ドル、一米ドル一一〇円で日本円に換算すると、約九三〇〇兆円になる（表14－1）。国別にみると、アメリカ、中国、日本の順となっている。欧州については、ユーロ圏全体のＧＤＰ規模でみれば約一三兆ドルで中国に次ぐ規模となっている。

他方、一人当たりの国民所得でみると、アメリカ、日本、欧州など先進国経済はおおむね三万ドルから六万ドル台の水準だが、新興国については、中国やロシアが一万ドル前後、インドが二〇〇〇ドルと、先進国よりも低い水準にとどまっている。

（2）主な国・地域の経済成長率の推移

各国のＧＤＰ成長率の長期的な推移をみると、新興国経済の伸びが先進国経済の伸びを大きく上回って推移する傾向にある。先進国経済のなかでは、アメリカの実質ＧＤＰ成長率の伸びが人口の流入が続いてきたこともあって比較的高く、二〇〇〇年代、二〇一〇年代ともに一％台後半の伸びであるが、一九九〇年代以前と比べると成長率は低下している。新興国のなかでは、中国のＧＤＰ成長率が高く、一九九〇年代及び二〇〇〇年代には一〇％を超える伸びを記録していたが、二〇一〇年代に入ってからは徐々に減速し、六％台の伸びに鈍化している。インドでは、経済改革の効果もあり、比較的堅調な経済成長が続いており、二〇一〇年代のＧＤＰ成長率は五％弱となっている。資源国であ

表14-1　世界及び主要地域のGDP成長率と所得水準

	GDPの水準	一人当たり国民所得	実質GDP成長率（%，年平均）			
	2020年時点（兆米ドル）	2020年時点（万米ドル）	1991-2000年	2001-2010年	2011-2020年	（参考）2020年
主な先進国						
アメリカ	20.9	6.3	3.8	1.8	1.7	▲3.5
日本	5.0	4.0	1.0	0.6	0.4	▲4.8
ユーロ圏	12.9	n.a.	2.2	1.1	0.3	▲6.6
ドイツ	3.8	4.6	1.6	0.8	0.7	▲4.9
フランス	2.6	4.0	2.2	1.2	0.1	▲8.2
イタリア	1.9	3.1	1.7	0.1	▲1.0	▲8.9
イギリス	2.7	4.0	3.0	1.5	0.5	▲9.9
主な新興国						
中国	14.7	1.0	10.6	10.8	6.5	2.3
インド	2.7	0.2	6.1	7.8	4.9	▲8.0
ブラジル	1.4	0.7	2.7	3.9	▲0.1	▲4.1
ロシア	1.5	1.0	▲2.3	4.8	0.9	▲3.1
世界経済全体	84.5	n.a.	3.3	4.1	2.7	▲6.6

（注）n.a.は該当数値なし．
（出所）IMF "World Economic Outlook Database" より作成．

るロシアやブラジルについては、資源価格の高騰もあって二〇〇〇年代は堅調な経済成長が続いたものの、二〇一〇年代に入ってからは、資源価格の低下を背景に、GDP成長率はゼロ%台ないし若干のマイナスとなった。

2　世界金融危機とそれを契機にした金融システム等の改革

二〇〇七年にアメリカに端を発した世界金融危機は、一〇〇年に一度の危機とも呼ばれるほど大きな影響を世界経済に及ぼした。世界金融危機に先立つ一〇年間に、先進国経済は長期にわたる景気拡大と物価安定を経験していたが、低金利が続くもとで、アメリカの資産価格は上昇し、住宅価格がピーク時の二〇〇六年には九〇年代後半の二倍に達し、信用度の低い借り手向けのサブプライム・ローンも増大するなど、リスクが蓄積していった。

二〇〇六年以降、アメリカの金融政策の引締めによって住宅価格が下落し、サブプライム・ローンの延滞率が急上昇した。これにより、サブプライム・ローン等を組み込んだ証券の価格は低下し、証券を資金調達のための担保として用いていた投資銀行等は資金の確保が困難となり、二〇〇八年にはリーマン・ブラザーズ証券など大手金融機関の破綻にまで至る事態となった。金融バブルの崩壊は、実体経済にも大きな影響を及ぼし、アメリカの実質ＧＤＰは二〇〇七年から二〇〇九年にかけて三％近く減少した。欧州でも、スペインやアイルランドで住宅価格の大幅な下落が生じ、金融機関支援のために財政赤字が大幅増加したほか、ギリシャの財政赤字に関する統計の誤りが判明したこともあり、欧州の政府債務危機につながった。

こうした世界金融危機に対処するため、国際的な金融規制・監督のあり方の見直しが行われ、景気変動や一定のストレスに耐えうるような金融機関の新たな規制の枠組み（バーゼルⅢ）が採り入れられた。また、金融危機の震源地となったアメリカでは、金融監督・規制の体制強化が行われ、預金取扱機関がリスクの高い業務を行うことを避けるため、銀行による自己勘定取引の原則禁止、ファンドへの出資規制などを含む、いわゆる「ボルカー・ルール」が導入された。

3 世界金融危機からの回復と適温経済

世界金融危機後にいち早く回復に転じたのは新興国であり、とくに、中国では、二〇〇八年にインフラ投資などを中心にした四兆元（約五二兆円）にのぼる大規模な景気刺激策がとられ、景気は回復に向かった。

二〇一〇年代に入ると、アメリカで財政・金融政策に支えられた景気回復が進むなかで、欧州で

サブプライム・ローン
信用力の低い低所得者向けの住宅ローン。返済当初の負担を軽減したものが普及したため、金融危機前には利用者が増加していた。

バーゼル規制
バーゼル銀行監督委員会が定めている国際的に活動する銀行の自己資本比率や流動性比率等に関する国際統一基準。

ボルカー・ルール
ポール・ボルカー元ＦＲＢ議長の提唱した、預金金融機関は安全な資産運用に限定すべき、との考え方に沿った銀行業務規制。

ゴルディロックス経済

英国の童話にちなむ言葉で、熱すぎず冷たすぎない適温のスープを選んだ少女の名前に由来し、世界経済が過熱せず冷めすぎてもいない状況を指す。

も、政府債務危機が収束するにつれて、二〇一三年頃から緩やかな回復に向かった。新興国については、中国の景気対策の効果の一巡や資源価格の低下、アメリカの金融緩和政策の正常化の動きを受けた一部の国の資金流出などもあって二〇一五年にかけて成長が鈍化したが、二〇一六年以後は資源価格の上昇もあって再び成長率が高まった。二〇一七年には、世界金融危機後、初めて先進国及び新興国ともに成長率が高まる局面を迎え、加えて、インフレ率や金利も低位で安定していたことから、「適温経済（ゴルディロックス経済）」とも呼ばれた。アメリカでは統計開始以来の最長となる一二八カ月に及ぶ景気回復が実現した。

世界的に低金利、低インフレが長期にわたり継続した背景には、所得格差拡大による富裕層の貯蓄増加や中国など新興国の家計所得増加にともなう貯蓄の増加がみられた一方で、投資需要が、デジタル化の進展にともなって資本集約度の高い製造業から資本集約度の低い情報通信関連にシフトしたことにより弱くなったこと等が指摘されている。また、アメリカのシェールガス・オイルなどの増産を背景にした原油価格低下も低インフレに寄与した。

二〇一八年に入ると、米中の貿易摩擦が激化し（第2節第2項を参照）世界貿易が停滞するなか、世界経済の成長率も二〇一九年には鈍化した。

4 新型コロナウイルス感染症の経済的な影響とそれへの対応策

二〇二〇年に世界中に感染が広まった新型コロナウイルス感染症は、各国・地域で感染拡大防止のための経済活動自粛を余儀なくし、世界経済全体としてはリーマンショック時を超える大きなマイナス成長を経験した。以下では、新型コロナの経済的な影響と、それに対する各国・地域の政策対応について概観する。

（1）経済への影響

新型コロナウイルス感染症は、二〇一九年末に中国湖北省武漢市で感染者が確認された後、二〇二〇年一月半ば以降に中国で新規感染者数が急速に増加しはじめ、三月には欧米各国や日本を含むアジア諸国など世界中に感染が広まった。こうした感染拡大を抑制するため、各国で外出制限や生活に必要不可欠でない店舗・施設の閉鎖、飲食店等の営業時間制限、イベント等の延期・中止、学校の一時休校、国内外の旅行等の移動制限といった経済・社会活動全般にわたる抑制策がとられたほか、感染者数の多い都市の封鎖に踏み切る国もあった。

こうした感染拡大防止策は、経済に対して、供給面及び需要面の双方から大きな影響を与えた（ＩＭＦ［二〇二一］①）。供給面については、ロックダウン等の外出制限や移動制限によって生産に従事する労働者が限定されたことや、感染防止の観点から労働者や顧客間で一定の距離を空けるために本来の施設が持つキャパシティが制限されたことにより、一部の食品小売や医薬品販売など生活必需産業以外に広範な影響が生じたことに加え、こうした供給面への直接的な影響が産業連関を通じて川上、川下の産業まで波及した。需要面については、感染拡大防止策による人流の低下や、先行き不安による予備的貯蓄の増加等により、消費や投資が減少したほか、営業自粛が求められた産業における労働者の休業や一時帰休の増加が、家計の支出抑制につながった。こうした初期段階における大きな供給ショックとそれに続く需要面の落ち込みにより、二〇二〇年前半には、主要国のＧＤＰは一割から二割以上減少し、かつてない大幅な落ち込みを経験した。

世界経済は、二〇二〇年後半以降、感染者数の拡大と縮小の波を繰り返しながらも、経済活動の制限が段階的に緩和されたことや、各国で大規模な経済対策がとられたこともあり徐々に回復に向かい、二〇二一年に入ってからはワクチン接種が進んだ国では回復の動きが加速した。ただし、変異株の出現等もあり、感染症の収束の程度は国や地域によってばらつきもみられた。また、感染症による経済への影響は、先進国と比べて経済対策やワクチン接種を実施する財政余力の少ない新興国に大きな影響がみられるなど、国際的な格差を拡大させた。

（2）新型コロナの影響に対する経済政策の対応

各国では感染防止措置の影響を受ける事業者、労働者、家計に対するさまざまな支援策がとられた。具体的には、収入の減少した事業者への直接給付や低利の融資、一時帰休や操業短縮による従業員手当への補助、家賃支払いの猶予、失業給付の拡大、家計に対する一律の給付等の支援策が多くの国で実施された。また、期間を限定した付加価値税率の引下げや投資への助成金等を実施した国もあった。こうした財政支援に加え、各国の中央銀行は、金利引下げと大規模な資金供給を行い、感染症の影響に対する資金繰りの支援に貢献した。

感染症の影響に対してとられた各国の経済対策の規模は、ＩＭＦの集計によると、二〇二〇年一月から二一年三月までの期間で、世界合計では財政措置でＧＤＰの九％、融資等の金融支援で同六％に達した（ＩＭＦ［二〇二一］②）。主要国について財政措置の規模でみると、アメリカがＧＤＰ比二五％と突出して大きく、次いでイギリスや日本が同一六％程度、ドイツが同一一％程度となっている一方、新興国では相対的に対策規模が限定的であり、ブラジルが九％程度、中国が五％程度となっている（図14－1）。こうした経済対策の策定により、各国の財政収支は悪化し、二〇一九年から二〇年にかけて、アメリカでは対ＧＤＰ比でみた一般政府赤字が六％から一六％、日本で三％から一三％、ユーロ圏で一％から八％へと、それぞれ悪化した（表14－2）。これにともない、二〇二〇年時点の公債残高の対ＧＤＰ比も、アメリカで一二七％、日本で二五六％、ユーロ圏で九七％と高い水準となった。

図14-1　新型コロナウイルス感染症対策の財政支出規模（GDP比）

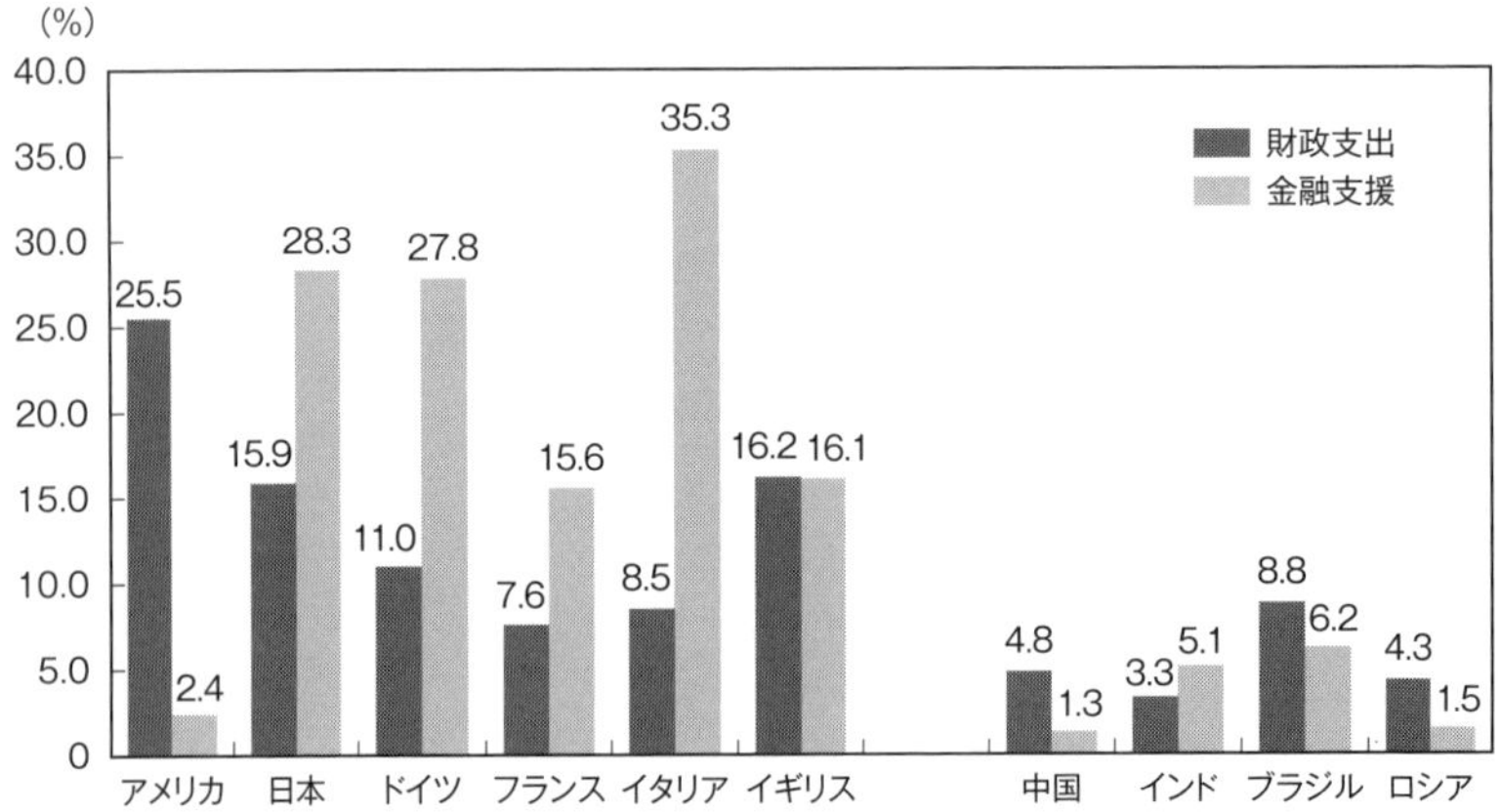

（出所）IMF "Fiscal Monitor"（2021年4月）.

表14-2　日米欧の一般政府財政収支・債務残高（GDP比）

（%）

	2019年	2020年
一般政府財政収支		
日本	▲3.1	▲12.6
アメリカ	▲5.7	▲15.8
ユーロ圏	▲0.6	▲7.6
一般政府債務残高		
日本	234.9	256.2
アメリカ	108.2	127.1
ユーロ圏	84.0	96.9

（出所）IMF "Fiscal Monitor"（2021年4月）.

輸出志向型工業化戦略
海外市場への輸出拡大を目指して国内の工業化を進める途上国の経済発展戦略。他方、輸入代替による工業化は国内市場が育たず、多くの場合成功しなかった。

第2節　各国地域別の経済の動向

1　アジア経済の動向

（1）アジアの新興国経済の発展

アジアＮＩＥｓ（韓国、香港、台湾、シンガポール）は、他の多くの途上国が輸入代替のための工業化戦略を進めていたなかで、いち早く輸出志向型の工業化戦略をとり、主にアメリカへの輸出を大きく増加させることで急速な経済発展に成功した。その後、タイ、マレーシア、インドネシアなどのＡＳＥＡＮ諸国も、一九八〇年代以降、輸出志向の工業化によって高い経済成長を示すようになった。こうしたＡＳＥＡＮの工業化の進展の背景には、一九八〇年代半ばからの急速な円高によって、日本企業の多くが直接投資によって生産拠点をＡＳＥＡＮに移したことも影響している。

中国においては、第二次世界大戦後、共産主義のもとでの計画経済の導入によって重工業の発展が目指されたものの、非農化の推進によって食糧難に見舞われる一方、工業化も一部の財の生産に偏るなど、一九六〇年代までは経済の停滞が続いた。しかし、一九七〇年代末から八〇年代になると、鄧小平の改革開放路線によって、海外からの資本・技術の導入が行われるとともに、農業改革によって市場競争もある程度認める方針に転換したことから、一九八〇年代以降、二ケタの経済成長を続けることとなった。ベトナムでは、一九七六年の南北の統一達成後にとられた社会主義による計画的手法は経済成長に結びつかなかったが、一九八〇年代半ばに「ドイモイ（刷新）」と呼ばれる経済改革が始まり、外資導入や農業の漸進主義的な市場化が図られ、一九九〇年代以降は高い経済成長を示すようになった。インドにおいても、一九九〇年代初頭以降の経済改革により、関税の引下げ、外資の自由化、金融制度改革などが進められ、海外からの直接投資の増加もあって、経済成長率が高まった。

（2）成長トレンドの低下

アジアの新興国経済は、一九九七年に、タイ、インドネシアや韓国などで通貨価値の下落と海外資金の引上げをともなうアジア通貨危機の発生によって経済的に大きな損失を経験した。しかし、その後は、経常収支の改善努力や外貨準備の蓄積を進めるなど頑健性を高め、二〇〇七年以降の世界金融危機の直接的な影響は比較的軽微であった。ただし、長期的な傾向としては、経済成長率は低下しており、中国経済は、二〇〇〇年代半ばまで二ケタの経済成長を続けた後、二〇一〇年代には、労働力人口の減少や生産性の伸びの鈍化もあり平均六％台に成長率が低下した。世界金融危機時にとられた四兆元（約五三兆円）にのぼる政府による大型の景気対策によって経済の大幅な減速は避けられたものの、他方で、大規模な政府による投資の拡大は、鉄鋼、石炭、船舶等の業種を中心に、過剰投資、過剰生産、過剰債務といった構造問題を悪化させる結果となった。その後、企業の再編によって、過剰生産能力の削減が進められたものの、国有企業を中心とした雇用問題もあって過剰能力は引き続き残った。大規模な不動産開発や地方によるインフラ整備の一部には、シャドーバンキングと呼ばれる迂回融資を通じて集められた資金があてられたが、そうしたプロジェクトの採算の悪化にともない、不良債権問題や過剰債務問題が課題となった。

こうした構造問題の是正のため、中国政府は大型の景気対策を控え、経済成長率が六％台まで減速することを許容するとともに、理財商品などの取引の規制を強化し、地方政府の債務拡大を抑制する姿勢をみせた。こうした経済の新局面を指して、中国政府は新常態（ニューノーマル）と呼んでいる。

なお、新型コロナウイルス感染症は、世界最初の流行が武漢市で起きたものの、ＰＣＲ検査能力が拡大され感染者の早期の隔離策がとられたことや、スマートフォンを利用した行動・接触履歴の管理

シャドーバンキング
規制回避のため、銀行が直接融資を行う代わりに、理財商品や信託を投資家に販売して集めた資金を、投資会社等を通じて不動産・インフラ開発等に融資する金融取引。

が徹底されたこともあり、中国経済への影響は比較的限定的であった。また、他国が感染症の影響により生産抑制を余儀なくされるなかで、それに代替する形で中国の輸出が拡大したことも、早期の経済回復につながった。

（3）中国の発展戦略

中国は、安価で豊富な労働力を基盤とする労働集約的な産業を中心に発展してきたが、近年は、人件費の上昇や生産年齢人口の減少に直面しており、より高度な産業の育成に重点が置かれるようになっている。中国政府は、二〇一五年に「中国製造二〇二五」を策定し、現在の製造大国から、イノベーション能力や品質でも国際的にひけをとらない「製造強国」への転換を目指すとし、次世代情報技術、高機能数値制御工作機械やロボット、航空・宇宙設備、省エネルギー・新エネルギー自動車など一〇分野を重点にあげている。

また、対外的な経済・外交戦略として、二〇一三年に「一帯一路構想」を提唱し、中国からアジア、中東、アフリカ東岸、欧州に通じる陸路の「一帯」と、それら地域を海路の「一路」によって結ぶことで、ゆるやかな経済協力関係を構築することを目指している。こうした構想の推進により、関連地域の自由貿易圏の拡大、輸送インフラの整備、産業集積の創出といった効果が期待されている。二〇二〇年時点で一三八カ国が協力覚書に署名しており、地域別には、アジア・大洋州が四八カ国、アフリカが四四カ国、欧州が二七カ国、中南米が一九カ国と幅広い地域にわたっている（佐野［二〇二一］）。

さらに、新興国のインフラ整備の資金ニーズにこたえるため、中国が主導する形でアジアインフラ投資銀行（ＡＩＩＢ）が二〇一五年に設立された。創設メンバーは五七カ国であったが、二〇二〇年末時点で、加盟国・地域は一〇三まで増加した。また、「南南協力」と呼ばれる中国自身による低所得国への融資も拡大しており、二〇一九年の融資残高は一〇八五億ドルとなり、先進国を抜いて世界最大の融資国となった。債務残高に占める中国の割合が高い国は、一帯一路の推進や資源確保といった対外戦略的に重視されている国と考えられているが、債務返済能力が乏しい国が債権国から圧力を受ける「債務の罠」に陥る懸念も指摘されている。

こうした中国によるハイテク分野での技術面の発展戦略や、途上国に対して影響力を強めていく拡張的な対外経済戦略は、アメリカなど先進国が、経済安全保障面からの中国への警戒を高める背景の一つになっている。中国の技術発展戦略については、外国企業に対する強制的な技術移転や、産業補助金など市場指向的でない政策の活用、サイバーによる知的財産の窃取といった点を先進国は問題視しており、米中貿易摩擦の背景の一つとなったほか、二〇一八年のＧ７サミットでも是正を求める首脳宣言が採択された。これに対し、中国でも強制的な技術移転を見直す動きがある一方、産業補助金のあり方については内政干渉との立場を示している。また、中国の進める一帯一路等の対外進出策に対抗する形で、二〇二一年のＧ７サミットでは、途上国に対する質の高いインフラ及び投資支援のためのパートナーシップ構想が打ち出され、今後、具体策に向けた検討が行われることとなった。

2 アメリカ経済の動向

(1) 世界金融危機後の動向

世界金融危機後、財政・金融政策による支援もあり、アメリカ経済は最悪期を脱し、二〇〇九年央を底に緩やかな回復に向かった。しかし、経済の回復ペースが過去と比べて緩やかなものにとどまったことから、アメリカ経済が長期停滞（secular stagnation）に陥っているとの説も出された。需要面の制約を重視する見方によれば、労働力人口の減少や労働節約的な技術進歩等によって投資需要が減

長期停滞（secular stagnation）

もとは一九三八年にハンセン・ハーバード大学教授が世界恐慌後の経済展望について述べた言葉で、二〇一三年末にサマーズ元財務長官がそれを現状の説明に引用した。

少する一方、所得格差の拡大で高所得者層に所得が偏ることによって貯蓄が増加したため、投資需要不足が生じていることが指摘された（Summers［2014］）。他方、供給面が成長を制約しているとの立場からは、技術革新の速度の低下、ベビーブーマー世代の引退による労働力人口の減少、教育レベル向上速度の低下などが潜在成長率を低下させているとの指摘もある。

アメリカ経済は二〇〇九年六月を底に、新型コロナウイルス感染症の影響で二〇二〇年二月に景気後退入りするまで一二八カ月景気回復が続き、一八五四年以降で最も長い景気拡大を記録した。こうした長期にわたる景気拡大の背景には、既に述べたように、インフレ率や金利が低位で安定する「適温経済（ゴルディロックス経済）」と呼ばれる状況が実現されたことがある。

（2）トランプ政権の経済政策

二〇一七年に発足したトランプ政権は、大型の減税といった拡張的な財政政策を進めるとともに、通商政策においては、関税引上げなどの措置を発動しつつ、貿易関係の見直しを行った。

財政政策については、二〇一八年初に、一〇年間で約一・五兆ドル（約一六五兆円）規模の減税を含む税制改正を行い、連邦法人税率の三五％から二一％への引下げや、個人所得税の最高税率等の引下げ（二〇二五年までの時限措置）といった措置が実施された。

通商政策については、中国等との間で貿易収支の赤字額が拡大していることを背景に、トランプ政権は、「公正かつ互恵的な貿易取引の実現」のために、既存の貿易慣行を見直すとして新たな通商交渉に乗り出した（アメリカのＥＰＡ見直しについては第3節を参照）。

中国からの輸入品に対し、知的財産権の侵害等を理由に第一弾から第四弾にわたる段階的な追加関税措置を実施し、中国政府もこれに応じる形で追加関税措置を実施した。具体的には、「通商法三〇一条」に基づく通商代表部による調査を実施し、そのなかで、中国政府が、中国企業に技術を移転さ

通商法三〇一条

外国の通商協定違反及び、不当、不合理、差別的な慣行を対象として調査を行い、一定の措置を講じる権限を与える法律。

せることを目的とした合弁事業の強制や外国企業による技術契約への介入、外国企業のネットワークへの不正侵入支援を行っていると指摘し、アメリカ政府は中国に対する関税引上げを行った。追加関税の対象となった品目や規模については、第一弾は三四〇億ドル、第二弾は一六〇億ドルで、その対象は産業機械など資本財や中間財が大半を占めていたが、第三弾では二〇〇〇億ドル、第四弾では三〇〇〇億ドル（実際に実施されたのは一二〇〇億ドル）とエスカレートし、対象も食料品や衣類、テレビなど消費財の割合が高くなった。これに対し、中国側も、大豆や自動車などのアメリカからの輸入品一二〇〇億ドルに追加関税を課すなど対抗措置を強めていった。その後、両国は二〇一九年一二月に、中国がアメリカから財及びサービス輸入を二〇年及び二一年の二年間で、一七年比で二〇〇〇億ドル以上増やすこと等を盛り込んだ第一段階の合意に至ったことから、予定していた追加関税措置第四弾の発動は見送られ、さらに二〇年二月には追加関税措置の一部の関税率を引き下げるなど、緊張の緩和がみられた。

　米中間の経済問題は、通信機器などハイテク分野でも先鋭化しており、二〇一九年五月、アメリカ商務省は、ファーウェイとの取引は安全保障上の脅威があるとして、同社の輸出が事前に商務省の許可が必要となるなど、輸入制限措置をとったほか、同年七月には、二〇一九年度国防授権法（National Defense Authorization Act 2019）に基づき、アメリカ政府が、中国企業五社の製品を使用する企業と取引をすることを禁止した。

（3）バイデン政権の経済政策

　新型コロナウイルス感染症拡大によるアメリカ経済への影響については、二〇二〇年四月に失業率が一四・三％と統計開始以来最高水準に達するなど大きな影響がみられたが、二〇二〇年三月末に経済対策法で二兆二〇〇〇億ドル（対ＧＤＰ比一〇％強）の大型の対策を講じたことや、二〇年末から

国防授権法

国防予算の大枠を決めるための法律。二〇一九会計年度の国防授権法では、輸出管理、外国投資審査、政府調達等を厳格化する法案が盛り込まれた。

表14-3　バイデン政権の主な経済政策プラン

計画名称	事業規模・財源
米国救済計画（ARP：American Rescue Plan） （2021年3月11日法成立） ・一人当たり最大1,400ドルの現金給付 ・失業手当の拡充措置の延長 ・児童税額控除の拡大 ・中小企業向け支援 ・雇用維持にかかる税額控除　等	約1.9兆ドル（約200兆円） 対GDP比8.9% 財源：国債発行
米国雇用計画（AJP：American Jobs Plan） （2021年3月31日公表） ・世界クラスの交通インフラの構築 ・水道，電力，ブロードバンドの再建 ・住宅・商業施設，教育施設の新改築 ・介護従事者の雇用創出・待遇改善 ・R&D投資，製造業・中小企業再生，人材育成 ・適正な賃金と安全・健全な労働環境　等	8年間で2兆ドル超（約220兆円） 毎年GDP比1% 財源：企業増税計画（15年間で2兆ドル超） ・法人税率の21%から28%への引上げ ・多国籍企業の海外収益課税強化 ・雇用を海外移転する企業の税額控除廃止 ・大企業に対する15%最低税率適用　等
米国家族計画（AFP：American Families Plan） （2021年4月28日公表） ・最低4年間の無償公教育の追加提供等 ・子どもや家族への直接的な支援 （育児，有給休暇取得，子どもの栄養摂取の支援） ・家族及び労働者のための減税措置 （児童税額控除増額措置の延長等）	10年間で約1.8兆ドル（約200兆円） 投資1兆ドル，減税8,000億ドル 財源：富裕層増税計画（10年間で約1.5兆ドル） ・富裕層への徴税強化 ・個人所得税率の最高税率引上げ ・キャピタルゲイン・配当所得の税率引上げ

（出所）ホワイトハウスホームページ等より作成.

ワクチン接種が開始されたこともあり、アメリカ経済は二〇年央に、回復に転じた。

二〇二一年一月に就任した民主党のバイデン大統領は、トランプ政権下で進んだ国際社会での単独主義を見直し、同盟国との国際協調を重視するとともに、経済政策面では、大型の経済対策やインフラ整備計画の作成に加え、脱炭素化の推進、法人税率の引上げなど、これまでの方向性を大きく転換する政策を掲げた。具体的には、経済政策面では、三本の計画からなる一連の政策を打ち出した（表14−3）。

第一は、三月初に成立した「米国救済計画」であり、新型コロナウイルス感染症対策として、一人最大一四〇〇ドルの現金給付（高所得者除く）、州・地方政府支援、失業給付の拡充、ワクチン接種支援など総額一・九兆ドル（二〇〇兆円強）にのぼる経済対策を実施した。

第二は、三月末に公表された「米国雇用計画」であり、今後八年間で二兆ドル規模の資金を投じ、電気自動車の普及や老朽化した橋・道路の更新など交通インフラ投資、半導体製造支援を含む国内製造業への投資等を実施する計画となっている。他方で、この財源として、前政権で引き下げられた法人税率を二一％から二八％へ引き上げること等により、一五年間でまかなう計画となっている。

第三は、四月末に公表された「米国家族計画」であり、今後一〇年間で家族・子どもに対して総額一兆八〇〇〇億ドルの投資・減税を行うとし、無償の公教育の追加、育児支援、育児・介護等の休暇取得支援、「米国救済計画」による児童税額控除の二五年までの延長など減税措置が盛り込まれた。この財源として、富裕層への増税措置により今後一五年間で一兆五〇〇〇億ドルを調達するとされた。

通商政策については、二〇二一年三月に公表されたアメリカ通商代表部（ＵＳＴＲ）の報告書では、中国の不公正な貿易慣行に対してあらゆる活用可能なツールを使って対処するとの厳しい姿勢が引き続き示された一方、友好国・同盟国やＷＴＯについては連携していくことや、環境・気候面の対策に二国間、多国間で取り組む方針が示された。

❸ 欧州経済の動向

（1）経済通貨統合の拡大と政府債務危機

欧州では、一九八〇年代から九〇年代初めにかけて、欧州共同体（ＥＣ）のもとで域内関税や規制・規格など非関税障壁の撤廃、金融などサービスや労働の自由移動が進み、人口三億二〇〇〇万人から

マーストリヒト条約

正式名称は「欧州連合条約」で、一九九三年に発効。欧州連合（ＥＵ）の創設、単一通貨ユーロ導入を含む経済通貨統合、共通外交・安全保障政策、司法・内務協力等について規定。

なる単一市場が構築された。一九九三年に欧州共同体から発展して設立された欧州連合（ＥＵ）は、マーストリヒト条約に基づき、こうした域内市場統合をさらに進め、加盟国間の経済・財政政策の協調、欧州中央銀行（ＥＣＢ）による域内共通の金融政策と単一通貨ユーロの導入による欧州経済通貨統合（ＥＭＵ）を目指すこととなった。ユーロ圏の通貨統合は、一九九九年にドイツ、フランス、イタリアなど一一カ国によって発足した。その後、二〇〇一年にギリシャが加わり、二〇〇二年には共通通貨ユーロが市中に発行された。

他方、通貨統合によって為替リスクが消滅したことで、財政赤字や経常収支赤字を抱える国でも低利での国外からの資金調達が可能になったことが、その後の政府債務危機につながった。具体的には、アイルランド及びスペインでは、不動産ブームによる住宅投資の増加によって経常収支赤字が拡大したが、二〇〇七年の世界金融危機を契機に不動産価格が下落すると、金融機関の救済のために財政支援が行われたこともあって公債残高が大幅に増加した。ギリシャやポルトガルでは政府赤字の拡大等を反映して、経常収支の赤字が拡大した。世界金融危機によって投資家の態度が慎重化するなか、ギリシャの財政統計の大幅な修正によって政府債務の信頼性が失われると、これらの国では国外での公債の借換えが困難になり、ＥＵ及びＩＭＦによる国際的な支援を受けるに至った。

（２）欧州経済通貨統合の機能強化

こうした経済危機の教訓から、ＥＵはユーロ経済圏の安定性・一貫性・統一性の向上と、単一通貨構造にともなう脆弱性に対処するためのＥＭＵの機能強化の取組みを行った。

第一に、政府債務問題がユーロ圏全体の金融システムの不安定化につながることを避けるため、二〇一二年一〇月に、欧州安定化メカニズム（ＥＳＭ）が創設され、一定の条件のもとで各国への財政支援のための融資に加え、市場からの国債買い入れや銀行への直接的な資本注入が行えるようになった。

第二に、銀行同盟の創設に向けた制度整備が進められた。単一監督メカニズム（ＳＳＭ）については、ＥＣＢがＥＵ内の主要一三〇行に対して直接的な監督権を持つこととなった。単一破綻処理メカニズム（ＳＲＭ）については、危機の際に一元的に意思決定を行うことにより迅速な破綻処理を行う仕組みが整備された。預金保険制度（ＥＤＩＳ）については、現状では、各国の預金保険を用いて、銀行が破綻した場合一律一〇万ユーロの預金を保証する仕組みとなっているが、将来的には共通保険基金を立ち上げることが検討されている。また、資本市場同盟（ＣＭＵ）についても、二〇一五年に提案がなされ、域内のファイナンス手段の強化等が進められている。

第三に、財政規律の実効性を強化する取組みが行われた。ユーロ加盟国に対しては、安定成長協定において、一般政府の赤字をＧＤＰの三％以内、政府債務残高をＧＤＰの六〇％以内に維持することが求められているが、財政規律の強化のために、ＥＵ各国の予算策定過程をお互いに監視し、欧州委員会による評価及び政策勧告を行う仕組み（欧州セメスター）が導入されたほか、規律が守られなかった場合に予防的措置を弾力的に活用する仕組みも導入された。

（3）イギリスのＥＵ離脱

イギリスでは、ＥＵからの移民の急速な増加が自国の雇用に悪影響を与えているとの国民の懸念等を背景に、ＥＵ離脱を目指す動きが勢いを増し、二〇一六年六月の国民投票で、離脱支持が反対を上回ったことから、イギリス政府は、二〇一七年三月に欧州理事会に正式に離脱を通告した。その後、三度にわたり離脱期限が延長されたが、二〇二〇年一月に英議会承認が得られ、ＥＵからの離脱が実現した。これにより、二〇年末までの移行期間を経て、二一年から、貿易関係については、イギリスとＥＵ間で新たに合意された「貿易協力協定」に基づく関係に切り替わった。同協定では、関税はゼ

安定成長協定

一九九七年に、欧州の経済通貨統合を維持していくための財政規律の強化を目指して採択された協定。

ロで、数量規制は設けられていない一方、通関手続きや付加価値税・物品税の支払いコストが発生するほか、イギリスからの輸入品はＥＵ規制への適合承認が求められる。また、日本の金融機関を含め、金融機関がイギリスで取得したＥＵ域内用の単一パスポートが失効したほか、ＥＵとの間の人の移動の自由も停止された。ＥＵ域外国との貿易関係については、イギリス独自の税率が適用されることから、日英ＥＰＡが二〇二一年一月に発効した。

（4）新型コロナウイルス感染症への対応と回復策

新型コロナウイルス感染症の影響に対して、各国で大規模な財政政策による支援策が行われた結果、ユーロ圏の財政赤字は、二〇一九年はＧＤＰ比〇・六％から二〇年に八・五％に拡大したが、感染症の影響による一時的な財政ルールからの逸脱は認められることとなった。

また、ＥＵレベルにおいても、域内の感染症拡大の影響に対する累次の経済対策が策定されたが、その一環として、二〇二〇年七月の欧州理事会で七五〇〇億ユーロ規模（対ＧＤＰ比四・六％）の復興基金（「次世代のＥＵ」）が合意された（表14－4）。復興基金は、ＥＵの中期予算である二〇二一年から二七年の「多年度財政枠組み（ＭＦＦ）」に組み込まれており、基金も加えた総額は一兆八五〇〇億ユーロ規模となる。使途としては、グリーン・デジタル移行や強靭化のための改革・投資支援などにあてられる。復興基金の財源については、欧州委員会が七五〇〇億ユーロの債券を発行し、二〇五八年までに償還することとされ、プラスチック賦課金等のＥＵ独自財源を用いるとされている。こうした復興基金の導入は、感染症対策のための一時的な措置ではあるものの、ＥＵ債券の大規模な発行やＥＵ独自財源の拡充については、財政同盟に向けた動きとして大きく注目された。

金融サービスの単一パスポート

金融機関がＥＵ加盟国のいずれか一カ国で免許を取得すれば、ＥＵ単一市場内で業務を展開できる制度。

プラスチック賦課金

ＥＵでリサイクルできないプラスチック包装廃棄物に対して課徴金を課す制度で、得られた収入はＥＵ共通予算に組み入れられる。

ＥＵの財政同盟

加盟国の財政規律に関する監視を強める一方で、経済格差縮小のための財政移転等を拡大していこうという構想。ＥＵの機能拡大につながるものであるが、高所得国には負担増を懸念する慎重論もある。

表14-4　EUの復興計画及び多年度財政枠組み

復興基金「次世代のEU」(NGEU：Next Generation EU)
2021～23年：7,500億ユーロ (贈与3,900億ユーロ，融資3,600億ユーロ) 欧州委員会が債券発行して資金調達し，2058年までにEU予算を通じて償還 償還には，EU独自財源としてプラスチック賦課金，デジタル賦課金，炭素国境調整措置等を予定

多年度財政枠組み (MMF:Multiannual Financial Framework)
2021～27年：1兆743億ユーロ

復興基金・多年度財政枠組みの予算配分
1．単一市場・イノベーション・デジタル 多年度財政枠組み：1,328億ユーロ，復興基金：106億ユーロ
2．結束、強靭性、価値 グリーン・デジタル移行，地域復興支援，危機対応力強化 多年度財政枠組み：3,546億ユーロ，復興基金：7,219億ユーロ
3．天然資源、環境 多年度財政枠組み：3,546億ユーロ，復興基金：175億ユーロ
4．その他 移民・国境管理，安全保障・防衛，近隣諸国・世界，行政関連経費 多年度財政枠組み：2,074億ユーロ

(出所) 欧州連合日本政府代表部「EU情勢概要」2020年10月.

第3節　国際的な経済連携の動向

❶ 地域経済連携の進展

多角的な貿易の自由化については、第二次大戦後に発足したＧＡＴＴ（関税と貿易に関する一般協定）や、その後継組織として一九九五年に発足した世界貿易機関（ＷＴＯ）の下で、包括的な関税の引下げに加え、政府調達・基準協定・政府補助といった非関税措置についても取決めがなされてきた。しかし、二〇〇一年から協議されているＷＴＯドーハ開発アジェンダにおいては、参加国が大幅に増加するなかで、先進国と新興国の間でコンセンサスが得にくくなっており、二〇一七年に貿易円滑化協定が発効となったものの、その他分野では引き続き交渉が膠着状態にある。

その一方で、二国間あるいは少数の国・地域間で、関税の撤廃や投資ルール・知的財産保護等の取り決めを行う経済連携協定（ＥＰＡ）の拡大の動きがみられており、より広い地域を包摂する経済連携の動きも進んでいる。こうした広域の連携としては、二〇一八年に発効した環太平洋パートナーシップに関する包括的及び先進的な協定（ＣＰＴＰＰ）、二〇一九年に発効した日ＥＵ経済連携協定があるほか、日本、中国、韓国、オーストラリアにＡＳＥＡＮ諸国などを加えた一五カ国による東アジア地域包括的経済連携（ＲＣＥＰ）が二〇二〇年に署名された。なお、ＣＰＴＰＰについては、二〇二一年に入ってイギリスの加入手続きが開始されたほか、中国と台湾が加入を申請した。

こうしたなかで、アメリカでは、自国第一主義的な観点から多国間協定の見直しが行われ、二〇一七年初に、「環太平洋パートナーシップ協定（ＴＰＰ）」からの離脱を宣言するとともに、カナダ・メキシコとの間の自由貿易協定であるＮＡＦＴＡ（北米自由貿易協定）についてもアメリカの雇用を増

ドーハ開発アジェンダ

二〇〇一年一一月のＷＴＯ閣僚会議で開始された多角的貿易交渉。農業、非農産品市場アクセス、サービスルール、貿易円滑化、知的財産所有権、貿易と環境、貿易と開発などの分野を含む。

やすという観点から再交渉を行い、二〇一八年九月に「米・メキシコ・カナダ協定（ＵＳＭＣＡ）」に置き換えた。また、日本との間でも二国間交渉が行われ、二〇二〇年一月に「日米貿易協定」及び「日米デジタル貿易協定」が発効した。

2 持続可能な経済成長への対応や企業のグローバル化にともなう課題

地球規模のリスクとして、改めて地球温暖化が意識されるなか、これまで後ろ向きだったアメリカや中国も積極姿勢に転じるなど、脱炭素化への動きが加速した（第13章参照）。パリ協定に基づき、二〇五〇年までの脱炭素化の目標を掲げる国は、二〇二一年四月時点で、日本も含め一二三カ国・一地域に達した。また、企業レベルにおいても、活動範囲が国境を越えて世界規模に及ぶなかで、企業活動による地球環境へのダメージや、途上国における強制労働の利用といった人権問題など、より広範な社会問題に与える影響についても注目されるようになっている。

こうしたことを背景に、国連が二〇一五年に採択した「持続可能な開発目標（ＳＤＧｓ）」に沿った取組みを行う企業が増加している。企業にとっては、ＳＤＧｓに貢献することで、企業イメージを高め、投資家や取引先・顧客から評価を受けることで、事業の発展や資金調達につながることが期待できる。とくに、国連事務総長の提唱による責任投資原則（ＰＲＩ）については、二〇二〇年時点で約三〇〇〇の機関投資家が署名しており、企業の財務状況だけでなく、Ｅ（環境）、Ｓ（社会）、Ｇ（企業統治）といった非財務情報に基づくＥＳＧ投資が増加しており、企業側も、それに関連する情報開示を積極的に行うようになってきている。また、企業レベルで脱炭素化を前倒しで目指す動きも出てきており、たとえば、ＩＴ大手グローバル企業では二〇三〇年までに脱炭素化を目指すとしており、部品等の生産を行う取引先企業にも広く協力が求められている。

SDGs

国連の「持続可能な開発のための二〇三〇アジェンダ」に記載された国際目標。貧困、飢餓、保健、教育、ジェンダー、水・衛生、エネルギー、成長・雇用、イノベーション、不平等、都市、生産・消費、気候変動、海洋資源、陸上資源、平和、実施手段を含む。

責任投資原則（PRI）

ＥＳＧ課題（環境・社会・ガバナンス）を株式投資決定に組み込むための戦略に関する原則。賛同する機関投資家の署名を求めている。

人権問題については、国連で「ビジネスと人権に関する指導原則」が二〇一一年に策定されたが、近年、一部の新興国における強制労働を通じた生産物が、グローバル・サプライチェーンに組み込まれて利用されているのではないかとの懸念が高まっており、企業活動の倫理性が問われている。アメリカでは税関国境保護局により、人権侵害を理由とする特定地域からの輸入留保命令が発出される事例もあり、日本の企業も、これらの法規や原則に沿った形で、自社のサプライチェーンを管理することが求められている。

他方、経済のデジタル化の急速な進展により、さまざまなデータが集まるプラットフォームを運営するグローバル企業に独占的な利益が集中していることや、株主還元を過度に優先し投資や従業員への還元が不十分になる傾向がみられること等を背景に、一部の先進国においては、所得格差の拡大が懸念され、従来型の資本主義への信頼が揺らいでいるとの指摘もなされている。こうしたことも背景に、企業活動のグローバル化にともなう問題を是正する動きもみられている。とくに、多国籍企業が、タックス・ヘイブン（租税回避地）に拠点を移すことによって、実際に経済活動を行っている国・地域での課税を逃れようとする傾向があることに対して、G20やOECDを中心に、国際的な法人課税のあり方が検討されており、売上高と利益率が一定以上の多国籍企業の超過利潤の一部を市場国に配分するとともに、法人税に最低税率を設けるといった方向で見直しが進められている。

タックス・ヘイブン

課税が免除あるいは著しく軽減されている国や地域。情報の秘匿性、法務・金融サービス等の提供とあわせ、多国籍企業や富裕層の資金を取り込んでいる。

参考文献

茨木秀行『世界経済危機下の経済政策』東洋経済新報社、二〇一三年。
佐野淳也「数値からみた中国の一帯一路構想の実像：『親中』国を増やすために推進」『環太平洋ビジネス情報』

Vol.21、No.80：66–86、二〇二一年。
田中素香・長部重康・久保広正・岩田健治『現代ヨーロッパ経済 第五版』有斐閣アルマ、二〇一八年。
内閣府経済財政分析担当政策統括官『世界経済の潮流』各号。
山本和人・鳥谷一生編著『世界経済論——岐路に立つグローバリゼーション』ミネルヴァ書房、二〇一九年。
IMF①, "World Economic Outlook," April 2021.
IMF②, "Fiscal Monitor Reports," April 2021.
OECD, "Economic Outlook," 各号。
Summers, L., "U.S. Economic Prospect: Secular Stagnation, Hysteresis, and the Zero Lower Bound," *Business Economics* Vol. 49, No.2, 2014.

第15章　日本経済の再生に向けて

はじめに　日本経済の課題

日本経済は、世界的にも前例のない劇的な人口減少・高齢化の波にさらされている。また、二〇年の長きにわたりデフレのもとにある。財政赤字の累積は他の先進諸国より大きい。デフレを克服し、持続的成長と財政再建を実現することが課題である。

東日本大震災を契機とする原発事故によって信頼を失った環境・エネルギー政策の立て直しと急速な人口減少・高齢化問題への的確な対応が求められている。さらにはヒト、モノ、カネ、情報のグローバル化のダイナミズムを活かし、ＡＩ、ロボット、人工知能など「第四次産業革命」とも称されるイノベーションを開花させ、日本経済を持続的に発展させていくことが中長期的な課題である。

第1節　日本経済の強みと弱み

1　経済成長のエンジン

戦後日本経済は、戦後の混乱から立ち直った後、①石油危機までの高い成長期、②石油危機以降バブル崩壊までの安定成長期、③バブル崩壊以降の低い成長期に分けることができる。

どうして高度経済成長が可能になったかについては種々の研究がなされているが、その理由として、高い貯蓄率と旺盛な設備投資、海外からの技術導入、高い教育水準、物価の安定、為替の安定、労使関係の安定、軽微な軍事負担、政治の安定などをあげる見方が多い。

戦後、石油危機に襲われるまでの間、輸出主導型の高度経済成長が実現し、産業構造の調整も急速に進行した。長期雇用保障と年功賃金、豊富な若年労働力の供給に支えられた日本型雇用システムが機能し、低失業率と完全雇用が実現した。生産性の上昇率は高く、所得分配の公平性は保たれていた。

2　日本経済の陰り

石油危機以降、高度成長の結果生じた歪みの是正に関心が集まり、社会の安定への志向が高まった。「国民生活に関する世論調査」をみても、「物の豊かさ」より「心の豊かさ」が大切だと思う比率が高くなった。ポスト高度成長の時代を模索する議論が種々行われ、安定成長の時代に移行した。生産年齢人口比率の低下や欧米へのキャッチアップの終焉による全要素生産性（ＴＦＰ）の減速によって民間設備投資が大幅に減少し、膨大な貯蓄過剰（超過）が継続した。プラザ合意を契機とする円高

全要素生産性（ＴＦＰ）

資本や労働などの生産要素を全体的にとらえた場合の生産性。これが上昇すれば、生産要素の投入が増加しなくても、経済は成長できる。技術進歩の他、効率の高い産業や地域への生産要素の移動やマネジメントの改善などで高まる。

貯蓄超過

貯蓄が投資を上回ること、または貯蓄と投資の差。貯蓄＝収入－消費、支出＝消費＋投資であるので、貯蓄と投資の差は、収入－支出＝収支に等しくなる。

に対応するため金融緩和が進み、やがてバブル発生・崩壊へと至った。

バブル崩壊後、不良債権処理の遅れから経済は安定成長軌道に復帰しなかった。不良債権処理がようやく終了した後も、リーマンショック、東日本大震災、新型コロナウイルス感染症などの経済へのマイナスの影響もあり、二〇〇〇年代半ばや二〇一〇年代前半の一時期を除き日本経済は停滞した。

生産性の上昇率は低く、国際競争力は低下した。所得分配の公平性も次第に失われ、相対的貧困層が増加したほか、若年者雇用問題の顕在化、自殺や社会的孤立が増えるなど、日本社会の安定性も低下した。急速な少子高齢化のもとで、財政赤字拡大に歯止めがかからない。

世界における日本の地位も低下した。かつてはアメリカに次ぐ世界第二の経済規模であったが、中国にＧＤＰで抜かれるなど世界における日本の存在感は薄くなっている。

戦後のがれきの山からの復興、二度にわたる石油危機、円高ショックへの対応など、日本経済はこれまで何度も苦境を乗り越えてきた。陰りのみえる日本経済を立て直すことは可能なのだろうか。

第2節　なぜ日本は停滞したのか

1　停滞の三〇年

バブル崩壊後、一九九〇年代、日本経済は停滞した。累次の経済対策が打たれたが、日本経済が持続的な安定成長軌道に乗ることはなく、先進諸国のなかでも低いパフォーマンスにとどまった。バブル崩壊の影響は深く大きく、不良債権問題の処理が遅れたことが足かせとなって、実体経済の拡大の足を引っ張った。この時期は「失われた一〇年」と評価された。

二〇〇〇年代に入ると、小泉政権によって不良債権問題にようやく終止符が打たれた。財政制約のなかで経済成長と財政再建の同時達成を狙うナローパスが模索された。二〇〇〇年代半ばには成長経路に復帰したようにみえたが、リーマンショックを契機とする世界金融不安と世界同時不況により日本経済は落ち込み、東日本大震災が日本経済を襲った。こうしてふたたび経済は停滞した。

政治的混迷が続いた後政権に復帰した安倍内閣はアベノミクスを掲げ、株高、円安により日本経済は息を吹き返したようにみえた。しかし、長期安定政権であったにもかかわらずデフレ脱却の実現には至らず、新型コロナウイルス感染症の来襲とともにふたたび経済は停滞した。

このように、総じていえば、一九九〇年から二〇二〇年代初頭にかけての三〇年間は日本経済停滞の時期であった。

2 構造改革の遅れ

日本経済は、先進国へのキャッチアップの過程で高度経済成長を実現した。しかし、この成功が陥穽となって、高度経済成長を可能とした諸条件や諸要因が失われているにもかかわらず、これに代わるものを用意して、経済構造を転換することができなかったり、あるいは遅れたりしたことが日本経済の停滞をもたらしたものと考えられる。

先進国へのキャッチアップ過程が終了し、高度経済成長が終焉しても、先進諸国と同程度の経済成長を実現することは可能であるにもかかわらず、日本だけが停滞したのはなぜか。高度経済成長を実現した日本経済がこのように低迷するまでに変容した原因についても、種々の研究が行われている。「失われた一〇年」については、不良債権問題への対応の遅れにその原因を求めるものが多い。停滞

内需主導型経済
輸出に頼らない経済活動や経済成長。通常は内需として民間消費や民間設備投資などの民間需要が重視されるが、厳密には公共事業など公的な需要も内需に含まれる。

の三〇年を通観して指摘される主たる議論としては、次の四点があげられる。

第一に、外需への依存と内需主導型経済成長への転換の遅れである。前川レポート（「国際協調のための経済構造調整研究会報告書」）をはじめ、内需主導型経済への転換はこれまで何度もうたわれてきた。しかし、依然として外需依存は変わらず、民間消費や民間設備投資の持続的拡大は実現していない。

産業構造をみても、輸出関連製造業が厳しい競争にさらされるなかで海外に活路を見出してきたのに対し、内需関連非製造業では淘汰を免れて非効率な企業が生き残る構図がみられた。国内の制度・規制もこうした傾向を助長した。金融資本市場はバブル崩壊からの回復に時間を要し、潤沢な民間資金を成長分野に振り向ける力に欠けていた。

もとより勃興する日本周辺のアジア諸国の力を利用することは必要ではあるが、国内には解き放たれていない需要が存在している。潜在需要を掘り起こし、先進国にふさわしい国内需要を持続的に確保することが求められる。

第二に、急速な少子高齢化への対応の遅れである。少子高齢化は労働力人口の供給減少のみならず、需要と供給のミスマッチをもたらしている。

労働市場や社会保障関連分野では、高齢者が希少であった時代に形成された制度が高齢者の増加にともなって亀裂を生じている。女性が就業と育児を両立させにくい制度・慣行のなかで少子化が生じている。

少子高齢化は経済社会システムがもたらしたものであり、システム自体を変えなくては解決できない課題である。これは、言うは易く行うは難い。「少子化社会対策基本法」が二〇〇〇年代初頭に成立したが、少子化対策関連予算は高齢者対策予算に比べて貧弱である。少子化対策関連予算の重要性は、社会保障・税一体改革のなかでようやく位置づけられるに至った段階であり、今後に多くの課題を残している。

第三に、グローバル化する国際経済への対応の遅れである。戦後日本の経済成長の過程で、日米を中心に経済摩擦が頻発した。紛争の種は、財から金融などのサービス、さらには日米構造協議などに示されているように日本経済の構造にまで広がった。日本はこうした外圧をテコに利害関係者のコンセンサスを得つつ国内制度を微調整してきた。世界経済の相互依存が深化し、企業がグローバル競争にさらされるようになると、国内制度の改革を相応に進めないと、国内制度そのものが成長の桎梏となってくる。対外経済調整に常に受け身の姿勢で臨んできた日本経済は、国内のコンセンサスづくりに時間がかかりすぎ、国際競争力を失う結果を招いている。

農産品の市場開放に典型的にあらわれているように、対外経済調整は各国それぞれに難しい事情を抱えている。対外経済調整は個別の分野では損失を被っても、全体では利益を得ることができるという性格を持っており、個別分野における対応のみならず省庁横断的な対応が必要である。各省縦割りの強い行政組織を持つ日本は、とりわけ難しい対応を迫られたといえよう。

第四に、IT化、デジタル化と称される情報通信技術の革新への対応の遅れである。一九九〇年代以降の世界経済の成長力の源泉は情報革新にあり、海外ではGAFAに代表される情報革新を取り込んだ企業が急激な成長を果たした。他方、一九八〇年代まで世界を席巻していた日本企業は次々と競争力を失い、日本企業や日本経済の世界における地位は大きく低下することになった。

日本企業では高度成長期のモノづくりの成功体験が強く、有形資産重視の経営にとらわれデータ・知識・サービスによる付加価値創造、無形資産の重視へと経営の舵を切ることができなかった。産業政策も戦後続いてきたパターナリスティックな政策の残滓を引きずり、民間企業のイノベーションの

GAFA

世界のIT市場を席巻する有名企業群の代表例。Google、Apple、Facebook、Amazonの頭文字を示す。

パターナリスティック

国家が国民や企業を弱く守るべき存在ととらえ、父親が子どもを扱うように保護、育成するために介入する姿勢。

発露を後押しする力に欠けていた。

第3節　政策対応は正しかったか

1　一九九〇年代の累次の経済対策

バブル崩壊後は累次にわたり経済対策が打たれた。公共事業を中心とする需要追加策が多く、事業規模も年を追って拡大した。次第に事業規模の多寡が関心を集めるようになり、見かけ上の事業規模を拡大するため、財政投融資を使った施策も取られた。融資部分を除外した「真水」で需要追加の度合いを測る試みも行われた。累次の経済対策はどのように評価できるのであろうか。

第一に、バブル崩壊の深刻な経済の底割れを防ぎ、下支えする役割を果たしたことである。累次の経済対策がなければ、一九九〇年代の日本経済はマイナス成長が続いたであろう。

第二に、バブル崩壊のもたらした金融機関の機能不全に対する認識が十分でなかったためバブル崩壊後も従来の不況対策型の公共事業中心の需要追加が繰り返されたことである。九〇年代の終わり頃になってようやく不良債権処理、金融機能再生が重要との認識に至った。

第三に、呼び水としての財政政策が民需主導の景気回復に結びつかず、日本経済の自律的成長が実現できなかったことである。これは、経済対策の内容が公共事業中心の施策が多く、必ずしも民需に結びつかなかったためと考えられる。

第四に、巨額の財政出動を繰り返したために、財政赤字の規模の累増を招いたことである。九〇年代を通じて、財政赤字が拡大し、国際的にみても大きなものとなった。

2 二〇〇〇年代のナローパス

一九九〇年代の「失われた一〇年」を背景として、二〇〇一年の中央省庁再編により経済財政諮問会議が設置され、経済財政政策の司令塔とされた。経済成長と財政再建の同時達成が目標とされた。財政再建の当面の目標として、基礎的財政収支（プライマリーバランス）の均衡が導入され、財政拡張を抑えながら経済成長を実現する狭き道（「ナローパス」）が模索された。

二〇〇〇年代半ばには、経済成長と財政再建プログラムが相当程度進捗し、二％近傍の実質経済成長と一〇年代初頭の基礎的財政収支の均衡という当時の目標の達成が見込まれた時期もあった。また、消費者物価が対前年度比でプラスとなるなどデフレ脱却が視野に入るところまできた。しかし、リーマンショックを契機とする世界金融不安と世界同時不況で日本経済は失速した。

3 アベノミクス

政治的混迷が続いた後復活した第二次安倍内閣の下で、大胆な金融緩和、機動的な財政政策、民間投資を喚起する成長戦略の三本の矢からなるアベノミクスが展開された。アベノミクスは物価安定の目標設定とマネタリーベースの拡大を柱とする非伝統的金融政策に特徴があり、円安、株高を通じて早期に経済が持ち直した。当初の狙いは金融政策、財政政策の効果がある間に成長戦略によるサプライサイド強化、成長力確保を意図したものと考えられる。手を替え品を替え成長戦略が作られたが、民間投資の拡大や成長加速には結びつかず、デフレからの脱却も実現しなかった。アベノミクスの後半期には貧困層の増加や所得格差拡大が指摘されるなか希望を生み出す強い経済、夢をつむぐ子育て支援、安心につながる社会保障からなる新・三本の矢が公表されたが、これは分配面への政策的配慮を示したものであった。

新型コロナウイルス感染症の来襲により再び日本経済は停滞した。コロナ危機対応を主眼とする菅義偉内閣が発足し、アベノミクスの骨格を継承しつつ脱炭素とデジタル化を促進する方針を打ち出した。大胆な金融政策は、いずれ「出口」を迎えることになる。大胆な政策は始めるより、終わる方が難しい。かつてない金融緩和はかつてない周到かつ繊細な金融正常化を必要とすることになる。

4 低成長と経済成長戦略

経済成長を実現するため、政府は近年では毎年のように経済成長戦略を打ち出してきた。しかし、成長率は低位にとどまっている。なぜ、成長戦略は実効をあげられないのか。

第一に、経済成長戦略は、民間企業経営のノウハウを参考にして、P（プラン、計画）、D（ドゥー、実行）、C（チェック、評価）、A（アクション、改善）を念頭に策定されてきたが、このサイクルがしっかりと回っていない。経済成長戦略は予算要求と一体化し、それゆえに各省とも戦略の策定と予算獲得までは熱心であるが、それ以降のプロセスについては熱意が薄れ、民間企業のようにPDCAが完結しない。予算執行については、予算獲得に比べて、熱意が失われがちであり、データ収集も遅い。民間企業では、B／SやP／Lの月次化など財務諸表作成の迅速化と経営管理への活用が進んでいるが、官庁では所管官庁でも執行の実態を早期に把握し、必要な対応をとることはできていないのが実態である。

第二に、経済成長戦略の目標と手段が乖離しがちなことである。最近の成長戦略は、実質二％、名目三％達成を目標としている。しかし、戦略に盛り込まれた各種施策がどのようにして目標となる成長の実現につながるのかがみえない、あるいはみえにくいということである。これは、成長戦略が総

B／S、P／L

財務状況を示す代表的な二つの表。B／Sは貸借対照表（バランスシート）で特定時点の資産と負債の状況を、P／Lは損益計算書（プロフィットアンドロスステートメント）で、特定の期間の収益と費用の状況をあらわしたもの。

花的であるとの批判にも直結する問題であり、施策の間の優先順位づけの問題でもある。

第三に、日本経済に残された、政策の効果発現を阻む岩盤のような存在とそれを砕く戦術の不在である。規制改革に典型的にあらわれているように構造改革の施策はできるところからすでに実行されており、残された課題は抵抗が強く難しいものばかりである。民の側に強力な反対があったり、産官学の強力な結びつきが背後にあったりすることも少なくない。政策を実現していくためには、こうした岩盤のような存在を砕いていくことが必要であり、政策を実行する側にも周到な準備と工夫がなければならない。

5 財政再建の遅れ

財政もリーマンショック後の世界金融不安と世界同時不況への対応を機にふたたび悪化の道をたどった。東日本大震災からの復興のための大幅な財政出動は財政赤字を急速に拡大させた。加えて新型コロナウイルス感染症への対応はそれまでとは桁違いの財政支出を必要とし、一気に財政赤字が拡大することになった。

抜本的税制改革は二〇〇〇年代初頭から議論されてきたが、遅れに遅れ、財政赤字拡大に拍車をかけた。欧州で財政悪化が金融不安を呼び起こす財政金融結合型の危機が起こるなか、大量の国債を抱えた日本の財政に対してマーケットは不安を抱いている。世界のなかで日本財政の状況は看過できないところまできた。

高齢化の進展により、社会保障関係費は年々増加し、一般歳出の半分を占め、自然増が毎年五〇〇〇億円規模で発生するとされている。こうしたなかで社会保障と税の一体改革が論議され、消費税の一〇％への二段階での増税法案が成立した。一四年四月に五％から八％への増税が実施されたが、その後の景気停滞により、一〇％への再増税は一七年四月まで延期され、さらに一九年一〇月まで再延期された。二一年六月からは七五歳以上の医療費二割負担が部分的に導入されたが、全世代型社会保障への第一歩といえよう。二五年には団塊の世代が後期高齢者になり社会保障支出のさらなる拡大が予想され、社会保障改革、財政再建に向けた課題は多い。

6 政策対応にみられる特徴

バブル崩壊以降の政策対応にみられる特徴は、第一にマクロ経済政策が優先され、構造政策が後回しになったことである。財政金融による景気調整への期待が大きく、景況感が悪化すると対策を求める声が大きくなる。政府・日銀は財政出動や金融調節によって機動的に対応し、結果を出すことを迫られる。これに対し構造政策は広範多岐にわたり、社会政策や産業政策など多面的な政策との調整を必要とする難しさを持っている。内需主導型成長への転換の遅れやグローバル化する国際経済への対応の遅れはこうしたなかで生じている。他方、二〇〇〇年代にナローパスを模索し成果を出した経験は、構造政策の重視によるところが大きい。

第二に緊急避難型対応、短期対策に強く、予防型対応、長期政策に弱いことである。外的ショックなどの危機に際しては関係者のコンセンサス形成が容易であり、効果が時間をかけずに発現する短期対策はわかりやすく取り組みやすい。他方、現実には見えない将来の危機を未然に防止する、長期的視点から行うべき政策には腰が引けがちであった。少子高齢化対策の遅れはその例であろう。

第三に痛みをともなう政策を回避し、負担の先送りや痛みを避ける傾向があった。経済財政政策が予算や法律を通じて実行される以上、ある程度甘受しなくてはならない民主主義のコストという側面はあるが、政府も長期シナリオやグランドデザインをもとに政策の必要性や有効性を示し国民を説得する姿勢に欠けていた面があったことは否めない。社会保障改革や財政再建の遅れはその例といえよう。

第四に時代の変化に対応し、市場と対話しながら政策を柔軟に変えて新たな政策スタイルを構築することができなかった。縦割り行政の下で高度経済成長を可能とした成功体験が前例主義のなかで温存され、経済社会を巡る急速な環境変化に適応するための政策転換が困難であった。政策面でのイノベーションが不足していたといえよう。情報革新への対応の遅れがその例である。

第4節　課題先進国日本の挑戦

1　日本経済の長期ビジョン

日本経済の長期ビジョンはこれまで幾度も策定されてきた（表15－1）。各界の有識者を集め、人口等の基礎的情報の予測をもとに経済社会を取り巻く潮流変化を展望し、避けるべきシナリオ、望ましい将来像、その実現のため必要な政策体系を示している。長期の展望を現在に投影させ、必要な政策を考える手法といえる。

これらの長期ビジョンを振り返ってみると、①人口減少・高齢化、グローバル化、情報化といった時代の潮流変化の方向性についての指摘はおおむね正確である、②ビジョン策定後の現実はむしろ避けるべきシナリオに近づいている、③望ましい将来像は必ずしも国民に共有されていない、④必要な政策体系は十分実現されていない、といった共通した特徴がみられる。

長期ビジョンの実現は、戦後の高度経済成長を支えた経済社会システムを変えることを意味してい

表15-1　2000年以降の長期ビジョン

名称	日本21世紀ビジョン	フロンティア分科会報告	未来への選択
策定時期	2005年4月	2012年6月	2014年11月
内閣	小泉純一郎	野田佳彦	安倍晋三
策定主体	経済財政諮問会議 専門調査会（「日本21世紀ビジョン」に関する専門調査会）	国家戦略会議 フロンティア分科会	経済財政諮問会議 専門調査会（「選択する未来」委員会）
成長率目標	実質1%台半ば	なし	50年後も実質1.5～2%程度を維持
対象時期	2030年まで	2050年まで	2060年まで
特徴	構造改革によって実現される2030年の日本の将来像（開かれた文化創造国家，「時持ち」が楽しむ「健康寿命80歳」，豊かな「公」小さな「官」）とそのための施策を示す25年の長期ビジョン	・「希望と誇りある日本」を取り戻すための国家ビジョン ・多様な主体が潜在力を引き出し，新たな価値を創出する「共創の国」を目指す	・50年後1億人程度の安定した人口構造を目指す ・東京一極集中の回避，地域の特色を活かした豊かな成長・発展 ・人口急減・超高齢化社会を超えて，日本発成長・発展モデルを構築

る。そのためには目指すべき将来像が国民に共有され、とるべき政策について国民の合意が形成されることが不可欠である。政府の政策意図や情報を広く国民に周知し、国民的論議を呼び起こすとともに、政府・政策の「見える化」により、政府・企業・国民が他人事ではなく自らの問題として、それぞれの課題に取り組むことが成功の鍵である。

菅義偉内閣によって二〇五〇年までの脱炭素社会の実現が国際的に宣言されたが、実現に至る道筋を含め、今後三〇年の長期ビジョンとして、経済社会の全体像を示すことが必要である。

2 経済財政政策のリノベーション

停滞の三〇年の経験から、今後の経済財政政策を考えるに際して、いくつかの教訓を得ることができる。

①経済と財政の一体的運用

予算編成は財政の論理のみで行われてはな

らず、経済と財政は一体的に運用されなければならない。二〇〇〇年代に入って、次年度予算編成作業がスタートする前に政府経済見通しの「年央試算」や次年度経済の暫定的試算が公表され、経済財政諮問会議で「骨太の方針」がとりまとめられるなど経済と財政の一体的運用について前進があったといえよう。適切な先行きの見通しに基づいて予算が編成される必要があり、不断の努力が求められる。財政は経済政策の目標を実現するための手段である。経済は生き物であり、財政再建下でも財政の論理が独り歩きするのは好ましくない。

②エビデンスに基づく政策

政策は数量的な根拠（エビデンス）に基づいて行われる必要があり、経済についての適切な分析が不可欠である。バブル崩壊後不良債権問題の解決が遅れたのは、不良債権の実態が明らかにされず、正確な事実認識と分析に基づいた政策が展開されなかったことに起因する。エビデンスに基づく政策が求められる。

③短期と中長期の整合性の確保

経済政策は短期と中長期の整合性を保ちつつ実施されなければならない。中央省庁再編以後、従来の経済計画に代わる経済と財政の中期展望が策定され、「経済財政の中長期試算」の公表が定例化するなど前進はあったものの、各省がバラバラな成長率想定を用いて施策を立案するなど中長期の視点から経済財政を総合的に検討する機能には改善の余地が大きい。単年度予算主義をとっていることもあって、わが国では政策は中長期的な影響を軽視しがちである。社会保障政策やエネルギー政策など中長期的な視点を必要とする政策の重要性はますます増大している。

④効率と公平のバランス

小泉内閣の構造改革は不良債権問題の解決等種々の成果を生んだが、他方で正規雇用から非正規労

市場原理主義

自由な競争に任せてお

働者へのシフトをもたらすなど社会のセーフティ・ネット構築より経済効率の向上を優先させたとして、市場原理主義との批判を招いた。低成長が長く続く時代に所得分配や格差についての関心も高まっている。経済財政政策の実施に際して、効率と公平のバランスをとることは引き続き重要である。

⑤いかに優先順位をつけるか

経済成長戦略などの政策パッケージは、関係各省が真剣に取り組めば取り組むほど総花的になる。政策目標に対してどのような施策を割り当てるかは戦略にとって肝の部分である。まず、これまでの政策がなぜ効果をあげられなかったかについての分析が必要である。そのうえで、施策の目標を明確にし、目標実現のための有効性を明示的に示し、目標達成に真に有効な施策を選択する「選択と集中」が必要である。予算編成に際しては、経済効果の高い施策を省庁横断的に予算化することが求められる。また、補正予算編成に際しても、いっそうの重点化が必要である。

⑥新しい政策手法

構造改革を進める手段として規制改革の重要性が指摘される。既得権益をめぐって改革を阻む岩盤のような障害が多くの分野でみられ、これまで必ずしも進捗がはかばかしくない。規制改革の突破口として「国家戦略特区」が導入され、国家戦略特別区域諮問会議も設置されている。このような新しい政策手法の開発についても、常に試行錯誤がなされなければならない。

3 日本経済再生は国民的課題

日本経済は混合経済であり、民間部門が大宗を占める。高度経済成長を実現したのも、停滞の三〇年をもたらしたのも、主役は企業であり、働き手としての国民である。行政サービスや公共事業のよ

けば、多くの問題が解決するという考え方。いわゆる市場の失敗を認める場合でも、政府による介入には弊害も大きいので規制などは少ない方がよいとの主張につながる。

国家戦略特区

内閣総理大臣が主導して、地域を特定して規制を緩和する制度またはその区域。二〇一三年に始まった。諮問会議は総理大臣を議長とし、関係大臣や有識者で構成される。

混合経済

市場による自由な競争だけでなく、政府も経済政策・規制・公的企業の活動などを通じて経済活動に影響を及ぼすような経済システム。市場の失敗等を是正することを目的として現代の資本主義国は混合経済体制をとっている。

うに政府が直接手を下す分野もあるが、国民経済に占めるウエイトは限定的なものにとどまる。公共財の提供や税、社会保障制度を通じた所得再分配、経済安全保障を除くと、政府の役割は民間経済を支援し、障害となるものを除去し、その持てる力を引き出すことにある。日本経済再生を企業、政府、家計などの経済主体が本格的に取り組む国民的プロジェクトとして位置づけ、停滞の三〇年の教訓を踏まえつつ総力を結集して実現しなければならない。

①経済財政政策の司令塔機能の強化

経済と財政を一体的に運営し、短期・中長期の時間軸を明確にしつつ、一方でアクセルを踏みつつ他方でブレーキを踏むような矛盾した政策が同時にとられることを回避し、政策に優先順位をつけて実現すべく政策全体を管理していくためには、強力な司令塔機能が必要である。政策課題の必要性を国民と共有しつつ、政治のリーダーシップのもとで、日本経済の再生を実現していく必要がある。

②適切な経済政策の目標の設定

望ましい経済成長率については、強気、弱気含めさまざまな見方がある。二〇〇〇年代を通じた議論のなかで、財政再建のための計算には堅めに見積もった成長率を適用することが受け入れられるようになった。経済成長の目標となる成長率は、これまで実質二%、名目三%が使われてきた。停滞の三〇年の実績をみると、日本経済の潜在成長率は相当程度低下してきている。また、人口減少・高齢化の進展にともなってゼロ成長や「定常型社会」を志向するような議論もみられる。日本経済の再生に当たって、どのような経済成長率目標が適切なのか、実証分析に基づく建設的な議論を行うべきである。

望ましい物価上昇率についても、現在は消費者物価上昇率二%が目標とされている。長きにわたるデフレの時代を経験し、物価上昇の経験を持たない人たちも多くなっている。安定的な物価上昇率の

潜在成長率

本来の意味は、適切な経済政策が実施されて経済面での潜在能力が十分に引き出された場合の成長率であるが、潜在GDPの伸び率という意味で用いられることも多い。後者の推計は、生産要素の投入の伸び率と直近の全要素生産性の伸び（それぞれ計測値または想定値）を組み合わせて作られることが多い。

定常型社会

同じ生産や消費を繰り返すことで、経済成長はしない代わりに、環境負荷などを増やすこともない社会。実際には技術進歩がないと、国際競争に遅れ、同じ所得も維持できなくなる。

目標として何%がふさわしいかの議論も必要である。

③日本経済再生の基本原則

バブル崩壊以降の日本経済を振り返れば、その再生に向けて、以下のような原則を重視することが重要と考えられる。

(i) 財政に過度に依存しない。

財政赤字の累積からみて、持続的に財政に頼ることには限界がある。財政支出によるものは必要最低限にとどめ、費用対効果が十分に考慮されなければならない。民間部門の活性化という観点からも規制改革への期待は大きい。規制改革は当該規制を担当している行政部門の行政目的にかかわる問題であり、行政改革そのものであるといってもよい。二〇二一年九月にはデジタル庁が発足し、「成長戦略の柱」と「規制改革の象徴」となることが期待される。

(ii) 国際開放度を高め、海外諸国、とくに周辺アジア諸国の活力を活かす。

ＦＴＡやＴＰＰへの積極的な参画を進めるなど、国際競争にさらされることによってはじめて日本経済の競争力を高めることが可能になる。そのさい、負の影響を受ける部門からの円滑な退出、他部門への転換などを可能とする政策パッケージを示す必要がある。対内直接投資の促進も経済社会に活力を与える。

(iii) 日本経済のフロンティアを開拓する。

日本経済の持続的成長のためには、フロンティア開拓が欠かせない。たとえば労働市場をみても、若年者、女性、高齢者のいずれも、その能力が十分に活用されているとはいえないのが日本経済の現実である。「女性活躍」「働き方改革」が始動し、ようやく山が動きだしつつある。ＩｏＴ、ＡＩなどの急激な技術革新が進展するなか、医療、介護、教育、農業など日本が潜在力を有しながら実力を発

IoT

Internet of Thingsの略語。モノのインターネットと訳される。身の回りのあらゆるものがインターネットにつながる仕組み。

揮できていない分野は多い。

❹ 東日本大震災からの復興と日本経済の再生

東日本大震災からの復興なくして日本経済の再生はない。人口減少・高齢化、産業の空洞化など日本全国の地域社会が抱える課題に先導的に取り組み、地方活性化のモデルを東北につくっていくことが重要である。原子力災害からの復興・再生は長い時間を必要とするが、廃炉・汚染水対策を進め、中長期的な廃炉に向けて研究開発等に取り組むとともに、除染、中間貯蔵施設の整備や放射性廃棄物の処理を進めていく必要がある。

東京電力福島第一原子力発電所の事故を受けて、環境、エネルギー政策の信頼性が失われているなか、経済への影響を含めて、中長期の環境・エネルギー政策について、幅広い国民的論議を経て国民的合意を形成していくことが求められる。

むすび　日本経済再生に向けて

内外に課題は山積している。日本は課題先進国として、諸課題を解決し経済を再生させ、世界のモデルとなることが求められている。停滞の三〇年と訣別して日本経済再生の道を歩むのか、衰退の道を歩むのか、日本経済は分水嶺に立っている。技術革新により世界経済の構造変化が加速化する一方で、人口減少・高齢化は急速に進展していく。日本に残された時間はあまりない。

時あたかも新型コロナウイルス感染症が世界経済、日本経済を直撃し、日本経済は大きな打撃を受けた。感染拡大防止と経済回復の両立が当面の課題となり、国民も生活様式の変更を余儀なくされたが、一〇〇年ぶりのパンデミックはデジタル化やグリーン化の遅れなど日本経済の弱点を顕在化させた。コロナ禍による試練は経済社会を取り巻く環境の急速な変化や経済社会の構造転換をもたらす可能性が指摘されている。コロナ危機を日本経済変革のラストチャンスととらえ、ポストコロナを日本経済再生の時代としていくことが期待される。

参考文献

小塩隆士『日本人の健康を社会科学で考える』日経BP、二〇二一年。

大来洋一『戦後日本経済論――成長経済から成熟経済への転換』東洋経済新報社、二〇一〇年。

大原記念労働科学研究所「働き方の未来を50人が読む」二〇二一年。

経済財政諮問会議専門調査会「選択する未来」委員会「未来への選択――人口急減・超高齢社会を超えて、日本発成長・発展モデルを構築」二〇一四年。

小峰隆夫『平成の経済』日本経済新聞出版、二〇一九年。

鶴光太郎・前田佐恵子・村田啓子『日本経済のマクロ分析――低温経済のパズルを解く』日本経済新聞出版、二〇一九年。

内閣府「国民生活に関する世論調査」二〇二一年。

内閣府経済社会総合研究所企画・監修『バブル／デフレ期の日本経済と経済政策』一～七、慶應義塾大学出版会、二〇〇九～一〇年。

内閣府『令和二年度　年次経済財政報告』二〇二〇年。

福田慎一編『検証　アベノミクス「新三本の矢」――成長戦略による構造改革への期待と課題』東京大学出版会、二〇一八年。

八代尚宏『日本的雇用・セーフティーネットの規制改革』日本経済新聞出版、二〇二〇年。

矢野誠・中澤雅彦編著『なぜ科学が豊かさにつながらないのか?』慶應義塾大学出版会、二〇一五年。

【ラ行】

【ワ行】

【ハ行】

【マ行】

【ヤ行】

【タ行】

【ナ行】

【サ行】

索引

【編者紹介】
大守　隆（おおもり　たかし）
1951年横浜に生まれる。1974年東京大学工学部卒業。同年経済企画庁（現内閣府）に入る。日本経済研究センター主任研究員、大阪大学教授、経済企画庁内国調査第一課長、内閣府経済社会総合研究所次長、外資系証券チーフエコノミスト、内閣府政策参与、APEC経済委員会議長、東京都市大学環境情報学部教授、科学技術振興機構社会技術研究開発センター領域総括（多世代領域）等を歴任。英国オックスフォード大学経済学博士。
著書に『環境とエネルギーの経済学』（東洋経済新報社、2016年）、『ソーシャル・キャピタルと経済』（ミネルヴァ書房、2018年、編著）などがある。

日本経済読本（第22版）

2021年12月9日発行

編　者——大守　隆
発行者——駒橋憲一
発行所——東洋経済新報社
〒103-8345　東京都中央区日本橋本石町 1-2-1
電話＝東洋経済コールセンター　03(6386)1040
https://toyokeizai.net/

DTP…………アイランドコレクション
装　丁…………吉住郷司
印　刷…………東港出版印刷
製　本…………積信堂
編集協力………パプリカ商店
編集担当………矢作知子
Printed in Japan　　ISBN 978-4-492-10037-0